Silvia Greiten | Georg Geber-Knop | Annika Gruhn |
Manuela Köninger (Hrsg.)
Lehrer:innenbildung für Inklusion

Silvia Greiten | Georg Geber-Knop |
Annika Gruhn | Manuela Köninger (Hrsg.)

Lehrer:innenbildung für Inklusion

Hochschuldidaktische Konzepte und Perspektiven

Das Werk einschließlich aller seiner Teile ist urheberrechtlich geschützt. Jede Verwertung ist ohne Zustimmung des Verlags unzulässig. Das gilt insbesondere für Vervielfältigungen, Übersetzungen, Mikroverfilmungen und die Einspeicherung und Verarbeitung in elektronische Systeme.

Dieses Buch ist erhältlich als:
ISBN 978-3-7799-8389-7 Print
ISBN 978-3-7799-8390-3 E-Book (PDF)
ISBN 978-3-7799-8391-0 E-Book (ePub)

1. Auflage 2024

© 2024 Beltz Juventa
in der Verlagsgruppe Beltz · Weinheim Basel
Werderstraße 10, 69469 Weinheim
Alle Rechte vorbehalten

Herstellung: Ulrike Poppel
Satz: Datagrafix, Berlin
Druck und Bindung: Beltz Grafische Betriebe, Bad Langensalza
Beltz Grafische Betriebe ist ein Unternehmen mit finanziellem Klimabeitrag
(ID 15985-2104-100)
Printed in Germany

Weitere Informationen zu unseren Autor:innen und Titeln finden Sie unter: www.beltz.de

Inhalt

Einleitung: Modelle und Konzepte zur Vermittlung inklusionsbezogener
Inhalte in der Lehrer:innenbildung – Auftrag für die Hochschuldidaktik
Silvia Greiten, Georg Geber-Knop, Annika Gruhn, Manuela Köninger 7

Aktuelle Entwicklungen in der Lehrer:innenbildung für Inklusion:
Herausforderungen – Konzepte – Perspektiven
Petra Büker 13

Professionalisierung von Lehrkräften zur Inklusion unter Einbezug von
Bildungsfachkräften mit Behinderungserfahrungen
Michael Gänßmantel, Vera Heyl, Thorsten Lihl, Karin Terfloth 31

Differenzsensibilität als Professionalisierungsmodus, -bedarf und
-herausforderung für Hochschullehrende in der Lehrer:innenbildung
Annika Gruhn, Georg Geber-Knop 45

Videobasierte Fallarbeit zur multiprofessionellen Kooperation im
Unterricht als Ansatz einer inklusiven Lehrer:innenbildung
Sarah Böse, Melanie Fabel-Lamla, Cara Meyer-Jain, Gianna Wilm 63

Zusatzstudium *Inklusion – Basiskompetenzen*: Ein Beispiel für
systematischen Praxisbezug in der Lehrkräftebildung
Meike Unverferth, Andrea Zaglmair, Astrid Rank, Helen Gaßner-Hofmann 75

„Reflexive Heterogenitätssensibilität" – Konzept eines Lektüreseminars
mit (selbst produzierten) Erklärvideos
Meike Penkwitt 87

„Ich glaube, man braucht nicht zwingend einen Sonderpädagogen" –
Reflexion von Verständnissen inklusiven Unterrichts mit einer
Struktur-Lege-Technik
Peter große Prues, Ann-Christin Faix 101

Musik in Kultureller Bildung und der Ansatz des *Service Learning*.
Ein Seminarkonzept mit vielversprechendem Potenzial
Meike Wieczorek 111

Begabungs- und Potenzialförderung in der Digitalen Drehtür –
Gestaltung und Reflexion digitaler Lernsituationen für heterogene
Lerngruppen als Beitrag zur Professionalisierung in der
Lehrkräftebildung
Silvia Greiten 122

Qualifizierung für das Unterrichten heterogener Lerngruppen:
Ein digitales Bausteinkonzept zum Aufbau adaptiver Lehrkompetenz
Julia Frohn, Ann-Catherine Liebsch 141

Kinderrechte im Kontext inklusiver Bildung. Einblicke in ein
hochschuldidaktisches Format im Rahmen der Lehrer:innenbildung
David Rott, Daniel Bertels 154

Lehrkräftebildung für Inklusion – Wirksamkeit verschiedener Aus-
und Fortbildungsmaßnahmen
Sandra Mirbek 166

Wie planen Studierende des Lehramtes Grundschule Unterricht
für Inklusive Settings? Eine rekonstruktive Untersuchung aus
einem Hochschulseminar
Thomas Strehle 178

Empirische Ergebnisse zum Inklusionsverständnis Lehramtsstudierender
und ihren Einstellungen zu Heterogenität im Zusammenhang mit der
(Nicht)Teilnahme an inklusionsbezogener Lehre
Toni Simon 190

Was bleibt? Studentische Kurzreflexionen als Resümee eines Seminars
zu Heterogenität und Inklusion in Berufsbildenden Schulen
Erika Gericke 201

Wahrnehmungsvignetten als reflexionstaugliches Instrument
Ulrike Barth, Angelika Wiehl 218

Science for All – Innovative und transfergeleitete Lehrformate für eine
diversitätssensible Lehrer:innenbildung
Nico Leonhardt, Anne Goldbach 230

Das Planspiel *Inklusion im Sport – die Schulkonferenz* zur Förderung
einer reflexiven Haltung
Silke Haas, Maria Theresa Meßner, Julia Kadel,
Christian Buschmann, Katja Adl-Amini 243

Der rote Faden. Phasenübergreifende Beratungskompetenzentwicklung
für Sonderpädagog:innen: Ein Spiralcurriculum zur Förderung der
Ressourcen- und Lösungsorientierung in multiprofessionellen Teams
Sabine Marschall, Esther Würtz, Kerstin Wallinda,
Ute Waschulewski, Christian Lindmeier 256

Einleitung: Modelle und Konzepte zur Vermittlung inklusionsbezogener Inhalte in der Lehrer:innenbildung – Auftrag für die Hochschuldidaktik

Inklusion ist mittlerweile bundesweit in hochschulischen Curricula der Lehrer:innenbildung implementiert. Die Anbahnung inklusionsbezogener Kompetenzen gilt als zentrale Forderung und (Querschnitts-)Aufgabe aller Studiengänge der Lehrer:innenbildung. Teile von Modulen oder ganze Module werden je nach Hochschulstandort in bildungswissenschaftliche, sonderpädagogische und fachdidaktische Curricula integriert. Es zeigen sich aber Differenzen im Kontext unterschiedlicher Vorgaben der Bundesländer, zwischen Hochschulen innerhalb eines Bundeslandes und auch in der Seminar- und Curriculagestaltung an den Hochschulstandorten. Dementsprechend hat sich eine Vielfalt an curricularen und hochschuldidaktischen inklusionsbezogenen Modellen und Konzepten für die Lehrer:innenbildung entwickelt. Darüber hinaus ist zu vermuten, dass eine enorme Bandbreite in der Vermittlung inklusionsbezogener Inhalte besteht, da den Lehrenden in der Konzeption von Lehrveranstaltungen große Gestaltungsspielräume zur Verfügung stehen.

Ein Blick in hochschulische Curricula und Lehrveranstaltungskonzepte zeigt, dass vor allem die differierenden Verständnisse des sehr divers konnotierten Begriffs Inklusion curriculare und hochschuldidaktische Entscheidungen oder Seminarkonzepte beeinflussen. Gerade auf curricularer Ebene scheint das enge Inklusionsverständnis die Debatte der letzten Jahre geprägt zu haben. So fokussiert(e) beispielsweise der hochschuldidaktische Diskurs Fragen danach, wie und wo sonderpädagogische Inhalte verortet werden sollten. Dieser „Sonderpädagogisierung" (Boban/Hinz 2009) der Debatte gegenüber wird das weite Verständnis des Inklusionsbegriffs wiederholt als Folie zur Kritik be- und entstehender curricularer Strukturen genutzt.

Im Herbst 2016 fand an der Universität Siegen die Tagung *Lehrer:innenbildung für Inklusion – Hochschuldidaktische Konzepte und Fragen* statt. Intendiert waren eine Bestandsaufnahme sowie ein Austausch über Hochschuldidaktik, Seminarkonzepte und curriculare Entwicklungen im Kontext der Thematik Inklusion in der Lehrer:innenbildung (Greiten/Geber/Gruhn/Köninger 2017). Als Initiator:innen der Tagung in Siegen wollten wir sechs Jahre später den Diskurs fortführen und richteten im Herbst 2022 an der Pädagogischen Hochschule Heidelberg die Tagung *Lehrer:innenbildung für Inklusion – Hochschuldidaktische Konzepte und Perspektiven* aus.

Mit dem Call for Papers luden wir Lehrende an Hochschulen ein, zu diversitäts- und inklusionsbezogenen Studiengängen und Disziplinen in der Lehrer:innenbildung (Weiter-)Entwicklungen von Modellen und Konzepten und darauf bezogene Debatten in den Blick zu nehmen:

- Wie und inwiefern hat sich die Lehrer:innenbildung für Inklusion aus curricularer, (fach-)didaktischer und methodischer Sicht weiterentwickelt?
- Welche offenen Fragen und Entwicklungspotenziale zeigen sich für eine inklusionsorientierte Hochschuldidaktik?
- Welche Inklusionsverständnisse und damit verbundenen Zielsetzungen bilden sich aktuell in der Lehrer:innenbildung ab?
- Inwiefern haben veränderte hochschuldidaktische und curriculare Rahmenbedingungen und innovative Entwicklungen Einfluss auf die Lehrer:innenbildung für Inklusion (bspw. Digitalität und Digitalisierung)?
- Inwiefern nehmen aktuelle Entwicklungen im Inklusionsdiskurs Einfluss auf die Lehrer:innenbildung für Inklusion (bspw. Intersektionalität, reflexive Inklusion, Vermittlung reflexiver Kompetenzen)?
- Welche Potenziale und Herausforderungen sehen Beteiligte der Lehrer:innenbildung für die Entwicklung didaktischer Materialien und Tools für Studierende (bspw. Vermeidung der Reifikation stereotyper Zuschreibungen)?
- Inwieweit werden hochschuldidaktisch die Möglichkeiten von multiprofessioneller Teamarbeit genutzt?

Auf der Tagung konnten wir Modelle und Konzepte zur Vermittlung inklusionsbezogener Inhalte in der Lehrer:innenbildung diskutieren. Curricula und ihre hochschuldidaktische Anbindung, Tools, Instrumente, Methoden, Materialien sowie Seminarkonzepte und -einheiten und auch digitale Lehr-Lernformate boten eine Bandbreite an hochschuldidaktischen Lehrkonzepten und darauf bezogenen Forschungsansätzen. Zur Tagung *Lehrer:innenbildung für Inklusion – Hochschuldidaktische Konzepte und Perspektiven* liegt nun der Herausgeber:innenband vor, der aktuelle Entwicklungen der hochschuldidaktischen Diskussion widerspiegelt.

Petra Büker diskutiert in ihrem Beitrag die Frage, wie sich der universitäre Inklusionsauftrag in den letzten Jahren mit Blick auf Professionalisierungsfragen entwickelt hat. Sie kennzeichnet strukturelle, inhaltliche und hochschuldidaktische Veränderungen, die teilweise in sich spannungsreich sind, und betrachtet diese im Zusammenhang mit Entwicklungen der Schulpraxis sowie mit Forschungsaktivitäten. Tendenzen der synergetischen Verknüpfung mit weiteren bildungsrelevanten Querschnittsthemen werden am Beispiel von Inklusion und Digitalisierung aufgezeigt, abschließend werden Implikationen für eine zukunftsfähige Lehrer:innenbildung perspektiviert.

Die Autor:innengruppe des AW-ZIB der Pädagogischen Hochschule Heidelberg, *Michael Gänßmantel, Vera Heyl, Thorsten Lihl* und *Karin Terfloth*, widmet sich der Frage, welche Kompetenzen zukünftige Lehrpersonen benötigen, um auf inklusive Schulpraxis vorbereitet zu sein. Wissen über Erfahrungen von Menschen mit Behinderung kann dazu einen wichtigen Beitrag leisten. Der Beitrag thematisiert die Ausbildung von Bildungsfachkräften und wie eine Hochschule partizipativ weiterentwickelt werden kann.

Der Beitrag von *Annika Gruhn* und *Georg Geber-Knop* widmet sich einer hochschuldidaktischen Leerstelle. Sie thematisieren (selbst-)reflexive Differenzsensibilität als Professionalisierungsmodus für Hochschullehrende und skizzieren Professionalisierungsbedarfe für eine differenzsensible Lehrer:innenausbildung und leiten daraus Forschungsanliegen ab.

Sarah Böse, Melanie Fabel-Lamla, Cara Meyer-Jain und *Gianna Wilm* argumentieren für kasuistische, videobasierte Fallarbeit in einer Lehrer:innenbildung für Inklusion. Ihr Beitrag bietet Anregungen zur Arbeit mit Videosequenzen und skizziert darüber hinaus hochschuldidaktische Handreichungen, die zur Fallarbeit mit Studierenden des Lehramts genutzt werden können. Über die Nutzung des Fallarchivs HILDE und die Handreichungen soll eine analytisch-reflexive (Beobachtungs-)Haltung mit den Studierenden entwickelt werden.

Ein dreisemestriges *Zusatzstudium Inklusion – Basiskompetenzen* wird im Beitrag von *Meike Unverferth, Andrea Zaglmair, Astrid Rank* und *Helen Gaßner-Hofmann* vorgestellt, das darauf abzielt, dem studentischen Bedürfnis nach Praxisbezug Rechnung zu tragen. Hierbei skizzieren die Autorinnen eine sukzessive Steigerung der Anforderungen in den Praktikumsaufgaben sowie eine im Sinne des situierten Lernens gestaltete Theorie-Praxis-Verknüpfung durch Reflexion.

Meike Penkwitt stellt in ihrem Beitrag das Konzept für ein Lektüreseminar vor, das die Studierenden bei der (Weiter-)Entwicklung einer ‚reflexiven Heterogenitätssensibilität' unterstützen soll. Sie plädiert für eine multiparadigmatische Zusammenstellung der Texte sowie dafür, die Studierenden selbst Erklärvideos zu eben diesen Texten planen und produzieren zu lassen.

Für inklusiven Unterricht ist es notwendig, so konstatieren *Peter große Prues* und *Ann-Christin Faix*, dass sich Lehramtsstudierende und Lehrkräfte in der Schulpraxis ihr Verständnis von Inklusion bewusst machen. Auf Basis der Struktur-Lege-Technik und der theoretischen Verortung in Subjektiven Theorien werden Forschungsergebnisse zu Veränderungen des Inklusionsverständnisses durch Reflexionen vorgestellt.

Meike Wieczorek geht in ihrem Beitrag der Frage nach, welchen Mehrwert Studierende aus musikpraktischen Seminaren im Bereich der Kulturellen Bildung in Verbindung mit dem Ansatz des *Service Learning* im Kontext Hochschule ziehen können. Dazu beschreibt sie ein projektartiges Seminarkonzept und zeigt dessen Bedeutsamkeit für eine inklusive Lehrer:innenausbildung auf.

Der nächste Beitrag widmet sich einem innovativen Projekt der Digitalen Drehtür, ein Projekt zur Förderung von Potenzialen von Kindern und Jugendlichen in digitalen Lernsituationen. *Silvia Greiten* stellt dazu ein hochschuldidaktisches Konzept für die Lehrkräfteausbildung vor: Lehramtsstudierende planen und erproben projektartige Workshops mit Schüler:innen in digitalen Lernsituationen und reflektieren diese unter Professionalisierungsaspekten.

Julia Frohn und *Ann-Catherine Liebsch* präsentieren Ergebnisse des Projekts *Fachdidaktische Qualifizierung Inklusion angehender Lehrkräfte an der Humboldt-Universität zu Berlin*. Das interdisziplinäre Team entwickelte auf der Basis von Inklusiver Didaktik und adaptiver Lehrkompetenz, Seminarkonzepte zur Planung, Durchführung und Reflexion von (Fach)Unterricht in heterogenen Lerngruppen.

David Rott und *Daniel Bertels* stellen ins Zentrum theoretischer Überlegungen die Beziehung zwischen inklusiver Bildung und den Kinderrechten, die sie als wirksame Basis für normative und empirische Auseinandersetzung mit und durch Studierende und als hochschuldidaktisches Potenzial benennen. Hierzu stellen die Autoren ein Seminarkonzept vor und analysieren, wie sich die Beschäftigung mit den Kinderrechten auf die Professionalisierung von Lehramtsstudierenden auswirken kann.

Sandra Mirbek stellt Evaluationsergebnisse von Aus- und Fortbildungsmaßnahmen dar, die Lehrkräfte in unterschiedlichen Phasen der Lehrer:innenbildung adressieren. Dabei fokussiert sie Ergebnisse zu den drei Kompetenzfacetten Wissen, Einstellung und Selbstwirksamkeitserwartungen zu inklusivem Unterricht. Der Beitrag stellt ausgewählte Ergebnisse zur Wirksamkeit der Angebote sowie zum Einfluss der verschiedenen Merkmale (Zielgruppe, Angebotsdauer und Intensität an Theorie-Praxis-Verzahnung) vor.

Der Beitrag von *Thomas Strehle* setzt sich damit auseinander, wie Studierende des Grundschullehramts inklusive Ansprüche in Prozessen der Unterrichtsplanung aufnehmen und deuten. Mithilfe eines Protokolls eines Gesprächs Studierender über Unterrichtsplanung werden Bearbeitungslogiken im Umgang mit Inklusion erschlossen. Daraus leitet der Text Konsequenzen für weitere inhaltliche Schwerpunktsetzungen für ein Lehramtsstudium ab.

Toni Simon betont die Relevanz von Hochschullehre als Feld der Inklusionsforschung. In seinem Beitrag zeigt er anhand von Ergebnissen einer quantitativen Studie (N = 2200) auf, welches Inklusionsverständnis bei Lehramtsstudierenden dominiert, welche Einstellungen sie zur Heterogenität im Unterricht haben und inwiefern sich die Verständnisse und Einstellungen der Befragten unterscheiden, wenn sie (k)eine Lehrveranstaltung zum Thema Inklusion besucht haben.

Erika Gericke beschreibt ein Seminar, in dem sich Studierende des Masterstudiengangs für Berufsbildende Schulen mit dem Umgang mit einer heterogenen Schülerschaft in Berufsbildenden Schulen auseinandersetzen. Im Rahmen des

Seminars verfassten Studierende Kurzreflexionen zu den drei Themen Heterogenitätsbegriff, Heterogenitätsdimension Schulleistung sowie Intersektionalität. Die Analyse der studentischen Kurzreflexionen zeigt, dass Intersektionalität und reflexive Inklusion die dominierenden Reflexionsthemen sind.

Ulrike Barth und *Angelika Wiehl* weisen in ihrem Beitrag auf die Relevanz reflexiver Kompetenzen auf Seiten der Studierenden hin. Die Autorinnen berichten von ihren Erfahrungen mit dem Medium der Wahrnehmungsvignetten, mit dem Studierende in drei Schritten reflektieren lernen, um ihre Aufmerksamkeit auf die persönliche (inklusionsbezogene) pädagogische Haltung und deren Änderungsmöglichkeit zu richten.

„Inklusion durch Inklusion" ist die leitende Prämisse im Beitrag von *Nico Leonhard* und *Anne Goldbach*: Hier wird das Projekt *Qualifizierung von Bildungs- und Inklusionsreferent*innen in Sachsen* (QuaBIS) der Universitäten Dresden und Leipzig vorgestellt, in dem fünf Menschen, die bis dahin überwiegend Erfahrungen in separierenden Kontexten gemacht haben, zu Wissensvermittler:innen ausgebildet wurden, um dem Anspruch des Abbildens von Perspektivenvielfalt in Wissensproduktion und -vermittlung gerecht zu werden.

Silke Haas, Maria Theresa Meßner, Julia Kadel, Christian Buschmann und *Katja Adl-Amini* stellen das *Planspiel Inklusion im Sport – die Schulkonferenz* vor, welches auf die Bearbeitung des Themas Inklusion im konkreten sportdidaktischen Kontext zielt. Hierfür wurde die Methode des Planspiels für den Kontext des „inklusiven Sportunterrichts" adaptiert, um die reflexive Bearbeitung fachlicher Inhalte durch Studierende im Spannungsfeld von Leistung und Inklusion zu fördern.

Sabine Marschall, Esther Würtz, Kerstin Wallinda, Ute Waschulewski und *Christian Lindmeier* stellen in ihrem Beitrag das phasenübergreifende Beratungscurriculum „SoBiS" (Sonderpädagogische Beratung in der inklusiven Schule) vor und fokussieren dabei die Bausteine der ersten Phase der Lehrer:innenbildung. Das Curriculum nutzt systemische Theorien und Methoden mit dem Ziel, die professionelle Haltung der Teilnehmenden als berufsbiographischen Prozess zu fördern.

Wir möchten uns bei allen Autor:innen für die konstruktive Zusammenarbeit und bei den Hilfskräften Niklas Hauck und Jan-Luca Rohnacher für ihre Mitarbeit herzlich bedanken und freuen uns auf den weiteren Diskurs zu hochschuldidaktischen Weiterentwicklungen in den kommenden Jahren.

Silvia Greiten, Pädagogische Hochschule Heidelberg
Georg Geber-Knop und Annika Gruhn, Universität Siegen
Manuela Köninger, Pädagogische Hochschule Ludwigsburg
April 2024

Literatur

Boban, Ines/Hinz, Andreas (2009): Inklusive Pädagogik zwischen allgemeinpädagogischer Verortung und sonderpädagogischer Vereinnahmung – Anmerkungen zur internationalen und zur deutschen Debatte. In: Börner, Simone/Glink, Andrea/Jäpelt, Birgit/Sanders, Dietke/Sasse, Ada (Hrsg.): Integration im vierten Jahrzehnt. Bilanz und Perspektiven. Bad Heilbrunn: Klinkhardt, S. 220–228.

Greiten, Silvia/Geber, Georg/Gruhn, Annika/Köninger, Manuela (2017): Inklusion als Aufgabe für die Lehrerausbildung. Theoretische, institutionelle, curriculare und didaktische Herausforderungen für Hochschulen. In: Greiten, Silvia/Geber, Georg/Gruhn, Annika/Köninger, Manuela (Hrsg.): Lehrerausbildung für Inklusion. Fragen und Konzepte zur Hochschulentwicklung. Münster: Waxmann, S. 14–36.

Aktuelle Entwicklungen in der Lehrer:innenbildung für Inklusion: Herausforderungen – Konzepte – Perspektiven

Petra Büker

Im vorliegenden Beitrag wird der Versuch einer Skizzierung maßgeblicher Entwicklungen unternommen, welche zu Beginn der 2020er Jahre Einfluss auf die Konzeptualisierung einer Lehrer:innenbildung für Inklusion genommen haben. Veränderte gesellschaftliche Rahmenbedingungen und neue Ansprüche bestimmen den Umgang mit den grundlegenden, spannungsreichen und widersprüchlichen Grundfragen von Inklusion in Schule und Lehrkräftebildung. Entlang der Frage, wie sich der universitäre Inklusionsauftrag in den letzten Jahren mit Blick auf Professionalisierungsfragen entwickelt hat, werden strukturelle, inhaltliche und hochschuldidaktische Veränderungen gekennzeichnet und im Zusammenhang mit Entwicklungen der Schulpraxis sowie mit Forschungsaktivitäten betrachtet. Tendenzen der synergetischen Verknüpfung mit weiteren bildungsrelevanten Querschnittsthemen werden am Beispiel von Inklusion und Digitalisierung aufgezeigt, abschließend werden Implikationen für eine zukunftsfähige Lehrer:innenbildung perspektiviert.

1. Der Inklusionsanspruch in sich verändernden Kontexten: Einleitung

Im Jahr 2015 formulierten die Kultusministerkonferenz und die Hochschulrektorenkonferenz in ihrer gemeinsamen Empfehlung als Ziel für alle Bundesländer, die Studienstrukturen und Inhalte der ersten Phase der Lehrkräftebildung auf eine *„Schule der Vielfalt"* auszurichten (vgl. KMK/HRK 2015). Ein professioneller Umgang mit Heterogenität sollte – insbesondere mit Blick auf ein inklusives Schulsystem – als Querschnittsaufgabe über alle Fächer hinweg systematisch und curricular verankert werden (ebd.). Dies setzte an den Hochschulen intensive Diskussionen und Anpassungen der Studienordnungen in Gang. Die Tagung *„Lehrer:innenbildung für Inklusion"* im Herbst 2016 an der Universität Siegen stand ganz im Zeichen des Austausches über strukturelle und hochschuldidaktische Fragen (vgl. Greiten/Geber/Gruhn/Königer 2017). Seit dieser Zeit ist die Dynamik der Entwicklung des Inklusionsthemas in Schule und Lehrer:innenbildung ungebrochen. In Forschung, Lehrer:innenbildung und Praxis wurden die Fragen und Diskurse ausdifferenziert und explizit mit Professionalisierungsfragen und -ansätzen verknüpft. Die Komplexität und Ambiguität des Gegenstandes „Inklusion" geht einher mit einer Ko-Existenz verschiedenster Strukturmodelle in den Lehramtsstudiengängen bundesdeutscher Hochschulen, die alle für eine Tätigkeit in der „Schule des Gemeinsamen Lernens" qualifizieren wollen – wobei es *das* Konzept einer inklusiven Schule nicht gibt. Hinzu kommen stark veränderte gesellschaftliche Rahmenbedingungen, unter denen Inklusion in den letzten Jahren konzeptualisiert und weiterentwickelt werden musste: Neben einer beschleunigten Dynamik gesellschaftlicher Megatrends wie Digitalisierung und Internationalisierung führen krisenhafte Ereignisse weltweiten Ausmaßes wie Krieg, Fluchtbewegungen und Pandemie zu neuen Themen und Herausforderungen in Schule und Lehrer:innenbildung. Intersektional betrachtet haben sich dadurch bedingt Ausprägungen und Relationierungen zwischen verschiedenen, für schulische Bildungsprozesse als bedeutsam erwiesenen, Differenzkategorien und Inklusion weiter verschoben. Es lassen sich also reichlich Anlässe identifizieren, um im Rahmen der zweiten Tagung „*Lehrer:innenbildung für Inklusion*" an der Pädagogischen Hochschule Heidelberg im Herbst 2022 das „*Feld zu vermessen*" und zu fragen, welche maßgeblichen Entwicklungen in welcher Weise Einfluss auf die Konzeptualisierung einer Lehrer:innenbildung für Inklusion genommen haben. Mit Fokus auf die universitäre Phase soll – notwendigerweise schlaglichtartig und ohne Anspruch auf Vollständigkeit – der Versuch einer Skizzierung neuer Rahmenbedingungen und mit diesen verknüpften Ansprüchen des Umgangs mit grundlegenden Fragen und Gegenständen des Inklusionsdiskurses sowie aktueller Tendenzen und Erkenntnisse unternommen werden. Es soll gezeigt werden, wo sich Problematiken verdichten und aktuelle Ausgangspunkte für die künftige bildungswissenschaftliche und fachdidaktische Ausgestaltung des Inklusionsauftrags in der Lehrkräftebildung verortet werden können.

Im folgenden Beitrag wird zunächst die Frage fokussiert, wie sich der universitäre Inklusionsauftrag in den vergangenen Jahren mit Blick auf Professionalisierungsfragen entwickelt hat (Kap. 2). Strukturelle, inhaltliche und hochschuldidaktische Veränderungen sind aufgrund der Praxisfeldbezogenheit des Lehramtsstudiums nicht ohne eine Betrachtung von Entwicklungen im Schulsystem zu bestimmen, weshalb diese kurz beleuchtet werden. Anschließend wird ein Blick auf die Expansion von Forschungsaktivitäten und -ergebnissen im Zusammenhang einer Qualifizierung für Inklusion in der Lehrer:innenbildung geworfen (Kap. 3), bevor auf die aktuelle Tendenz der Verknüpfung der Inklusionsthematik mit verschiedensten lehrer:innenbildungsrelevanten Disziplinen, Diskursen und Querschnittsthemen eingegangen wird (Kap. 4). Am Beispiel der synergetischen Verknüpfung der Querschnittsaufgaben Inklusion und Digitalisierung werden Chancen und zu bearbeitende Herausforderungen für die universitäre Lehrkräftebildung dargestellt. Dies wird anhand der Entwicklung von

Lehr-/Lernmaterialien für die bildungswissenschaftliche Hochschullehre konkretisiert. Abschließend wird der Versuch einer Bündelung aktueller und größtenteils weiterhin offener inklusionsbezogener Fragen sowie Perspektiven für die weiterführende Diskussion um Inklusion in Schule und Lehrer:innenbildung unternommen (Kap. 5).

2. Professionalisierung für Inklusion: Strukturelle, inhaltliche und didaktische Entwicklungen der Inklusionsthematik in Lehrer:innenbildung und Schule

Mit Blick auf *Entwicklungen in der Schule* lässt sich zunächst festhalten, dass Inklusion eines der in den letzten Jahren meist diskutierten bildungspolitischen Themen darstellt: Der Auftrag, im Sinne der Ratifizierung der UN-Behindertenrechtskonvention im Jahr 2009 in Deutschland flächendeckend ein inklusives Schulsystem zu entwickeln, war und ist vor dem Hintergrund eines traditionell segregierten, auf einem Homogenitätsprinzip beruhenden, Schulsystems mit einschneidenden Reformen und Innovationsprozessen verbunden. Auf Länderebene wurden in den letzten Jahren Gesetze und Verfahren erlassen, die regeln, wie das grundlegende Recht auf eine inklusive Beschulung an eigens dafür ausgewiesenen „*Schulen des Gemeinsamen Lernens*" umgesetzt werden kann. Inwieweit die an das Bildungssystem herangetragenen Zielsetzungen zwischenzeitlich zu strukturellen Veränderungen geführt haben, lässt sich (wenn auch mit Einschränkungen) an Schulstatistiken und Bildungsberichten ablesen. Bundeslandübergreifend zeigt sich die Tendenz, dass die sogenannte Inklusionsquote, welche die Beschulung von Schüler:innen mit attestiertem sonderpädagogischen Förderbedarf in Regelschulen oder KiTas umfasst, im Elementarbereich mit 67 % am höchsten ist, um dann kaskadenartig über die Grundschule bis zur Sekundarstufe zu sinken (vgl. Hollenbach-Biele/Klemm 2020). Nach wie vor zeigen sich in Grundschule und Gesamtschule (und damit in Schulformen mit explizitem pädagogischem Selbstverständnis als diversitätsorientierte *Schule für alle Kinder*, welche zugleich die größten Erfahrungen mit integrativen Modellversuchen vorweisen) die höchsten Inklusionsquoten. An Gymnasien sind hingegen lediglich 6,9 % der in der Sekundarstufe inklusiv unterrichteten Jugendlichen anzutreffen (ebd.). Rein zahlenmäßig betrachtet sind die systemischen Entwicklungen der letzten Jahre überschaubar. Zwar hat sich die Zahl der Schüler:innen mit sonderpädagogischem Förderbedarf in Regelschulen zwischen den Schuljahren 2008/2009 und 2018/19 um das 2,7-fache erhöht, dies geht jedoch einher mit einem deutlichen Anstieg des Anteils von Schüler:innen mit diagnostiziertem sonderpädagogischem Förderbedarf an der gesamten Schülerschaft von 6,3 % auf 7,8 % im gleichen Zeitraum (vgl. Statistisches Bundesamt 2021). Der in diesen Statistiken als Exklusionsquote bezeichnete Anteil der Schüler:innen mit sonderpädagogischem Förderbedarf, die separiert in Förderschulen unterrichtet wurden, ist in dem betrachteten Zeitraum allerdings nur um 0,6 Prozentpunkte auf 4,2 % zurückgegangen (Hollenbach-Biele/Klemm 2020). Hinter den statistischen Zahlen in Verbindung mit dem irreführenden Termini der *Inklusionsquote* (und davon abgeleiteten Begriffen wie *Inklusionsklassen* und *Inklusionskinder*) stehen Erfahrungen des Einschlusses aber (nach wie vor) auch des Ausschlusses und biografischer Brüche einzelner Kinder und Jugendlicher (vgl. Lutz et al. 2022, S. 14). Auch täuschen die genannten Statistiken leicht darüber hinweg, dass bundeslandspezifisch große Unterschiede zwischen den Feststellungs- und Meldepraxen sonderpädagogischen Förderbedarfs bestehen und auf Ebene der Kommunen und der Einzelschulen sehr unterschiedliche Verständnisse von Inklusion konzeptualisiert werden. Diese bewegen sich zwischen einem *engen*, auf kompensatorische Leistung der Schule und eine Zwei-Gruppen-Logik von Kindern mit und ohne Förderbedarf bezogenen, und einem *weiten*, auf De-Kategorisierung im Zuge eines generellen Umgangs mit verschiedensten Dimensionen von Heterogenität gerichteten Inklusionsverständnis (vgl. Emmerich/Moser 2020, S. 78). Dieses Grundverständnis hat auch bedeutenden Einfluss auf die Definition von Zuständigkeiten und die Art der Kooperation von sonderpädagogisch ausgebildeten Lehrkräften und Regelschullehrkräften, Schulsozialarbeiter:innen und weiteren Akteur:innen in den sogenannten multiprofessionellen Teams (vgl. Goldfriedrich/Bilz/Fischer 2020). Selbst bei professioneller Zusammenarbeit bei der Gestaltung teilhabeförderlicher, individualisierter Lernumgebungen, wie sie beispielsweise an Preisträgerschulen konzeptualisiert wird (vgl. Bertelsmann-Stiftung 2016) bleibt das systembedingt antinomische Spannungsverhältnis zu dem an der Schülerleistung orientierten Selektionsauftrag der Schule innerhalb eines nach wie vor meritokratischen Gesellschafts- und Bildungssystems bestehen. Lehrkräfte an sich inklusiv entwickelnden Schulen müssen daher täglich Handlungsentscheidungen in einem durch große strukturelle Divergenzen, Antinomien und Herausforderungen gekennzeichneten Feld treffen, in einer (noch nicht transformierten) Schule vermitteln zwischen ihrer eigenen Praxis, einer inklusiven, auf Anerkennung, Teilhabe, Antidiskriminierung und Bildungsgerechtigkeit zielenden Schulentwicklungsprogrammatik, dem gesellschaftlichen Leistungsverständnis und der schulischen Selektionsfunktion (vgl. Reiss-Semmler 2019, S. 5). Diese Ungleichzeitigkeit von Reform und Tradition, das Spannungsverhältnis von Anspruch und realen Arbeitsbedingungen haben Inklusion in den letzten Jahren zu einem schulpädagogischen Reizthema werden lassen (vgl. Preuss 2018). Insbesondere Lehrer:innenverbände machen auf Überforderungsrisiken aufmerksam. Schule ist der Schauplatz, auf welchem Inklusionsbefürworter:innen, Inklusionsskeptiker:innen und Inklusionsgegner:innen in direkter Weise aufeinandertreffen (vgl. Büker/Glawe/Herding 2022, S. 277). Derzeitige Lehramtsstudierende, die eine inklusiv orientierte Schule zumeist nicht als Teil der eigenen Biografie aus der Schüler:innenperspektive kennen, kommen häufig erstmalig in Praxisphasen mit der strukturellen und pädagogischen Tragweite des Inklusionsauftrags in Berührung.

Wenn nachfolgend *Entwicklungen im Hochschulkontext* skizziert werden, ist zunächst die gemeinsame Empfehlung der Kultusministerkonferenz und der Hochschulrektorenkonferenz aus dem Jahr 2015 zu nennen. Sie formulierten als Ziel für alle Bundesländer, die Studienstrukturen und Inhalte der ersten Phase der Lehrkräftebildung auf eine „*Schule der Vielfalt*" auszurichten (vgl. KMK/HRK 2015). Ein professioneller Umgang mit Heterogenität sollte – insbesondere mit Blick auf ein inklusives Schulsystem – als Querschnittsaufgabe über alle Fächer hinweg systematisch und curricular verankert werden (ebd.). Dies setzte in den letzten Jahren an den Hochschulen intensive Diskussionen und Anpassungen der Studienordnungen, aber auch die Einrichtung neuer Studiengänge in Gang. Aus der von Greiten et al. (2017) aufgezeigten Ko-Existenz verschiedener Strukturmodelle in den Lehramtsstudiengängen ergibt sich bis heute das Bild einer deutschlandweit diversen Hochschullandschaft. So finden sich an Universitäten (1) die Beibehaltung eigenständiger sonderpädagogischer bzw. auch als Rehabilitationspädagogik bezeichneter Studiengänge mit dem Ziel der Ausbildung spezieller Expertisen für Schüler:innen mit speziellen Bedarfen, (2) die Existenz inklusiv orientierter Sonderpädagogikstudiengänge neben einem (ebenfalls auf Inklusion vorbereitenden) Regelschullehramt, (3) das punktuelle Ineinandergreifen von inklusiv ausgerichteten Sonder- und Regelschullehramtsstudiengängen und (4) integrierte Modelle, in welchen beispielsweise durch einen Zusatzmaster Lehrkräfte für das Gemeinsame Lernen in inklusiven Schulen ausgebildet werden (vgl. ebd.; vgl. Trautmann 2017). Mit jeder Umsetzungsvariante werden jeweils spezifische Argumente der kontrovers geführten Inklusionsdebatte stärker gewichtet als andere: So steht Modell (1) für den Erhalt hoher sonderpädagogischer Fachlichkeit (oft in zwei Förderschwerpunkten bzw. Fachrichtungen) und für die Abwehr einer befürchteten De-Professionalisierung in inklusiven Settings, Modelle (2) und (3) für die Möglichkeit eines polyvalenten Einsatzes der künftigen Lehrkräfte in der Schule bei Erhalt von Spezialisierungen und (4) für die Zusammenarbeit bisher getrennt arbeitender Disziplinen und Professionen im Kontext eines neuen Entwurfs von Schule (vgl. ebd., S. 43). Empirische Befunde hinsichtlich einer Über- oder Unterlegenheit einzelner Modelle liegen bislang nicht vor (ebd.). Es wird jedoch davon ausgegangen, dass erst bei Realisierung der vernetzten Modelle, bei denen ein intensiver Austausch von Sonder- und Regelpädagogik im Curriculum sichtbar wird, von einer wirklichen *inklusiven Lehrer:innenbildung* gesprochen werden kann (Merz-Atalik 2017).

Unabhängig davon, in welcher Variante Studiengänge an einzelnen Hochschulen neu konzipiert, modifiziert oder fusioniert wurden, stellte sich stets eine grundsätzliche Frage, die Silvia Greiten, Georg Geber, Annika Gruhn und Manuela Köninger in ihrem Band zur Tagung 2016 auf den Punkt gebracht haben:

Wer soll die zukünftigen Lehrer*innen mit welcher Expertise, in welcher Disziplin und in welchem Studiengang auf was vorbereiten? (vgl. ebd. 2017, S. 19).

Mit dieser Frage befanden und befinden sich die Hochschulen bis heute inmitten eines Kompetenz- und Professionalisierungsdiskurses. Gemäß des HRK/KMK-Auftrags, Inklusion als interdisziplinäre Querschnittsaufgabe zu implementieren, wird dieser von Vertreter:innen unterschiedlichster Lehramtsstudiengänge, Fächer und Fachdidaktiken geführt und im besten Fall gemeinsam ausgestaltet. An der Universität Paderborn, deren Vorgehensweise hier beispielhaft aufgeführt werden soll, wurde nach Einrichtung des Studiengangs *Lehramt für Sonderpädagogische Förderung* eine interdisziplinäre Arbeitsgruppe ins Leben gerufen, die das „Paderborner Kompetenzmodell Inklusion für alle Lehrämter" entwickelte (Reis/Seitz/Berisha-Gawlowski 2020; vgl. Abb. 1).

Abbildung 1: Kompetenzmodell Inklusion für alle Lehrämter (Reis/Seitz/Berisha-Gawlowski 2020, S. 3)

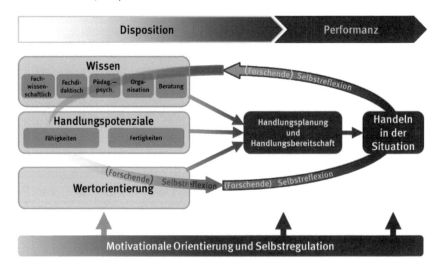

Das Modell versteht sich als Rahmenstruktur, welche von den lehramtsbezogenen Fächern curricular konkretisiert werden kann. Im Rekurs auf die kompetenztheoretischen Ansätze von Baumert und Kunter (2006) sowie Fröhlich-Gildhoff, Nentwig-Gesemann und Pietsch (2011) wird zunächst zwischen der Handlungsgrundlage (Disposition) und der Handlungsrealisierung (Performanz) unterschieden. Auf der Dispositionsebene, die insbesondere im Studium grundgelegt und entwickelt werden soll, geht es um das wechselseitige Zusammenspiel von Wissen, Handlungspotenzial und Wertorientierung, welches in einen Zusammenhang mit der jeweiligen Situationswahrnehmung und -analyse gestellt wird. Letztere wiederum nimmt Einfluss auf die Handlungsfähigkeit *in situ*. Der

Bereich des Wissens wird in Anlehnung an Baumert und Kunter (2006) unterteilt in Fachwissen, fachdidaktisches Wissen, pädagogisch-psychologisches Wissen, Organisationswissen und Beratungswissen. Daneben treten Fähigkeiten und Fertigkeiten, etwa im Bereich der diagnostischen Erfassung individueller Lernausgangslagen, der Gestaltung adaptiven Unterrichts oder des lernprozessbezogenen Feedbacks. Das Spektrum der Anforderungen an eine wissenschaftlich fundierte und zugleich auf das pädagogisch-didaktische Handeln in der Schule ausgerichtete Lehrkräftebildung wird häufig zusammenfassend als Trias von Wissen – Können – Haltung dargestellt (vgl. von Spiegel 2021), wobei die Anregung zu einer kritischen, eigenständigen Reflexion – so auch im Paderborner Kompetenzmodell – das verbindende professionalisierungswirksame Element darstellt.

Die Konkretisierung dieser Kompetenzfacetten auf der curricularen Ebene in den Bildungswissenschaften und Fachdidaktiken der unterschiedlichen Studiengänge erwies sich in den vergangenen Jahren als komplexe Herausforderung. Für zahlreiche sehr grundlegende Fragen zeigte sich ein hoher Klärungsbedarf: Zunächst einmal rückte die Frage in den Vordergrund, *was überhaupt gelernt werden soll*. Wie lässt sich eine Grundqualifizierung aller Lehramtsstudierenden für ein inklusives Schulsystem konzeptualisieren? Was ist unter den von der KMK/HRK 2015 aufgeführten *Sonderpädagogischen Basiskompetenzen* für alle Lehrkräfte zu fassen? Welches Wissen (beispielsweise im Bereich von Förderschwerpunkten), welche Fähigkeiten und Fertigkeiten (beispielsweise im Bereich von Diagnose und Beratung oder von Klassenführung) müssen von *allen* Studierenden erworben werden, was kann, sollte oder müsste als Spezialwissen und -expertise gelten? In Deutschland liegen bislang kein konsensuales Kompetenzmodell sowie einheitliche Standards für eine inklusive Lehrer:innenbildung vor; es bleibt, bedingt durch die föderale Struktur den jeweiligen Hochschulen überlassen, welche inhaltlichen Schwerpunkte gesetzt werden und welches Kompetenzprofil handlungsleitend bei der Entwicklung der Curricula ist (vgl. Goldfriedrich/Bilz/Fischer 2020). Mancherorts lässt sich beobachten, dass die explizite, curriculare Klärung der Frage nach den Inhalten im Zuge der Änderung der Modulordnungen mit einem Kunstgriff umgangen wurde. Bei der Vergabe der neu zu verteilenden Leistungspunkte für Inklusion wurde unter Bezugnahme auf das Argument, Inklusion im weiten Begriffsverständnis als erweiterte Form des Umgangs mit Heterogenität aufzufassen, der zuvor verwendete Begriff der *Integration* durch den Terminus *Inklusion* ersetzt. Auch finden sich Modulbeschreibungen, in denen der Hinweis auf Inklusion lediglich als *Appendix* aufgenommen wurde: Aus der Kompetenzformulierung ‚Planung von Unterricht für Schülerinnen und Schüler mit heterogenen Lernvoraussetzungen' wird beispielsweise: ‚Planung von Unterricht für Schülerinnen und Schüler mit heterogenen Lernvoraussetzungen *in der inklusiven Schule*'; aus dem Kompetenzziel: ‚Fähigkeit zur Kooperation und kollegialer Beratung' wird etwa: ‚Fähigkeiten zur *multiprofessionellen Kooperation in inklusiven Settings*'. Eine Analyse von Modulhandbüchern der wenigen Hochschulen mit einer integrierten Studienstruktur (gemäß Modell 4) zeigt, dass in Anbetracht vorliegender Forschungsergebnisse sowie internationaler Standards selbst bei diesen neu geschaffenen Studienangeboten eine Unterrepräsentanz erwartbarer, explizit aufgeführter Inhalte (beispielsweise im Bereich der Einstellungen, der praktischen Fertigkeiten sowie der Elternkooperation) besteht und Formulierungen sehr allgemein gehalten werden (vgl. Goldfriedrich/Bilz/Fischer 2020). Begrifflichkeiten wie Differenz-, Heterogenitäts-, Diversitäts- oder Inklusionssensibilität sind der pädagogischen Komplexität des Inklusionsthemas und der Relevanz von Reflexion, wie im Modell von Reiss et al. (2020) verankert sind, sicherlich angemessen, als solche jedoch unscharf und in Forschung und Lehre schwer operationalisierbar (vgl. Schmitz/Simon/Pant 2020). Die Aufgabe des Ausbuchstabierens des *WAS* einer inklusiven Lehrer:innenbildung wird damit an die Dozierenden weitergegeben.

Studierende des Regelschullehramts und des Lehramts für Sonderpädagogische Förderung (entsprechend oben aufgeführtem Modell (2)) besuchen schon aus stundenplantechnisch-organisatorischen Gründen oftmals getrennte Lehrveranstaltungen. Dort, wo gemeinsame Veranstaltungen (gemäß Modell (3)) konzipiert werden oder Studierende in Praxisphasen mit der Umsetzung des Inklusionsauftrags konfrontiert werden, stellen Studierende des Regelschullehramtes die kritische Frage, warum ihnen der Erwerb von vertiefendem Wissen etwa im Bereich des Umgangs mit Kindern und Jugendlichen, die als emotional-sozial auffällig gelten, oder im Bereich spezifischer Diagnostik und Beratung vorenthalten bleibt. Sie erleben in der Schule, dass auch in den als inklusiv gekennzeichneten Einrichtungen sonderpädagogisch ausgebildete Lehrkräfte in nicht ausreichender Zahl oder nicht permanent vor Ort sind. Letzteres wird in einer repräsentativen FORSA-Umfrage unter Lehrkräften zu Inklusion aus dem Jahr 2020 bestätigt. Das System der parallelen Ausbildung von Lehrkräften für sonderpädagogische Förderung und einem auf Inklusion vorbereitenden Regelschullehramt besteht in den Augen von Studierenden den Praxistest nicht. Qualitative Studien mit Lehramtsstudierenden im Praxissemester wie die von Cornel (2021) verweisen auf dringende Wünsche nach einer „Einführung in *DIE* Förderschwerpunkte" (ebd., S. 225) sowie den Aufbau eines Handlungsrepertoires zur lernprozessanregenden und auch emotional-sozialen Unterstützung, um auch den Kindern mit besonderen Teilhabevoraussetzungen gerecht werden zu können und um sich auf der Performanzebene handlungssicherer fühlen zu können (ebd.). Es wurden Befürchtungen geäußert, für den Einsatz am selben Bildungsort (der inklusiven Schule) schlechter ausgebildet zu sein als Studierende mit sonderpädagogischem Abschluss.

Ein weiterer Entwicklungsbereich für die universitäre Lehrer:innenbildung eröffnet sich entlang der Frage: *Wer kann welches Wissen und Können vermitteln?* Der massive Aufbau neuer bzw. Ausbau vorhandener Lehramtsstudiengänge an den Universitäten hat in den letzten Jahren dazu geführt, dass in den lehramtsbezogenen Studiengängen Dozierende unterschiedlicher Traditionen und Disziplinen forschen und lehren: sie entstammen der traditionellen Sonderpädagogik, der sich neu entwickelnden Inklusionspädagogik, der Schulpädagogik, einer Fachdidaktik, den Bildungswissenschaften oder kommen aus der Heterogenitätsforschung. Studierende erleben divergierende Begriffsverständnisse von Inklusion und mannigfaltige Sichtweisen auf Art und Grad des zu erwerbenden Professionswissens. Neben dem Prinzip der Freiheit von Forschung und Lehre mag dies in dem großen Interpretationsspielraum begründet liegen, den offen gestaltete Prüfungsordnungen (s. o.) mit sich bringen. Diskrepanzen primär auf der individuellen Ebene der fachlichen und persönlichen Überzeugungen und Präferenzen der Dozierenden zu verorten, wäre allerdings zu kurz gegriffen. Vielmehr muss von strukturellen Disparitäten von traditioneller Sonderpädagogik und Allgemeiner Pädagogik sowie von differenten Eigenlogiken inklusiv orientierter Pädagogik (die Kategorisierungen problematisiert) und Fachdidaktik (welche Kategorisierungen für Leistungsfeststellungen nutzt) ausgegangen werden (vgl. Ritter 2021). Differente Vermittlungsinhalte sind daher durchaus dem komplexen Gegenstand Inklusion und dessen Diskurse angemessen; mit einer fachlichen Einordnung, Verknüpfung und Reflexion derselben dürfen Studierende jedoch nicht allein gelassen werden (vgl. Büker/Glawe/Herding 2022).

Bis hierher lässt sich feststellen: Der Auftrag, deutschlandweit ein inklusives Schulsystem und eine darauf abgestimmte universitäre Lehrkräftebildung aufzubauen, hat in den letzten Jahren zu sichtbaren schul- und hochschulstrukturellen Entwicklungen geführt. Im Zuge des Ausbaus von Studienplatzkapazitäten im Zusammenhang des akuten, noch bis in die 2030er prognostizierten Lehrkräftemangels, erhalten inklusionsorientierte Studiengänge auch quantitativ ein zunehmendes Gewicht. Inklusion ist durch Schulgesetze und in der curricularen Verankerung in Verbindung mit Professionalisierungsansätzen in der Lehrkräftebildung als Auftrag inzwischen fest etabliert, was eine grundsätzlich positive Entwicklung markiert. Allerdings reibt sich die Inklusionsthematik in der Sache an vielen Stellen mit den weitestgehend erhalten gebliebenen traditionellen Grundstrukturen des Bildungssystems sowie an einer auf Ressourcenminimierung gerichteten Bildungspolitik. Schule und Lehrkräftebildung sind nach wie vor geprägt durch eine Deutungsvielfalt, durch Divergenzen, Widersprüche und Unklarheiten sowie eine normative Aufladung des Diskurses. Bis heute wird das dem Inklusionsziel inhärente transgressive Veränderungspotenzial traditioneller, ungleichheitsförderlicher Systeme zu sehr außer Acht gelassen (Pearce/Wood 2019).

Besonders deutlich wurde die Fragilität des Erreichten im Kontext der Corona-Krise und den damit verbundenen Lockdowns und Schulschließungen. Studien weisen darauf hin, dass Schüler:innen mit besonderen Teilhabebedürfnissen und spezifischen Unterstützungsbedarfen, insbesondere aus sozioökonomisch benachteiligten Lebensverhältnissen, besonderen Risiken ausgesetzt waren (vgl. Goldan/Geist/Lütje-Klose 2020). Insgesamt hat die Pandemiesituation zu einer Vergrößerung von Bildungsungleichheiten geführt (vgl. ebd.). Festzustellen ist: Es zeigen sich immer neue, komplexitätserweiternde Facetten der

Inklusionsthematik, die wiederum höchste Ansprüche an die Bearbeitung im Rahmen der Lehrer:innenbildung stellen. Die Fragen: *WEN* müssen wir in der Lehrer:innenbildung für *WAS* befähigen, *WER* braucht welches Wissen und Können, sind Stand heute mitnichten geklärt. Separierende Studienstrukturmodelle leisten dem langfristigen Erhalt der Zwei-Gruppen – zwei Professionen-Logik in der inklusiven Schule Vorschub und können daher nicht als *die* Lösung gelten.

3. Qualifizierung für Inklusion in der Lehrer:innenbildung: Expansion von Forschungsaktivitäten und -ergebnissen

Insgesamt ist für die letzten Jahre eine Expansion der Forschung im Bereich der Qualifizierung für Inklusion in der Lehrer:innenbildung zu verzeichnen. Darauf macht etwa Clemens Hillenbrand in seinem Forschungsüberblick aus dem Jahr 2021 über nationale und internationale Befunde zur Lehrkräfteprofessionalisierung aufmerksam. Die hohe Dynamik profitiert im deutschen Sprachraum von großen Förderlinien, insbesondere im Rahmen der Qualitätsoffensive Lehrerbildung (QLB) sowie des Forschungsschwerpunkts Fachkräftequalifizierung für inklusive Bildung des BMBF (2017–2021) mit knapp 40 geförderten Projekten. Dissemination und Transfer von Forschungsprojekten sowie von entwickelten Aus- und Weiterbildungskonzepten wurden innerhalb dieser Förderlinie über ein Metavorhaben optimiert, etwa durch die neu gegründete Zeitschrift *Qualifizierung für Inklusion*. Die Forschungsthemen der letzten Jahre haben die unterschiedlichen Faktoren des oben vorgestellten Kompetenzmodells (Kap. 2, Abb. 1) mit Blick auf verschiedene Akteursgruppen empirisch erhellt und weiter ausdifferenziert: Insbesondere die Einstellungen und Haltungen von (angehenden) Lehrkräften wurden mit immer komplexeren Mehrebenenanalysemodellen untersucht und Zusammenhänge von Überzeugungen, Selbstwirksamkeit, motivationalen Orientierungen, Wissen und Können herausgearbeitet (vgl. Schwab/Feyerer 2016). Umfassend untersucht wurden auch Gelingensbedingungen multiprofessioneller Teamarbeit im Kontext inklusiver Schulentwicklung (vgl. Lütje-Klose/Miller 2017; Idel/Grüter/Lütje-Klose 2019) sowie die adaptive Gestaltung von individueller Förderung (vgl. Stebler/Reusser 2017). Die Evidenz inklusiven Unterrichts wurde weiter untersucht. In Längsschnittstudien konnten beispielsweise statistisch signifikante Leistungsvorsprünge in den Bereichen Lesen und Rechtschreiben bei inklusiv beschulten Kindern und Jugendlichen mit attestiertem sonderpädagogischen Förderbedarf identifiziert werden (vgl. Wild/Lütje-Klose/Schwinger/Gorges/Neumann 2017). Vorteile des Gemeinsamen Unterrichts für die (psycho-)soziale und emotionale Entwicklung sowie für eine Förderung von Offenheit gegenüber Menschen mit Behinderung konnten belegt werden (vgl. Dedering 2016), wenn bestimmte Gelingensbedingungen hinsichtlich der Zusammensetzung von Lerngruppen, der individuellen Förderung sowie der permanenten Arbeit an sozialen und emotionalen Kompetenzen erfüllt sind (ebd.).

Auffällig ist, dass nicht wenige, insbesondere quantitativ ausgerichtete Forschungen, häufig entlang eines engen Inklusionsverständnisses angelegt sind. So wurde aus Gründen der Komplexitätsreduzierung im Sinne einer besseren Untersuchbarkeit auch in der o. g. BMBF-Förderlinie ein auf das Differenzmerkmal der Behinderung fokussiertes Inklusionsverständnis vorgegeben (vgl. Lutz et al. 2022, S. 10). Dagegen sprechen sich Vertreter:innen der re- und de-konstruktiven Inklusionsforschung aus, die zumeist mit qualitativen Ansätzen Macht-, Adressierungs-, Kategorisierungs- und Pathologisierungspraktiken in Schulen aufdecken, subjektive Theorien von Kindern und Jugendlichen im Rahmen partizipativer Forschungsmethoden selbst erheben und dabei die reale Komplexität so weit wie möglich mit erfassen wollen. Forschungsergebnisse lassen auf diese Weise die Diskrepanz zwischen der Inklusionspädagogik und schuladministrativen Entscheidungslogiken (Stichwort Etikettierungs-Ressourcen-Dilemma) deutlich sichtbar werden. In Verbindung mit dieser Forschungsrichtung wurden in den letzten Jahren intersektional angelegte, auf Fragen sozialer Ungleichheit fokussierende Theorieansätze wie die der reflexiven Inklusion (vgl. Budde/Hummrich 2015) weiterentwickelt und breit diskutiert.

Allerdings, so betont es Hillenbrand in seinem Überblick, gelingt es bislang nicht, die Qualifikation von angehenden und praktizierenden Lehrkräften erfolgreich an den aktuellen Wissensbeständen auszurichten. International und für Deutschland wird weiterhin von einem Research-to-Practice-Gap gesprochen. Im Rahmen der internationalen TALIS-Studie der OECD aus dem Jahr 2018 wurde ermittelt, dass sich Lehrkräfte zwar Qualifizierungsangebote wünschen, diese aber überwiegend als wenig hilfreich für ihre Praxis einschätzen (vgl. OECD 2018, referiert in Hillenbrand 2021, S. 39). Hier scheint ein großes Passungsproblem vorzuliegen, das nicht allein durch einen besseren Transfer zu lösen ist. Vielmehr liegen hier Ungleichzeitigkeiten von Entwicklungsdynamiken vor, die gerade in der Pandemiezeit deutlich zutage traten: In Schulen sind aktuelle Handlungserfordernisse immer ‚schon da', es müssen in situ Lösungen gefunden werden, für die oft erst Jahre später Forschungsergebnisse in praxisadaptierbarer Form vorliegen. Weiterhin fehlen Studien, welche die Umsetzung einer inklusiven Schul- und Unterrichtsentwicklung (etwa entlang des Index für Inklusion oder des Konzeptes eines Universal Design for Learning) praxisnah begleiten, evaluieren und reflektieren (vgl. Preuss 2018).

4. Verknüpfungen von Disziplinen, Diskursen und Querschnittsthemen: neue Verhältnisbestimmungen von Inklusion und neue Ansprüche am Beispiel Inklusion und Digitalisierung

Ein weiteres wesentliches Kennzeichen der Entwicklung der letzten fünf bis sechs Jahre bildet die explizite Verbindung des Inklusionsauftrags mit weiteren großen gesellschaftlichen Themen und Diskursen, die zugleich spezifische Aufgabenfelder der Lehrer:innenbildung darstellen. Inklusion erscheint heute – und dies kann grundsätzlich als Errungenschaft gewertet werden – als großes gesellschaftliches und bildungsbezogenes Querschnittsthema, das mit anderen Querschnittsthemen wie Bildung für nachhaltige Entwicklung, Partizipation und Demokratiebildung sowie einer Bildung für eine digitale Welt verknüpft wird (vgl. Schulz & Rončević 2022). Dies führt zu komplexen Herausforderungen und zur Notwendigkeit neuer Verhältnisbestimmungen in Kontexten von Wissenschaft, Lehrer:innenbildung und Schulpraxis, was im Folgenden am Beispiel von Digitalisierung und Inklusion verdeutlicht werden soll.

Digitalisierung wird heute als Meta-Prozess gesellschaftlicher Transformation verstanden (vgl. Kamin/Batolles 2022; Büker et al. 2022); sie ist daher nicht nur technikinduziert, sondern führt auf Ebene des Individuums sowie auf der sozialen und kulturellen Ebene der Gesellschaft zu neuen Entwicklungen, Praktiken und Organisationsformen, was im Rekurs auf Stalder (2016) häufig als „Kultur der Digitalität" bezeichnet wird. Entsprechend dieser Bedeutung wird der Auf- und Ausbau digitalisierungsbezogener Kompetenzen für Schüler:innen und parallel dazu für tätige und angehende Lehrkräfte als verbindliches Qualifizierungsziel mit hoher Priorität definiert. So fordert die KMK (2016) dazu auf, entsprechende Kompetenzziele in den Bildungswissenschaften und den Fachdidaktiken curricular zu verankern. Eine rein additive Implementation der Aufgabenfelder von Inklusion und Digitalisierung würde wesentliche Synergiepotenziale außen vorlassen. Diese Annahme bildet den Ausgangspunkt der aktuell verstärkt zu beobachtenden Bemühungen um eine inhaltliche Vernetzung von Inklusion und Digitalisierung in der Lehrkräftebildung (vgl. Hartung/Zschoch/Wahl 2021). Auf der Schnittfläche von Inklusion und Digitalisierung, der sich insbesondere die neue Disziplin der inklusiven Medienpädagogik annimmt, scheint der Begriff der Teilhabe sehr prominent (vgl. Kamin/Bartolles 2022). Der inklusive Anspruch auf gesellschaftliche Teilhabe ist zunehmend an digitale Medien und Infrastrukturen verbunden (vgl. ebd.). Neben Teilhabe *durch* Medien ist aber zunächst erst einmal die Teilhabe *an* Medien sicherzustellen, insbesondere durch eine Barrierefreiheit der Wahrnehmbarkeit, Verständlichkeit (etwa durch Darstellung in leichter Sprache) und Bedienbarkeit digitaler Tools und Inhalte. Teilhabe *in* Medien trägt der Tatsache Rechnung, dass mediale Darstellungen einen erheblichen Einfluss auf die Inszenierung von Vielfalt in der Gesellschaft nehmen; oft werden Stereotype verstärkt, aber Medien eröffnen Individuen auch die Chance, über entsprechende Gestaltungen ein differenzierteres Bild von gesellschaftlicher Vielfalt zu geben (vgl. ebd.). Der Verzahnung der beiden Themen wird hohes Potenzial zugesprochen, unter dem Kunstwort „Diklusion" (Schulz/Reber 2022) werden die Chancen der fortschreitenden Digitalisierung für eine Expansion der Möglichkeiten für die Umsetzung von Inklusion in Bildungskontexten fokussiert. Gleichzeitig wird – untermauert durch

Erfahrungen während der Covid-Pandemie – der Blick auf neue Exklusionsrisiken gerichtet. In ihren ergänzenden Empfehlungen hebt die KMK (2021) die Notwendigkeit des Einbezugs digitaler Lernumgebungen für neue Formen des Umgangs mit Heterogenität, des individuellen Lernens und Übens mit personalisierter, digital gestützter Rückmeldung ebenso wie den Auftrag einer umfassenden kritisch-reflexiven Medienbildung hervor. Neben pädagogisch-didaktischen Implikationen sollen digitale Medien auch zur Optimierung der Arbeitsorganisation an Schulen beitragen. Eine explizite Verknüpfung von Inklusion und Digitalisierung findet im Zusammenhang der Entwicklung digitaler Bildungsräume statt, zu denen offene freie Bildungsmaterialien (Open Educational Ressources, OER) sowie neue Praktiken des Teilens solcher Ressourcen in sogenannten Open Educational Practices (OEP) gehören. Der inklusive Gedanke wird dabei als wesentliche Begründungs- und Zieldimension von OER gesehen. So findet sich im Strategiepapier OER/OEP der Bundesregierung (2022, S. 3) mit Bezug auf die UNESCO-Empfehlung zu OER von 2019:

„Informations- und Kommunikationstechnologien bieten ein hohes Potenzial für effektiven, chancengerechten und inklusiven Zugang zu OER und deren Weiterverwendung, Bearbeitung und Weiterverbreitung. Sie können Möglichkeiten eröffnen, OER jederzeit und überall für alle zugänglich zu machen, darunter Menschen mit Behinderungen und Menschen aus marginalisierten oder benachteiligten Gruppen. Sie können dazu beitragen, individuellen Lernbedürfnissen gerecht zu werden, Geschlechtergleichheit effektiv zu fördern und Anreize für innovative pädagogische, didaktische und methodische Ansätze bieten."

Die Verbindung mit Inklusion wird wiederum in Bezug gesetzt zur Agenda 2030 der Vereinten Nationen. So führt das o. g. OER-Strategiepapier (2022, S. 6) aus:

„Mit dem breiten Inklusionsverständnis hinter OER soll den Herausforderungen der Digitalisierung und dem lebensbegleitenden Lernen begegnet werden. OER wird ein großes Potenzial zugesprochen, um zu hochwertiger Bildung als Ziel 4 der Ziele für nachhaltige Entwicklung (SDG 4) der Agenda der Vereinten Nationen beizutragen."

Der Versuch, Inklusion mit bisher weitgehend getrennt geführten Diskursen systematisch zu verbinden, erfordert neue Relationierungen, schafft neue Wissensordnungen und eröffnet neue oder ausdifferenzierte Forschungs- und Arbeitsfelder. Gleichzeitig wird das vielschichtige, durch Spannungen, Unbestimmbarkeitsmomente und Kontroversen geprägte Thema Inklusion nun mit Themen verknüpft, die wiederum selbst eine äußerst hohe Komplexität aufweisen und als Zukunftsthemen noch recht explorativ sind. Dies trägt zu einer weiteren Komplexitätssteigerung der Anforderungen an Schule und Lehrer:innenbildung bei. In den zurückliegenden drei bis vier Jahren wurden Bemühungen um die Entwicklung von OER für den Einsatz in einer digitalisierungsbezogenen Hochschulbildung intensiviert. Im Rahmen zweier Verbundprojekte konnten beispielsweise vielfältige Erfahrungen mit der Entwicklung, Erprobung und Evaluation von OER-fähigen Lehr-/Lernmaterialien zum Themenfeld Inklusion für den Einsatz in der bildungswissenschaftlichen Lehre (Büker et al. 2022) sowie hinsichtlich der Erprobung von Kooperationsmöglichkeiten Dozierender in der inklusionsbezogenen Lehre im Sinne von OEP (Glawe et al. 2024 i. V.) gewonnen werden. Im Kontext der beiden Projekte wurden wissenschaftlich fundierte digitale Lehr-/Lernmaterialien (weiter-)entwickelt, die die zentralen Kompetenzfacetten inklusiver Bildung (vgl. Kap. 2, Abb. 1) berücksichtigen und sich auch für ein Selbststudium oder für hybride Formen der Hochschullehrkräftebildung eignen sollen. Geradezu brennglasartig bündelten sich hier die oben aufgeführten professionalisierungsrelevanten Grundsatzfragen (Für *WAS* sollen künftige Lehrkräfte qualifiziert werden? Welches Inklusionsverständnis scheint adäquat?) sowie hochschuldidaktische Fragen (*WIE* können die bestehenden Antinomien problematisiert und einer diskursiven Bearbeitung zugänglich gemacht werden?). Eine große Herausforderung besteht beispielsweise darin, Lehr-/Lernmaterialien zur Inklusionsthematik so zu konzeptualisieren, dass der so notwendige Diskurs, die kritischen Anfragen, das theorie- und empirieunterstützte Argumentieren und Gestalten alternativer Handlungsentwürfe auch in den neuen Lernkulturen ermöglicht wird. So soll verhindert werden, dass Nutzer:innen die in digitalen Portalen zur Verfügung gestellten Ressourcen verkürzend als herunterladbare ‚Fertigprodukte' interpretieren, die *„das"* vermeintlich richtige Wissen vermitteln (vgl. Büker et al. 2022; Stets/Vielstädte 2022). Gemäß dem inklusiven Anspruch gilt es zudem, das Material selbst barrierefrei zu gestalten und den Lehr-/Lernkontext gemäß des Prinzips des „pädagogischen Doppeldeckers" (Wahl 2013) so zu realisieren, dass Universal Design for Learning (vgl. Fisseler 2015) und Barrierefreiheit bereits im Studium *erlebbar* werden (Büker et al. 2022).

5. Perspektiven für Schule und Lehrer:innenbildung

Wie hat sich die Inklusionsthematik in Schule und Lehrer:innenbildung innerhalb der letzten Jahre verändert? Es ist definitiv unmöglich, diese Frage aus der Perspektive einer einzelnen Autorin und innerhalb eines einzelnen Beitrags auch nur annähernd zu beantworten. Dennoch sollte der hier vorgenommene Versuch einer Skizzierung einige wesentliche Entwicklungen, Erreichtes, neue Anforderungen und auch Problemhorizonte aufzeigen, die einer fortgesetzten Diskussion bedürfen. Fragen der Inklusion haben im Sinne von Teilhabe und Chancengerechtigkeit in den bildungspolitischen und curricularen Rahmungen für Schule und Hochschule einen festen Platz im Sinne einer

Querschnittsaufgabe erlangt. Inklusion ist als Thema interdisziplinär angekommen. Ansätze, Inklusion mit weiteren gesellschaftlichen Innovationsthemen wie Digitalisierung und Nachhaltigkeit systematisch zu verbinden und Synergien von bisher weitgehend getrennt geführten Diskursen zu nutzen, eröffnen neue Chancen für Teilhabe, für Diskriminierungssensibilität und befördern die Entwicklung von Barrierefreiheit als neuen Standard. Für die Umsetzung des Inklusionsanspruchs in Schule, Lehrer:innenbildung und Bildungsforschung lassen sich für die letzten Jahren fortgesetzte und oft mit großem persönlichen Engagement der Akteur:innen durchgesetzte Bestrebungen und Veränderungspraxen konstatieren. Gleichzeitig ist es noch ein weiter Weg der Transformation hin zu einem inklusiven Gesellschafts-, Schul- und Hochschulsystem. Der Gegenstand Inklusion ist nach wie vor vielschichtig und diffus – gekennzeichnet durch Widersprüche und Brüche mit dem noch immer aufrechterhaltenen ungleichheitsfördernden und in Teilen exkludierenden Bildungssystem. Verwerfungslinien verlaufen zwischen Theorie und Schulpraxis, zwischen schulpolitischen und schulpraktischen Logiken und entstehen durch fehlenden oder zu langsamen Forschung/Praxis-Transfer. Und schließlich hat die Corona-Pandemie die Fragilität des Erreichten gezeigt und den Blick auf Ansatzpunkte für künftige Entwicklungen geschärft. Anspruch und Wirklichkeit klaffen ohne Frage auseinander. Sowohl in Schule als auch in der Lehrer:innenbildung braucht das Inklusionsthema fortgesetzte Aufmerksamkeit. Dies gilt auch für die Forschung.

Bei der Professionalisierung künftiger Lehrkräfte kommt es auf die Fähigkeit zur differenzierten Wahrnehmung und kritischen Reflexion, aber auch auf die Freisetzung von Kreativität zur Entwicklung neuer Formen der Teilhabe für Kinder und Jugendliche unter den sich ständig verändernden gesellschaftlichen Rahmenbedingungen an. Bedeutsam sind überdies neue Kompetenzen für die Vernetzung von Querschnittsthemen und den souveränen Umgang mit der dadurch entstehenden erhöhten Komplexität. Eine solche Qualifizierung für Inklusion bedarf einer professionellen Begleitung durch Lehrende und kann nicht ausschließlich an herunterladbares Selbstlernmaterial delegiert werden. Inklusion ist ein Diskurs- und ein Beziehungsthema – daher bedarf es der Ermöglichung von Diskurs- und Erfahrungsräumen, in denen kooperativ gelernt wird, sich zu den offenen Fragen, Spannungsfeldern und Widersprüchen, zu den Chancen und Risiken einer inklusiven Bildung eine Meinung zu bilden, zu argumentieren, zu streiten, aber auch: gemeinsam zu innovativen neuen Lösungsansätzen zu finden. Der Anspruch einer Qualifizierung für Inklusion ist daher nicht allein an Studierende, sondern gleichermaßen auch an Lehrende zu stellen. Es muss gelingen, neue Motivation und Einsatz für eine zukunftsfähige Lehre zu bündeln, um den Kernauftrag der Universität als sozialen Ort des Produzierens, Aushandelns, Teilens und Modifizierens von Wissen – als Ort, in dem das für Inklusion unverzichtbare *deep learning* stattfinden kann, auf neue Weise auszugestalten.

Literatur

Baumert, Jürgen/Kunter, Mareike (2006): Stichwort professionelle Kompetenz von Lehrkräften. In: Zeitschrift für Erziehungswissenschaft. H. 9, S. 469–520.

Bertelsmann Stiftung (Hrsg.) (2016): Inklusion kann gelingen! Forschungsergebnisse und Beispiele guter schulischer Praxis. Gütersloh: Verlag Bertelsmann Stiftung.

Budde, Jürgen/Hummrich, Merle (2015): Intersektionalität und reflexive Inklusion. In: Sonderpädagogische Förderung heute, H. 60 (2), S. 165–175.

Büker, Petra/Glawe, Katrin/Herding, Jana (2022): Professionalisierung angehender Grundschullehrkräfte für Inklusion. Aktuelle Herausforderungen für die universitäre Lehrer*innenbildung. In: Mammes, Ingelore/Rotter, Carolin (Hrsg.): Professionalisierung von Grundschullehrkräften. Kontext, Bedingungen und Herausforderungen. Bad Heilbrunn: Klinkhardt, S. 276–292.

Büker, Petra/Kamin, Anna-Maria/Glawe, Katrin/Herding, Jana/Menke, Insa/Schaper, Franziska (2022): Inklusions- und digitalisierungsbezogene Kompetenzanforderungen in der Lehrkräftebildung verzahnen: Theoretische und konzeptionelle Grundlagen der Lehr-/Lernumgebung inklud.nrw. In: Herausforderung Lehrer*innenbildung – Zeitschrift Zur Konzeption, Gestaltung und Diskussion, H. 5 (1), S. 337–355.

Bundesministerium für Bildung und Forschung (2022): OER-Strategie. Freie Bildungsmaterialien für die Entwicklung digitaler Bildung. www.bmbf.de/SharedDocs/Publikationen/de/bmbf/3/691288_OER-Strategie.pdf?__blob=publicationFile&v=6 (Abfrage: 21.07.2023).

Dedering, Kathrin (2016): Zusammen oder getrennt? Inklusive und separierende Beschulung im Licht der empirischen Forschung. In: Bertelsmann-Stiftung (Hrsg.): Inklusion kann gelingen! Forschungsergebnisse und Beispiele guter schulischer Praxis. Gütersloh: Verlag Bertelsmann Stiftung, S. 34–49.

Emmerich, Marcus/Moser, Vera (2020): Inklusion, Diversität und Heterogenität in der Lehrerinnen- und Lehrerbildung. In: Cramer, Collin/König, Johannes/Rothland, Martin/Blömeke, Sigrid (Hrsg.): Handbuch Lehrerinnen- und Lehrerbildung. Bad Heilbrunn: Klinkhardt, S. 11–17.

Fisseler, Björn (2015): Universal Design im Kontext von Inklusion und Teilhabe. Internationale Eindrücke und Perspektiven. In: Recht & Praxis der Rehabilitation, H. 2, S. 45–52.

Forsa (2020): Inklusion an Schulen aus Sicht der Lehrkräfte in Deutschland. Meinungen – Einstellungen – Erfahrungen. www.vbe.de/fileadmin/user_upload/VBE/Service/Meinungsumfragen/2020-11-04_forsa-Inklusion_Text_Bund.pdf (Abfrage: 19.07.2023).

Fröhlich-Gildhoff, Klaus/Nentwig-Gesemann, Iris/Pietsch, Stefanie (2011): Kompetenzorientierung in der Qualifizierung frühpädagogischer Fachkräfte. Eine Expertise der Weiterbildungsinitiative Frühpädagogische Fachkräfte (WiFF). München: Deutsches Jugendinstitut.

Glawe, Katrin/Kamin, Anna-Maria/Herding, Jana/Büker, Petra (2024, i. V.): Lehrer:innenbildung unter der Perspektive von Inklusion und Digitalisierung: Mit OER zu OEP? Erscheint als Themenheft MedienPädagogik. Zeitschrift für Theorie und Praxis der Medienbildung.

Goldan, Janka/Geist, Sabine/Lütje-Klose, Birgit (2020): Schüler*innen mit sonderpädagogischem Förderbedarf während der Corona-Pandemie. Herausforderungen und Möglichkeiten der Förderung – das Beispiel der Laborschule Bielefeld. In: Fickermann, Detlef/Edelstein, Benjamin (Hrsg.): Langsam vermisse ich die Schule… Schule während und nach der Corona-Pandemie. Münster und New York: Waxmann, S. 189–201.

Goldfriedrich, Martin/Bilz, Ludwig/Fischer, Saskia M. (2020): Inklusionspädagogische Kompetenzen in der universitären Ausbildung von Grundschullehrkräften: Eine qualitative Inhaltsanalyse von Modulhandbüchern ausgewählter deutscher Studiengänge mit inklusionspädagogischem Profil. In: QfI-Qualifizierung für Inklusion, H. 2 (3).

Greiten, Silvia/Geber, Georg/Gruhn, Annika/Köninger, Manuela (Hrsg.) (2017): Lehrerausbildung für Inklusion. Fragen und Konzepte zur Hochschulentwicklung. Münster: Waxmann.

Hartung, Julia/Zschoch, Elsa/Wahl, Michael (2021): Inklusion und Digitalisierung in der Schule. Gelingensbedingungen aus der Perspektive von Lehrerinnen und Lehrern sowie Schülerinnen und Schülern. In: MedienPädagogik: Zeitschrift für Theorie und Praxis der Medienbildung, H. 41, S. 55–76.

Hillenbrand, Clemens (2021): Qualifikation für inklusive Schulen. In: Wilferth, Katharina/Eckerlein, Tatjana (Hrsg.): Inklusion und Qualifikation. Stuttgart: Kohlhammer, S. 32–56.

Hollenbach-Biele, Nicole/Klemm, Klaus (2020): Inklusive Bildung zwischen Licht und Schatten: Eine Bilanz nach zehn Jahren inklusiven Unterrichts. Gütersloh: Bertelsmann Stiftung.

Idel, Till-Sebastian/Lütje-Klose, Birgit/Grüter, Sandra/Mettin, Carlotta/Meyer, Andrea (2019): Kooperation und Teamarbeit in der Schule. In: Cloos, Peter/Fabel-Lamla, Melanie/Kunze, Katharina/Lochner, Barbara (Hrsg.): Pädagogische Teamgespräche. Methodische und theoretische Perspektiven eines neuen Forschungsfeldes. Weinheim und Basel: Beltz Juventa, S. 34–52.

Kamin, Anna-Maria/Bartolles, Maureen (2022): Digitale Bildung unter der Perspektive von Inklusion: theoretische und empirische Bedarfe an eine schulische Inklusive Medienbildung. In Jungwirth, Martin/Harsch, Nina/Noltensmeier, Yvonne/Stein, Martin/Willenberg, Nicola (Hrsg.): Diversität Digital Denken – The Wider View. Schriften zur Allgemeinen Hochschuldidaktik, Bd.8. Münster: WTM S. 25–39.

KMK (2016): Bildung in der digitalen Welt. Strategie der Kultusministerkonferenz. www.kmk.org/fileadmin/Dateien/veroeffentlichungen_beschluesse/2016/2016_12_08-Bildung-in-der-digitalen-Welt.pdf (Abfrage: 11.07.2023).

KMK (2021): „Lehren und Lernen in der digitalen Welt. Ergänzung zur Strategie der Kultusministerkonferenz Bildung in der digitalen Welt". Beschluss der Kultusministerkonferenz vom 09.12.2021. www.kmk.org/fileadmin/veroeffentlichungen_beschluesse/2021/2021_12_09-Lehren-und-Lernen-Digi.pdf (Abfrage: 21.07.2023).

KMK/HRK (2015): Lehrerbildung für eine Schule der Vielfalt Gemeinsame Empfehlung von Hochschulrektorenkonferenz und Kultusministerkonferenz. www.kmk.org/fileadmin/veroeffentlichungen_beschluesse/2015/2015_03_12-Schule-der-Vielfalt.pdf (Abfrage: 21.07.2023)

Lütje-Klose, Birgit/Susanne Miller (2017): Kooperation von Lehrkräften mit allgemeinem und sonderpädagogischem Lehramt im inklusiven Setting. In: Lütje-Klose, Birgit/Streese, Bettina/Miller, Susanne/Schwab, Susanne (Hrsg.): Inklusion: Profile für die Schul- und Unterrichtsentwicklung in Deutschland, Österreich und der Schweiz: Theoretische Grundlagen – Empirische Befunde – Praxisbeispiele. Münster: Waxmann, S. 203–213.

Lutz, Deborah/Becker, Jonas/Buchhaupt, Felix/Katzenbach, Dieter/Strecker, Alica/Urban, Michael (2022): Qualifizierung für Inklusion in der Sekundarstufe – zur Kontextualisierung der Erträge eines aktuellen Forschungsprogramms. In: Lutz, Deborah/Becker, Jonas/Buchhaupt, Felix/Katzenbach, Dieter; Strecker, Alica/Urban, Michael (Hrsg.): Qualifizierung für Inklusion. Sekundarstufe. Münster: Waxmann, S. 7–24.

Merz-Atalik, Kerstin (2017): Inklusive Lehrerbildung oder Inklusionsorientierung in der Lehrerbildung?! Einblicke in internationale Erfahrungen und Konzepte. In: Greiten, Silvia/Geber, Georg/Gruhn, Annika/Köninger, Manuela (Hrsg.): Lehrerausbildung für Inklusion. Fragen und Konzepte zur Hochschulentwicklung. Münster: Waxmann.

Pearce, Thomas C./Wood, Bronwyn E. (2019): Education for transformation: an evaluative framework to guide student voice work in schools, Critical Studies in Education, H. 60 (1), S. 113–130.

Preuss, Bianca (2018): Inklusive Bildung im schulischen Mehrebenensystem: Behinderung, Flüchtlinge, Migration und Begabung. Wiesbaden: Springer Fachmedien.

Reis, Oliver/Seitz, Simone/Berisha-Gawlowski, Angelina (2020): Inklusionsbezogene Qualifizierung im Lehramtsstudium an der Universität Paderborn. Konzeption. Paderborn: Universität Paderborn. Plaz.uni-paderborn.de/fileadmin/plaz/Projektgruppen/2020-Konzeption-IP-UPB.pdf (Abfrage: 15.07.2023).

Reiss-Semmler, Bettina (2019): Schulische Inklusion als widersprüchliche Herausforderung. Empirische Rekonstruktionen zur Bearbeitung durch Lehrkräfte. Bad Heilbrunn: Klinkhardt.

Ritter, Michael (2021): Strukturelle Disparitäten. Eine vergleichende Diskussion zur Konzeptualisierung des Inklusionsbegriffs in Pädagogik und Fachdidaktik. In: ZfG, H. 14, S. 99–111.

Schmitz, Lena/Simon, Toni/Pant, Hans Anand (2020): Heterogenitätssensibilität angehender Lehrkräfte: empirische Ergebnisse. In: Brodesser, Ellen/Frohn, Julia/Welskop, Nena/Liebsch, Ann-Catherine/Moser, Vera/Pech, Detlef (Hrsg.): Inklusionsorientierte Lehr-Lern-Bausteine für die Hochschullehre. Ein Konzept zur Professionalisierung zukünftiger Lehrkräfte. Bad Heilbrunn: Klinkhardt, S. 113–123.

Schulz, Lea/Rončević, Katarina (2022): BNE diklusiv?: Ein Ansatz für eine inklusionsorientierte Bildung für nachhaltige Entwicklung in einer Kultur der Digitalität. In: Rončević, Katarina/Eberth, Andreas/Goller, Antje/Günther, Julia/Hanke, Melissa/Holz, Verena/Krug, Alexandria/Singer-Brodowski, Mandy (Hrsg.): Bildung Für nachhaltige Entwicklung – Impulse zu Digitalisierung, Inklusion und Klimaschutz. Opladen, Berlin und Toronto: Verlag Barbara Budrich, S. 53–72.

Schwab, Susanne/Feyerer, Ewald (2016): Einstellungsforschung zum inklusiven Unterricht. Editorial zum Themenheft Empirische Sonderpädagogik, H. 1, S. 3–4.

Spiegel von, Hildegard (2021): Methodisches Handeln in der Sozialen Arbeit: Grundlagen und Arbeitshilfen für die Praxis. 7. Auflage. Stuttgart: utb.

Stalder, Felix (2016): Kultur der Digitalität. Berlin: Suhrkamp.

Statistisches Bundesamt (2021): Bildung. Auszug aus dem Datenreport 2021. https://www.destatis.de/DE/Service/Statistik-Campus/Datenreport/Downloads/datenreport-2021-kap-3.html (Abfrage: 23.07.2023).

Stebler, Rita/Reusser, Kurt (2017): Adaptiv Unterrichten – jedem Kind einen persönlichen Zugang zum Lernen ermöglichen. In: Lütje-Klose, Birgit/Streese, Bettina/Miller, Susanne/Schwab, Susanne (Hrsg.): Inklusion: Profile für die Schul- und Unterrichtsentwicklung in Deutschland, Österreich und der Schweiz: Theoretische Grundlagen – Empirische Befunde – Praxisbeispiele. Münster: Waxmann, S. 253–264.

Stets, Mona/Vielstädte, Teresa (2022): „Man lernt Emma in drei Minuten lesen kennen". Kritische Anfragen an Reflexionsprozesse in und über OER-Lehr-Lernmaterialien im Projekt „inklud.nrw". In: DiMawe – Die Materialwerkstatt, H. 4 (1).

Trautmann, Matthias (2017): Lehrerausbildung für die inklusive Schule. Eine Einschätzung zum Stand der Diskussion. In: Greiten, Silvia/Geber, Georg/Gruhn, Annika/Köninger, Manuela (Hrsg.): Lehrerausbildung für Inklusion – Fragen und Konzepte zur Hochschulentwicklung. Münster: Waxmann, 37–47.

UNESCO (2019): UNESCO-Empfehlung zu Open Educational Resources (OER). www.unesco.de/sites/default/files/2019-11/UNESCO%20Empfehlung%20zu%20OER.pdf (Abfrage: 21.07.2023).

Wahl, Diethelm (2013): Lernumgebungen erfolgreich gestalten. Vom trägen Wissen zum kompetenten Handeln. 3. Aufl., mit Methodensammlung. Bad Heilbrunn: Klinkhardt.

Wild, Elke/Lütje-Klose, Birgit/Schwinger, Malte/Gorges, Julia/Neumann, Phillip (2017): BiLieF – Bielefelder Längsschnittstudie zum Lernen in inklusiven und exklusiven Förderarrangements. Technical Report. Bielefeld: Universität Bielefeld. https://pub.uni-bielefeld.de/record/2916613 (Abfrage: 21.07.2023).

Autorinnenangaben

Büker, Petra, Prof. Dr., Universität Paderborn, Institut für Erziehungswissenschaft, Arbeitsbereich Grundschulpädagogik und Frühe Bildung.

Arbeits- und Forschungsschwerpunkte: Umgang mit Heterogenität/Inklusion in Grundschule und Lehrer:innenbildung, Multiprofessionelle Kooperation am Übergang KiTa-Grundschule, Learning Communities in Formaten von Open Educational Practices, Demokratiebildung Partizipation in der Grundschule, partizipatives Forschen mit Kindern.

petra.bueker@uni-paderborn.de

Professionalisierung von Lehrkräften zur Inklusion unter Einbezug von Bildungsfachkräften mit Behinderungserfahrungen

Michael Gänßmantel, Vera Heyl, Thorsten Lihl, Karin Terfloth

> Eine wesentliche Anforderung des Lehrberufs stellt die schulische Inklusion dar. Welche Kompetenzen brauchen zukünftige Lehrpersonen, um auf diese Aufgabe vorbereitet zu sein? Neben Theorien und Handlungswissen können die Erfahrungen von Menschen mit Behinderung einen wichtigen Beitrag zur Weiterentwicklung schulbezogener Inklusion leisten. Ausgehend von den Begriffen Inklusion und Inklusive Bildung stellt der Beitrag die Lehrtätigkeit von Menschen mit Behinderung, die über drei Jahre zu Bildungsfachkräften qualifiziert wurden, vor und ordnet sie in die curriculare Struktur von Lehramtsstudiengängen ein. Dabei stellt sich auch die Frage: Wie werden diese Bildungsangebote didaktisch-methodisch vorbereitet und gestaltet? Darüber hinaus verdeutlicht der Beitrag, dass Bildungsfachkräfte als Mitglieder einer Hochschule deren Organisationsform verändern, sodass die Hochschule sich selbst zu einem Modell gelebter Inklusion entwickeln kann.

1. Einleitung

Ein inklusives Bildungssystem stellt vielfache und neue Anforderungen an praktizierende und zukünftige Lehrkräfte. Sie müssen über ausgeprägte Fähigkeiten und Kompetenzen beispielsweise in den Bereichen Beratung, Kooperation und Diagnostik verfügen, um allen Schüler:innen eine optimale Förderung bieten und Bildungsgerechtigkeit ermöglichen zu können (European Agency for Development in Special Needs Education 2012, S. 24f.). Inklusionsorientierte Lehre, in der nicht nur das Querschnittsthema Inklusion bearbeitet, sondern durch Angebote der Bildungsfachkräfte auch das Lernsetting selbst inklusionsorientiert gestaltet wird, schafft dafür gute Voraussetzungen.

> „Lehramtsstudierende brauchen Erfahrungen aus erster Hand in der Arbeit mit Lernenden mit unterschiedlichen Bedürfnissen und Lehrende, die für die Arbeit in inklusiven Settings ausgebildet sind. Lehramtsstudierende müssen in Praktika die Umsetzung des Erlernten ausprobieren können und die Gelegenheiten zu Praktika in inklusiven Settings erhalten" (ebd.).

Als Orte der akademischen Aus- und Weiterbildung sind Hochschulen auf- und herausgefordert, Inklusion nicht nur als theoretisches Konzept zu vermitteln, sondern auch die Bewusstseinsbildung zu dieser Leitidee zu ermöglichen. Lehrer:innenbildung zur Inklusion fokussiert in erster Linie die akademische Lehre in Form der Auseinandersetzung mit empirischen Forschungsergebnissen zu inklusionsorientierten Prozessen. Teilweise wird an Hochschulen auch die Auseinandersetzung mit Schulpraxis in inklusionsorientierten Settings vorangetrieben. Relativ neu ist hingegen eine dritte Zugangsweise der hochschulischen Angebote: die erfahrungsbasierte Lehre, die durch Expert:innen in eigener Sache ausgebracht wird. Durch die Lehrangebote der Bildungsfachkräfte können Studierende sowie Lehr-, Fach- und Führungskräfte Haltungen zu Inklusion entwickeln und langfristig die Prozesse und Kulturen in ihren späteren Arbeitsfeldern prägen.

In diesem Beitrag wird die erfahrungsbezogene Lehre der Bildungsfachkräfte am Annelie-Wellensiek-Zentrum für Inklusive Bildung (AW-ZIB) an der Pädagogischen Hochschule Heidelberg (PH HD) vorgestellt. Darüber hinaus wird die (partizipative) Forschungsarbeit am AW-ZIB skizziert, die die Arbeit des Zentrums wissenschaftlich begleitet.

2. Annelie-Wellensiek-Zentrum für Inklusive Bildung

Durch die Gründung des AW-ZIB an der PH HD wurde das Erfahrungswissen von Menschen mit sogenannter kognitiver Beeinträchtigung in den Hochschulstrukturen verankert. Seit November 2020 lehren und forschen am AW-ZIB Menschen mit und ohne Behinderung gemeinsam zu Querschnittsaufgaben der Inklusion.

Das Team ist multiprofessionell und divers. Am AW-ZIB arbeiten neben Akademiker:innen auch Menschen, die als kognitiv beeinträchtigt gelten, ihre Schulzeit an Förderschulen absolviert haben und im Anschluss in Werkstätten für behinderte Menschen (WfbM) tätig waren. Vor der Festanstellung an der PH HD haben sie eine dreijährige Vollzeit-Qualifizierung zur Bildungsfachkraft an Hochschulen erfolgreich durchlaufen.

Thorsten Lihl, qualifizierte Bildungsfachkraft, beschreibt seinen Weg in die unbefristete Festanstellung am AW-ZIB wie folgt: „Ich war einige Jahre in einer Werkstatt für Menschen mit Behinderungen tätig. Zuvor hatte ich ein Sonderpädagogisches Bildungs- und Beratungszentrum besucht. Ich habe dann eine dreijährige Qualifizierung zur Bildungsfachkraft durchlaufen. Die Qualifizierung habe ich gemacht, weil ich schon immer aus der WFBM raus wollte und wusste, dass ich mehr kann, als in der WfBM für mich vorgesehen war. Mir gefällt die Arbeit am AW-ZIB, die ich jetzt mache, sehr gut, denn ich bekomme die Anerkennung, die ich verdiene und kann mein Wissen weitergeben. Außerdem kann ich mit meiner Arbeit die Bilder in den Köpfen verändern und Barrieren abbauen."

Das AW-ZIB ist – national wie international – das erste Zentrum seiner Art, das als wissenschaftliche Einrichtung und Inklusionsabteilung an einer Hochschule verortet wurde. Die Bildungsfachkräfte geben in Bildungsangeboten Einblicke in die Lebenswelten sowie Inklusions- und Exklusionserfahrungen von Menschen mit Behinderung. Die Arbeit des AW-ZIB basiert insgesamt auf einem weiten Verständnis von Inklusion, das verschiedene Diversitätsdimensionen einschließt und auch deren intersektionale Bezüge berücksichtigt.

Die Bildungsfachkräfte sind an 17 verschiedenen Bildungseinrichtungen (davon 15 Hochschulen und zwei Seminaren für die Ausbildung und Fortbildung von Lehrkräften) in Baden-Württemberg in der Lehre eingesetzt und bringen ihre ergänzenden, erfahrungsbasierten Bildungsangeboten in verschiedenen Studiengängen (z. B Lehrer:innenbildung, Sozialarbeit, etc.): aus. Im Arbeitsalltag an der Hochschule werden sie durch eine (inklusions-)pädagogische Fachkraft inhaltlich bei der Planung von (neuen) Bildungsangeboten begleitet und durch Arbeitsassistent:innen unterstützt.

Charakteristisch für das AW-ZIB ist in Lehre und Forschung eine multiprofessionelle Teamarbeit. Die Kompetenzen und Sichtweisen verschiedener Professionen (Inklusionspädagogik, Psychologie und Sonderpädagogik) und sowie die Erfahrungen von Expert:innen in eigener Sache werden wechselseitig nutzbar gemacht und gemeinsam reflektiert.

3. Inklusion im Bildungsbereich

Die erste Staatsprüfung Deutschlands zur Umsetzung der UN-Behindertenrechtskonvention (BGBL 2008) hat im Jahr 2015 Mängel in den Bereichen Bildung, Barrierefreiheit, Arbeitsmarkt ergeben (UN-Fachausschuss 2015). Bemängelt wird insbesondere das getrennte Schulwesen, die Zugänglichkeit vor allem privater Medien und Onlineauftritte sowie die Beschäftigung von Menschen mit Behinderung auf dem ersten Arbeitsmarkt. Um den festgestellten Mängeln entgegenzuwirken, gilt Bildung als Schlüssel, insbesondere die Bewusstseinsbildung, die in Artikel 8 der UN-BRK explizit adressiert wird. Unter anderem den Bildungsinstitutionen, nicht zuletzt auch den Hochschulen, kommt demnach die Aufgabe zu, eine Bewusstseinsbildung für die Rechte und Potentiale von Menschen mit Behinderungen zu ermöglichen und Diskriminierung abzubauen.

„Eine inklusionsorientierte Hochschule versteht sich als Ort des Lehrens und Lernens, der die Ideen inklusiver Bildung, wie sie spätestens seit der Ratifizierung der UN-Behindertenrechtskonvention (UN-BRK) für den vorschulischen und schulischen Bereich proklamiert werden, auch im tertiären Bildungssektor umzusetzen bereit ist" (Hauser & Schuppener 2015, S. 100). Dies ist umso bedeutsamer, als Lehrpersonen an Grund- und weiterführenden Schulen die eigenen

Kompetenzen für die Umsetzungsmöglichkeiten von Unterricht in heterogenen Lerngruppen eher gering einschätzen (vgl. Trumpa et al. 2014, S. 253). Hier ist insbesondere die Lehreraus-, fort- und -weiterbildung gefordert, (angehenden) Lehrkräften sowie Pädagog:innen den Erwerb der notwendigen Handlungskompetenzen zu ermöglichen.

3.1 Professionalisierung der Bildungsfachkräfte durch das Projekt Inklusive Bildung

Durch ein von der Aktion Mensch gefördertes Modellprojekt der Stiftung Drachensee (Kiel), wurden in den Jahren 2013 bis 2016 weltweit erstmalig sechs Menschen mit kognitiver Beeinträchtigung zu Bildungsfachkräften qualifiziert. Die Innovationskraft des Projekts und die Leistungen der ersten Bildungsfachkräfte führten im Jahr 2016 zur Gründung des wissenschaftlich anerkannten Instituts für Inklusive Bildung, welches im Jahr 2022 zur zentralen Einrichtung der Christian-Albrechts-Universität zu Kiel wurde. Seit dem Jahr 2017 erfolgt die Qualifizierung entlang eines dreijährigen Curriculums auch an weiteren Orten in Deutschland. Die Teilnehmenden werden zur Bildungsarbeit an Hochschulen befähigt und wechseln anschließend als Mitarbeitende auf den allgemeinen Arbeitsmarkt. Die Bildungsarbeit ergänzt und bereichert die Lehre und sie fördert zugleich die Persönlichkeitsentwicklung von Menschen mit Behinderungserfahrungen, ihre Teilhabe und ein selbstbestimmtes Leben. Vom Stifterverband wurde die Qualifizierung 2021 als eine der zehn besten gesellschaftsverändernden Ideen ausgewählt (vgl. Albrecht et al. 2022, S. 5).

Im Rahmen des Projekts Inklusive Bildung Baden-Württemberg wurden auch in Heidelberg sechs Personen zu Bildungsfachkräften qualifiziert. Die Qualifizierung wurde durch die Johannes-Diakonie Mosbach sowie das Institut für Inklusive Bildung in Kiel getragen und durch die Dieter Schwarz Stiftung maßgeblich finanziert. Michael Gänßmantel beschreibt seine Erfahrung in der Qualifizierung zur Bildungsfachkraft wie folgt:

„Von 2017 bis 2020 haben meine fünf Kolleg:innen und ich eine Qualifizierung zur Bildungsfachkraft gemacht. Das Ziel der Qualifizierung war, Menschen mit Behinderung zu befähigen Seminare, Vorlesungen und Workshops zu halten, und dann Arbeitsplätze zu schaffen an einer Hochschule. Wir haben dafür unsere Erfahrungen in verschiedenen Lebensbereichen reflektiert: Arbeit, Lernen, Freizeit, Wohnen. Auch haben wir neue Begriffe und Theorien gelernt. Wir haben von Anfang an auch geübt, Seminare zu halten. Ich habe gelernt auf Menschen zuzugehen, ihnen von meinen Lebenserfahrungen zu berichten und auch zu diskutieren. Wir Bildungsfachkräfte berichten von unseren Inklusions- und Exklusionserfahrungen und ergänzen damit die theoretische Lehre. Wir wollen damit Inklusion vorantreiben."

3.2 Erfahrungsbasierte Bildungsarbeit im AW-ZIB

Die Bildungsfachkräfte sind für die Vorbereitung, Durchführung und Nachbereitung der Bildungsveranstaltungen verantwortlich und arbeiten diese in Tandems aus. Interessierte Lehrende können aus einem Portfolio an Themen eine in die eigene Lehre integrierbare Thematik auswählen und mit den Bildungsfachkräften die Anpassung an die Lernsituation und Lerngruppe besprechen. Folgende Themen geben Einblicke in Lebensbereiche der Bildungsfachkräfte: Arbeit, Lernerfahrungen, Wohnen und Freizeit. Die Bildungsfachkräfte berichten, welche Lernerfahrungen sie in Einrichtungen z. B. der Behindertenhilfe gemacht haben. Dabei werden Teilhabechancen und -barrieren aufgezeigt und diskutiert. Ebenso werden Möglichkeiten und Einschränkungen der Selbstbestimmung reflektiert. Weitere Themen sind die Dekonstruktion von Behinderung, Barrieren und Barrierefreiheit, Teilhabe und Selbstbestimmung sowie Transitionen.

Als bedeutsam hat sich erwiesen, dass diese Bildungsangebote in curriculare Lehrveranstaltungen eingebettet sind und dass die Bildungsfachkräfte mit den Lehrenden der jeweiligen Veranstaltungen kooperieren. Die Auseinandersetzung mit den Erfahrungen der Bildungsfachkräfte als Expert:innen in eigener Sache dienen der Professionalisierung. Die theoretischen Inhalte der Lehrveranstaltung sollen mit den Erfahrungsberichten der Bildungsfachkräfte in Bezug gesetzt werden. Die Sitzung der Bildungsfachkräfte sollten daher auch in der Lehrveranstaltung zwischen Lehrenden und den Studierenden vorbesprochen und nachbereitet werden. In einem Vorgespräch lernen sich die Beteiligten kennen und die Lehrenden haben die Möglichkeit, ihre Wünsche zu äußern und Informationen über ihre Lehrveranstaltung zu geben. Dadurch können die Bildungsfachkräfte die Angebote besser auf die Bedürfnisse der Lehrenden und Lernenden abstimmen. Die Bildungsfachkräfte reflektieren die Durchführung des Bildungsangebots gemeinsam mit den Hochschullehrenden, um Feedback auszutauschen und dieses für künftige Bildungsangebote zu nutzen.

Durch die Erfahrungsberichte der Bildungsfachkräfte erhalten die Studierenden die Chance, strukturelle Spannungsverhältnisse zu identifizieren, sich dafür zu sensibilisieren und diese mit Blick auf Haltungen und Konstruktionen von Differenzkategorien zu reflektieren. Somit haben die Studierenden die Möglichkeit, sich ergänzend zum Theoriewissen in den Lehrveranstaltungen und Praxiswissen im Rahmen von Praktika, mit Fragen von Inklusion/Exklusion aus Sicht von Erfahrungsexpert:innen in eigener Sache mit Blick auf verschiedene Lebens- und Bildungsbereiche zu befassen.

In Großbritannien entwickelte sich in den 1980er Jahren im Hochschulkontext der Partizipationsansatz des Service User Involvement (SUI). Dieser entstammt primär dem Bereich der Sozialen Arbeit. Unter SUI in hochschulischer Bildung werden alle Maßnahmen der Beteiligung von Adressat:innen im Studiengang der Sozialen Arbeit gefasst (vgl. Straßburger/Maier 2020, S. 2).

Ein Leitmotiv des SUI-Ansatzes ist die Entwicklung einer partizipativen Lehr-Lern-Kultur. Expert:innen in eigener Sache bringen selbstgesteuert und erfahrungsbasiert ihre Kompetenzen ein (vgl. Rieger 2015, S. 106). Dabei wird die „Deutungs- und Gestaltungsmacht in Lehr-Lern-Settings an der Hochschule zugunsten von Studierenden und Adressatinnen und Adressaten" (Rieger 2020, S. 3) verschoben.

Durch die Partizipation von Service-Nutzer:innen als Adressat:innen der späteren Berufstätigkeit der Studierenden in die Lehre werden nicht nur erweiterte Mitbestimmungsmöglichkeiten geschaffen, sondern auch persönliches Erfahrungswissen als Wissensbestand in die Lehre eingebunden und mit Theoriewissen verknüpft. Dabei werden Erfahrungswissen und akademisches Wissen als gleichermaßen bedeutsame Wissensbestände hochschulischer Lehre, Forschung und Praxis betrachtet (vgl. Laging/Heidenreich 2017).

Im deutschsprachigen Raum werden bereits in vielen verschiedenen Formaten und an vielen verschiedenen Hochschulen Expert:innen in eigener Sache beteiligt, in der Regel jedoch noch unsystematisch. Auch wenn das Konzept der Bildungsfachkraft nicht auf der Grundlage des SUI-Ansatzes entstanden ist, so können dennoch Bezüge hergestellt werden (vgl. Dörrer et al. o. J., o. S.).

4. Forschung am AW-ZIB

Da die Bildungsarbeit am AW-ZIB am Motto: „Nichts über uns – ohne uns" ausgerichtet ist, erscheint es konsequent, die Forschungsbemühungen auch partizipativ auszurichten (siehe 4.1). Parallel dazu wird in den in den Begleitforschungsvorhaben des AW-ZIB primär der Frage nachgegangen werden, ob und inwiefern die Lehre von Bildungsfachkräften die inklusive Qualität von Hochschulbildung erhöht (siehe 4.2).

4.1 Partizipative Forschung am AW-ZIB

Partizipative Forschung gilt im Grunde genommen als ein „Oberbegriff für Forschungsansätze, die soziale Wirklichkeit partnerschaftlich erforschen" (von Unger 2014, S. 1). Das bedeutet, dass es nicht den einen partizipativen Forschungsansatz gibt, sondern sich unter dieser Bezeichnung eine Vielzahl von Ansätzen subsumiert, deren Einigkeit in dem Bestreben besteht, dass diejenigen möglichst aktiv am Forschungsprozess partizipieren können sollen, die vom Forschungsthema und/oder der Forschungsfrage betroffen sind. Das heißt auch, Menschen unabhängig davon, welches Vorwissen oder welche Kompetenzen sie in Bezug auf die Arbeit im akademischen Sektor oder die Forschungs-(zusammen-)arbeit mitbringen, an der akademischen Wissensproduktion zu beteiligen.

Durch die so initiierte Verschränkung der Perspektiven aus Wissenschaft und Gesellschaft soll ein wechselseitiger Wissens- und Kompetenztransfer gewährleistet werden, der es den sogenannten Ko-Forschenden ohne akademische Vorerfahrung ermöglicht, forschend tätig zu sein und im Gegenzug den Prozess des Erkenntnisgewinns um ihre subjektive Perspektive zu bereichern. Dabei steht das Ziel im Vordergrund, einen demokratischen sozialen Wandel zu begünstigen. Trotz des gemeinsamen Ziels weist auch von Unger (2014) darauf hin, dass die „immense Vielfalt partizipativer Ansätze und Begrifflichkeiten […] die Identifikation gemeinsamer Merkmale und Anliegen und deren Besprechung in einer Sprache" (von Unger 2014, S. 2) erschwert. Im Kontext partizipativer Forschung, an der Menschen mit kognitiver Beeinträchtigung beteiligt sind, ist es von großer Bedeutung, dass alle Teile des Forschungsprozesses barrierefrei zugänglich sind (vgl. Walmsley/Johnson 2003, S. 9). Um die forschungsmethodische Expertise der Akademiker:innen effektiv zu nutzen, gilt es zudem, im Vorfeld der kooperativen Forschung gemeinsam die Verantwortungsbereiche transparent festzulegen.

Michael Gänßmantel beschreibt den Wandel der gemeinsamen Forschungsarbeit des partizipativen Forschungsplenums des AW-ZIB mit eigenen Worten: „Seit November 2020 treffen wir uns wöchentlich im Forschungsplenum. Zu Beginn haben wir eine Einführung in einen Forschungsablauf bekommen. Dann hat immer einer von den Kolleg:innen, die schon geforscht haben, moderiert. Seit Oktober 2021 übernehmen mittlerweile alle im Team Aufgaben und somit auch die Verantwortung. Wir entscheiden den Ablauf und die nächsten Schritte und alle Inhalte gemeinsam. Seit Mai dieses Jahres haben wir auch eine konkrete Forschungsfrage, an der wir forschen: Wie inklusiv ist die PH Heidelberg? Wir wollen zuerst eine Bestandsaufnahme machen. Inwiefern ist die PH Heidelberg schon inklusiv? Welche Barrieren gibt es an der PH Heidelberg? Dann wollen wir erforschen: Wie kann die PH Heidelberg noch inklusiver werden? Wie können die Barrieren an der PH Heidelberg abgebaut werden? Wir wollen Interviews mit unterschiedlichen Personengruppen machen: Studierenden, Lehrenden und Mitarbeiter:innen aus der Verwaltung. Wir haben im Forschungsplenum über ein gemeinsames Inklusionsverständnis gesprochen. Wir gehen davon aus, dass es noch sehr viel zu tun gibt, um Inklusion an Hochschulen für unterschiedliche Personengruppen möglich zu machen. Wir gehen von einem weiten Verständnis von Inklusion aus. Jede Person darf und kann nach ihren Fähigkeiten und eigenen Möglichkeiten in allen Bereichen der Gesellschaft teilhaben."

Besonders herausfordernd erscheint im Zusammenhang partizipationsorientierter Forschungs-ansätze die Reflexion über institutionelle und interaktionsbezogene Machtverhältnisse bei der Rahmung von Forschung, aber auch bei der Zusammenarbeit in einer Forscher:innengruppe von Expert:innen in eigener Sache und Akademiker:innen (vgl. Hauser 2019, S. 74). In diesem Sinne verändern und erweitern sich auch die Aufgabenfelder der akademisch Forschenden, insbesondere mit Blick auf die Umkehr der Macht- und Kontrollverhältnisse im Forschungsprozess: Während die Forschenden mit Lernschwierigkeiten als „Expert:innen in eigener Sache" wahr- und ernstgenommen werden, fungieren die akademisch Forschenden als Unterstützende, indem sie Wege bereiten, inklusive Forschung barrierefrei, kompetenzorientiert und im Sinne von Empowerment umzusetzen (vgl. Walmsley 2004, S. 67). Dabei geht es insbesondere darum, ein Gleichgewicht zwischen Intervention und Zurückhaltung zu finden, denn aufgrund der Kompetenz- und Erfahrungsdivergenzen ist zwar einerseits ein Kompetenztransfer notwendig, um den Forschenden mit Lernschwierigkeiten selbstständiges Agieren im Forschungsprozess zu ermöglichen. Andererseits muss jedoch gewährleistet werden, dass sie ihre Vorstellungen und Perspektiven adäquat in den Forschungsprozess einfließen lassen können. So bringen etwa die akademisch Forschenden ihre forschungsmethodischen Kompetenzen ein und ermöglichen den Bildungsfachkräften, sich an den Entscheidungen über die Auswahl der Methoden zu beteiligen.

4.2 Begleitforschung am AW-ZIB

Die Begleitforschung gliedert sich in drei Linien auf: (1) Untersuchung der Wirkungen der Bildungsarbeit, (2) Evaluation und Weiterentwicklung der Bildungsangebote und (3) Weiterentwicklung der Qualifizierung zur Bildungsfachkraft.

Forschungslinie 1: **Wirkungen der Bildungsangebote auf Lehramtsstudierende**

In Teilstudie 1, einer Vergleichsgruppenstudie („Quasi-Experiment"), wurden Studierende, die im Sommersemester 2021 an einem oder mehreren Bildungsangeboten teilnahmen, und Studierende, die an keinem Bildungsangebot teilnahmen, mittels etablierter Skalen zu ihrem Inklusionsverständnis und ihren Einstellungen befragt. Zu Beginn des Sommersemesters hatten alle teilnehmenden Studierenden einen Fragebogen zum subjektiven Inklusionsverständnis (FEDI, Scheer/Egener/Laubenstein/Melzer 2020), zu expliziten Einstellungen zu Inklusion (PREIS, Lüke/Grosche 2018b; EFI-L, Seifried/Heyl 2016) sowie zu expliziten Einstellungen gegenüber Menschen mit Behinderungen (EXPE-B, Schröter et al. 2019) ausgefüllt und an einem Reaktionstest zur Erfassung der impliziten Einstellung zu Inklusion (Single-Target Implicit Association Test Inclusion, Lüke/Grosche 2018a) teilgenommen (Prä-Test). Der gleiche Fragebogen und der Reaktionstest wurden am Ende der Vorlesungszeit (Post-Test) und im Laufe des Wintersemesters 2021/22 (Follow-Up-Test) erneut mit denselben Studierenden durchgeführt. Die Ergebnisse zeigen eine signifikante Veränderung der impliziten Einstellungen zu Inklusion nach einem Bildungsangebot.

In einer zweiten Teilstudie war es Ziel, herausfinden, ob und wie Studierende Wirkungen der Teilnahme an einem Bildungsangebot erleben und berichten, die im Fragebogen nicht abgefragt wurden oder die sich bislang nicht direkt erfassen ließen. Dafür haben in Fokusgruppen jeweils fünf bis sechs Studierende über ihre Erfahrungen mit dem Bildungsangebot diskutiert. Die Methode des leitfadengestützten Fokusgruppeninterviews wurde gewählt, um möglichst facettenreiche Daten zu generieren (Schulz 2012, S. 12). Die Diskussionen wurden mittels inhaltlich strukturierender qualitativer Inhaltsanalyse ausgewertet (Schreier 2012). Es ergaben sich drei übergeordnete Wirkbereiche mit mehreren Subkategorien: (1) Soziale Kompetenzen (z. B. Perspektivübernahme), (2) Sichtweisen auf Inklusion und Menschen mit Behinderungserfahrung (z. B. Reflexion über inkludierende und exkludierende Strukturen) und (3) berufsbezogene Kompetenzen (z. B. Verhaltensintention als Lehrkraft).

In Teilstudie 3 wurden im Wintersemester 2022/23 Studierende mit einem um die Ergebnisse aus Teilstudie 2 ergänzten Fragebogen befragt. Auch der Reaktionstest kam erneut zum Einsatz. Das Vorgehen erfolgte experimentell, indem eine bestehende Seminargruppe geteilt wurde. Eine Gruppe erhielt Bildungsangebote durch Bildungsfachkräfte (Experimentalgruppe), während die andere Gruppe ein alternatives Angebot erhielt (Kontrollgruppe). Beide Gruppen bearbeiteten den Fragebogen vor und nach den unterschiedlichen Angeboten. Die erhobenen Daten werden aktuell ausgewertet.

Forschungslinie 2: **Evaluation und Weiterentwicklung der Bildungsangebote**

Ziel der Evaluation ist die Rekonstruktion der strukturellen und interaktionalen Gelingensbedingungen für eine diversitätssensible Gestaltung der Lehre als Beitrag zur Entwicklung einer inklusiven Hochschuldidaktik. Ein weiterer Ansatz soll der Frage nachgehen, wie das Bildungsangebot bewertet wird, wie es sich in die Curricula einfügt und wie Bildungsfachkräfte noch vielfältiger eingesetzt werden können. Dafür werden die Bildungsangebote systematisch evaluiert und damit für die Lehrqualität an den Hochschulen sowie für die Studiengangs- und Hochschulentwicklung evidenzbasiert nutzbar gemacht. Zentrale Forschungsfragen sind in diesem Kontext:

- Welche strukturellen und interaktionalen Bedingungen sind notwendig, damit Bildungsfachkräfte und deren Erfahrungsexpertise in theoretisch-akademische Hochschulbildung einbezogen werden können?
- Welche Erfahrungen haben die am Bildungsangebot beteiligten Personenkreise mit dem Einbezug der Bildungsangebote gemacht und welche Veränderungen könnten aus deren Sicht zur Verbesserung von Prozessen, Strukturen und Interaktionsmöglichkeiten beitragen?

In einem ersten Schritt wurden mittels kurzer Expert:innenbefragungen von Lehrenden, die Erfahrungen mit dem Einbezug von Bildungsfachkräften in ihre Lehre gemacht haben, und einer Fokusgruppe mit Studierenden relevante Aspekte für die Entwicklung von Interviewleitfäden erarbeitet. In bisherigen Erhebungen wurde bisher nur die Perspektive der Studierenden erfasst (Mau/Diehl/Groß 2017; Krämer/Zimmermann 2018). Aktuell werden nun jeweils sechs leitfadengestützte Interviews mit Lehrenden, Studierenden und Bildungsfachkräften geführt. Dabei gibt es sowohl Stakeholdergruppen-übergreifende Fragestellungen, die eine Vergleichbarkeit über die verschiedenen Gruppen hinaus ermöglichen, als auch Stakeholdergruppen-spezifische Fragestellungen (zum Beispiel betreffen Fragen zur Vorbereitung eines Bildungsangebots eher Lehrende und Bildungsfachkräfte, weniger Studierende).

Die Transkripte werden per computergestützter, qualitativer Inhaltsanalyse nach Kuckartz/Rädiker (2022) ausgewertet. Dabei wird ein deduktiv erstelltes Kategorienraster, welches auf SUI-Literatur basiert und um induktive Kategorien ergänzt wird, genutzt. Nach gruppenspezifischer Codierung der Daten werden die Ergebnisse aller drei Gruppen von Befragten miteinander verglichen, um gemeinsame Muster, aber auch Unterschiede in den Perspektiven herauszuarbeiten. Ableitungen aus den Ergebnissen sollen als Grundlage für Steuerungsentscheidungen dienen, mit Hilfe derer im Hinblick auf die Bildungsangebote Prozesse, Strukturen und Interaktionsmöglichkeiten verändert, ausgebaut und verbessert werden können.

Forschungslinie 3: **Weiterentwicklung der Qualifizierung zur Bildungsfachkraft**

Diese Forschungslinie fokussiert die Entwicklung eines Lehr-Lernprojektes. Ausgehend von der bisherigen Konzeptionierung der Qualifizierung von Bildungsfachkräften an Hochschulen werden folgende Weiterentwicklungen angestrebt:

Inhaltliche Überarbeitung der Module und Prüfungsformate
Innerhalb des Projektes Inklusive Bildung der Stiftung Drachensee wurde der Ablauf der Qualifizierung zur Bildungsfachkraft an Hochschulen entwickelt und ein Modulhandbuch zur inhaltlichen Ausgestaltung konzipiert. Die dreijährige Qualifizierung in Vollzeit ist dual angelegt und beinhaltet sowohl theoretische Bildungsinhalte als auch didaktisch-methodische Elemente (vgl. Albrecht et al. 2022, S. 53). Auf der Basis der Auswertung der Reflexionen der Bildungsfachkräfte während und im Anschluss ihrer Qualifizierung wurden die Theorie- und Praxisanteile der Qualifizierung überarbeitet. Auch die Erfahrungen der Bildungsfachkräfte als Angestellte an einer Hochschule haben zu einer Erweiterung im Bereich der Kompetenzen zur Professionalisierung (Rolle als Lehrperson, etc.) geführt. Inhaltlich ist die Qualifizierung in vier Studienbereiche unterteilt (vgl. Maier/Terfloth 2022, S. 5):

- Reflexion eigener Erfahrungen in verschiedenen Lebensbereichen sowie die Rolle als lehrende Person und Herausforderungen in der Bildungsarbeit
- Theoretische Grundlagen in Bezug auf Themenfelder (Schule, Arbeitswelt, lebenslange Bildung, etc.) und Institutionen, sowie Leitideen und Grundbegriffe wie Behinderung und Diversität und Rechtsgrundlagen (z. B. Schulrecht)
- Methoden der Bildungsarbeit und eigene Lehrpraxis
- Übergreifender Studienbereich (Tagesstruktur, Teamentwicklung, Kommunikation, Einfache Sprache, Medienkompetenz und Öffentlichkeitsarbeit sowie ein Wahlmodul nach eigenen Interessen).

Die zeitliche Organisation der sechs Module orientiert sich an einer Semesterstruktur der Hochschule über sechs Semester. Eine Besonderheit der Qualifizierung liegt in der Verknüpfung von Theorieinhalten, Praxiserfahrungen und einer psychosozialen Begleitung. Die zu erwerbenden Kompetenzen werden systematisch auf der Basis eines zugrundeliegenden Modulhandbuches erarbeitet. Dabei werden jedoch die Auseinandersetzung mit den Inhalten, die zum Kompetenzerwerb genutzt werden, in Umfang und Tiefe auch an die Lernmöglichkeiten der Teilnehmer:innen angepasst.

Weiterentwicklung der Qualifizierung zu Qualifizierungsbausteinen einer anerkannten Ausbildung
Laut Berufsbildungsgesetz (BBiG) können Menschen mit Behinderung, die keine Regelausbildung absolvieren können, einen sogenannten Fachpraktiker:innenberuf erlernen, für den besondere Ausbildungsregelungen gelten z. B. § 66 BBiG i. V. m. und § 42 m HwO (vgl. Bundesministerium für Justiz 2020). Voraussetzung ist jedoch, dass die spezifischen Ableitungen von einem bereits anerkannten Berufsbild getroffen werden. Diesbezüglich ist es unklar, von welchem Ausbildungsberuf sich die Arbeit der Bildungsfachkräfte ableiten lassen könnte.

Für das Qualifizierungsbild der Bildungsfachkraft an Hochschulen ist dieser Status daher noch nicht erreicht. Grundsätzlich stellt sich dabei die Frage, inwiefern der Status einer Qualifizierung zum Status einer staatlich anerkannten Ausbildung für eine Hilftätigkeit im Bereich der Lehre im tertiären Sektor verändert werden kann.

5. Fazit

Der Einbezug von Bildungsfachkräften als Expert:innen in eigener Sache eröffnet in der Lehrer:innenbildung eine neue inhaltliche Perspektive, die über theoretische Diskurse und eigene Erfahrungen der Studierenden in Praktika hinausgeht. Die Ebene der persönlichen Erfahrung von Nutzer:innen von Dienstleistungsangeboten, beispielsweise der Behindertenhilfe, zeigt Teilhabechancen und

Teilhabebarrieren eben nicht aus Sicht Professioneller auf, sondern wird durch die Personen selbst angeboten. Dabei führt der Qualifizierungshintergrund der Bildungsfachkräfte dazu, dass das Teilen der eigenen Erfahrungen bewusst, kompetent und selbstbestimmt geschieht.

Der Einbezug von Menschen mit sogenannter kognitiver Beeinträchtigung in den Hochschulkontext stellt die Organisationsform Hochschule vor neue Herausforderungen, eröffnet aber auch Möglichkeiten der Entwicklung von neuen Modellen inklusiver Zusammenarbeit, die die Hochschule selbst voranbringen sowie anderen (Bildungs-)Institutionen als Orientierung dienen können. Im Rahmen des partizipativen Forschungsplenums am AW-ZIB gelingt es aufgrund von Maßnahmen wie einer rollierenden Aufgabenverteilung zunehmend, akademisch wie nicht akademisch Forschende am Forschungsprozess zu beteiligen. Für die Hochschule als Arbeitgeberin sind aber nach wie vor viele Fragen offen, beispielsweise die Frage, wie Bildungsfachkräfte, die sich keiner der klassischen Statusgruppen einer Hochschule zuordnen lassen, in Gremien vertreten sein können. Hier sind weitere Entwicklungsschritte erforderlich, die die Hochschule als Organisationsform verändern werden.

Auch die Bildungsfachkräfte selbst erleben einen Rollenwechsel, von dem:der Nutzer:in hin zur lehrenden Person. Gleichzeitig erscheint dabei ein reflexiver Blick auf die Veränderung in der Rolle der Bildungsfachkräfte notwendig. Denn auch für die Bildungsfachkräfte verändern sich die Erfahrungen, die retrospektiv beschrieben werden, mit zunehmenden Erfahrungen am inklusiven Arbeitsplatz. Dies gilt es künftig im Blick zu behalten.

Die ersten Ergebnisse der Begleitforschung am AW-ZIB unterstützen die Annahme, dass der Einbezug von Bildungsfachkräften mit Behinderungserfahrungen in die Hochschullehre eine wirksame Maßnahme zur Professionalisierung von angehenden Lehrkräften darstellt. Das Ausmaß und die Qualität der Vor- und Nachbereitung in den Lehrveranstaltungen, in die das Bildungsangebot eingebettet ist, sowie die Möglichkeit, theoretisch-akademisches Wissen mit Erfahrungswissen zu verschränken, scheinen dabei wesentlich zum Gelingen beizutragen.

Literatur

Albrecht, Julia/Dörrer, David/Heyl, Vera/Mechler, Christina/Terfloth, Karin/Wulf-Schnabel, Jan (2022): Qualifizierungsziel „Bildungsfachkraft an Hochschulen". Von der Werkstatt für behinderte Menschen (WfbM) in die inklusive Berufstätigkeit als Mitarbeitende einer Hochschule. In: Schweizerische Zeitschrift für Heilpädagogik 28, H. 11, S. 51–57.

BGBL [Bundesgesetzblatt] (2008): Gesetz zu dem Übereinkommen der Vereinten Nationen vom 13. Dezember 2006 über die Rechte von Menschen mit Behinderungen sowie zu dem Fakultativprotokoll vom 13. Dezember 2006 zum Übereinkommen der Vereinten Nationen über die Rechte von Menschen mit Behinderungen. *Bundesgesetzblatt*. Teil II, Nr. 35, online unter https://www.un.org/depts/german/uebereinkommen/ar61106-dbgbl.pdf, 1419-1457 (Abfrage: 24.01.2023).

Bundesministerium der Justiz (2020): Berufsbildungsgesetz (BBIG).

Dörrer, David/Mechler, Christina/Terfloth, Karin/Heyl, Vera (eingereicht): Partizipative Hochschullehre durch Service User Involvement von Bildungsfachkräften mit Behinderungserfahrungen. In: Zeitschrift für Heilpädagogik.

European Agency for Development in Special Needs Education (2012): Teacher Education for Inclusion: Profile of Inclusive Teachers. Online. https://www.european-agency.org/sites/default/files/Profile-of-Inclusive-Teachers.pdf (Abfrage: 24.01.2023).

Hauser, Mandy (2019): Qualität und Güte in gemeinsamen Forschungen mit Menschen mit Lernschwierigkeiten. Dissertation Universität Leipzig.

Hauser, Mandy/Schuppener, Saskia (2015): Menschen mit Lernschwierigkeiten an der Hochschule?! Ein internationaler Vergleich am Beispiel Deutschland, Großbritannien und Irland. In: Teilhabe 54, H. 3, S. 100–106.

Krämer, Sonja/Zimmermann, Friederike (2018): Vorbereitung auf Inklusion in der Lehramtsausbildung unter Einbezug qualifizierter Menschen mit Behinderungen – Erste Ergebnisse einer Evaluationsstudie. In: Brouer, Birgit/Kilian, Jörg/Petersen, Inger/Burda-Zoyke, Andrea (Hrsg.): Vernetzung in der Lehrerinnen- und Lehrerbildung. Ansätze, Methoden und erste Befunde aus dem LeaP-Projekt an der Christian-Albrechts-Universität zu Kiel. Münster: Waxmann, S. 113–118.

Kuckartz, Udo/Rädiker, Stefan (2022): Qualitative Inhaltsanalyse, Methoden, Praxis, Computerunterstützung. 5. Auflage. Weinheim und Basel: Beltz Juventa.

Laging, Marion/Heidenreich, Thomas (2019): Towards a Conceptual Framework of Service User Involvement in Social Work Education: Empowerment and Educational Perspectives. In: Journal of Social Work Education 55, H. 1, S. 11–22.

Lüke, Timo/Grosche, Michael (2018a): Implicitly measuring attitudes towards inclusive education: a new attitude test based on single-target implicit associations. European Journal of Special Needs Education 33, H. 3, S. 427–436.

Lüke, Timo/Grosche, Michael (2018b): Konstruktion und Validierung der Professionsunabhängigen Einstellungsskala zum Inklusiven Schulsystem (PREIS). Empirische Sonderpädagogik 10, H. 1, S. 3–20.

Maier, Sarah/Terfloth, Karin (2022): Modulhandbuch zur Qualifizierung von Bildungsfachkräften. Unveröffentlichtes Manuskript, Pädagogische Hochschule Heidelberg.

Mau, Lisa/Diehl, Kerstin/Groß, Sara (2017): Inklusive Bildung. Menschen mit einer sogenannten geistigen Behinderung lehren an der Universität. Auswirkungen auf die Einstellungen zur Inklusion und die Selbstwirksamkeit von Lehramtsstudierenden. Zeitschrift für Heilpädagogik 68, H. 4, S. 172–184.

Straßburger, Gabi/Maier, Melina (2020): Service User Involvement (SUI) in der Hochschullehre: Wie Studierende den Austausch mit Erfahrungsexpert*innen wahrnehmen – Reflexionen eines partizipativen Lehrsettings [Hochschulschrift]. Katholische Hochschule für Sozialwesen Berlin, Berlin.

Rieger, Judith (2015): Partizipation als Gestaltungsprinzip in der Hochschullehre. Wenn Betroffene zu Lehrbeauftragten werden. soziales_kapital, In: wissenschaftliches journal österreichischer fachhochschulstudiengänge soziale arbeit, 14, S. 98–111.

Rieger, Judith (2020): Service User Involvement (SUI) in der Hochschullehre: Zu den Zielen der Zusammenarbeit mit Erfahrungsexpert*innen im Lehrbetrieb [Hochschulschrift]. Katholischen Hochschule für Sozialwesen Berlin, Berlin.

Scheer, David/Egener, Lea/Laubenstein, Désirée/Melzer, Conny (2020): Development and psychometric evaluation of an instrument measuring subjective definitions of inclusion (FEDI). In: International Journal of Inclusive Education 27, H. 4., S. 1–21.

Schreier, Margrit (2012): Qualitative content analysis in practice. Los Angeles, London, New Dehli, Singapore, Washington DC: SAGE.

Schröter, Anne/Schulze, Sarah/Krause, Katharina/Kuhl, Jan (2019): Entwicklung und Validierung des EXPE-B. Ein Fragebogen zur Messung der expliziten Einstellungen zu Behinderung. In: Vierteljahresschrift für Heilpädagogik und ihre Nachbargebiete 88 H. 4, S. 304–319.

Schulz, Marlen (2012): Quick and easy!? Fokusgruppen in der angewandten Sozialwissenschaft. In: Schulz, Marlen/Mack, Birgit/Renn, Ortwin (Hrsg.): Fokusgruppen in der empirischen Sozialwissenschaft. Von der Konzeption bis zur Auswertung. Wiesbaden: Springer VS, S. 9–22.

Seifried, Stefanie/Heyl, Vera (2016): Konstruktion und Validierung eines Einstellungsfragebogens zu Inklusion für Lehrkräfte (EFI-L). Empirische Sonderpädagogik 8, H. 1, S. 22–35.

Trumpa, Silke/Janz, Frauke/Heyl, Vera/Seifried, Stefanie (2014): Einstellungen zu Inklusion bei Lehrkräften und Eltern – Eine schulartspezifische Analyse. In: Zeitschrift für Bildungsforschung 4, H. 3, S. 241–256.

United Nation (UN) – Fachausschuss (2015): Ausschuss für die Rechte von Menschen mit Behinderungen (Dreizehnte Tagung 25. März bis 17. April 2015). Abschließende Bemerkungen über den ersten Staatenbericht Deutschlands. https://www.institut-fuer-menschenrechte.de/publikationen/detail/crpd-abschliessende-bemerkungen-ueber-den-ersten-staatenbericht-deutschlands. (Abfrage: 24.01.2023).

von Unger, Hella (2014): Partizipative Forschung. Einführung in die Forschungspraxis. Wiesbaden: Springer VS Verlag. https://www.socialnet.de/rezensionen/17155.php. (Abfrage: 24.01.2023).

Walmsley, Jan/Johnson, Kelly (2003): Inclusive research with people with learning disabilities. Past, present and future. Philadelphia, PA London: J. Kingsley Publishers.

Walmsley, Jan (2004): Inclusive learning disability research: the (nondisabled) researcher's role. In: British Journal of Learning Disabilities 32, H. 2, S. 65–71.

Autor:innenangaben

Gänßmantel, Michael, Bildungsfachkraft, Annelie-Wellensiek-Zentrum für Inklusive Bildung, Pädagogische Hochschule Heidelberg;
Arbeitsschwerpunkte: Erfahrungsbezogene Lehre, Partizipative Forschung

Heyl, Vera; Prof. Dr., Annelie-Wellensiek-Zentrum für Inklusive Bildung, Pädagogische Hochschule Heidelberg;
Arbeitsschwerpunkte: Erleben und Verhalten über die Lebensspanne unter der Bedingung von Blindheit oder Sehbehinderung, Einstellungen zu Inklusion, Inklusive Bildung
heyl@ph-heidelberg.de

Lihl, Thorsten, Bildungsfachkraft, Annelie-Wellensiek-Zentrum für Inklusive Bildung, Pädagogische Hochschule Heidelberg;
Arbeitsschwerpunkte: Erfahrungsbezogene Lehre, Partizipative Forschung
lihl@ph-heidelberg.de

Terfloth, Karin, Prof. Dr., Annelie-Wellensiek-Zentrum für Inklusive Bildung, Pädagogische Hochschule Heidelberg;
Arbeitsschwerpunkte: Inklusive Bildung und Didaktik, Schwere kognitive und mehrfache/komplexe Beeinträchtigung, Teilhabe, Partizipative Forschung
terfloth@ph-heidelberg.de

Differenzsensibilität als Professionalisierungsmodus, -bedarf und -herausforderung für Hochschullehrende in der Lehrer:innenbildung

Annika Gruhn, Georg Geber-Knop

Der Beitrag widmet sich einer hochschuldidaktischen Leerstelle und beschreibt (selbst-)reflexive Differenzsensibilität als Professionalisierungsmodus für Hochschullehrende, der mit spezifischen Professionalisierungsbedarfen und -herausforderungen einhergeht, die im Kontext differenzsensibler Lehrer:innenbildung zu berücksichtigen sind. Ausgehend von der Skizze eines weiten Inklusionsverständnisses, das wir als Fundament differenz- und diskriminierungskritischer Lehrer:innenbildung begreifen, wird Reflexivität als Professionalisierungsmodus in auf Schule und Lehrer:innenbildung bezogene Diskurse eingeordnet. Wir argumentieren für Reflexivität als kontinuierlich zu professionalisierenden und systematisch angelegten Modus der Seminarplanung, -praxis und -nachbereitung und skizzieren methodische Ansätze, diesem Anspruch gerecht zu werden. Der Beitrag schließt mit Überlegungen zu Desideraten der Professionalisierung und Forschung in diskriminierungssensibler Hochschullehre.

1. Einleitung

Aktuell finden sich keine umfassend systematisierenden Professionalisierungskonzepte für Hochschullehrende in der Lehrer:innenbildung, die Diskriminierungs- und Differenzsensibilität in den Fokus stellen. Dies ist ein Befund, der aufgrund der elaborierten Ungleichheitsforschung und einer breiten Debatte zur Reduzierung von Diskriminierung und Ungleichheiten in schulischen Kontexten verwundert: So liegen vielfach Arbeiten vor, die individuelle, strukturelle und institutionelle Diskriminierung in Schulen erforschen und kritisieren (u. a. Gomolla/Radtke 2009; Karabulut 2020) und auf die Bedeutung einer entsprechenden Sensibilisierung und Professionalisierung (angehender) Lehrpersonen hinweisen, die mit ihrem Handeln in (Re-)Produktionsprozesse von Inklusion und Exklusion eingebunden sind (u. a. Budde/Hummrich 2015). Wie aber hochschulische Praxis sowie Seminarpraxis Differenzlinien, institutionelle und strukturelle Diskriminierungen und damit verbundene Prozesse der Inklusion und Exklusion (re-)produzieren, scheint noch wenig beleuchtet. Auch die Rolle Hochschullehrender in differenzsensibler Lehre sowie die Professionalisierung

Dozierender wird aktuell lediglich in Teilaspekten diskutiert (u. a. Stets/Vielstädte 2022; Köninger/Greiten 2022). Ausgehend von den skizzierten Desideraten verfolgt unser Beitrag das Ziel, (selbst-)reflexive Differenzsensibilität als Professionalisierungsmodus zu beschreiben und Professionalisierungsbedarfe und -herausforderungen Hochschullehrender für eine differenzsensible Lehrer:innenbildung abzuleiten.

Um differenz- und diskriminierungskritische Lehrer:innenbildung als spezifischen Kontext von Hochschullehre herauszuarbeiten gilt es zuerst, ein weites und diskriminierungsbezogenes Inklusionsverständnis zu skizzieren. Folgend stellen wir Zusammenhänge mit Reflexivität als Professionalisierungsmodus für (angehende) Lehrkräfte her. Dabei nehmen wir Bezug auf die entsprechenden (grund-)schulspezifischen Debatten zur Professionalisierung (angehender) Lehrkräfte für diskriminierungssensible Schule(n) (2). Anschließend wenden wir den Blick in den Diskurs um die Professionalisierung Hochschullehrender und stellen darauf basierend eine Beschreibung von Professionalisierungsbedarfen und -herausforderungen einer differenzsensiblen Hochschullehre zur Diskussion (3). Hierbei argumentieren wir für Reflexivität als kontinuierlich zu professionalisierenden und systematisch angelegten Modus der Seminarplanung, -praxis und -nachbereitung. Davon ausgehend skizzieren wir methodische Ansätze, die sich diesem Anspruch annähern und fokussieren besonders die Relevanz der Kontinuität von Ansätzen und Angeboten der Professionalisierung (4). Abschließend bilanzieren wir den Beitrag und werfen Schlaglichter auf Desiderate der Professionalisierung und Forschung in diskriminierungssensibler Hochschullehre (5). So soll ein erster Ansatz für weitere Diskussionen und Forschungen zur Rolle Hochschullehrender in differenzsensibler Lehrer:innenbildung geleistet werden.

2. Differenz-, diskriminierungs- und intersektionalitätssensible Lehrer:innenbildung

Um differenz- und diskriminierungssensible Lehrer:innenbildung zu konturieren, ist eine differenzierte Klärung des diesem Beitrag zugrundeliegenden Inklusionsverständnisses notwendig: Wir verstehen einen weiten, auf die Individualität aller Lernenden bezogenen Inklusionsbegriff als notwendiges Fundament einer auf Transformation ausgerichteten und inklusionsorientierten Lehrer:innenbildung (i. A. an Badstieber 2021, S. 48). Hochschullehre, die Differenz-, Diskriminierungs- und Intersektionalitätssensibilität anstrebt und vermittelt, soll einerseits die Komplexität und Individualität der Ausgangslagen aller Lernenden berücksichtigen. Andererseits sollen mit Inklusion einhergehende Forderungen nach Gerechtigkeit in verschiedenen Heterogenitätsdimensionen und ihren intersektionalen Verschränkungen eingelöst werden. Fragen nach Gerechtigkeit in

Schule adressieren dabei die Minimierung von Diskriminierung und die Maximierung sozialer Teilhabe aller (bspw. Bräu 2018; Budde/Hummrich 2015).

Dabei lässt sich Diskriminierungssensibilität nicht nur in Programmatiken (hoch-)schulischer Konzepte verorten: Mithilfe eines praxeologischen Fokus auf schulische und unterrichtliche Praxis lässt sich rekonstruieren, dass soziale Unterscheidungen zwischen Personen in alltäglichen sozialen Interaktionen grundgelegt sind und bedeutsam gemacht werden. West und Fenstermaker (1995, S. 8) beschreiben soziale Differenzen als „ongoing interactional accomplishment" und damit als relationale Kategorien, die sich im Vollzug sozialer Praxis beobachten lassen (West/Zimmermann 1987; West/Fenstermaker 1995). Weiterhin können die entsprechenden Differenzierungsprozesse „*gleichzeitig* vollzogen werden und miteinander interferieren" (Hirschauer/Boll 2017, S. 12; Hervorhebungen im Original), was West und Fenstermaker bereits 1995 im Hinblick auf die Trias gender, race und class herausarbeiten und dafür den Begriff ‚doing difference' geprägt haben. Ein ‚undoing differences' beschreiben Hirschauer und Boll (2017) als die andere Seite der Medaille des ‚un/doings': „Jedes doing einer Unterscheidung trägt das undoing – die Verdrängung und Negation – anderer Unterscheidungen schon in sich." (S. 12). Unterscheidungen oder (Selbst-)Zuschreibungen von Personenmerkmalen können diesem Verständnis folgend in sozialen Situationen hervorgebracht und bedeutsam gemacht, jedoch auch „*nicht* getan oder *zurückgenommen* werden" (Hirschauer/Boll 2017, S. 11; Hervorhebungen im Original).

Unser Inklusionsverständnis schließt an diese prozesshafte und auf soziale Praktiken bezogene Perspektive an: Ob und wie Differenzen sich in Interaktionen und Praktiken (re-)produzieren und auf einem Spektrum von Inklusion und Exklusion stattfinden, entscheidet sich maßgeblich über das ‚un/doing' sozial wirksamer Kategorien.

Durch die Rekonstruktion von Differenzierungsprozessen wird sichtbar, dass und inwiefern Schule als Institution sowie die dort tätigen Pädagog:innen – teilweise entgegen ihrer pädagogischen Programmatik – in die (Re-)Produktion sozialer Differenzen und damit einhergehende Inklusions- und Exklusions-Prozesse verwoben sind. In der alltäglichen pädagogischen Praxis sind die skizzierten Herstellungsprozesse sozialer Differenzen eng mit der Frage nach der Teilhabe an normativ und machtvoll strukturierten Gesellschaftsordnungen verbunden (Müller/Pfrang 2022, S. 290). In diesen Ordnungen sind auch potenzielle Diskriminierungen deprivilegierter Personen(-gruppen) angelegt. Die Sensibilität für (De-)Privilegierungen sehen wir dabei mit einem strukturellen Verständnis von Diskriminierung (Czollek et al. 2019) verbunden und betrachten individuelle, institutionelle sowie kulturelle Dimensionen von Diskriminierung in ihrer Verwobenheit. Machtvolle Unterscheidungen werden demzufolge nicht (nur) als intentionale Handlungen von Einzelpersonen verstanden, sie (re-)produzieren „sich auch in weniger wahrnehmbaren alltäglichen kulturellen Praxen, institutionellen

Abläufen, Gesetzen oder auch kapitalistischen Marktmechanismen" (ebd., S. 23). Einer solchen Perspektive auf Diskriminierung ist inhärent, dass diskriminierende Praxen in allen gesellschaftlichen Kontexten – also auch Schulen und Hochschulen – stattfinden (können). So verstanden können (hoch-)schulische Handlungsfelder auch mit ‚Othering' einher gehen, das die Abgrenzung einzelner Personen bzw. Personengruppen (‚ich', ‚wir'), die zu einer vermeintlichen ‚Norm' erhoben werden, von einer anderen Personengruppe (‚die Anderen') umfasst (Bräu 2018, S. 208). Aus einer (hoch-)schulischen Perspektive gilt es, die Gleichzeitigkeit und das „Zusammenwirken verschiedener Diskriminierungs- und Unterdrückungsverhältnisse" (Riegel 2023, S. 79) zu berücksichtigen und somit eine intersektionale Perspektive (Crenshaw 1989) auf Bildungsprozesse zu entwerfen.

Die hohe Relevanz einer solchen Perspektive für eine differenzsensible Lehrer:innenbildung zeigt sich in neueren Studien zu sozial konstruierten Fähigkeitserwartungen in schulischen Kontexten: In seiner ethnografischen Studie arbeitet beispielsweise Merl (2019) heraus, dass die Zuschreibung und Festlegung eines Merkmals wie ‚sonderpädagogischer Förderbedarf' mit darüber entscheidet, wie sich unterrichtliche Interaktionen gestalten. Situative und dauerhafte Zuschreibungen eines „(Nicht-)Können[s]" (ebd., S. 122) bestimmen darüber, ob Lernende aus unterrichtlichen Kontexten aufgrund ihrer zugeschriebenen Leistungsfähigkeit ausgeschlossen werden (können). Dass „die Konstruktion eines Personentypus" entlang Vorstellungen eines implizit vorausgesetzten ‚Normalen' vollzogen wird, zeigen Restayn et al. (2022, S. 5) am Beispiel von Selbstkontrolle und Compliance bei Menschen im Autismus-Spektrum. In einer Interviewstudie mit Grundschullehrer:innen rekonstruieren sie, „wie sich durch Fähigkeits-, Lern- und Verhaltenserwartungen von Lehrpersonen Körperentwürfe des ‚Autistischen'" (ebd., S. 1) in Relation zu Erwartungen an ‚normale' Lernende formen. Karabulut zeigt in ihrer Studie zu Rassismuserfahrungen von Schüler:innen in der Schule auf, dass unter anderem die Zuschreibung einer Migrationsgeschichte sowie die Dimensionen Ethnizität und religiöse Zugehörigkeit als Marker, „anhand derer rassistische Diskriminierungen [durch Lehrpersonen; die Verf.] erfolgen" (2020, S. 85), rekonstruiert werden können.

In der Zusammenschau der Studien wird deutlich, dass bei sozialen Prozessen des Othering auf unterschiedliche Merkmale und Praktiken Bezug genommen werden kann. Die Konsequenz bleibt jedoch die gleiche: Die VerAnderten werden durch den Prozess des Otherings als ‚fremd' und ‚nicht zugehörig' konstruiert und meist abgewertet, was mit Diskriminierung und geringeren Teilhabechancen einhergehen kann. Demnach erscheint es notwendig, Studierende und (angehende) Lehrkräfte im Rahmen ihrer Professionalisierungsprozesse für solche möglichen Benachteiligungen zu sensibilisieren.

Professionelles pädagogisches Handeln steht stetig unter den Vorzeichen von Ungewissheit. Zukünftige An- und Herausforderungen können nicht gänzlich antizipiert werden oder sind in sich spannungsvoll. Dies scheint auch in allen gängigen Vorstellungen von Professionalität und den damit verbundenen Professionalisierungsansätzen unstrittig zu sein, weswegen die Betonung von Reflexion und Reflexivität naheliegt (von Aufschnaiter et al. 2019). Im Anschluss an Häcker (2017) kann Reflexion als ein besonderer Modus des Denkens „und zwar als eine rekursive, referenzielle bzw. selbstreferenzielle, d. h. rückbezügliche bzw. selbstbezügliche Form [beschrieben werden; die Verf.]. Reflexivität bezeichnet entsprechend die habitualisierte bzw. institutionalisierte Form eines solchen Denkens." (S. 23) und ist demnach als Ausdruck professionellen Handelns einzuordnen.

Zugleich verweisen aktuelle Debatten darauf, dass diese vorgenommenen (normativen) Setzungen nicht unumstritten bzw. eindeutig theoretisch bestimmt sind (vgl. Kunze/Reintjes 2022; Gläser et al. 2022): Im Kontext der bereits skizzierten praxeologischen Sicht auf Differenzen ist die Alltäglichkeit von Reflexivität zu betonen. Mit Lynch (2004) kann davon ausgegangen werden, dass pädagogisches Handeln an vielen Stellen einer bewussten Auseinandersetzung nicht zugänglich ist. Zugleich wird die Operationalisierung reflexiver Kompetenzen wie sie beispielsweise durch die KMK-Standards vorgenommen wird und die Anforderung an Lehramtsstudierende, reflexiv zu handeln bzw. sich als in einer bestimmten Weise reflexive Menschen zu zeigen und damit einer institutionell verkürzten Logik von Reflexion zu entsprechen, vielfach kritisiert (Neuweg 2021; Albers/Blanck 2022; Leonhard 2022) – auch, weil häufig unklar ist, was mit Reflexion und Reflexivität tatsächlich gemeint ist. Die Diskussion der in diesem Beitrag dargelegten Konzeption einer differenzsensiblen Professionalisierung Hochschullehrender muss diese Anfragen an Reflexivität als Modus der Professionalisierung (abgehender) Lehrkräfte mit aufgreifen.

Angesichts der spezifischen Herausforderungen einer diskriminierungs- und differenzsensiblen Lehrer:innenbildung stellt sich die Frage, in welcher Form Reflexivität und Reflexion dort eine Rolle spielen. In ihrer Konzeption einer reflexiven Inklusion verweisen Budde und Hummrich (2015) auf eine relationale Perspektive auf Differenz- und Ungleichheitsverhältnisse. Professionelles pädagogisches Handeln unter der Prämisse reflexiver Inklusion als Haltung sollte sowohl auf das „Wahrnehmen und Ernstnehmen von Differenzen und die Sichtbar[machung; die Verf.] von darin eingeschriebener Benachteiligung als auch auf den Verzicht auf Festschreibung und Verlängerung impliziter Normen durch deren Dekonstruktion [zielen]." (ebd., S. 172). Dabei erscheint der Umgang mit Differenz „grundsätzlich dilemmatisch", so Herzmann (2021, S. 53), denn „Differenzbetonung reifiziert und reproduziert Differenz, Gleichbehandlung ignoriert Differenz und reproduziert Ungleichheit" (ebd.). Angesichts dessen erscheint es Budde und Hummrich (2015) folgend angebracht, Ungleichheitskategorien angesichts universalistischer und individualisierender Ansprüche an Schule zu dekonstruieren bzw. zu entdramatisieren, sie aber zugleich zu thematisieren bzw. zu dramatisieren, wenn damit Fragen der sozialen Ungleichheit adressiert werden sollen.

Das Adjektiv ‚reflexiv' im Konzept reflexive Inklusion schlüsselt beispielsweise Leonhard (2022, S. 91) entsprechend auf: „a. ein tief verstandenes Wissen um die Spannungen und Paradoxien im ‚Umgang' mit Differenz, b. die mit zunehmender Erfahrung und Routine immer intuitivere, aber gleichwohl wissensfundierte Abwägung, was situativ zu tun ist und c. das trotz des Wissens um die Spannung weiterhin anspruchsvolle, aber nicht leidvolle Aushalten der Spannungsmomente, die aus der unvermeidlichen Entscheidung entstehen." Das Konzept reflexiver Inklusion kann insofern als kontinuierlicher Professionalisierungsanspruch für (angehende) Lehrkräfte aufgegriffen werden (Budde & Hummrich 2013; ebd. 2015), weil es die „Reflexivität des eigenen Handelns zwischen Reifizierung und Auflösung von Stereotypen" (Budde/Hummrich 2015, S. 172) der (angehenden) Lehrkräfte betont. Reflexivität als Modus differenzsensibler Lehre verweist somit darauf, dass Reflexion nicht nur in punktuellen didaktisch aufbereiteten Professionalisierungsangeboten als Gegenstand expliziter Thematisierung relevant ist, sondern vielmehr als Teil einer im alltäglichen pädagogischen Handeln eingeschriebenen Professionalität gedacht und kontinuierlich gebildet werden sollte.

Bisher haben wir die hohe Relevanz einer diskriminierungskritischen und -sensiblen Professionalisierung und Professionalität für (angehende) Lehrkräfte herausgearbeitet. Weitergehend ist zu diskutieren, ob und inwiefern Reflexivität anschlussfähig für die Beschreibung von Professionalisierungsbedarfen Hochschullehrender scheint. Vor diesem Hintergrund verwundert es, dass die Professionalisierung Dozierender für diskriminierungssensible Lehre weitestgehend unbeachtet bleibt und entsprechende Kompetenzen quasi stillschweigend vorausgesetzt werden. Zwar wird die Notwendigkeit einer intensiveren Auseinandersetzung mit der Professionalisierung Hochschullehrender und deren Seminarpraxis konstatiert (Schrittesser 2021; Köninger/Greiten 2022; Stets/Vielstädte 2022), eine systematische Aufarbeitung bleibt aber bisher aus. So ist unklar, was in universitären Veranstaltungen der Lehrer:innenbildung tatsächlich geschieht (Leonhard/Košinár/Reintjes 2018) und wie sich Interaktionen zwischen Hochschullehrenden und Studierenden beispielsweise in inklusionsbezogenen Seminaren entfalten. Ob und inwiefern Hochschullehrende über ihre Seminarplanung, -praxis und -nachbereitung Prozesse der Inklusion und Exklusion (re-)produzieren, scheint aktuell noch zu wenig beleuchtet. Im Kontext unseres Beitrags wollen wir entsprechend der vorangegangenen Erkenntnisse und Setzungen weitergehend diskutieren:

- Wie kann eine Professionalisierung Hochschullehrender für die Seminarpraxis in differenz- und diskriminierungssensibler Lehre in der Lehrer:innenbildung gestaltet werden?
- Welche Rolle spielt Reflexivität in der Professionalisierung Hochschullehrender für differenz- und diskriminierungssensible Lehre?

Wir gehen dabei davon aus, dass sich Ansätze der Professionalisierung von Lehrkräften nicht analog auf die Professionalisierung Hochschullehrender übertragen lassen, da sich die institutionellen und strukturellen Bedingungen von Hochschullehre in anderer Weise gestalten als an Schulen. Dementsprechend gilt es, zunächst aktuelle Diskurse der Professionalisierung Hochschullehrender zu betrachten und darauf zu hinterfragen, wie und in welcher Form differenzsensible Lehre in der Lehrer:innenbildung spezifische Ansprüche an das Handeln und die Professionalisierung stellt. Über einen Entwurf (selbst-)reflexiver Differenzsensibilität sollen sowohl allgemeine als auch für differenzsensible Lehre spezifische Professionalisierungsbedarfe miteinander verbunden und beschrieben werden.

3. (Selbst-)Reflexive Differenzsensibilität als Professionalisierungsbedarf und -herausforderung Hochschullehrender

Grundsätzlich erscheint die Professionalisierung Hochschullehrender als eine Art ‚Black Box'. Auch wenn ein professionalisiertes Handeln Dozierender als „wichtiger Aspekt der Qualitätssicherung in der Lehre" (Johannes/Seidel 2012, S. 234) bezeichnet wird, so ist die stetige Reflexion und gegebenenfalls Verbesserung der individuellen Lehrkompetenzen häufig nicht institutionell oder strukturell etabliert. Allgemeine Konzepte und in Hochschulen verankerte Fortbildungsangebote zur Professionalisierung von Hochschullehrenden haben aber deutlich an Relevanz gewonnen. So stellen Merkt et al. (2021, S. 437) beispielsweise fest, dass im letzten Jahrzehnt unterschiedliche Maßnahmenlinien zur Qualifikation Hochschullehrender umgesetzt wurden. Hier sind unter anderem Fortbildungen, Weiterbildungen oder Zertifikate für die Hochschullehre zu nennen. Darüber hinaus etablier(t)en sich an vielen Hochschulen Zentren für Hochschullehre, die Fortbildungen anbieten und mit entsprechendem Personal ausgestattet sind (ZFH Siegen, Münster etc.). In aktuelleren Veröffentlichungen wird auch eine Professionalisierung der ‚hochschuldidaktisch Tätigen' debattiert (Merkt et al. 2021).

In den Diskursen um Professionalisierungsbedarfe und -konzepte deuten sich einige begriffliche Unschärfen an: So liegen erstens differente Auslegungen davon vor, welche Personen hochschuldidaktisch tätig sind. Zweitens berücksichtigen Überlegungen zum Begriff der Professionalisierung von Hochschullehrenden bislang kaum, dass hochschuldidaktisches Handeln insbesondere im Kontext der Lehrer:innenbildung multiparadigmatisch geprägt ist.

Schweitzer, Heinrich und Streblow (2019, S. 10) kritisieren einschlägige hochschuldidaktische Publikationen dafür, dass sie ein verengtes Verständnis von ‚hochschuldidaktisch Tätigen' zugrunde legen, das sich nur auf Personen bezieht, die Lehrende in der Hochschullehre bspw. im Kontext von Zentren für

Hochschullehre fortbilden. Diesem Verständnis halten sie ein weiteres Verständnis hochschuldidaktisch Tätiger entgegen: „So ist jede Person, die Lehre an einer Hochschule durchführt, hochschuldidaktisch tätig. Hochschuldidaktik umfasst also die konkrete didaktische Ausgestaltung von Lehre sowie die dahinterliegenden Annahmen" (vgl. Reinmann 2015, S. 180).

Im Rahmen unseres Beitrags schließen wir uns diesem Verständnis an und gehen davon aus, dass Hochschullehrende im Rahmen ihres hochschuldidaktischen Handelns Prozesse der Planung, Vorbereitung, Durchführung und Reflexion von Lehrveranstaltungen auf Basis didaktischer und methodischer Überlegungen vollziehen.

Grundsätzlich sind vorliegende Ansätze zur Professionalität und Professionalisierung Hochschullehrender durchaus gewinnbringend, sie scheinen aber für weitere Ausdifferenzierungen einer differenzsensiblen Professionalisierung von Hochschullehrenden in der Lehrer:innenbildung nur bedingt anschlussfähig: So schließen sich beispielsweise Johannes und Seidel (2012) einem kompetenztheoretisch konturierten Professionsverständnis an, demzufolge die Professionalisierung Hochschullehrender über den Erwerb von Fachwissen hinaus auch auf Qualifikationen und Kompetenzen abzielt, die für Seminarpraxis notwendig sind. Die Autor:innen unterscheiden den „Erwerb von Handlungsroutinen, lehrbezogene Vorstellungen, lehrbezogenes Wissen und eine lehrbezogene Identität" (S. 234) und verweisen dementsprechend über das Fachwissen hinaus auch auf habituelle, wertbezogene und persönlichkeitsbezogene Aspekte. Sie formulieren einen Vorschlag für die Professionalisierung von Hochschullehrenden im Allgemeinen.

Die vorrangig kompetenztheoretische Perspektive bei Johannes und Seidel (2012) blendet aber Aspekte der Organisations- und Hochschulentwicklung aus, die im Kontext von differenzsensibler Lehre besonders bedeutsam erscheinen. Merkt et al. (2021) hingegen berücksichtigen in ihrem Entwurf einer „pädagogischen Professionalität" organisationale und systemische Bedingungen an Hochschulen stärker. Während Organisations- und Governance-Aspekte vornehmlich auf die Hochschulentwicklung Bezug nehmen, liegt der Entwurf pädagogischer Professionalität bei Merkt et al. (2021) auf der Ebene der Professionalisierung von hochschuldidaktisch Tätigen (und teilweise auch Hochschullehrenden) als Zielgruppe. Mithilfe von systemtheoretischen und strukturtheoretischen Bezügen entwickeln die Autor:innen Professionalisierungskategorien wie „Gemeinwohlorientierung und Vermittelnde Stellung", den professionellen Umgang mit paradoxen Handlungsanforderungen sowie die Ungewissheit des Handlungsergebnisses (ebd., S. 444 f.) von hochschuldidaktisch Tätigen als Professionalisierungskategorien. Anhand der im vorigen Kapitel erörterten Ausführungen zu Reflexion und Reflexivität wird jedoch deutlich, dass das Lehramtsstudium von multiparadigmatischen Perspektiven und Positionen geprägt wird, die sich wiederum entlang divergierender Fächer- und Disziplinlogiken ausdifferenzieren. Zur

Konturierung einer Professionalisierung von Hochschullehrenden für differenzsensible Lehrer:innenbildung scheint uns ein spezifischer Ansatz notwendig.

Einige aktuellere Entwicklungen, beispielsweise die Einrichtungen von ‚schools of education' und Projekte der Qualitätsoffensive Lehrerbildung, verweisen darauf, dass es Bestrebungen gibt, Dozierenden, die in der Lehrer:innenbildung tätig sind, einen gemeinsamen Ort zur Professionalisierung anzubieten (vgl. Wolf et al. 2021; Schrittesser 2020). Jedoch verweist Schrittesser (2020, S. 834) darauf, dass grundsätzlich von einer „höchst heterogene[n] Berufsgruppe" auszugehen ist, deren institutionelle Arbeitskontexte (bspw. Zugehörigkeit zu einer Statusgruppe, mit oder ohne schulische Lehrerfahrungen, Tätigkeit an einer PH oder Universität) und Qualifikationen bzw. individuellen Wege in die Lehrer:innenbildung breit gestreut sind und deren Selbstverständnisse von ganz unterschiedlichen paradigmatischen Annahmen geprägt sind. Angesichts der heterogenen fachlichen und disziplinären Sozialisation Hochschullehrender sind „Perspektiven *von* Hochschullehrer*innen *auf* das Selbstpositionierungs- und Rollenfindungsproblem *als* Hochschullehrer*in" (Wolf et al. 2021) ein zentraler Bestandteil der Auseinandersetzung Dozierender mit ihrer eigenen Lehrtätigkeit. Wolf et al. konstatieren unter Rückgriff auf Mollenhauer,

> „dass für jedwede (pädagogische) Praxis, die für sich einen gewissen Grad an institutioneller Unabhängigkeit und damit individueller Autonomie reklamiert, ein Positionierungsproblem vorliegt, weil sie eine subjektive Perspektive impliziert. Dieser (Selbst-)Positionierung muss ein*e Jede*r sich stellen, die*der sich dem zugehörigen beruflichen Handeln reflexiv zuwenden und sich damit auch der ‚Divergenz der zum Teil kontrahierenden Bezugsgruppen' aussetzen und ‚eine eigene Rolle [ausbilden will], um sie als maßgebenden oder korrigierenden Faktor ins soziale Spiel zu bringen' (Mollenhauer 1970/1962, S. 85)" (Wolf et al. 2021, S. 3).

Positionierungsprobleme stellen sich in der Professionalisierung angehender Lehrkräfte in spezifischer Weise. Hochschullehrende in der Lehrer:innenbildung sind mit einer Rolle als „second-order teachers" (Schrittesser 2020, S. 845) konfrontiert: Sie müssen einerseits Kompetenzen erster Ordnung erlangen, die Wissen über Schule und Lehren sowie das Vermitteln dessen umfassen. Mit Kompetenzen zweiter Ordnung adressiert Schrittesser das Wissen um Professionalisierungsprozesse von (angehenden) Lehrkräften und didaktische Fragen der Erwachsenenbildung (ebd.). Auch empirische Befunde, wie sie beispielsweise von Lunenberg et al. (2014, S. 64 f.; zit. in Schrittesser 2020; S. 847) zusammengetragen wurden, verweisen darauf, dass von Hochschullehrenden in der Lehrer:innenbildung sowohl die Wissensvermittlung in Lehrveranstaltungen als auch deren didaktische Gestaltung als Lern- und Professionalisierungsgelegenheiten für Studierende aufgefasst werden können. Lehrer:innenbildung „stellt in dieser Hinsicht einen Sonderfall dar […]. Diese Besonderheit erweist sich daher als

Ausgangspunkt der Qualifizierungsanforderungen an in der Lehrerinnen- und Lehrerbildung Dozierende." (ebd.)

Mit Blick auf ein differenz-, intersektionalitäts- und diskriminierungssensibles Verständnis von Inklusion und die Aufgabe, dieses an Studierende des Lehramts zu vermitteln, zeigt sich die Vermittler:innenrolle Dozierender als komplexe Herausforderung: Lehrende sind damit konfrontiert, zukünftige Lehrkräfte diskriminierungssensibel zu professionalisieren. Der Begriff ‚diskriminierungssensibel' adressiert dabei zwei miteinander verwobene Ebenen: Hochschullehrende müssen einerseits (ihre eigene) Seminarpraxis und hochschulische Praktiken auf die (Re-)Produktion diskriminierender Strukturen und Handlungen hinterfragen. Andererseits sind sie in ihrer Rolle als Wissens- und Wertevermittler:innen gefragt, über angemessene didaktisch-methodische Settings und die Performanz in Seminaren Lehrkräfte für diskriminierungssensiblen Unterricht zu professionalisieren.

Die Überlegungen Ermerts (2016, S. 4) verweisen darauf, dass diskriminierungskritische Lehre Aushandlungsprozesse erfordert, da sie „in komplexe soziale Beziehungen eingebettet [ist], die zugleich Fragen nach konkreten Handlungsoptionen eröffnen: Welche Strategien ermöglichen den Austausch über Diskriminierung und einen kritischen Umgang mit ihr im Seminar, und welche Praktiken der Lehrenden und Studierenden erschweren oder verhindern einen konstruktiven Umgang damit?". Damit wird insbesondere angedeutet, dass eine Auseinandersetzung mit Diskriminierung Hochschullehrende mit der Anforderung konfrontiert, ihre eigene Position und Positionierung innerhalb gesellschaftlicher und institutioneller Machtverhältnisse kritisch zu hinterfragen. Dieser Anspruch bricht unter anderem mit der Vorstellung, Hochschullehrende verfügten über „objektives Wissen […] im Sinne einer Wertefreiheit in Lehre und Forschung" (Vierneisel/Schreiter 2019, S. 73) und dem Ideal einer nüchternen Gestaltung der Lehrer:innenbildung, wie sie bspw. Terhart (2021) fordert. Weiterhin wird wiederholt auf die hegemoniale Konstruiertheit eines vermeintlich objektiven universitären Wissens verwiesen, wie es Malik (2022) am Beispiel „weißer Wissensproduktion" (S. 27) und „weißer universitärer Räume" (ebd.) zeigt.

Arens et al. (2013, S. 9) weisen darauf hin, dass die universitäre Auseinandersetzung mit Differenzen selbst unter den Bedingungen von Differenz stattfindet: „Insofern Differenzverhältnisse den universitären Ort, an dem dieser Gegenstandsbereich zum Thema wird, strukturieren, ist das Sprechen über Differenz an der Hochschule zugleich von dem Gegenstand, um den es geht, vermittelt: ‚Differenz' als Gegenstand der Auseinandersetzung im Seminar findet, insofern die Seminarsituation selbst von Differenzverhältnissen durchzogen ist, unter Bedingungen von Differenz statt." Da durch die somit erforderlichen Dramatisierungen und Ent-Dramatisierungen von Differenzen in der Seminarpraxis paradoxe Spannungsverhältnisse verbunden sind, kennzeichnen Arens et al. professionelles Handeln der Dozierenden im Sinne eines fortlaufenden reflexiven

Modus, der mit „Unbehagen" verbunden ist, weil er sich dieser Paradoxien bewusst ist. Die Autor:innen benennen bezugnehmend auf die Thematisierung von Differenz in der Hochschullehre „drei bedeutsame Facetten dieses Unbehagens und dieser Schwierigkeit […, die sich allerdings stärker auf die Studierenden und die angebotenen Lerngelegenheiten denn auf die Rolle der Dozierenden beziehen; die Verf.]: a) Verweigerung von Handlungsempfehlungen und Aufforderung zu einem reflexiven Habitus. b) Zumutung von Wissen, das mit einer impliziten Aufforderung zu einer weitreichenden Neubeschreibung von Selbstverhältnissen verbunden ist. c) Gefährdung der Autorität als Lehrende." (ebd., S. 20 f.).

4. Konzeptionalisierungen einer (selbst-)reflexiven Differenzsensibiltät als kontinuierlicher Professionalisierungsmodus

Mit dem Anspruch, Diskriminierungskritik als Professionalisierungsanspruch im oben skizzierten Sinne zu entwerfen, geht auch stets ein normatives Moment einher, das wir nachfolgend konkreter zu fassen versuchen. Folgende zentrale Professionalisierungsbedarfe und -herausforderungen für Lehrende in der Lehrer:innenbildung lassen sich benennen:

- Differenz- und Diskriminierungssensibilität im eigenen Handeln und bei Studierenden unter den spezifischen Bedingungen der Lehre in der Lehrer:innenbildung initiieren, begleiten und (weiter)entwickeln (u. a. Kompetenzen, Wissen, Reflexionsprozesse initiieren)
- Umfassende Reflexion der Seminar- und Prüfungspraxis in actu, in Vor- und Nachbereitung (u. a. eigene Involviertheit, Routinen hinterfragen)
- Kontinuierliche Reflexion der gesellschaftlichen Positionierung (u. a. strukturelle und institutionelle hochschulische Handlungskontexte, eigene Sozialisation)

Die benannten Herausforderungen verweisen auf die Verwobenheit der Professionalisierung Dozierender und Studierender. So gilt es, eigene Kompetenzen und Wissensbestände zu erweitern, um diese an Studierende einerseits zu vermitteln, andererseits aber auch im Austausch mit Studierenden zu aktualisieren und zu prüfen.

Diese Fokussierungen verweisen analog zur oben skizzierten reflexiven Inklusion als Professionalisierungsanspruch an (angehende) Lehrkräfte auf die zentrale Bedeutung eines (selbst-)reflexiven Modus, der zahlreiche Aspekte differenzsensiblen hochschuldidaktischen Handelns berührt. Die kontinuierliche Reflexion der eigenen gesellschaftlichen Positionierung sowie die Aufgabe, die gesellschaftliche Positionierung Studierender zu initiieren und zu begleiten, stellen eine komplexe Herausforderung an Seminarpraxis in actu, in ihrer Vorbereitung und Nachbereitung dar. So stellt sich die Frage, wie (Nicht-)Betroffenheit und Diskriminierungserfahrungen Studierender und Dozierender didaktisch und methodisch angemessen berücksichtigt und aufgegriffen werden können, ohne dabei essenzialisierend zu wirken. Ebenso ist hinterfragbar, welche Wissensbestände und Diskurse auf welche Weise Einzug in die Seminarpraxis erhalten und wie sie verhandelt werden (Malik 2022).

Da diskriminierungsbezogene Themen auch mit normativen Setzungen und teilweise stark umkämpften gesellschaftlichen Feldern verbunden sind, sind Hochschullehrende besonders gefordert, sich innerhalb konzeptioneller Spannungsfelder in diskriminierungskritischen Diskursen zu verorten: Am Beispiel des Konzepts ‚Intersektionalität', das vor allem auf die Arbeit von Vertreter:innen der Critical Race Theory und des Black Feminism (z. B. Angela Davis, Patricia Hill Collins, bell hooks, Kimberlé Crenshaw) rekurriert, lässt sich verdeutlichen, dass auch akademische Praktiken und Diskurse als gewaltvoll wahrgenommen werden können, wenn sie aktivistisch geprägte Termini aufgreifen. So fasst Riegel (2023, S. 79) entsprechende Befürchtungen zusammen, „dass dadurch der gesellschaftskritische Impetus des Ansatzes sowie die theoretischen Impulse von BIPoC und queeren Feminist:innen verloren gehen bzw. dass durch die konstatierte Konzentration auf Kategorien die gesellschaftlich verankerten Verhältnisse von Dominanz und Unterwerfung sowie deren gewaltvolle Geschichte aus dem Blick geraten und die hegemoniale Ordnung im Wissenschaftskontext reproduziert wird.".

Neben dem Umgang mit konfligierenden Konzepten innerhalb diskriminierungskritischer Diskurse muss auch die eigene Positionierung der Lehrenden zwischen einer eigenen Haltung, wissenschaftlicher Distanzierung und den Positionierungen der Studierenden reflexiv bearbeitet werden. Im Kontext der Seminargestaltung erscheint uns auch eine Offenheit bezüglich des eigenen Lernprozesses als Hochschullehrende:r gewinnbringend, die zugleich stets an theoretischen Wissensbeständen orientiert ist und nicht auf der Ebene einer anekdotischen Auseinandersetzung stehen bleibt. So können beispielsweise (Selbst-)Positionierungen offengelegt werden, um die eigene – möglicherweise durchaus fluide – Perspektive auf den jeweils thematisierten Aspekt des Seminars transparent zu machen und mit theoretisch relevanten Konzepten verknüpft als Reflexionsfolie für die Studierenden bereitgestellt werden.

Wie stark die Positionierung der Dozierenden auf die Planung von Seminaren sowie die Seminarpraxis einwirkt bzw. einwirken soll, scheint aber nicht eindeutig beantwortbar und mit didaktischen Zielsetzungen verbunden: So stellen sich beispielweise die Fragen, ob ein bestimmtes Inklusionsverständnis als Wertebasis vermittelt werden oder vielmehr ein Diskurs über unterschiedliche Inklusionsverständnisse in der Seminarpraxis eröffnet werden soll. Dies verweist gleichzeitig darauf, dass Wertevermittlung in der Planungs- und Seminarpraxis auf von didaktischen begründeten Ein- und Ausschlüssen bestimmt ist. Aufgrund der Zielsetzungen eines Seminars oder einer Sitzung werden auch Teile wertebasierter Diskurse ausgeschlossen und entsprechende Markierungen in der Seminarpraxis vorgenommen, um Studierende mit Diskriminierungserfahrungen vor (Re-)Traumatisierung zu schützen. Dazu gehört auch die sprachlich sensible Gestaltung der Seminarpraxis.

Mit Blick auf die Ausführungen zu differenzsensibler Lehrer:innenbildung, Reflexivität und reflexive Inklusion, erscheint uns Reflexivität als in das alltägliche Handeln sowie Fortbildungsangebote eingewobener Modus als Professionalisierungsbedarf. Auch gilt es, Reflexivität nicht als Kompetenz zu verstehen, die in zeitlich begrenzten Angeboten erlernt werden kann, sie ist als das *professionelle und professionalisierende Handeln begleitender Professionalisierungsmodus* zu verstehen: So stellt – in einem praxeologischen Verständnis – Seminarpraxis im situativen (Aus-)Handeln Herausforderungen an Studierende und Lehrende zugleich, da beide in Praktiken gesellschaftlicher Positionierung und der Differenzbearbeitung eingebunden sind. Mit Arens et al. (2013) gesprochen ist eine Seminarpraxis, die Differenzen (de-)thematisiert auch immer mit dilemmatischen Konstellationen verbunden (S. 9 ff.). Damit einhergehende Fragen der Dramatisierung oder Entdramatisierung (Budde/Hummrich 2015) sowie des angemessenen Umgangs mit Diskriminierung sind für differenzsensible Lehrer:innenbildung komplexe, unhintergehbare und kontinuierliche Begleiter. Dementsprechend erscheinen Professionalisierungsangebote für differenzsensible Lehrer:innenbildung gewinnbringend, wenn sie Reflexivität nicht als abschließend zu vermittelnde Kompetenz, sondern als durch kontinuierliche Angebote unterstützten „habitualisierte[n] bzw. institutionalisierte[n]" (Häcker 2017, S. 23) Professionalisierungsmodus verstehen.

Aktuelle Debatten um Formate der Professionalisierung von Hochschullehre verweisen diesbezüglich auf mögliche methodische Ansätze, wie (selbst-)reflexive Differenzsensibilität als Professionalisierungsmodus etabliert und systematisch unterstützt werden kann:[1]

- Kontinuierlicher formaler und informeller gegenstandsbezogener Austausch der Hochschullehrenden (bspw. fachlich, biografisch (Schweitzer/Heinrich/Streblow 2019)
- Reflexion von Seminarpraxis in Planung, Durchführung und Nachbereitung (bspw. im kollegialen Austausch, Kollegiale Fallberatung, Fort- und Weiterbildungen/Trainings für Hochschullehrende (i. A. an Merkt et al. 2021))
- Forschungsmethodische Ausbildung Hochschullehrender (bspw. zu Standortgebundenheit: Forschungs- und Interpretationswerkstätten)

---

1 Die angeführten Ansätze können im Rahmen des Beitrags nur benannt werden.

- Aneignen von (Handlungs-)Wissen zu diskriminierungssensibler Hochschullehre
- Materialentwicklung und Material als Anlässe zur Reflexion (Schweitzer/Heinrich/Streblow 2019; Stets/Vielstädte 2022)
- Anlegen von Kriterien an die Seminar- und Prüfungspraxis (Schreiter 2021; Malik 2022)

Die hier angeführten Ansätze bilden nur einige der Möglichkeiten ab. Sie sind jeweils als systematische und kontinuierliche Angebote gedacht. Gleichzeitig sind sie auch durch die strukturellen Bedingungen von Hochschule begrenzt und sollten auch immer unter dieser Begrenztheit reflektiert werden: So ist beispielsweise der Austausch zur Standortgebundenheit eigener oder der Forschung anderer nicht nur aus der jeweiligen Forschungsmethode, sondern auch mit der jeweiligen de- oder privilegierten Position der Forschenden zu denken. So stellt sich z. B. die Frage danach, welches Wissen innerhalb der oben angeführten Formate (nicht) (re-)produziert wird, wenn die Hochschullehrenden und das von ihnen vermittelte Wissen auch immer mit der Produktion hegemonialer Wissensbestände verbunden ist (bspw. „weiße Wissensproduktion" (Malik 2022, S. 27)).

5. Fazit

Ziel des Beitrags war es, mit dem Konzept der einen Vorschlag zur Professionalisierung von Hochschullehrenden in der Lehrer:innenbildung für differenz- und diskriminierungssensible Lehre zu formulieren. Über die Professionalisierung angehender Lehrkräfte und deren Zusammenhang mit differenzsensibler Schule und Unterricht konnte die hohe Relevanz von Reflexivität als ausbildungs- und berufsbegleitendem Modus herausgearbeitet werden. Der vergleichsweise noch junge Diskurs um die Professionalisierung Hochschullehrender bietet erste Konzepte und methodische Ansätze, die aber für komplexe Handlungsfelder differenzsensibler Hochschullehre zu wenig spezifisch scheinen: Sie verkennen mit der Grundannahme, alle Hochschullehrenden würden einer homogenen Gruppe angehören, die multiparadigmatische Strukturiertheit von Lehre. Weiterhin berücksichtigen sie die Spezifika der Lehrer:innenbildung zu wenig.

Aus diesen Erkenntnissen heraus formulieren wir über den Begriff der (selbst-)reflexiven Differenzsensibilität einerseits zentrale Professionalisierungsansprüche und -herausforderungen, andererseits aber auch einen kontinuierlich zu entwickelnden und professionelles Handeln begleitenden Professionalisierungsmodus. Dieser ist in besonderer Weise von einer diskriminierungskritischen und differenzsensiblen Reflexivität bzgl. der eigenen Seminarpraxis in actu sowie einer fortwährenden Reflexion der gesellschaftlichen und hochschulischen Positionierung geprägt. Dabei bestimmen kontinuierliche spannungsvolle

Ansprüche das Handeln Dozierender in der Lehrer:innenbildung mit (bspw. zwischen wissenschaftlicher Distanziertheit, der Vermittlung von Werten und der Vermittlung von Wissen aus aktivistischen Kontexten). Angesichts komplexer unhintergehbarer Herausforderungen plädieren wir für kontinuierliche Professionalisierungsangebote (Ansätze siehe Kapitel 4) als Erprobungs- und Entwicklungsorte einer (selbst-)reflexiven Differenzsensibilität.

Mit unseren Ausführungen gehen und gingen während des Schreibprozesses viele Fragen einher: Hochschuldidaktische Diskurse zu differenzsensibler Lehre scheinen aktuell einerseits an Relevanz zu gewinnen. Andererseits sind die existierenden Ansätze nur wenig miteinander verbunden. Vor allem die Seminarpraxis ist zu wenig diskutiert und beforscht: Wie sich die Interaktionen in differenzsensiblen Seminaren gestalten (sollen), ist aus didaktischer und praxeologisch forschender Perspektive ein Desiderat. Offen ist beispielsweise noch, wie sich Spannungsfelder zwischen diskriminierungsbezogenem Aktivismus und einem wissenschaftlich-reflexiven Habitus gestalten. Eng verbunden damit stellen sich auch Fragen des Umgangs mit (Nicht-)Betroffenheit von Diskriminierung, die sowohl für didaktische Planungen als auch für Forschungen von hoher Relevanz sind. Eine intensivere empirische Auseinandersetzung mit der Praxis an Hochschulen, die die Mikroebene einzelner Seminare, Vorlesungen und Praxis-Begleitveranstaltungen fokussiert, ist entsprechend notwendig, um Ambivalenzen und unintendierte Wirkungen der pädagogischen Praxis in der Hochschullehre aufzudecken.

Abschließend ist aber zu betonen, dass differenzsensible Hochschullehre nicht ohne differenz- und diskriminierungssensible hochschulische Strukturen denkbar ist. So können beispielsweise Fragen nach der Reproduktion hegemonial bestimmter Wissensbestände und Zugänge zu Hochschulen nicht (nur) in der Seminarpraxis Diskussionsanlass sein, sondern müssen in disziplinären, fachlichen und hochschulischen Kontexten diskutiert werden. Letztlich stellt (selbst-)reflexive Differenzsensibilität so nicht nur die Frage nach der Professionalisierung aktueller Hochschullehrender, sondern auch die Frage danach, wer strukturell bessere Möglichkeiten hat, in der ersten Phase der Lehrer:innenbildung lehrend tätig zu sein.

Literatur

Albers, Stine/Blanck, Bettina (2022): Kritische Reflexivität als Ausgang für Entfaltung von Subjektivität im Grundschullehramtsstudium. In: Gläser, Eva/Poschmann, Julia/Büker, Petra/Miller, Susanne (Hrsg.): Reflexion und Reflexivität im Kontext Grundschule. Perspektiven für Forschung, Lehrer:innenbildung und Praxis. Bad Heilbrunn: Klinkhardt, S. 295–300.

Arens, Susanne (2013): Differenz unter Bedingungen von Differenz: Zu Spannungsverhältnissen universitärer Lehre. Wiesbaden: Springer Fachmedien.

Aufschnaiter, Claudia von/Fraij, Amina/Kost, Daniel (2019): Reflexion und Reflexivität in der Lehrerbildung. In: Zeitschrift zur Konzeption, Gestaltung und Diskussion 2, H. 1, S. 144–159.

Badstieber, Benjamin (2021): Inklusion als Transformation?! Bad Heilbrunn: Klinkhardt.

Bräu, Karin (2018): Inklusion und Leistung. In: Sturm, Tanja/Wagner-Willi, Monika (Hrsg.): Handbuch schulische Inklusion. Leverkusen: Barbara Budrich, S. 207–222.

Budde, Jürgen/Hummrich, Merle (2013): Reflexive Inklusion. In: Zeitschrift für Inklusion 4, S. 1–6.

Budde, Jürgen/Hummrich, Merle (2015): Intersektionalität und reflexive Inklusion. In: Sonderpädagogische Förderung heute, H. 2, S. 165–175.

Crenshaw, Kimberlé (1989): Demarginalizing the Intersection of Race and Sex: A Black Feminist Critique of Antidiscrimination Doctrine, Feminist Theory and Antiracist Politics. https://chicagounbound.uchicago.edu/uclf/vol1989/iss1/8/?utm_source%3Dchicagounbound.uchicago.edu%252Fuclf%252Fvol1989%252Fiss1%252F8%26utm_medium%3DPDF%26utm_campaign%3DPDFCoverPages (Abfrage: 31.08.2023)

Ermert, Sophia (2016): Wunsch nach Diskriminierungskritik. In: AG Lehre / Zentrum für transdisziplinäre Geschlechterstudien / Humboldt-Universität zu Berlin. www.gender.hu-berlin.de/de/studium/diskriminierungskritik-1/broschuere-der-ag-lehre-diskriminierungskritische-lehre-denkanstoesse-aus-den-gender-studies (Abfrage: 31.08.2023)

Gläser, Eva/Poschmann, Julia/Büker, Petra/Miller, Susanne (2022): Reflexion und Reflexivität im Kontext Grundschule. Perspektiven für Forschung, Lehrer:innenbildung und Praxis. Bad Heilbrunn: Klinkhardt, S. 295–300.

Gomolla, Mechthild/Radtke, Frank-Olaf (2009): Institutionelle Diskriminierung: die Herstellung ethnischer Differenz in der Schule. 3. Auflage. Wiesbaden: VS.

Greiten, Silvia/Geber, Georg/Gruhn, Annika/Köninger, Manuela (2017): Inklusion als Aufgabe für die Lehrerausbildung – Theoretische, institutionelle, curriculare und didaktische Herausforderungen für Hochschulen. In: Greiten, Silvia/Geber, Georg/Gruhn, Annika/Köninger, Manuela (Hrsg.): Lehrerausbildung für Inklusion Fragen und Konzepte zur Hochschulentwicklung. Münster/New York: Waxmann, S. 14–36.

Häcker, Thomas (2017): Grundlagen und Implikationen der Forderung nach Förderung von Reflexivität in der Lehrerinnen- und Lehrerbildung. In: Berndt, Constanze/Häcker, Thomas/Leonhard, Tobias (Hrsg.): Reflexive Lehrerbildung revisited. Traditionen – Zugänge – Perspektiven. Bad Heilbrunn: Klinkhardt, S. 21–45.

Herzmann, Petra (2021): Zum Theorie- und Empirieanspruch (in) der Auseinandersetzung mit Praxis. Hochschuldidaktische Überlegungen zur Unhintergehbarkeit von Nützlichkeitserwartungen an die universitäre Lehrer*innenbildung. In: PraxisForschungLehrer*innenBildung 3, H. 5, S. 50–58.

Hirschauer, Stefan/Boll, Tobias (2017): Un/doing Differences. Zur Theorie und Empirie eines Forschungsprogramms. In: Hirschauer, Stefan (Hrsg.): Un/doing Differences. Praktiken der Humandifferenzierung. Weilerswist: Velbrück Wissenschaft, S. 7–26.

Johannes, Christine/Seidel, Tina (2012): Professionalisierung von Hochschullehrenden. Lehrbezogene Vorstellungen, Wissensanwendung und Identitätsentwicklung in einem videobasierten Qualifikationsprogramm. In: Zeitschrift für Erziehungswissenschaft 15, H. 2, S. 233–251.

Karabulut, Aylin (2020): Rassismuserfahrungen von Schüler*innen: Institutionelle Grenzziehungen an Schulen. Wiesbaden: Springer VS.

Köninger, Manuela/Greiten, Silvia (2022): (Wie) Werden Studierende im Kontext schulpraktischer Phasen auf Unterricht in heterogenen, inklusiven Lerngruppen vorbereitet und begleitet? Beschreibung eines Desiderates. In: Veber, Marcel/Gollub, Patrick/Greiten, Silvia/Schkade, Teresa (Hrsg.): Umgang mit Heterogenität – Chancen und Herausforderungen für schulpraktische Professionalisierung. Bad Heilbrunn: Klinkhardt, S. 153–172.

Leonhard, Tobias (2022): Reflexionsregime in Schule und Lehrerbildung. Zwischen guter Absicht und transintentionalen Folgen. In: Reintjes, Christian/Kunze, Ingrid (Hrsg.): Reflexion und Reflexivität in Unterricht, Schule und Lehrer:innenbildung. Bad Heilbrunn: Klinkhardt, S. 77–93.

Leonhard, Tobias/Košinár, Julia/Reintjes, Christian (2018): Von Praktiken und Orientierung in der Lehrerinnen- und Lehrerbildung. In Leonhard, Tobias/Košinár, Julia/Reintjes, Christian (Hrsg.): Praktiken und Orientierungen in der Lehrer*innenbildung – Potentiale und Grenzen der Professionalisierung. Bad Heilbrunn: Klinkhardt, S. 7–14.

Löser, Jessica M./Werning, Rolf (2015): Inklusion – allgegenwärtig, kontrovers, diffus? In: Erziehungswissenschaft 26, H. 51, S. 17–24.

Lynch, Michael (2004): Gegen Reflexivität als akademischer Tugend und Quelle privilegierten Wissens. In: Zeitschrift für qualitative Bildungs-, Beratungs- und Sozialforschung 5, H. 2, S. 273–309.

Malik, Mariam (2022): Wer lernt (was) auf wessen Kosten? Positionierungen und Bedürfnisse in Lernräumen – von den Erfahrungen von Schwarzen Studierenden und Studierenden of Color an der Hochschule. In: Akbaba, Yaliz/Buchner, Tobias/Heinemann, Alisha M. B./Pokitsch, Doris/Thoma, Nadja (Hrsg.): Lehren und Lernen in Differenzverhältnissen: Interdisziplinäre und Intersektionale Betrachtungen. Wiesbaden: Springer Fachmedien, S. 25–44.

Merkt, Marianne/Knauf, Anne-Kathrin/Kraut, Matthias/Schulze, Katrin/Preiß, Jennifer (2021): Professionalisierung hochschuldidaktisch Tätiger. Ein theoretisches Rahmenmodell. In: die hochschullehre 7, H. 1, S. 436–450.

Merl, Thorsten (2019): un/genügend fähig. Zur Herstellung von Differenz im Unterricht inklusiver Schulklassen. Studien zur Professionsforschung und Lehrerbildung. Bad Heilbrunn: Klinkhardt.

Müller, Kathrin/Pfrang, Agnes (2022): Reflexionen zu Teilhabe. Zur Bedeutung moralischer Dilemmata im Grundschulunterricht. In: Gläser, Eva/Poschmann, Julia/Büker, Petra/Miller, Susanne (Hrsg.): Reflexion und Reflexivität im Kontext Grundschule. Perspektiven für Forschung, Lehrer:innenbildung und Praxis. Bad Heilbrunn: Klinkhardt, S. 289–294.

Neuweg, Georg Hans (2021): Reflexivität. Über Wesen, Sinn und Grenzen eines lehrerbildungsdidaktischen Leitbildes. In: Zeitschrift für Bildungsforschung 11, S. 459–474.

Perko, Gudrun/Czollek, Leah Carola/Kaszner, Corinne/Czollek, Max (2019): Praxishandbuch Social Justice und Diversity: Theorien, Training, Methoden, Übungen. 2. Auflage. Weinheim: Beltz Verlagsgruppe.

Reinmann, Gabi (2021): Die wissenschaftliche Verortung der Hochschuldidaktik. In: Kordts-Freudinger, Robert/Schaper, Niclas/Scholkmann, Antonia/Szczyrba, Birgit (Hrsg.): Handbuch Hochschuldidaktik. Bielefeld: wbv, S. 43–56.

Reintjes, Christian/Kunze, Ingrid (Hrsg.): Reflexion und Reflexivität in Unterricht, Schule und Lehrer:innenbildung. Bad Heilbrunn: Klinkhardt.

Restayn, Ann-Marie/Köpfer, Andreas/Wittwer, Jörg (2022): Der ‚autistische Körper' – eine empirische Perspektivierung vor dem Hintergrund schulischer Fähigkeitserwartungen. In: Zeitschrift für Disability Studies, 2022, H. 2, doi.org/10.15203/zds_2022_2.05.

Riegel, Christine (2023): Soziale Verhältnisse von Differenz, Macht und Ungleichheit. Theoretische Zugänge und Analyseperspektiven. In: Leonhardt, Nico/Goldbach, Anne/Staib, Lucia/Schuppener, Saskia (Hrsg.): Macht in der Schule. Wissen – Sichtweisen – Erfahrungen. Texte in Leichter Sprache, Einfacher Sprache und Fachsprache. Bad Heilbrunn: Klinkhardt, S. 71–84.

Schreiter, Franziska (2021): Vielfalt* lehren – sexuelle und geschlechtliche Vielfalt im Studium der Grundschulpädagogik. In: Dall'Armi, Julia von/Schurt, Verena (Hrsg.): Doing and Undoing Gender – in different ways. Fachdidaktische, pädagogische und erziehungswissenschaftliche Perspektiven auf Geschlecht und Geschlechterkategorien. Wiesbaden: Springer VS, S. 67–82.

Schrittesser, Ilse (2020): Qualifikationswege Dozierender in der Lehrerinnen- und Lehrerbildung. In: Cramer, Colin/König, Johannes/Rothland, Martin/Blömeke, Sigrid (Hrsg.): Handbuch Lehrerinnen- und Lehrerbildung. Bad Heilbrunn: Klinkhardt, S. 843–850.

Schweitzer, Julia/Heinrich, Martin/Streblow, Lilian (2019): Hochschuldidaktische Qualitätssicherung und Professionalisierung im Medium von Materialentwicklung. Ein Arbeitsmodell von Materialwerkstätten. In: Die Materialwerkstatt Bd. 1, H. 1, S. 1–29.

Stets, Mona/Vielstädte, Teresa (2022): „Man lernt Emma in ‚drei Minuten lesen' kennen" Kritische Anfragen an Reflexionsprozesse in und über Online-Lehr-Lernmaterialien im Projekt „inklud.nrw". In: Die Materialwerkstatt Bd. 4, H. 1, S. 79–97.

Terhart, Ewald (2021): „Lehrerbildner" – auf der Suche nach einer verlorenen Profession. In: PraxisForschungLehrer*innenBildung 3, H. 5, S. 26–37.

Vierneisel, Carolin/Schreiter, Franziska (2019): Perspektiven und Erfahrungen von Dozierenden auf und mit Vielfalt* im Lehramtsstudium in Sachsen. In: Vierneisel, Carolin (Hrsg.): Queeres Lehren und Lernen an lehramtsbildenden Hochschulen. Verortungen und Impulse im Rahmen der Arbeits- und Netzwerkstelle Vielfalt Lehren! Göttingen: Waldschlösschen Verlag, H. 19, S. 73–89.

West, Candace/Fenstermaker, Sarah (1995): Doing difference. In: Gender and Society. 9, H. 1, S. 8–37.

West, Candace/Zimmerman, Don H. (1987): Doing Gender. In: Gender and Society 1, H. 2, S. 125–151.

Wolf, Eike/Schwier, Volker/Schweitzer, Julia/Goerigk, Paul/Bekemeier, Katja (2021): Selbstdeutung, Positionierung & Rollenfindung: Zum Selbst in der universitären Lehrer*innenbildung. In: PraxisForschungLehrer*innenBildung 3, H. 5, S. 1–7.

Autor:innenangaben

Geber-Knop, Georg, Dr. phil., M. A., Universität Siegen, AG Grundschulpädagogik, Lehrkraft für besondere Aufgaben;
Arbeits- und Forschungsschwerpunkte: schulische Inklusion, Leistung und Inklusion, Leistungs- und Bildungsgerechtigkeit, Nachteilsausgleiche, inklusive Berufsorientierung, qualitative Forschungsmethoden, rekonstruktive Auswertungsmethoden
Georg.GeberKnop@uni-siegen.de

Gruhn, Annika, Dr. phil., Universität Siegen, AG Grundschulpädagogik, Studienrätin im Hochschuldienst;
Arbeits- und Forschungsschwerpunkte: Ethnografische Forschung, Lernbegleitung und Beratung, studentisches Peer-Learning, Hochschullernwerkstätten, inklusionsorientierte Lehrer:innenbildung mit einem Fokus auf Rassismuskritik, OER in der Hochschullehre mit einem Fokus auf Podcasts
annika.gruhn@uni-siegen.de

Videobasierte Fallarbeit zur multiprofessionellen Kooperation im Unterricht als Ansatz einer inklusiven Lehrer:innenbildung

Sarah Böse, Melanie Fabel-Lamla,
Cara Meyer-Jain, Gianna Wilm

Im Beitrag wird ein Konzept videobasierter Fallarbeit vorgestellt, das basierend auf Überlegungen des strukturtheoretischen Professionsansatzes im Rahmen des Projekts „Inklusive Lehrer:innenbildung" (iLeb) entwickelt wurde. Für die Fallarbeit auf Basis von Unterrichtsvideographien wurden hochschuldidaktische Handreichungen zu verschiedenen Themen im Kontext von Inklusion und Schule erarbeitet, die Anregungen zum kasuistischen Arbeiten mit Videosequenzen in der Lehrer:innenbildung geben sollen. Ziel ist es, dass Studierende über die Analyse von Praktiken im inklusiven Unterricht eine analytisch-reflexive (Beobachtungs-)Haltung aufbauen und für Spannungsverhältnisse pädagogischer Handlungsanforderungen in inklusiven Settings sensibilisiert werden. Am Beispiel der Handreichung „Zuständigkeitsklärungen multiprofessioneller Akteure im gemeinsamen Unterricht" werden die Vorgehensweise der praxisreflexiven Fallarbeit vorgestellt und abschließend Befunde aus der Begleitforschung aufgezeigt.

1. Zum Lehr- und Entwicklungsprojekt „Inklusive Lehrer:innenbildung" (iLeb)

Mit der Ratifizierung der UN-Behindertenrechtskonvention und der damit eingegangen Verpflichtung, in Deutschland ein inklusives Bildungssystem zu schaffen, sind die Hochschulen vor die Herausforderung gestellt, angehenden Lehrkräften Basisqualifikationen für den Umgang mit Heterogenität und Inklusion zu vermitteln sowie diese auf die Zusammenarbeit in multiprofessionellen Teams vorzubereiten. Forschendes Lernen und Fallarbeit stellen Möglichkeiten dar, mit Studierenden inklusive schulische Praxis in den Blick zu nehmen und eine kritisch-reflexive, forschende Haltung gegenüber den Herausforderungen und der Gestaltung inklusiver Settings anzubahnen. An diese hochschuldidaktischen Ansätze und an dieses Ziel knüpft das Projekt „Inklusive Lehrer:innenbildung" (iLeb) an, dessen Kernidee und Maßnahmen im Folgenden ausführlich vorgestellt werden. Anschließend wird eine Maßnahme des Projektes, nämlich die Konzipierung hochschuldidaktischer Handreichungen für den Einsatz videobasierter

Fallarbeit in universitären Lehrveranstaltungen, exemplarisch zum Thema Multiprofessionelle Kooperationen in den Blick genommen.

1.1 Zu den Hintergründen des iLeb-Projekts

In dem vom MWK Niedersachsen und der Universität Hildesheim geförderten Lehr- und Entwicklungsprojekt „Inklusive Lehrer:innenbildung" (iLeb) wurden zwischen 2016 und 2021 verschiedene Konzepte Forschenden Lernens und videobasierter Fallarbeit zu inklusionsbezogenen Themen in den Studiengängen für das Lehramt an Grund-, Haupt- und Realschulen erarbeitet und erprobt. Mit dem Ziel, einen Entwicklungsprozess für eine wissenschaftlich fundierte Gestaltung einer inklusiven Lehrer:innenbildung zu initiieren, konnten zahlreiche Maßnahmen wie die Einrichtung von Forschungs- und Entwicklungswerkstätten zur Entwicklung und Erprobung kasuistischer Ansätze, Fachtage zu Forschendem Lernen, zu Inklusion in den Fachdidaktiken und Perspektiven für die Schulentwicklung bzw. Lehrer:innenbildung sowie Workshops zu Videographie und Tandemlehre zur Qualifizierung der Lehrenden umgesetzt werden. Darüber hinaus stand auch der Ausbau des seit 2009 an der Universität Hildesheim bestehenden Fallarchivs HILDE, das zahlreiche Unterrichtsvideographien umfasst, im Fokus (s. 1.3).

Kern des Lehr- und Entwicklungsprojekts stellen *hochschuldidaktische Handreichungen* für den Einsatz videobasierter Fallarbeit in der Lehre dar, die auf der Grundlage von Unterrichtsvideographien des Fallarchivs HILDE entwickelt wurden. Diese sollen Kolleg:innen aus den Bildungswissenschaften und Fachdidaktiken darin unterstützen, kasuistische Zugänge umzusetzen (s. 2). Die Handreichungen wurden erprobt und anhand unterschiedlicher Begleitforschungen, wie Gruppendiskussionen mit Studierenden und Lehrenden, Nutzer:innenbefragung für das Fallarchiv HILDE sowie Aufzeichnungen von Lehrsequenzen untersucht und weiterentwickelt (s. 3).

1.2 Theoretisch-konzeptionelle Anknüpfungspunkte im iLeb-Projekt

Das Projekt iLeb geht von einem weiten Inklusionsbegriff, der verschiedene Heterogenitätsdimensionen umfasst, sowie davon aus, dass sich „Differenzkonstruktionen und Differenzierungen […] als soziale Prozesse beschreiben [lassen], die in und als Praktiken organisiert sind" (Budde 2018, S. 138). Daher werden vor allem Praktiken der Herstellung und Bearbeitung von Differenz in der Unterrichtsinteraktion zum Gegenstand (vgl. Sturm 2014). Zudem wird nach Formen ermöglichender sowie behindernder Lern- und Bildungsmöglichkeiten, nach inkludierenden bzw. marginalisierenden Effekten von pädagogischen Praktiken (vgl. Fritzsche 2014) sowie nach Praktiken multiprofessioneller Zusammenarbeit im inklusiven Unterricht gefragt. Die im iLeb-Projekt entwickelten Konzepte knüpfen an den strukturtheoretischen Professionsansatz (vgl. Helsper 2011, 2021) an und gehen davon aus, dass über Fallarbeit Spannungsverhältnisse pädagogischer Handlungsanforderungen in inklusiven Settings zugänglich gemacht sowie durch die Analyse von Praktiken der Herstellung und Bearbeitung von Differenz z. B. in Unterrichtsinteraktionen eine analytisch-reflexive (Beobachtungs-)Haltung gegenüber inklusiver Praxis entwickelt werden kann (vgl. Fabel-Lamla et al. 2020).

Die hochschuldidaktischen Handreichungen zeigen Vorgehensweisen auf, wie kasuistische Arbeit auf der Grundlage von Unterrichtsvideosequenzen in Lehrveranstaltungen umgesetzt werden kann. Ausgehend davon, dass das Lehrer:innenhandeln im Zuge inklusionsorientierter Veränderungen mit gesteigerten Reflexionsanforderungen konfrontiert ist, da homogenisierende Unterrichtsformate zunehmend abgelöst werden und es damit zu einer Ausweitung des interaktiven Strukturkerns professionellen Handelns kommt (vgl. Helsper 2016), ist es für (angehende) Lehrpersonen bedeutsam, sich reflexive Kompetenzen anzueignen und diese weiterzuentwickeln, „um ein einzelfallspezifisches Verstehen von Lernwegen und Sachbezügen zu ermöglichen" (Helsper 2011, S. 153). Dies scheint auch deshalb zentral, weil darüber vermieden werden kann, dass (angehende) Lehrpersonen die eigenen Einflussmöglichkeiten überschätzen, gesellschaftliche Probleme pädagogisieren, strukturelle Widersprüche ausblenden oder Konflikte individualisieren (vgl. Trautmann/Wischer 2011; Häcker/Walm 2015).

Fallarbeit ist allerdings nicht als eine einheitliche, didaktisch-methodische Vorgehensweise in der Lehre zu verstehen, sondern kann different ausgestaltet werden. So führen beispielsweise Reh und Rabenstein (2005) mehrere Zielsetzungen für kasuistische Arbeit an, die auf unterschiedliche Vorgehensweisen schließen lassen. Neben der „*Veranschaulichung* von allgemeinen Erkenntnissen" werden auch die Thematisierung der „,Fallförmigkeit' pädagogischer Praxis", das Methodenlernen zur Konstruktion und Rekonstruktion von Fällen aus der eigenen pädagogischen Praxis sowie zur theoretisch begründeten „Analyse eines bestimmten Gegenstandsbereiches" (Reh/Rabenstein 2005, S. 48 f.) beschrieben. Auch Pieper (2014), Hummrich (2016) und Kunze (2018, 2020) zeigen auf, dass sich unter dem Begriff der Fallarbeit unterschiedliche Vorgehensweisen und Arbeitsformen fassen lassen. Besonders in der Hochschullehre ist dafür die jeweilige (didaktische) Zielsetzung und das jeweilige Bezugsfeld entscheidend, woraus sich vielfältige Nutzungsarten ergeben. Damit eröffnet sich ein breites Feld an Einsatzmöglichkeiten, deren Gemeinsamkeit es ist, durch kasuistische Arbeit einen Beitrag zur Professionalisierung von (angehenden) Lehrpersonen leisten zu wollen.

Unter Rückgriff auf unterschiedliche Systematisierungsversuche (vgl. Wernet 2006; Hummrich 2016; Kunze 2018, 2020; Schmidt/Wittek 2020) werden im Folgenden zwei Varianten von Fallarbeit für die Lehrer:innenbildung vorgestellt, die im Rahmen des Projekts iLeb in Lehrveranstaltungen der Universität Hildesheim erprobt wurden. Diese orientieren sich jeweils an unterschiedlichen (didaktischen) Zielsetzungen und zeigen damit verschiedene Einsatzmöglichkeiten in der Lehre auf, wenngleich sie beide im Kern auf das verstehende Erschließen der sozialen Wirklichkeit pädagogischen Handelns im Unterricht abzielen (vgl. Hummrich 2016, S. 14; Kunze 2018, S. 191). Ausgehend von dieser Logik des Verstehens wird hier in Anlehnung an Kunze (2020) für die kasuistische Lehrer:innenbildung zwischen einer *forschungsorientierten Kasuistik* (1) und einer *praxisreflexiven Fallarbeit* (2) unterschieden. In Abgrenzung dazu stellt Kunze als eine dritte Möglichkeit des Arbeitens mit Unterrichtsaufzeichnungen das *videobasierte Lernen* vor (vgl. hierzu auch Krammer 2020), das vorrangig am Erklären eines Falls interessiert ist (vgl. Kunze 2020, S. 682). Diese drei Varianten des Arbeitens an Fällen sollen im Folgenden kurz vorgestellt werden:

(1) Die *forschungsorientierte Kasuistik* zielt auf ein sozialtheoretisch fundiertes Verstehen der basalen Strukturlogik des pädagogischen Feldes (vgl. Hummrich 2016, S. 25; Kunze 2020, S. 683) und legt dafür das empirische Material zugrunde. Es geht also um das Erschließen allgemeiner sozialer Phänomene, die sich im Datenmaterial als besonderes, falltypisches Phänomen zeigen. Das sozialtheoretische Wissen dient demnach nicht vordergründig dem Analysieren und Bewerten des Falls, sondern fungiert als Grundlage zur Konturierung und Beschreibung des beobachtbaren Phänomens (vgl. Kunze 2020, S. 683). Daraus ergibt sich für die forschungsorientierte Kasuistik eine an qualitativ-rekonstruktiven Methoden und Verfahren ausgerichtete Herangehensweise (vgl. Kunze 2020, S. 683; Hummrich 2016, S. 30) mit dem Ziel der Anbahnung eines reflexiven bzw. forschenden Habitus.

(2) Die *praxisreflexive Fallarbeit* hingegen fokussiert konkrete pädagogische Problemstellungen (vgl. Kunze 2020, S. 684). Anders als bei der forschungsorientierten Kasuistik, wo der Fall als Erscheinungsform eines Phänomens dient, stellt er hier die konkrete Handlungswirklichkeit als Anschauungsgegenstand bzw. Reflexionsanlass mit dem Ziel dar, Routinen oder auch „Vorfälle" der Praxis zu identifizieren und zu analysieren. Der Schwerpunkt liegt auf dem Ausloten von Handlungsalternativen, ohne dass diese als Lösung der jeweiligen Problemstellung dargestellt werden, sondern vielmehr eine Perspektivenvielfalt eröffnen. Ein solches Vorgehen ist damit weniger deutungsoffen, da eine didaktische Ausrichtung vorgegeben wird, erfordert aber demgegenüber keine weitreichenden qualitativ-rekonstruktiven Methodenkenntnisse, da mithilfe weniger methodischer Prinzipien das Vorgehen gestaltet werden kann.

(3) In Abgrenzung zu den beiden am Verstehen ausgerichteten Ansätzen ist mit dem *videobasierten Lernen* ein Ansatz gegeben, der vorrangig am Erklären und Illustrieren eines Falls interessiert ist. Der Fall dient zur Veranschaulichung eines vorhandenen Wissensbestandes und wird unter diesen subsu-

miert (vgl. Kunze 2020, S. 683). Seinen Ausgang nimmt das videobasierte Lernen also von der Theorie mit dem Ziel, dass berufsrelevantes Wissen aufgebaut und angewendet sowie Unterrichtanalyse- und -beurteilungskompetenz ausgebildet und eingeübt wird (vgl. Krammer 2020, S. 692; Kunze 2018, S. 189). In diesem kompetenztheoretischen Verständnis tritt videobasiertes Lernen häufig in Form von Best-practice-Fällen zum Vorschein, die jedoch Gefahr laufen, die Theorie der Praxis unterzuordnen und Wissensbestände lediglich zwischen richtig und falsch zu unterscheiden (vgl. Hummrich 2016, S. 32).

In der in Kapitel 2 vorgestellten Handreichung zum Thema „Zuständigkeitsklärungen multiprofessioneller Akteure im gemeinsamen Unterricht" wird exemplarisch eine Vorgehensweise der *praxisreflexiven Fallarbeit* vorgestellt.

1.3 Fallarchiv HILDE – zur Arbeit mit Unterrichtsvideographien

Das videobasierte Fallarchiv HILDE[1] entstand durch ein 2009 initiiertes Projekt zur interdisziplinären fachdidaktischen Lehr-Lernforschung des Forums Fachdidaktische Forschung an der Universität Hildesheim und umfasst derzeit mehr als 100 authentische Unterrichtsaufzeichnungen verschiedener Fächer, Schulformen und Klassenstufen, dazugehörige pseudonymisierte Begleitmaterialien (vollständige Transkripte der Unterrichtsinteraktion, Gruppenarbeitstranskripte der Schüler:inneninteraktion, Sitzpläne, Stundeninformationen, Unterrichtsmaterialien, Informationen zu Schüler:innen und Schüler:innenergebnissen) sowie aufbereite Sequenzen. Die Unterrichtsstunden werden hierfür mit mindestens zwei Kameras gefilmt, die in Anlehnung an Dinkelaker und Herrle (2009, S. 25) jeweils in gegenüberliegenden Ecken positioniert sind und möglichst den gesamten Raum erfassen. Eine Kamera fokussiert dabei die Lehrkraft (Lehrkräftekamera, LK), und die andere Kamera die Schüler:innen (Schüler:innenkamera, SK). Alle Aufzeichnungen sind systematisch z. B. nach Schulform, Schulfach, Klassenstufe, Sonderpädagogische Förderschwerpunkte sowie inhaltlich nach Handlungsmustern, wie z. B. gelenktes Unterrichtsgespräch, Vorwissen aktivieren oder Reflexion, verschlagwortet. Sie stehen mit den jeweiligen Begleitmaterialien zum Großteil auf der Videoplattform HILDEonline für die Aus-, Fort- und Weiterbildung von Lehrkräften, als Datenbasis für Forschungsprojekte, als Anschauungsmaterial auf wissenschaftlichen Veranstaltungen und anonymisiert für wissenschaftliche Publikationen zur Verfügung. Nach einer Registrierung können Mitglieder von Bildungseinrichtungen und wissenschaftlichen Institutionen die

---

[1] Hinweise zum Fallarchiv HILDE der Universität Hildesheim sowie zu den Nutzungsmöglichkeiten und zur Registrierung sind unter folgendem Link zu finden: https://www.uni hildesheim.de/celeb/projekte/fallarchiv-hilde/.

videographierten Unterrichtsstunden über die Videoplattform HILDEonline streamen und die pseudonymisierten Begleitmaterialien herunterladen.

Von diesen über 100 Unterrichtsaufzeichnungen fokussieren ca. 40 die Gestaltung inklusiver Unterrichtssettings (also bspw. Klassen mit Schüler:innen mit sonderpädagogischen Förderbedarf oder Stunden, in denen Förderschullehrkräfte und/oder Schulbegleitungen mit anwesend sind) an Grundschulen und Schulen der Sek I, die im Rahmen der Erweiterung des Fallarchivs HILDE über das Projekt iLeb entstanden sind. Auf der Basis ausgewählter Unterrichtsaufzeichnungen wurden Sequenzen herausgesucht und aufbereitet und dazu 17 hochschuldidaktische Handreichungen entwickelt und erprobt, die Anregungen zum kasuistischen Arbeiten mit Videosequenzen in Lehrveranstaltungen geben sollen.[2]

2. Hochschuldidaktische Handreichung zum Thema „Zuständigkeitsklärungen multiprofessioneller Akteure im gemeinsamen Unterricht"

Die im Rahmen des iLeb-Projekts entwickelten hochschuldidaktischen Handreichungen sind einheitlich strukturiert: In einer *Einleitung* (1.) werden die jeweilige Fragestellung und Gegenstandskonstruktion offengelegt, ferner wird weiterführende Literatur zum jeweiligen Thema empfohlen. An die Benennung von *Leitfragen* (2.) und *Lernzielen aus hochschuldidaktischer Perspektive* (3.) schließt sich die Begründung der Auswahl von Sequenzen aus der zugrundeliegenden Unterrichtsvideographie aus dem Fallarchiv HILDE an (4. *Was ist der Fall?*). Sodann wird das videographierte Geschehen beschrieben und es werden Ergebnisse der Fallrekonstruktion kommentierend dargelegt (5. *Sequenzielle Falldarstellung und Analysepotenziale*). In diesem Abschnitt wird auch auf mögliche Themenfelder jenseits der zentralen Fragestellung verwiesen, die in der Diskussion mit Studierenden aufgegriffen werden können. In einem weiteren Abschnitt werden *Anregungen zum Vorgehen in der Lehrveranstaltung* gegeben sowie *hochschuldidaktische Überlegungen* angeführt (6.). Danach werden *Technische Voraussetzungen* (7.) benannt, allgemeine *Hinweise zum rekonstruktiven Arbeiten mit Videodaten* (8.) gegeben und es wird die verwendete *Literatur* (9.) aufgeführt. Im *Anhang* (10.) werden erprobte Sitzungsplanungen und Arbeitsaufträge für Studierende sowie Transkripte und andere Materialien für den Einsatz in Lehrveranstaltungen zur Verfügung gestellt.

---

2 Die Titel der vorliegenden hochschuldidaktischen Handreichungen finden sich auf folgender Website: https://www.uni-hildesheim.de/celeb/projekte/inklusive-lehrer-innenbildung-ileb/projektmassnahmen/hochschuldidaktische-handreichungen/. Auf Anfrage können diese zur Verfügung gestellt werden.

Die bei der Tagung „Lehrer:innenbildung für Inklusion – Hochschuldidaktische Konzepte und Perspektiven" im Rahmen eines Workshops exemplarisch vorgestellte Handreichung „Zuständigkeitsklärungen multiprofessioneller Akteure im gemeinsamen inklusiven Unterricht" (Meyer-Jain 2021) zielt darauf ab, die Beobachtungs- und Analysekompetenzen hinsichtlich der Herausforderungen multiprofessioneller Kooperation in inklusiven Unterrichtssettings zu fördern. Multiprofessionalität verweist auf die Tatsache, dass in Schule und Unterricht – und das trifft in besonderem Maße auf inklusive (Ganztags-)Schulen zu – Angehörige verschiedener Professionen und Berufsgruppen aufeinandertreffen, die je spezifische Berufsaufträge im Hinblick auf die Bildung und Erziehung von Schüler:innen haben (vgl. Widmer-Wolf 2018, S. 299). Diese stehen vor der Anforderung, gemeinsam Arbeitsprozesse zu organisieren und Formen der multiprofessionellen Handlungskoordination in Schule und Unterricht zu entwickeln. Bei diesen (Neu-)Ordnungsprozessen geht es vor allem auch um Fragen der Zuständigkeit, Expertise und Aufgabenverteilung zwischen den Akteuren: Wer kann wie seine professionelle Expertise einbringen, wer ist für was zuständig, wie werden Aufgaben verteilt, wie können die unterschiedlichen interdisziplinären Perspektiven aufeinander bezogen und wie können darüber die häufig komplexen Lern- und Entwicklungssituationen von Schüler:innen gemeinsam professionell bearbeitet werden (vgl. Widmer-Wolf 2018; Fabel-Lamla/Gräsel 2022)? Professionalität in der multiprofessionellen Zusammenarbeit kann dabei „nicht als statische Qualität verstanden werden, die sich auf erlernte Expertisen abstützen kann, sondern konstituiert sich mitunter auch in konkreten Situationen, in denen sie interaktiv hergestellt werden muss" (Widmer-Wolf 2018, S. 302). Insofern ist davon auszugehen, dass Regelschullehrkräfte, sozialpädagogische Fachkräfte, Förderschullehrkräfte, Schulbegleiter:innen etc. immer wieder neu Zuständigkeiten und Aufgabenverteilungen aushandeln, ihre jeweiligen Expertisen bestimmen und sich voneinander abgrenzen müssen und darüber multiprofessionelle Kooperation interaktiv herstellen.

Durch die Beobachtung, Analyse und Rekonstruktion des unterrichtlichen Interaktionsgeschehens in verschiedenen ausgewählten Sequenzen aus Unterrichtsvideos, in denen Regel- und Förderschullehrkräfte bzw. Schulbegleiter:innen miteinander interagieren, können Studierende für das Aushandlungsgeschehen, Fragen der Zuständigkeit und Aufgaben sowie Selbst- und Fremdpositionierungen der Akteure in multiprofessionellen Arbeitszusammenhängen sensibilisiert werden.

Die Arbeit mit der Handreichung „Zuständigkeitsklärungen multiprofessioneller Akteure im gemeinsamen inklusiven Unterricht" (Meyer-Jain 2021) basiert auf fünf kurzen Sequenzen einer videographierten Doppelstunde im Fach Deutsch in einer inklusiven 10. Gesamtschulklasse. Die ausgewählten Videosequenzen und Transkriptausschnitte zeigen unterschiedliche Interaktionssituationen zwischen der Regelschullehrerin und der Schulbegleiterin im Unterricht. Die Studierenden sind aufgefordert, die Interaktion der beiden Akteure zu analysieren und die darin sich zeigenden Zuständigkeiten, Selbst- und Fremdpositionierungen sowie Handlungsspielräume der beiden herauszuarbeiten. Im Vorfeld können mit den Studierenden – je nachdem, in welchen Lehrkontexten die Handreichung eingesetzt wird und welche Lernvoraussetzungen bei den Studierenden vorhanden sind – literaturbasiert verschiedene Kooperationsmodelle oder auch andere theoretische Konzepte (z. B. Zuständigkeit, professionelle Autonomie, Grenzarbeit) erarbeitet werden.

Die in der Handreichung vorgestellte Fallrekonstruktion zeigt u. a. auf, dass die Schulbegleiterin mehrere Anläufe unternimmt, um ihrer Rolle als Schulbegleitung und der damit bislang verbundenen Hilfstätigkeiten zu entkommen. Die Lehrerin versucht, diese jeweils an sie herangetragenen Aushandlungsprozesse zu ermöglichen, allerdings nur im Rahmen von weiteren Hilfstätigkeiten. Die Verantwortung, die sie als Regelschullehrkraft für die Unterrichtsstruktur innehat, reklamiert sie klar für sich.

Im Rahmen der vorgeschlagenen Lehr-/Lerneinheit bearbeiten die Studierendengruppen jeweils eine der fünf ausgewählten Sequenzen des Unterrichtsvideos inklusive des dazugehörigen Transkriptausschnittes. Hierfür erhalten die Gruppen den folgenden Arbeitsauftrag:

1. Sehen Sie sich die ausgewählte Sequenz des Unterrichtsvideos aufmerksam an und halten Sie ihre Eindrücke schriftlich fest. Bitte achten Sie darauf, in diesem Analyseschritt noch keine Wertungen vorzunehmen.
2. Lesen Sie untenstehendes Transkript der verbalen Äußerungen der Akteure aufmerksam durch und markieren Sie interessante/prägnante Passagen.
3. Tauschen Sie sich nun in der Gruppe über Ihre Eindrücke aus.
4. Analysieren Sie nun die Kooperationspraxis, die hier gezeigt wird und halten Sie Ihre Gruppenergebnisse schriftlich fest. Woran machen Sie Ihre Interpretationen fest? Welche Fragen ergeben sich für Sie aus dieser hier gezeigten Kooperationspraxis?

Der vierte Schritt dient der Sicherung der Gruppenergebnisse und der Reflexion des Analyseprozesses. Im Anschluss an die Gruppenarbeitsphase erfolgt eine, der Reihenfolge der Sequenzen entsprechende, Präsentation der Gruppenergebnisse. Im Rahmen der anschließenden gemeinsamen Reflexion können folgende Fragen bearbeitet werden:

1. Wie gestaltet sich die Interaktion zwischen der Lehrerin und der Schulbegleiterin?
2. Welche Rolle nehmen die beiden Akteurinnen hier jeweils ein?
3. Welche Rückschlüsse lassen sich anhand der analysierten Interaktionen zwischen den beiden Akteurinnen auf deren (multiprofessionelle) Kooperation ziehen?

3. Herausforderungen und Spannungsfelder bei der Umsetzung videobasierter kasuistischer Seminararbeit zum Themenfeld Inklusion – Ergebnisse der Begleitforschung

Im Rahmen des iLeb-Projekts wurde die Umsetzung der hochschuldidaktischen Handreichungen in Lehrveranstaltungen an der Universität Hildesheim intensiv begleitet, indem zum einen Erfahrungen im Rahmen eines Projektworkshops mit beteiligten Lehrenden ausgetauscht und zum anderen in verschiedenen Lehrveranstaltungen, in denen mit einer Handreichung gearbeitet wurde, Gruppen- und Plenumsphasen audiographiert, transkribiert und adressierungsanalytisch (vgl. Rose/Ricken 2018) ausgewertet wurden.

Der Erfahrungsaustausch hinsichtlich der Umsetzung videobasierter kasuistischer Seminararbeit zum Themenfeld Inklusion verweist auf eine Reihe von Herausforderungen und Spannungsfelder. So zeigte sich, dass die Handreichungen zwar partiell notwendige Übersetzungsprozesse übernehmen, indem sie entlang verschiedener Schritte nicht nur methodisch in das sequenzielle Beobachten und Beschreiben einführen, sondern mit der Offenlegung der Gegenstandskonstruktion und Klärung der Frage, was hier der spezifische Fall ist, auch inhaltliche Rahmungen vornehmen sowie praktische Hinweise zur Planung und Durchführung einzelner Sitzungen bereitstellen. Doch zeigte sich auch, dass trotz dieser ausdifferenzierten hochschuldidaktischen Aufbereitung der Handreichungen, immer auch individuell vorzunehmende Konkretisierungen nötig sind (vgl. Bossen et al. 2019). So kann z. B. das jeweilige Vorwissen der Studierenden die fallbasierte Auseinandersetzung mit den ausgewählten Videosequenzen deutlich präformieren. So tragen die Studierenden z. B. ihnen bereits bekannte andere Differenzkategorien an das Material heran oder sie analysieren das inklusive Unterrichtssetting unter einem didaktischen Blickwinkel, etwa hinsichtlich der Realisierung ‚guten' Unterrichts. Gleichzeitig führen aber eine strikte Aufmerksamkeitslenkung und konkret vorgegebene Arbeitsschritte und Fragen auch zu einer Engführung, die wenig Spielräume für kasuistische Analysearbeit lässt. Daher müssen im Vorfeld bei der Planung die Voraussetzungen der jeweiligen Studierenden berücksichtigt und die Zielsetzungen der Handreichungen mit Lehrinhalten und Kompetenzprofilen der jeweiligen Lehrveranstaltung abgestimmt werden. Als weitere Anforderung zeigte sich, dass Dozent:innen im Vorfeld das Inklusionsverständnis, das bei der Bearbeitung des Materials zugrunde gelegt werden soll, reflektieren sowie entscheiden müssen, welche Vorinformationen den Studierenden zur Verfügung gestellt werden sollen. Als bedeutsam erwies sich auch, wie das vorgeschlagene methodische Verfahren der Sequenzanalyse in der Lehrveranstaltung am Videomaterial umgesetzt wurde und welche methodischen Vorerfahrungen auf Seiten der Studierenden und Lehrenden vorlagen (vgl. Bossen et al. 2019).

Im Rahmen der Begleitforschung wurden transkribierte Gruppenarbeits- und Plenumsphasen zum Einsatz der Handreichung „Re-/Produktion von Differenz zwischen Schüler*innen im (inklusiven) Unterricht" vergleichend im ersten Studienjahr und in einem forschungsorientierten Masterseminar sequenzanalytisch ausgewertet. Auch hier zeigte sich, dass sich die von den Handreichungen angeleitete fallbezogene Arbeit im Spannungsfeld zwischen Offenheit rekonstruktiver Kasuistik und der Ausbildungslogik geschuldeten Schließungsmomenten bewegt. So rekurrieren die Studierenden wiederholt auf den ihnen vertrauten, spezifischen Modus der Bearbeitung, nämlich die Unterrichtsnachbesprechung, und tendieren dazu, auf Schüler:innenfehlverhalten zu fokussieren sowie Fragen der Angemessenheit des Handelns der Lehrkraft zu diskutieren. Die Dozent:innen sind daher, so zeigen die Analysen der Seminarinteraktionen, in besonderer Weise gefordert, ein methodengeleitetes Vorgehens der Fallerschließung zu initiieren und dieses gegenüber studentischen Vorbehalten und konkurrierenden Perspektiven auf Unterricht umzusetzen (vgl. Steinwand/Damm/Fabel-Lamla 2020).

Die Durchführung kasuistischer Lehreinheiten zur Anbahnung einer analytisch-reflexiven (Beobachtungs-)Haltung gegenüber inklusiver Praxis erweist sich also in vielerlei Hinsicht als eine anspruchsvolle hochschuldidaktische Aufgabe. Diese kann zwar durch die erarbeiteten hochschuldidaktischen Handreichungen angebahnt und unterstützt werden, doch letztlich kommt es auf die Dozierenden und ihre reflektierte Hinwendung zu den Herausforderungen kasuistischer Lehre an. Formate wie Tandemlehre und Seminarhospitationen könnten hier eine Unterstützung sein, um Reflexionsräume für Erfahrungen in der kasuistischen Lehre bereitzustellen und Kolleg:innen für Anforderungen und Potenziale von – vorab konzipierter – Fallarbeit in Lehrveranstaltungen in der inklusiven Lehrer:innenbildung zu sensibilisieren.

Literatur

Bossen, Andrea/Damm, Alexandra/Fabel-Lamla, Melanie/Steinwand, Julia/Musenberg, Oliver (2019): Herausforderungen und Spannungsfelder beim praktischen Einsatz videobasierter kasuistischer Lehr-Lernformate in der inklusiven Lehrer*innenbildung. In: Schomaker, Claudia/Oldenburg, Maren (Hrsg.): Forschen, Reflektieren, Bilden. Forschendes Lernen in der diversitätssensiblen Hochschulbildung. Baltmannsweiler: Schneider Verlag Hohengehren, S. 213–222.

Budde, Jürgen (2018): Differenzierungspraktiken im Unterricht. In: Proske, Matthias/Rabenstein, Kerstin (Hrsg.): Kompendium qualitativer Unterrichtsforschung. Unterricht beobachten – beschreiben – rekonstruieren. Bad Heilbrunn: Klinkhardt, S. 137–152.

Dinkelaker, Jörg/Herrle, Matthias (2009): Erziehungswissenschaftliche Videographie. Eine Einführung. Wiesbaden: VS Verlag.

Fabel-Lamla, Melanie/Gräsel, Cornelia (2022): Professionelle Kooperation in der Schule. In: Hascher, Tina/Helsper, Werner/Idel, Till-Sebastian (Hrsg.): Handbuch Schulforschung, Band 2. 3. Auflage. Wiesbaden: Springer VS, S. 1189–1209.

Fabel-Lamla, Melanie/Kunze, Katharina/Moldenhauer, Anna/Rabenstein, Kerstin (Hrsg.) (2020): Kasuistik – Lehrer*innenbildung – Inklusion. Empirische und theoretische Verhältnisbestimmungen. Bad Heilbrunn: Klinkhardt.

Fritzsche, Bettina (2014): Inklusion als Exklusion. Differenzproduktionen im Rahmen des schulischen Anerkennungsgeschehens. In: Tervooren, Anja/Engel, Nicolas/Göhlich, Michael/Miethe, Ingrid/Reh, Sabine (Hrsg.): Ethnographie und Differenz in pädagogischen Feldern. Bielefeld: transcript, S. 329–345.

Häcker, Thomas/Walm, Mark (2015): Inklusion als Herausforderung an eine reflexive Erziehungswissenschaft. Anmerkungen zur Professionalisierung von Lehrpersonen in inklusiven Zeiten. In: Erziehungswissenschaft 26, H. 51, S. 81–89.

Helsper, Werner (2011): Lehrerprofessionalität – der strukturtheoretische Professionsansatz zum Lehrberuf. In: Terhart, Ewald/Bennewitz, Hedda/Rothland, Martin (Hrsg.): Handbuch der Forschung zum Lehrerberuf. Münster/New York/München/Berlin: Waxmann, S. 149–170.

Helsper, Werner (2016): Pädagogische Lehrerprofessionalität in der Transformation der Schulstruktur – ein Strukturwandel der Lehrerprofessionalität? In: Idel, Till-Sebastian/Dietrich, Fabian/Kunze, Katharina/Rabenstein, Kerstin/Schütz, Anna (Hrsg.): Professionsentwicklung und Schulstrukturreform. Zwischen Gymnasium und neuen Schulformen in der Sekundarstufe. Bad Heilbrunn: Klinkhardt, S. 217–245.

Helsper, Werner (2021): Professionalität und Professionalisierung pädagogischen Handelns: Eine Einführung. Opladen & Toronto: Verlag Barbara Budrich / utb.

Hummrich, Merle (2016): Was ist der Fall? Zur Kasuistik in der Erziehungswissenschaft. In: Hummrich, Merle/Hebenstreit, Astrid/Hinrichsen, Merle/Meier, Michael (Hrsg.): Was ist der Fall? Kasuistik und das Verstehen pädagogischen Handelns. Wiesbaden: Springer VS, S. 13–38.

Krammer, Kathrin (2020): Videos in der Lehrerinnen- und Lehrerbildung. In: Cramer, Colin/König, Johannes/Blömeke Sigrid (Hrsg.): Handbuch Lehrerinnen- und Lehrerbildung. Bad Heilbrunn: Klinkhardt, S. 691–699.

Kunze, Katharina (2018): Erziehungswissenschaft – Lehrerinnen- und Lehrerbildung – Kasuistik. Verhältnisbestimmungen im Widerstreit. In Böhme, Jeanette/Bressler, Christoph/Cramer, Colin (Hrsg.): Erziehungswissenschaft und Lehrerbildung im Widerstreit!? Verhältnisbestimmungen, Herausforderungen und Perspektiven. Bad Heilbrunn: Klinkhardt, S. 186–200.

Kunze, Katharina (2020): Kasuistische Lehrerinnen- und Lehrerbildung. In: Cramer, Colin/König, Johannes/Blömeke Sigrid (Hrsg.): Handbuch Lehrerinnen- und Lehrerbildung. Bad Heilbrunn: Klinkhardt, S. 681–690.

Meyer-Jain, Cara (2021): Zuständigkeitsklärungen multiprofessioneller Akteure im gemeinsamen Unterricht. Handreichungen mit Anregung zur kasuistischen Arbeit mit Videosequenzen in Lehrveranstaltungen. Universität Hildesheim. www.uni-hildesheim.de/celeb/projekte/fallarchiv-hilde/fuer-lehrende/ (Abfrage: 12.02.2023).

Pieper, Irene (2014): Was der Fall ist: Beiträge zur Fallarbeit in Bildungsforschung, Lehrerbildung und frühpädagogischen Ausbildungs- und Berufsfeldern. In Pieper, Irene/Frei, Peter/Hauenschild, Katrin/Schmidt-Thieme, Barbara (Hrsg.): Was ist der Fall. Beiträge zur Fallarbeit in Bildungsforschung, Lehramtsstudium, Beruf und Ausbildung. Wiesbaden: Springer VS, S. 9–18.

Reh, Sabine/Rabenstein, Kerstin (2005): „Fälle" in der Lehrerausbildung – Schwierigkeiten und Grenzen ihres Einsatzes. In: Journal für LehrerInnenbildung, H. 4, S. 47–54.

Rose, Nadine/Ricken, Norbert (2018): Interaktionsanalyse als Adressierungsanalyse – eine Perspektive der Subjektivationsforschung. In: Heinrich, Martin/Wernet, Andreas (Hrsg.): Rekonstruktive Bildungsforschung: Zugänge und Methoden. Wiesbaden: Springer, S. 159–175.

Schmidt, Richard/Wittek, Doris (2020): Reflexion und Kasuistik. Systematisierung kasuistischer Lehr-Lern-Formate und deren Zieldimension der Reflexion. In: Herausforderung Lehrer_innenbildung – Zeitschrift zur Konzeption, Gestaltung und Diskussion 3, H. 2, S. 29–44. www.herausforderung-lehrerinnenbildung.de/index.php/hlz/article/view/2489 (Abfrage: 12.02.2023).

Steinwand, Julia/Damm, Alexandra/Fabel-Lamla, Melanie (2020): Re-/Produktion von Differenzen im inklusiven Unterricht. Empirische Befunde zum Einsatz videobasierter kasuistischer Lehreinheiten in der Lehrer*innenbildung. In: Fabel-Lamla, Melanie/Kunze, Katharina/Moldenhauer, Anna/Rabenstein, Kerstin (Hrsg.): Kasuistik – Lehrer*innenbildung – Inklusion. Empirische und theoretische Verhältnisbestimmungen. Bad Heilbrunn: Klinkhardt, S. 200–216.

Sturm, Tanja (2014): Herstellung und Bearbeitung von Differenz im inklusiven Unterricht. Rekonstruktionen mithilfe der dokumentarischen Videointerpretation. In: Bohnsack, Ralf/Fritzsche, Bettina/Wagner Willi, Monika (Hrsg.): Dokumentarische Video- und Filminterpretation. Methodologie und Forschungspraxis. Opladen u. a.: Barbara Budrich, S. 153–187.

Trautmann, Matthias/Wischer, Beate (2011): Heterogenität in der Schule. Eine kritische Einführung. Wiesbaden: Verlag für Sozialwissenschaften.

Wernet, Andreas (2006): Hermeneutik – Kasuistik – Fallverstehen. Eine Einführung. Stuttgart: Kohlhammer.

Widmer-Wolf, Patrik (2018): Kooperation in multiprofessionellen Teams an inklusiven Schulen. In: Sturm, Tanja/Wagner-Willi, Monika (Hrsg.): Handbuch schulische Inklusion. Opladen: Verlag Babara Budrich, S. 299–314.

Autor:innenangaben

Böse, Sarah, Dr., Universität Hildesheim, Institut für Grundschuldidaktik und Sachunterricht;
Arbeits- und Forschungsschwerpunkte: Empirische Sachunterrichtsforschung, Bildung für nachhaltige Entwicklung, Biographische Lehrer:innenbildungsforschung, Kasuistik in der (inklusiven) Lehrer:innenbildung
boesesa@uni-hildesheim.de

Fabel-Lamla, Melanie, Prof. Dr., Universität Hildesheim, Institut für Erziehungswissenschaft;
Arbeits- und Forschungsschwerpunkte: Professionsforschung, Biographische Lehrer:innenforschung, multiprofessionelle Kooperation, Lehrer:innenbildungsforschung, Vertrauensforschung
melanie.fabellamla@uni-hildesheim.de

Meyer-Jain, Cara, Berufsbildungszentrum Neustadt am Rübenberge;
Arbeits- und Forschungsschwerpunkte: multiprofessionelle Kooperation, Biographische Lehrer:innenbildung, Kasuistik in der (inklusiven) Lehrer:innenbildung, Professionalisierung des pädagogischen Handelns in außerschulischen Bildungs- und Betreuungseinrichtungen
meyer-jain.cara@bbs-nrue.de

Wilm, Gianna, Dr., Universität Hildesheim, Institut für Sportwissenschaft;
Arbeits- und Forschungsschwerpunkte: empirisch-qualitative (Sport-)Unterrichtsforschung, Soziologie der Praktiken, Geschlechterforschung und Kasuistik in der (inklusiven) Lehrer:innenbildung
wilmgia@uni-hildesheim.de

Zusatzstudium *Inklusion – Basiskompetenzen*: Ein Beispiel für systematischen Praxisbezug in der Lehrkräftebildung

Meike Unverferth, Andrea Zaglmair, Astrid Rank, Helen Gaßner-Hofmann

Der Bezug zur schulischen Praxis ist im Lehramtsstudium eine häufig anzutreffende Forderung von Studierenden. Das dreisemestrige Zusatzstudium *Inklusion – Basiskompetenzen* (ZIB)[1] versucht dem studentischen Bedürfnis nach Praxisbezug gerecht zu werden und diesen lernwirksam zu gestalten. Wesentliche systematisierende Elemente sind hierbei eine sukzessive Steigerung der Komplexität der zu bewältigenden Aufgaben im Praktikum sowie eine im Sinne des situierten Lernens gestaltete Theorie-Praxis-Verknüpfung durch Reflexion im Seminar. Der Artikel gibt einen Überblick über die konkrete Gestaltung dieser Elemente im ZIB.

1. Einleitung

Der Erwerb professioneller Kompetenzen für den inklusiven Unterricht ist ein zentrales Ziel der Lehrkräftebildung (vgl. Kultusministerkonferenz [KMK]/ Hochschulrektorenkonferenz [HRK] 2015, S. 3). Erkennbar ist diese Sichtweise u. a. an der Förderpraxis des Bundes, der in den letzten Jahren mehrere Förderlinien zur Professionalisierung für Inklusion startete (vgl. Bundesministerium für Bildung und Forschung 2017) und auch in der 2015 begonnenen „Qualitätsoffensive Lehrerbildung" den Umgang mit Heterogenität sowie Inklusion als Förderziel benannte. Eine der damals ausgewählten und von 2015–2023 geförderten Maßnahmen ist das dreisemestrige Zusatzstudium *Inklusion – Basiskompetenzen* (ZIB) an der Universität Regensburg, welches mit Abschluss des Wintersemesters 2022/23 von insgesamt 122 Lehramtsstudierenden erfolgreich absolviert wurde. Zu Beginn des Wintersemesters 22/23 schrieben sich zudem 28 Studierende neu ein.

---

1 Das diesem Artikel zugrundeliegende Vorhaben wurde im Rahmen der gemeinsamen „Qualitätsoffensive Lehrerbildung" von Bund und Ländern mit Mitteln des Bundesministeriums für Bildung und Forschung unter den Förderkennzeichen 01JA1512 und 01JA1812 gefördert. Die Verantwortung für den Inhalt dieser Veröffentlichung liegt bei den Autorinnen.

Inklusion wird im Rahmen des Zusatzstudiums als Teilhabe aller Schüler:innen an einem qualitätvollen Unterrichtsangebot und dem Schulleben einer gemeinsamen Schule verstanden (vgl. Piezunka/Schaffus/Grosche 2017, S. 218; Steinmetz et al. 2021, S. 32), wobei insbesondere die Situationen von Menschen mit Beeinträchtigungen und Benachteiligungen berücksichtigt, mögliche Barrieren identifiziert und unterstützende Maßnahmen angeboten werden (vgl. Lindmeier/Lütje-Klose 2019, S. 588). Daher wird in den Lehrveranstaltungen ein inhaltlicher Fokus im Sinne einer „"Education for All, and especially for some"" (ebd.) auf schulische Bedarfe marginalisierter Gruppen gelegt.

Die Konzeption des zusätzlichen Studienangebots fußt auf kompetenztheoretischen Überlegungen zur Professionalisierung angehender Lehrpersonen, wonach im Rahmen formaler Lerngelegenheiten insbesondere die Entwicklung der Kompetenzfacetten inklusionsbezogenes Wissen und inklusive Überzeugungen sowie der Aufbau erster Handlungskompetenzen für inklusive Settings ermöglicht werden sollte (vgl. Europäische Agentur für Entwicklungen in der sonderpädagogischen Förderung 2012, S. 32). Hierzu bedarf es unterschiedlicher Lerngelegenheiten, sodass sowohl eine theoretische als auch eine praktische Auseinandersetzung mit dem Thema Inklusion möglich wird (vgl. KMK/HRK 2015, S. 4).

Insbesondere auf die Ermöglichung, Gestaltung und Integration des systematischen Praxisbezugs im Rahmen des ZIB wird im Folgenden näher eingegangen und die sukzessive Steigerung der Anforderungen sowie die Theorie-Praxis-Verknüpfung anhand eines Beispiels illustriert.

2. Konzeptionelle Integration praktischer Erfahrungen der Studierenden im ZIB

Grundsätzlich ist es die Aufgabe des Lehramtsstudiums, Voraussetzungen für unterrichtliches Handeln im Sinne von „Wissen, Handlungspotenzial und Wertorientierung" (Büker/Glawe/Herding 2022, S. 278) zu schaffen. Dies wird zum einen durch eine fundierte theoretische Auseinandersetzung mit den vielfältigen Aspekten des späteren Berufsfeldes angeregt (vgl. Artelt/Kunter 2019, S. 408; Büker/Glawe/Herding 2022, S. 279). Zum anderen bedarf es auch angeleiteter und begleiteter Praxisphasen im Studium, um sowohl die Entwicklung erster Handlungskompetenzen durch eine partielle Erprobung im späteren Tätigkeitsfeld als auch eine durch Reflexion hergestellte Verbindung von Theorie und Praxis zu ermöglichen (vgl. Gröschner 2012, S. 203 f.). Zu berücksichtigen ist jedoch, dass Praktika nicht per se lernwirksam sind, sondern auch deprofessionalisierend wirken können (vgl. Hascher 2012, S. 123). Um eine solche Wirkung zu vermeiden bzw. die Studierenden in ihrem Lernprozess bestmöglich zu unterstützen, sollten zum einen die Anforderungen in den Praxissituationen angemessen herausfordernd sein, damit sich die berufsbezogene Selbstwirksamkeit positiv entwickeln kann (vgl. Schwarzer/Warner 2014, S. 669) und die Anregung „elaborierte[r] kognitive[r] Prozesse" (Kunter 2011, S. 109) nicht durch den akuten Handlungsdruck in der Situation verhindert wird (vgl. ebd.). Zum anderen sollten die praktischen Erfahrungen der Studierenden systematisch in universitäre Lehrveranstaltungen eingebunden werden, um sie bei der reflexiven Bearbeitung der Praxiserfahrungen und der Verknüpfung von Theorie und Praxis zu unterstützen (vgl. Büker/Glawe/Herding 2022, S. 280; Gröschner 2012, S. 206 f.).

Sowohl die Theoriefundierung als auch die praktische Vertiefung fanden ihren Niederschlag in der Konzeption des ZIB. Neben den in jedem Semester stattfindenden Theorieseminaren, in denen Grundlegendes zu den Themen Inklusion sowie Lernen, Kooperation und Beratung in inklusiven Settings thematisiert wird, absolvieren die Studierenden ebenfalls jedes Semester ein Theorie-Praxis-Seminar. Dieses setzt sich im Sinne der „guided field experience" (Avissar 2012, S. 47) aus einem Praxisvormittag in der über die drei Semester möglichst gleichbleibenden Praktikumsklasse und einer begleitenden Lehrveranstaltung an der Universität zusammen (vgl. Unverferth/Rank/Weiß 2019, S. 220 ff.).

Die Planung und Durchführung dieser Seminare, wie auch die Organisation und Begleitung der Praktika, sind in der Konzeption des Zusatzstudiums durch ein interprofessionelles Dozierendentandem, bestehend aus einer Sonderschul- und einer Regelschullehrkraft, vorgesehen. Durch die Kooperation dieser beiden Professionen, die auf schulischer Ebene von besonderer Bedeutung für das Gelingen schulischer Inklusion ist (vgl. Preiß/Quandt/Fischer 2016, S. 61 f.), ergeben sich auch für die Hochschullehre Vorteile. Insbesondere die unterschiedliche Expertise sowie die daraus resultierenden differenten Perspektiven auf theoretische Inhalte und Praxissituationen werden dadurch ermöglicht (vgl. Unverferth et al. 2022, S. 134).

Im Folgenden wird auf die in diesem Artikel fokussierten Konzeptionsmerkmale des ZIB für einen systematischen Praxisbezug genauer eingegangen.

2.1 Sukzessive Steigerung der Handlungsanforderungen im Praktikum

Die Durchführung inklusiven Unterrichts bringt vielfältige Anforderungen mit sich, die in der Unterrichtssituation zum Teil zeitgleich zu bewältigen sind. So müssen Lehrpersonen u. a. „eine individuelle Adaptation der Lerninhalte, der Didaktik und der Klassenführung an das Vorwissen, die Lernkompetenzen sowie die sozial-emotionalen Kompetenzen der Lernenden" (Wilbert/Börnert 2016,

S. 351) vornehmen. Während diese Anforderungen auch für erfahrene Lehrpersonen durchaus herausfordernd sein können (vgl. Brodesser et al. 2020, S. 8), erfahren Noviz:innen in Handlungssituationen darüber hinaus Unsicherheiten, da sie beispielsweise zur Einordnung von Situationen nicht auf erfahrungsgesättigtes Wissen und zum Handeln nicht auf Routinen zurückgreifen können (vgl. Berliner 2004, S. 200 f.).

Damit die ZIB-Studierenden das Praktikum nicht als überfordernde, sondern als wirksame Lerngelegenheit wahrnehmen können, werden die konkreten Aufgabenstellungen und damit die Komplexität der zu bewältigenden Praxissituation von Semester zu Semester sukzessive gesteigert. Indem die zu berücksichtigende Anzahl an Schüler:innen und die in der Planung, Gestaltung und Organisation der Lernangebote zu integrierenden unterrichtlichen Aspekte zunehmen, erhalten die Studierenden die Möglichkeit, Einzelaspekte der Praxissituation zu fokussieren und zu erproben (vgl. hierzu auch Überlegungen zu situiertem Lernen, Core Practices oder Micro Teaching (vgl. Rank 2022, S. 238 f.)).

In Anlehnung an Avissar (2012, S. 48) ist es im Praktikum des ersten ZIB-Semesters Aufgabe der Studierenden, unter dem Fokus *Individuelle Diagnose und Förderung* die Lernvoraussetzungen und -bedürfnisse eines Kindes oder einer jugendlichen Person zu erfassen (beispielsweise durch gezielte Beobachtungen) und ein passendes Förderangebot abzuleiten und durchzuführen. Die Durchführung der Förderung soll dabei möglichst im Rahmen des Klassenunterrichts stattfinden. Im Praktikum des sich anschließenden zweiten ZIB-Semesters liegt der Fokus auf dem Aspekt der *Differenzierung*. Die zentrale Aufgabe der Studierenden ist es, ein differenziertes Lernangebot für eine Kleingruppe zu gestalten, welches sowohl die individuellen Lernvoraussetzungen berücksichtigt als auch gemeinsames Lernen ermöglicht. Im Praktikum des abschließenden dritten Semesters wird von den Studierenden unter dem Fokus *Classroom Management* die Aufgabe übernommen, Unterricht für die gesamte Praktikumsklasse zu gestalten. Die erworbenen Kenntnisse zu Lernstandserfassung, Lernangebotsgestaltung sowie Durchführung eines Lernangebots mit Mikro- und Makroadaptionen werden in dieser Phase des Praktikums in die Planung und Gestaltung gemeinsamen Unterrichts integriert und durch die Berücksichtigung und den gezielten Einsatz von Classroom Management erweitert. Hierbei wird insbesondere die Gestaltung eines für die Klasse passenden organisatorischen Rahmens für eine gelingende Unterrichtsdurchführung fokussiert (s. Abb. 1).

Abbildung 1: Schwerpunkte der Theorie-Praxis-Seminare im ZIB (eigene Darstellung in Anlehnung an Unverferth/Rank/Weiß 2019, S. 221)

Semester 1 Einzelförderung	**Semester 2** Arbeit mit Gruppe	**Semester 3** Klassenunterricht
Diagnostik, Beobachtungen, Förderziele, Förderplanung → **individuelles Förderangebot**	Differenzierung, Methoden, Planung einer Sequenz → **gemeinsames Lernangebot für eine heterogene Kleingruppe**	Planung und Durchführung von Unterricht mit gesamter Klasse → **Unterrichtsstunde(n) unter Berücksichtigung eines inklusiven Classroom Managements**

Auf einen Professionalisierungsbedarf in ähnlich umrissenen Bereichen verweisen auch Meschede und Hardy (2020, S. 578 ff.) mit Blick auf die Selbstwirksamkeitserwartung bezüglich des adaptiven Unterrichts in heterogenen Klassen. Diese kann empirisch in die drei Faktoren „Diagnostik von Lernvoraussetzungen", „Unterrichtliche Differenzierung und Förderung" und „Nutzung heterogener Lernvoraussetzungen im Kontext kooperativen Lernens" differenziert werden.

2.2 Theorie-Praxis-Verknüpfung durch Reflexion im Seminar

Neben der sukzessiven Steigerung der im Praktikum zu bewältigenden Aufgaben gilt ebenfalls eine systematische Begleitung der Studierenden u. a. bei der Reflexion der gemachten Erfahrungen als Gelingensbedingung für lernwirksame praktische Lerngelegenheiten (vgl. Gröschner 2012, S. 206 f.). Im ZIB wird dies durch das jeweils begleitende Theorie-Praxis-Seminar realisiert.

Die systematische Begleitung der Studierenden umfasst dabei die Erarbeitung der für die professionelle Bewältigung der Praktikumsaufgaben notwendigen theoretischen und empirischen Wissensbasis (vgl. Artelt/Kunter 2019, S. 408). Verbunden wird diese Erarbeitung mit konkreten Beobachtungsaufträgen für die Praxis, um die Studierenden dazu anzuregen, die praktische Realität auf Grundlage theoretischer Kenntnisse wahrzunehmen, zu analysieren, zu durchdringen und Theorie und Praxis in Relation zu setzen. Die Praxisbeobachtungen können wiederum Ausgangspunkt für weitere Theorieerarbeitungen darstellen. Im Sinne des Ansatzes des situierten Lernens in der Lehrkräftebildung werden mittels Bearbeitung dieser authentischen Beispiele neue Theorien erarbeitet oder aus vorherigen Semestern bereits bekannte Theorien vertieft und ergänzt, indem die berichtete Situation in der Seminargruppe gemeinsam mit Unterstützung der Dozierenden aus verschiedenen Perspektiven beleuchtet und reflektiert wird (vgl. Fölling-Albers et al. 2018, S. 77 f.). Dabei wird eine multiperspektivische Situationsbetrachtung durch das interprofessionelle Dozierendentandem im Besonderen unterstützt (vgl. Unverferth et al. 2022, S. 140 ff.). Forschungsergebnisse zum Ansatz des situierten Lernens in der Lehrkräftebildung verweisen darauf, dass gerade die durch die Praxissituationen gerahmte Hinzunahme der theoretischen Grundlagen, ihre Diskussion und Reflexion es ermöglicht, transferfähiges Wissen aufzubauen und die situationsspezifische Handlungskompetenz zu erweitern (vgl. Fölling-Albers et al. 2018, S. 79 ff.).

Neben der Reflexion beobachteter Praxissituationen ist ein weiterer Schwerpunkt in der Begleitung der Studierenden im ZIB das Anregen der Reflexion eigener Praxiserfahrungen. Durch die Verbalisierung der erlebten Situation in zeitlicher und räumlicher Distanz kann diese intensiver durchdrungen und die ihr inhärente Komplexität aufgebrochen werden (vgl. Rahm/Lunkenbein 2014, S. 239 f.). Dies erfolgt im Seminar durch ein schrittweises Vorgehen, indem zunächst die erlebte Situation bzw. die Verhaltensweisen der an der Situation beteiligten Personen neutral geschildert werden. Auf Grundlage theoretischer wie empirischer Kenntnisse, welche ein Einordnen der praktischen Realität ermöglichen können (vgl. Artelt/Kunter 2019, S. 408), werden gemeinsam im Plenum theoriegestützte Erklärungsansätze bezüglich der dem jeweiligen Verhalten möglicherweise zugrundeliegenden Motive erörtert, um daraus adäquate Handlungsoptionen abzuleiten (vgl. Gaßner-Hofmann 2022, S. 60). Dieses Vorgehen scheint sich dabei durchaus positiv auf die inklusionsbezogene Selbstwirksamkeit der Studierenden auszuwirken, da die Studierenden diese Art der Reflexion u. a. als Hilfestellung zur Bewältigung späterer herausfordernder Situationen wahrnehmen (vgl. ebd., S. 61). Zudem verweisen die Studierenden darauf, dass diese Reflexionsphasen hilfreich für eine gelingende Verknüpfung von Theorie und Praxis sind (vgl. ebd.). Bedeutsam ist diese gemeinsame Reflexion ebenfalls hinsichtlich der Vermeidung einer unreflektierten Übernahme von Praxismustern oder beobachteten Lehrpersonverhaltens (vgl. Holler-Nowitzki/Klewin/Koch 2022, S. 77) und auch um sich der eigenen (inklusiven) Überzeugungen und deren Bedeutung für das eigene Handeln bewusst zu werden (vgl. Artelt/Kunter 2019, S. 404; Brodesser et al. 2020, S. 8).

Aus den vorgestellten Überlegungen ergibt sich für die Sitzungen des Theorie-Praxis-Seminars im ZIB ein idealtypischer Verlauf, welcher ein hohes Maß an aktiver, reflexiver Auseinandersetzung mit dem Lerngegenstand ermöglichen soll. Der theoretische Input von Seiten der Dozierenden knüpft dabei idealerweise an eine gemeinsame Reflexion einer erlebten oder beobachteten Praxissituation an und der neue Inhalt wird von den Studierenden wiederum auf die Praxis übertragen. Unterstützt wird dies zumeist durch die Bearbeitung einer begleitenden Portfolioaufgabe (vgl. Unverferth/Rank/Weiß 2019, S. 222; s. Abb. 2).

Abbildung 2: Verlauf einer Sitzung des Theorie-Praxis-Seminars im ZIB (eigene Darstellung in Anlehnung an Unverferth/Rank/Weiß 2019, S. 222)

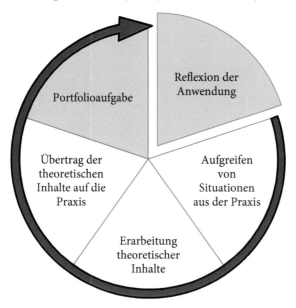

3. Konkretisierung der vorgestellten Konzeptionsmerkmale anhand der Thematik Scaffolding

Die konkrete Umsetzung der zuvor dargestellten Konzeptionsmerkmale wird anhand des exemplarischen Seminarthemas Scaffolding auf Mikro- und Makroebene (vgl. Wessel 2015, S. 49 ff.) illustriert. Als Scaffoldingmaßnahmen werden hierbei Maßnahmen seitens der Lehrperson verstanden, die den Lernprozess der Schüler:innen unterstützen (vgl. Munser-Kiefer/Mehlich/Böhme 2021, S. 83 f.). Die Maßnahmen werden basierend auf der erfassten Lernausgangslage ausgewählt und nach Möglichkeit im Lernprozess stetig abgebaut, um so den Lernenden zunehmend mehr Eigenverantwortung zu übertragen (vgl. ebd., S. 84). Differenziert werden hierbei Scaffoldingmaßnahmen auf Mikro- (Unterstützung des individuellen Lernprozesses durch gezielte Interaktion mit den einzelnen Schüler:innen) und auf Makroebene (Auswahl und Planung passender Unterrichtsmethoden) (vgl. ebd., S. 83; Wessel 2015, S. 48).

Sukzessive Steigerung in Theorie und Praxis: Während im ersten Semester insbesondere Scaffoldingmaßnahmen auf Mikroebene (bspw. direktes (korrektives)

Feedback, Einbezug eines Wortspeichers oder Wortgeländers) im Seminar theoretisch erarbeitet und sowohl im Rahmen des Praktikums des ersten wie auch zweiten Semesters für die individuelle bzw. Kleingruppenförderung von den Studierenden praktisch umgesetzt werden, wird im dritten Semester das vorhandene Wissen zum Thema Scaffolding erweitert, indem der Fokus auf die theoretische Erarbeitung und praktische Umsetzung von Scaffoldingmaßnahmen auf Makroebene gelegt wird (s. Abb. 3).

Abbildung 3: Theoretische Erweiterung und praktische Anforderungssteigerung im dreisemestrigen ZIB am Beispiel des Themas Scaffolding (eigene Darstellung)

			Semester 3 Klassenunterricht
		Semester 2 Arbeit mit Gruppe	Seminar: Classroom Management, Scaffolding auf Mikro- und Makroebene
	Semester 1 Einzelförderung	Seminar: Differenzierung durch Scaffolding	
	Seminar: Scaffolding auf Mikroebene		
	Praktikum: Auswahl, Planung, Gestaltung und Reflexion geeigneter Maßnahmen im Rahmen einer Einzelförderung	Praktikum: Auswahl, Planung, Gestaltung und Reflexion geeigneter Maßnahmen im Rahmen einer Förderung einer heterogenen Kleingruppe	Praktikum: Auswahl, Planung, Gestaltung und Reflexion geeigneter Maßnahmen für eine gemeinsame Unterrichtsstunde im heterogenen Klassenverband

Theorie-Praxis-Verknüpfung durch Reflexion in einer Seminarsitzung: Entsprechend der in Abbildung 2 aufgezeigten Struktur wird die konkrete Seminarsitzung, in welcher Makro-Scaffolding thematisiert wird, durch einen vorherigen Beobachtungsauftrag für die Praxis vorbereitet. Ausgehend von ihren theoretischen wie praktischen Erfahrungen mit Scaffoldingmaßnahmen auf der Mikroebene sollen die Studierenden ihre Praktikumslehrperson im Unterricht z. B. hinsichtlich ihrer (non)verbalen Impulssetzungen zur Aufmerksamkeitsfokussierung und kognitiven Aktivierung der Schüler:innen beobachten. Die beobachteten Methoden werden zu Beginn der Seminarsitzung im Plenum gesammelt und mittels motivations- und lerntheoretischer Überlegungen analysiert und begründet. Die gemachten Praxisbeobachtungen können somit während der Phase der Reflexion gemeinsam theoriegestützt und multiperspektivisch gedeutet und Handlungsmöglichkeiten eruiert werden. Durch eine Ordnung der beobachteten Methoden wie auch der entwickelten Handlungsmöglichkeiten kann auf die

Differenz von Scaffoldingmaßnahmen auf Mikro- und Makroebene eingegangen werden, was den Ausgangspunkt für die theoretische Erarbeitung der Thematik Makro-Scaffolding darstellt. Durch Rückbezüge auf bereits Bekanntes aus Theorie und Praxis wird die Bedeutung der Planungsebene sowie der Auswahl geeigneter Methoden auf der Makroebene des Unterrichts aufgezeigt und theoretisch und empirisch fundiert.

Im Anschluss untersuchen die Studierenden die aktuelle Planung ihrer eigenen Unterrichtsstunde hinsichtlich passend ausgewählter Scaffoldingmaßnahmen auf Mikro- und Makroebene. Diese Überlegungen werden einer Kleingruppe vorgestellt und gemeinsam in der Gruppe diskutiert. Das Ergebnis dieser Arbeitsphase halten die Studierenden im Anschluss an die Sitzung im Rahmen der Portfolioaufgabe zur Unterrichtsplanung fest und begründen die für ihre Unterrichtsstunde ausgewählten Scaffoldingmaßnahmen.

Auch andere Themen des dritten Semesters (bspw. Umsetzung gelingender Klassenführung (vgl. Kounin 2006)) werden auf ähnliche Weise erarbeitet, sodass die Studierenden ihre Unterrichtsplanung sukzessive erweitern können.

4. Resümee

Mehr Praxis im Lehramtsstudium ist eine häufige Forderung Studierender (vgl. Schmidt o. J., o. S.). Zur Überprüfung der Berufsfeldeignung, zum Zugewinn an unterrichtlicher Selbstwirksamkeit oder auch zum Aufbau erster Handlungskompetenzen ist es auch unerlässlich, dass Studierende die schulische Praxis kennenlernen und sich in ihr erproben können. Diese Erprobung sollte jedoch nicht die genuinen Aufgaben des Studiums, die Fundierung des theoretischen Wissens sowie die Reflexion berufsbezogener Einstellungen, ersetzen. Vielmehr bedarf es einer lernunterstützenden Verknüpfung dieser Elemente mit den Praxiserfahrungen der Studierenden. Eine zunächst reduzierte Anforderungskomplexität, die zudem stets im Sinne des situierten Lernens theoretisch angebunden wird, kann hierbei hilfreich sein. So werden im ZIB einzelne unterrichtliche Aspekte, wie in obigem Beispiel das Scaffolding, aufgegriffen, das Erlebte danach analysiert und reflektiert sowie Handlungsmöglichkeiten und -alternativen entwickelt. Insbesondere wenn es um schulische Inklusion geht, muss Schule nicht nur so gedacht werden, wie sie im Augenblick ist, sondern auch wie sie sein könnte. Daher gewinnt eine reflexive Auseinandersetzung zusätzlich an Bedeutung, da die diesbezügliche schulische Umsetzung sehr heterogen erscheint und die wie selbstverständlich erscheinenden Routinen der Praxis zu hinterfragen sind. Die bisherigen Forschungsergebnisse zum ZIB (vgl. Gaßner-Hofmann 2022, S. 60 f.; Rank et al. 2023, o. S.; Unverferth et al. 2022, S. 140 ff.; Unverferth/Rank/Weiß 2019, S. 224 ff.) verweisen darauf, dass gut eingebundene, theoretisch reflektierte schulische Praxis Professionalisierung in diesem Sinn unterstützen kann.

Literatur

Artelt, Cordula/Kunter, Mareike (2019): Kompetenzen und berufliche Entwicklung von Lehrkräften. In: Urhahne, Detlef/Dresel, Markus/Fischer, Frank (Hrsg.): Psychologie für den Lehrberuf. Berlin: Springer, S. 395–418.

Avissar, Gilada (2012): A mosaic of models. Teacher education for inclusion in Israel. In: Forlin, Chris (Hrsg.): Future directions for inclusive teacher education. An international perspective. New York: Routledge, S. 43–52.

Berliner, David C. (2004): Describing the Behavior and Documenting the Accomplishments of Expert Teachers. In: Bulletin of Science, Technology & Society, 24, H. 3, S. 200–212.

Brodesser, Ellen/Frohn, Julia/Welskop, Nena/Liebsch, Ann-Catherine/Moser, Vera/Pech, Detlef (2020): Einführung: Inklusionsorientierte Lehr-Lern-Bausteine für die Hochschullehre: Eine Begründung durch Praxisbezug, Theorie und Methodik. In: Brodesser, Ellen/Frohn, Julia/Welskop, Nena/Liebsch, Ann-Catherine/Moser, Vera/Pech, Detlef (Hrsg.): Inklusionsorientierte Lehr-Lern-Bausteine für die Hochschullehre. Ein Konzept zur Professionalisierung zukünftiger Lehrkräfte. Bad Heilbrunn: Klinkhardt, S. 7–15.

Büker, Petra/Glawe, Katrin/Herding, Jana (2022): Professionalisierung angehender Grundschullehrkräfte für Inklusion: aktuelle Herausforderungen für die universitäre Lehrer*innenbildung. In: Mammes, Ingelore/Rotter, Carolin (Hrsg.): Professionalisierung von Grundschullehrkräften. Kontext, Bedingungen und Herausforderungen. Bad Heilbrunn: Klinkhardt, S. 276–292.

Bundesministerium für Bildung und Forschung (2017): Inklusive Bildung. www.bmbf.de/bmbf/de/bildung/bildungsforschung/inklusive-bildung/inklusive-bildung_node.html (Abfrage: 01.02.2023).

Europäische Agentur für Entwicklungen in der sonderpädagogischen Förderung (2012): Inklusionsorientierte Lehrerbildung. Ein Profil für inklusive Lehrerinnen und Lehrer. www.european-agency.org/sites/default/files/profile_of_inclusive_teachers_de.pdf (Abfrage: 31.01.2023).

Fölling-Albers, Maria/Gebauer, Susanne/Rank, Astrid/Hartinger, Andreas (2018): Situiertes Lernen in der Lehrer(fort)bildung. In: Rothland, Martin/Lüders, Manfred (Hrsg.): Lehrer-Bildungs-Forschung. Festschrift für Ewald Terhart. Münster und New York: Waxmann, S. 77–90.

Gaßner-Hofmann, Helen (2022): Die Bedeutung angeleiteter tiefer Reflexionsphasen für die Entwicklung der inklusionsspezifischen Selbstwirksamkeit aus Sicht der Studierenden. In: Gläser, Eva/Poschmann, Julia/Büker, Petra/Miller, Susanne (Hrsg.): Reflexion und Reflexivität im Kontext Grundschule. Perspektiven für Forschung, Lehrer:innenbildung und Praxis. Bad Heilbrunn: Klinkhardt, S. 58–63.

Gröschner, Alexander (2012): Langzeitpraktika in der Lehrerinnen- und Lehrerausbildung – Für und wider ein innovatives Studienelement im Rahmen der Bologna-Reform. In: Beiträge zur Lehrerinnen- und Lehrerbildung, 30, H. 2, S. 200–208.

Hascher, Tina (2012): Lernfeld Praktikum – Evidenzbasierte Entwicklungen in der Lehrer/innenbildung. In: Zeitschrift für Bildungsforschung, 2, H. 2, S. 109–129.

Holler-Nowitzki, Birgit/Klewin, Gabriele/Koch, Barbara (2022): Reflexion in bildungswissenschaftlichen Studienberichten des Praxissemesters. In: Klewin, Gabriele/te Poel, Kathrin/Heinrich, Martin (Hrsg.): Empirische Studien zum Praxissemester. Untersuchungen zum Bielefelder Modell. Münster und New York: Waxmann, S. 77–100.

Kounin, Jacob S. (2006): Techniken der Klassenführung. Münster und New York: Waxmann.

Kultusministerkonferenz/Hochschulrektorenkonferenz (2015): Lehrerbildung für eine Schule der Vielfalt. Gemeinsame Empfehlung von Hochschulrektorenkonferenz und Kultusministerkonferenz. www.kmk.org/fileadmin/Dateien/pdf/PresseUndAktuelles/2015/2015-03-18_KMK_HRK-Text-Empfehlung-Vielfalt.pdf (Abfrage: 31.01.2023).

Kunter, Mareike (2011): Theorie meets Praxis in der Lehrerbildung – Kommentar. In: Erziehungswissenschaft, 22, H. 43, S. 107–112.

Lindmeier, Christian/Lütje-Klose, Birgit (2019): Inklusion. In: Harring, Marius/Rohlfs, Carsten/Gläser-Zikuda, Michaela (Hrsg.): Handbuch Schulpädagogik. Münster und New York: Waxmann, S. 586–596.

Meschede, Nicola/Hardy, Ilonca (2020): Selbstwirksamkeitserwartungen von Lehramtsstudierenden zum adaptiven Unterrichten in heterogenen Lerngruppen. In: Zeitschrift für Erziehungswissenschaft, 23, H. 3, S. 565–589.

Munser-Kiefer, Meike/Mehlich, Andrea/Böhme, Richard (2021): Unterricht in inklusiven Klassen. In: Rank, Astrid/Frey, Anne/Munser-Kiefer, Meike (Hrsg.): Professionalisierung für ein inklusives Schulsystem. Bad Heilbrunn: Klinkhardt, S. 71–116.

Piezunka, Anne/Schaffus, Tina/Grosche, Michael (2017): Vier Definitionen von schulischer Inklusion und ihr konsensueller Kern. Ergebnisse von Experteninterviews mit Inklusionsforschenden. In: Unterrichtswissenschaft, 45, H. 4, S. 207–222.

Preiß, Holger/Quandt, Juliane/Fischer, Erhard (2016): Kooperation zwischen Lehrkräften allgemeiner Schulen und Lehrkräften für Sonderpädagogik. In: Heimlich, Ulrich/Kahlert, Joachim/Lelgemann, Reinhard/Fischer, Erhard (Hrsg.): Inklusives Schulsystem. Analysen, Befunde, Empfehlungen zum bayerischen Weg. Bad Heilbrunn: Klinkhardt, S. 61–85.

Rahm, Sibylle/Lunkenbein, Martin (2014): Anbahnung von Reflexivität im Praktikum. Empirische Befunde zur Wirkung von Beobachtungsaufgaben im Grundschulpraktikum. In: Arnold, Karl-Heinz/Gröschner, Alexander/Hascher, Tina (Hrsg.): Schulpraktika in der Lehrerbildung. Theoretische Grundlagen, Konzeptionen, Prozesse und Effekte. Münster und New York: Waxmann, S. 237–256.

Rank, Astrid (2022): Professionalisierung von Grundschullehrkräften durch Fortbildung. In: Mammes, Ingelore/Rotter, Carolin (Hrsg.): Professionalisierung von Grundschullehrkräften. Kontext, Bedingungen und Herausforderungen. Bad Heilbrunn: Klinkhardt, S. 222–243.

Rank, Astrid/Gaßner-Hofmann, Helen/Zaglmair, Andrea/Unverferth, Meike (2023): Zusatzstudium Inklusion – Basiskompetenzen, Projekt KOLEG2, Universität Regensburg. https://www.uni-regensburg.de/assets/koleg/Poster/ZIB_Poster_zur_Abschlusstagung_Transfer_und_Transformation.pdf (Abfrage: 02.08.2023).

Schmidt, Carina (o. J.): Wir müssen Schule selbst erleben!, Bayerischer Lehrer- und Lehrerinnenverband e. V. https://studierende.bllv.de/bildungspolitik/gastbeitraege/praxis-im-lehramtsstudium (Abfrage: 28.07.2023).

Schwarzer, Ralf/Warner, Lisa Marie (2014): Forschung zur Selbstwirksamkeit bei Lehrerinnen und Lehrern. In: Terhart, Ewald/Bennewitz, Hedda/Rothland, Martin (Hrsg.): Handbuch der Forschung zum Lehrerberuf. 2. Auflage. Münster und New York: Waxmann, S. 662–678.

Steinmetz, Sebastian/Wrase, Michael/Helbig, Marcel/Döttinger, Ina (2021): Die Umsetzung schulischer Inklusion nach der UN-Behindertenrechtskonvention in den deutschen Bundesländern. Baden-Baden: Nomos Verlagsgesellschaft mbH & Co. KG.

Unverferth, Meike/Gaßner-Hofmann, Helen/Mehlich, Andrea/Rank, Astrid (2022): Kooperation in der Hochschullehre: Interprofessionelle Dozierendentandems in der Lehrkräftebildung zu Inklusion. In: k:ON – Kölner Online Journal für Lehrer*innenbildung, H. 5, S. 131–149.

Unverferth, Meike/Rank, Astrid/Weiß, Veronika (2019): Zertifikat Inklusion – Basiskompetenzen: Fokussierte Theorie-Praxis-Verbindung in der Lehrer_innenbildung für schulische Inklusion. In: Herausforderung Lehrer_innenbildung, 2, H. 3, S. 214–232.

Wessel, Lena (2015): Fach- und sprachintegrierte Förderung durch Darstellungsvernetzung und Scaffolding. Ein Entwicklungsforschungsprojekt zum Anteilbegriff. Wiesbaden: Springer.

Wilbert, Jürgen/Börnert, Moritz (2016): Unterricht. In: Hedderich, Ingeborg/Biewer, Gottfried/Hollenweger, Judith/Markowetz, Reinhard (Hrsg.): Handbuch Inklusion und Sonderpädagogik. Bad Heilbrunn: Klinkhardt, S. 346–353.

Autor:innenangaben

Unverferth, Meike, Universität Regensburg;
Arbeits- und Forschungsschwerpunkte: Inklusion, Lehrkräfteprofessionalisierung, situiertes Lernen
meike.unverferth@ur.de

Zaglmair, Andrea, Universität Regensburg;
Arbeits- und Forschungsschwerpunkte: Inklusion, Heterogenität im Unterricht, Schulanfang
andrea.zaglmair@ur.de

Rank, Astrid, Prof. Dr., Universität Regensburg;
Arbeits- und Forschungsschwerpunkte: Lehrkräfteprofessionalisierung, Inklusion, situiertes Lernen, Grundschulpädagogik
astrid.rank@ur.de

Gaßner-Hofmann, Helen, Universität Regensburg;
Arbeits- und Forschungsschwerpunkte: Reflexion, Inklusion, Lehrkräfteprofessionalisierung
helen.gassner-hofmann@ur.de

„Reflexive Heterogenitätssensibilität" – Konzept eines Lektüreseminars mit (selbst produzierten) Erklärvideos

Meike Penkwitt

Im vorgestellten Lektüreseminar steht das Konzept einer ‚reflexiven Heterogenitätssensibilität' im Zentrum. Dabei geht es darum, die Problematik zu berücksichtigen, dass sowohl bei der Thematisierung von Diskriminierungen als auch der Anerkennung von Heterogenitätsdimensionen die Gefahr besteht, Kategorien zu reifizieren und dadurch festzuschreiben. Wichtig für den reflektierten Umgang mit Heterogenitätsdimensionen ist darum der Blick auf die performative Hervorbringung von Ungleichheiten und Unterschieden, gerade auch im schulischen Kontext. Eine multiparadigmatische Zusammenstellung der Lektüretexte, die im Seminar diskutiert werden, ermöglicht darüber hinaus eine erste Heranführung der Studierenden an einen wissenschaftstheoretischen Metablick. Darüber hinaus wird das traditionelle Medium Text durch das Format Erklärvideo ergänzt. Die Videos werden dabei von den Studierenden selbst erstellt, was eine besonders intensive Auseinandersetzung mit den theoretischen Inhalten einfordert.

1. Einleitung

Zentral für das im Folgenden vorgestellte Seminarkonzept ist die reflektierte Auseinandersetzung mit unterschiedlichen Heterogenitätsdimensionen sowie die Einführung und fundierte Beschäftigung mit einer Reihe von Begriffen, die in der inklusiven Pädagogik eine zentrale Stellung einnehmen. Es handelt sich um ein Lektüreseminar auf der Basis einer mehrfach erprobten und kontinuierlich weiterentwickelten Textzusammenstellung. Verschiedene Varianten habe ich wiederholt an unterschiedlichen Universitäten durchgeführt, sowohl mit Studierenden im Primar- als auch im Sekundarbereich (Lehramt Regelschule), u. a. auch online während des Lockdowns. Eine wissenschaftliche Evaluation steht bisher noch aus. Zahlreiche von mir betreute Abschlussarbeiten, die daraus hervorgegangen sind, bestärken jedoch meinen Eindruck, dass durch dieses Konzept eine gute Basis für ein inklusionsorientiertes, differenziertes und eigenständiges Weiterdenken gelegt werden kann. Im Mittelpunkt stehen zwei Lernziele: zum einen eine (reflexive) Heterogenitätssensibilität, die sich der Gefahr einer Reifizierung durch die Verwendung von (Ungleichheits-)Kategorien bewusst ist, zum anderen eine Annäherung an einen metatheoretischen Blick, vermittelt durch die gezielt multiparadigmatische Textzusammenstellung. Obwohl seine Ursprünge schon weiter zurück liegen, passt das Seminarkonzept sehr gut zu den Inhalten, die in der Curriculums-AG der DGfE-AG Inklusionsforschung im „Ersten (noch unvollständigen) Entwurf eines Positionspapiers. Inklusion in Lehre und Curriculum in der Erziehungswissenschaft" erarbeitet wurden. Zentral ist dort, dass „Differenz einerseits wahrgenommen, beachtet und angemessen berücksichtigt wird, andererseits aber Differenz – insbesondere in Bezug auf Behinderung – auch normalisiert und ‚vergessen' gemacht werden kann und sollte" (Tervooren et al. 2018, S. 19 ff., zitiert im unveröffentlichten Positionspapier).[1]

Neben der gemeinsamen und intensiven Auseinandersetzung mit komplexen theoretischen Texten ist die eigenständige Produktion von Erklärvideos ein wichtiger Seminarbaustein. Diese können als Gruppenarbeit umgesetzt und als Seminarleistung angerechnet werden. Die Inhalte anspruchsvoller Texte sollen in den Videos in einer angemessenen, pointierten und kreativen Weise dargestellt werden. Dem klassischen Medium Text steht so ein Format gegenüber, das aktuell als besonders attraktiv erscheint und in unserer digitalisierten Welt mittlerweile fast allgegenwärtig ist. Die Vorbereitung der Inhalte über die Lektüretexte kann zudem als Flipped Classroom unter Verwendung des traditionellen Mediums Text verstanden werden.

2. Heterogenitätssensibilität und Multiparadigmatizität

Heterogenitätssensibilität gilt als Basis für eine inklusive Grundhaltung, die Vielfalt akzeptiert und Teilhabe ermöglicht. Sie wird darum – u. a. neben einer differenzierenden und individualisierenden Unterrichtsgestaltung und der Fähigkeit zur multiprofessionellen Kooperation – als zentrale Kompetenz angehender Lehrkräfte für eine inklusive Unterrichtsgestaltung erachtet. Im Rahmen eines weiten Inklusionsbegriffes ist die Auseinandersetzung mit unterschiedlichen Dimensionen von Heterogenität darum häufig Gegenstand inklusionsorientierter Module im Lehramtsstudium: Thematisiert werden hier neben dis/ability in der Regel die klassische Trias race, class und gender, darüber hinaus teilweise aber auch noch weitere Differenzlinien wie z. B. Sprache oder auch Religion. Dabei besteht einerseits die Gefahr einer Reifizierung von (Ungleichheits-)Kategorien durch deren Verwendung, andererseits ist es aber auch nicht möglich, auf diese zu verzichten, so lange in der Gesellschaft Diskriminierungen anhand dieser Achsen der Ungleichheit erfolgen: Um entsprechende Probleme überhaupt als solche wahrnehmen zu können ist der Fokus auf strukturelle Ungleichheiten bzw.

---

1 Mittlerweile steht eine Fassung des Positionspapiers online. Da in dieser das Zitat sich nicht mehr im Wortlaut widerfindet, behalte ich den beim Verfassen dieses Artikels gewählten Bezug bei.

Diskriminierung erforderlich, damit diese nicht verharmlost und/oder individualisiert werden.

Die Textauswahl (sowohl der gemeinsamen Lektüretexte als auch der Aufsätze, die als Ausgangsbasis für die Erklärvideos der Studierenden fungieren) ist dezidiert ‚multiparadigmatisch' (im Sinne von Heinrich et al. 2019) angelegt: Die Texte (s. u.) gehen nicht auf eine bestimmte (Denk-)Schule zurück; stattdessen nehmen sie gezielt eine unterschiedliche „spezifische Sicht auf die pädagogische Welt" (ebd., S. 252) ein. Indem ihre unterschiedlichen Herangehensweisen, Vorzüge und Nachteile im Seminarkontext diskutiert werden, kann ein erstes Herantasten an einen „wissenschaftstheoretische[n] Meta-Blick, der die unterschiedlichen Paradigmen in ihrer jeweiligen Eigenlogik zunächst begreifen und dann auch wertschätzen kann" (ebd.), erfolgen. Deutlich wird so nicht nur das Nebeneinander unterschiedlicher Theorieansätze, sondern auch, dass die unterschiedlichen Paradigmen durchaus gewinnbringend nebeneinander thematisiert werden können. Widersprüche werden dabei gezielt thematisiert.

3. Zum ‚Seminarplan' – egalitäre Differenz vs. Doing Difference

Die vorgestellte Lehrveranstaltung ist als Lektüreseminar angelegt, in deren Rahmen zentrale Texte von den Studierenden zuhause vorbereit werden. Teilweise geschieht dies ausgehend von kleinteiligeren Fragen primär zum Verständnis des jeweiligen Textes, teilweise aber auch in Auseinandersetzung mit offeneren Fragen und Aufgabenstellungen (vor allem in der zweiten Seminarhälfte), in denen es z. B. um die eigene Positionierung (und deren Reflexion) geht. Eine andere Art der Aufgabenstellung besteht in der Formulierung von Thesen durch die Studierenden auf der Basis der gemeinsamen Lektüretexte, die idealerweise mit auf die Seminarfolien gesetzt werden. Ergänzt werden die Inhalte zum einen durch Inputs der Seminarleiter:in, zum anderen durch die Erklärvideos, die die Studierenden (außerhalb der Seminarsitzungen) in Gruppenarbeit gemeinsam produzieren, darüber hinaus aber auch durch das gemeinsame Ansehen von Filmausschnitten, -trailern oder auch eines ganzen Dokumentarfilms (s. u.).

Wie die Erfahrung zeigt, ist die Beantwortung der Fragen und auch die Formulierung von Thesen dabei auf sehr unterschiedlichen Niveaus möglich, was eine Selbstdifferenzierung (ganz im Sinne einer inklusiven Didaktik) ermöglicht und allen Beteiligten die Gelegenheit gibt, sich auf ihre Weise in die Diskussion einzubringen. Zu meiner Überraschung sind dabei gerade auch die umfangreicheren Fragenkataloge zumindest bei einem Teil der Studierenden beliebt, oft gerade auch bei besonders leistungsfähigen Studierenden. Gleichzeitig gibt die Vorgehensweise jedoch auch eher zurückhaltenden Studierenden (oder auch bei bestehenden Sprachbarrieren) die Möglichkeit, sich aktiv zu beteiligen. Insbesondere im Lockdown haben sich Studierende zudem auch eigenständig (damals primär online) zusammengetan, um die Antworten, Thesen und Positionierungen gemeinsam vorzubereiten. Besonders durch die Vorstellung der Thesen, kommen ferner alle Studierenden einmal zu Wort, was gerade auch bei ansonsten eher stillen Teilnehmer:innen wiederholt dazu führte, dass sich diese auch im Fortgang stärker einbrachten.

Eine entscheidende Basis für diese Art der Auseinandersetzung liegt in der erprobten (multiparadigmatischen) Auswahl der Texte[2], die im Folgenden anhand des Seminarverlaufs vorgestellt wird:

	Thema	Zentraler Lektüretext	Erklärvideos
1	Erste Sitzung ‚Grundbegriffe' & Organisatorisches		
2	‚Anerkennung'	Axel Honneth (1990): „Integrität und Missachtung. Grundmotive einer Moral der Anerkennung"	
3	‚Egalitäre Differenz'	Annedore Prengel (2001): „Egalitäre Differenz in der Bildung"	
4	‚Doing Difference'	Candace West & Sarah Fenstermaker (1995): „Doing Difference"	
5	‚Intersektionalität'	Katharina Walgenbach (2015): „Intersektionalität – Perspektiven auf Schule und Unterricht"	evtl. „Intersektionale Mehrebenananalyse" (Nina Degele/ Gabriele Winker 2007 und Gabriele Winker 2012)
6	‚Sozialer Hintergrund', ‚sozioökonomischer Status', ‚Klasse', ‚Schicht', ‚Milieu'	Rolf-Torsten Kramer & Werner Helsper (2010): „Kulturelle Passung und Bildungsungleichheit: Potenziale einer an Bourdieu orientierten Analyse der Bildungsungleichheit"	Pierre Bourdieu (1966/2001): „Die konservative Schule"
7	‚Migrationsbedingte Vielfalt'	Kerstin Merz-Atalik (2014): „Inklusiver Unterricht und migrationsbedingte Vielfalt"	Wolfgang Welsch (1997): „Transkulturalität" Katrin Späte (2012): „Lehren für eine bunte Republik?" Paul Mecheril (2005): „Pädagogik der Anerkennung. Eine programmatische Kritik"

---

2   Aufgrund des begrenzten vorgegeben Zeichenumfanges finden Sie im Folgenden nicht die vollständigen Literaturangaben, sondern jeweils nur eine Kurzform, die aber in der Regel ausreicht, um die Texte zu finden. Auf Wunsch kann ich Ihnen die komplette Literaturliste aber auch gerne per Mail zukommen lassen meike.penkwitt@rwth-aachen.de.

	Thema	Zentraler Lektüretext	Erklärvideos
8	‚Koedukation & Gender'	Rendtorff, Barbara (2015): Betonen – ignorieren – gegensteuern?	„Reflexive Koedukation – Dramatisierung vs. Entdramatisierung" (Hannelore Faulstich-Wieland 2006, Barbara Koch-Priewe 2009, Maria Anna Kreienbaum 2010) Ursula Kessels, Bettina Hannover (2014 & 2011): „Sind Jungen die neuen Bildungsverlierer?" Martin Lücke (2015): „Vom ‚Normalkinde' zu einer Sexualpädagogik der Vielfalt"
9	‚Kinder mit Förderbedarf' und ‚Disability Studies'	Kersten Reich (2012): „Chancengerechtigkeit für Menschen mit Behinderungen herstellen"	Anne Waldschmidt (2005): „Disability Studies" Andreas Hinz (2007): „Schwere Mehrfachbehinderung oder Elementare Unterstützungsbedürfnisse" Jan Weisser (2017): „Differenzpolitik im NS-Staat"
10	‚Trilemmatische Inklusion'	Mai-Anh Boger (2015): „Theorie der trilemmatischen Inklusion"	evtl. Erklärvideo zu einem der Texte von Boger zu den unterschiedlichen Ungleichheitsdimensionen
11	‚Innere Differenzierung'	Wolfgang Klafki & Hermann Stöcker (1991): „Innere Differenzierung des Unterrichts"	
12	„Klassenleben" (Hubertus Sieger 2005) – Filmsitzung	Filmheft „Klassenleben" (in Ausschnitten)	
13	‚Abschlusssitzung' u. a. Diskussion der Beobachtungsfragen „Klassenleben" und Seminarrückblick	fakultativ: Rolf Werning & Jessica Löser (2012): „Inklusion" oder Markus Dederich (2020): „Inklusion"	

Das Seminar beginnt mit einer Einführung in grundlegende Begriffe wie Inklusion/Integration, Exklusion, Separation/Segregation, Heterogenität und die rechtlichen Rahmenbedingungen der Umsetzung von (primär schulischer) Inklusion sowie das Konzept des Otherings/VerAnderung. In den folgenden vier Sitzungen geht es dann um die Beschäftigung mit einer Reihe von für die Inklusionsdebatte zentralen Konzepten, die jeweils ausgehend von einem Originaltext zum Thema gemacht werden: ‚Anerkennung', ‚egalitäre Differenz', ‚Doing Difference' sowie unterschiedliche Intersektionalitätsansätze. Dabei ist für das diskutierte Anerkennungskonzept Axel Honneths und im Anschluss daran auch für Annedore Prengels Konzept der ‚egalitären Differenz' ein eher affirmativer Umgang mit Kategorien charakteristisch, der diese als ‚gegeben' hinnimmt. Für das Konzept des ‚Doing Difference' und auch die meisten anderen Intersektionalitätsansätze ist dagegen ein performatives Verständnis von Kategorien konstitutiv. Da sich Intersektionalität per definitionem aus Ungleichheitsdimensionen (vgl. u. a. Walgenbach 2015, S. 302) bezieht, kann es hier zugleich nicht um Anerkennung/Wertschätzung in einem engeren Sinne gehen, da Ungleichheiten nicht ‚gefeiert' werden können.

Entsprechend der oben dargestellten multiparadigmatischen Herangehensweise, wird ausgehend von den unterschiedlichen Texten nicht nur der Gegensatz zwischen einer Anerkennung von (‚gegebenen') Heterogenitätsdimensionen einerseits und der performativen Hervorbringung von Ungleichheiten andererseits thematisiert, der die Möglichkeit einer Dekonstruktion impliziert (pointiert zusammengefasst: egalitäre Differenz vs. Doing Difference). Gezielt werden auch weitere widerstreitende Positionen herausgearbeitet und diskutiert, so z. B.:

- Inklusion vs. Selektion (meritokratisches Schulsystem)
- Interaktionsanalytische Momentaufnahme (Doing-Difference) vs. Erlebnisaufschichtung im Rahmen der Habitusgenese (Sozialisation)
- Bourdieu (Habitustheorie) vs. Boudon (Rational-Choice-Ansatz)

Im Anschluss an die Auseinandersetzung mit den zentralen theoretischen Konzepten sind die unterschiedlichen Differenzdimensionen Thema. Auch hier handelt es sich um einen multiparadigmatischen Textkorpus, der zudem durchgängig aus Original- und nicht etwa aus Lehrbuchtexten[3] besteht. Hier kommen ergänzend die von den Studierenden produzierten Erklärvideos dazu, die noch ausführlicher Thema sein sollen.[4] Manche Aspekte sind dabei zwischen unterschiedlichen Differenzdimensionen übertragbar, so z. B. das Konzept der (kulturellen) Passung, andere dagegen eher weniger: So besteht z. B. bei nicht-heterosexuellen Jugendlichen häufig zunächst einmal ein Problem darin, dass die ‚Andersheit' auch von den Betroffenen selbst oft gar nicht ‚verstanden' wird. In diesem Sinne wird auch schon im Rahmen der Auseinandersetzung mit dem Aufsatz zum (intersektionalen) Konzept Doing Difference, der ausgehend von dem bekannteren und älteren Theorem des Doing Gender die Ideen eines Doing Race und eines Doing Class entwickelt, die Frage gestellt, ob es sinnvoll ist, analog auch von einem Doing Dis/Ability zu sprechen und was damit dann gemeint sein könnte. Hier erweist es sich als produktiv, dass die Idee eines Doing Dis/Ability im Text selbst noch nicht entfaltet wird.

---

3   Die Verwendung auch stilistisch sehr unterschiedlicher Originaltexte gehört mit zum Konzept einer Auseinandersetzung mit unterschiedlichen Paradigmen, für die oft gerade auch die unterschiedlichen Schreibstile charakteristisch sind.
4   Die von den Studierenden erstellten Erklärvideos schauen wir uns im Seminarkontext jeweils in der zweiten Sitzungshälfte gemeinsam an und diskutieren sowohl deren Inhalte als auch die jeweilige Gestaltung und jeweilige technische Umsetzung.

Einige weitere für die Debatte um (schulische) Inklusion wichtige Themen werden durch Texte eher beiläufig mit eingeführt, so z. B. Helmut Fends ‚Funktionen von Schule', der Gegensatz ständische vs. meritokratische Gesellschaft, Begriffe wie Ontologie, Essentialismus und Reifizierung oder auch das Ressourcen-Etikettierungs-Dilemma.

Ein roter Faden, der sich durch das gesamte Seminar zieht und bei dem die Diskussionen immer wieder landen, ist die Antinomie zwischen Kategorisierung und Dekategorisierung. Ursprünglich war dies zwar nicht geplant, mittlerweile arbeite ich diese Antinomie aber gezielt heraus. Verdeutlichen lässt sich das besonders gut an den widerstreitenden Thesen zum Thema Migration, die die Studierenden zum gemeinsamen Lektüretext formuliert haben:

„Bei Heterogenität und Vielfalt im Zusammenhang mit Migration sollte von einer Klassifizierung oder Gruppierung vollständig abgesehen werden. [...]"

„Institutionelle Etikettierungen tragen zu einer ausschließenden, exklusiven Haltung / Verhärtung bei. [...]"

„Interkulturelle Pädagogik etikettiert Kinder mit Migrationshintergrund als fremd."
Aber auch:

„‚Etikettierung' ist notwendig, um die verschiedenen Bedürfnisse der Kinder zuordnen und ihnen gerecht werden zu können."

4. Reflexion und eigene Positionierung vor dem Hintergrund des Konzepts der trilemmatischen Inklusion

Abbildung 1: „Das Trilemma der Inklusion" (Mai-Anh-Boger 2017)

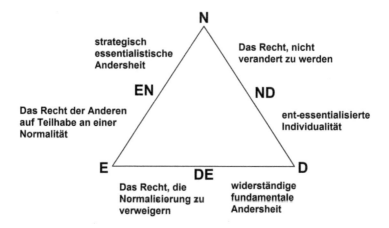

Als ein besonders produktiver Reflexionsanlass hat sich seit einigen Semestern das Trilemma der Inklusion von Mai-Anh Boger (Abbildung 1) erwiesen. Boger charakterisiert Inklusion darin als Nicht-Diskriminierung. Konstitutiv sind die Eckpunkte Empowerment (E), Normalisierung (N) und Dekonstruktion (D). Um ein Trilemma handelt es sich, weil sich jeweils nur zwei der drei Eckpunkte gleichzeitig realisieren, d. h. miteinander verbinden lassen; der dritte ist jeweils ausgeschlossen: Geht es darum, als Andere an der Normalität teilzunehmen (Achse Empowerment-Normalisierung), dann darf weder das Anders-Sein noch die Normalität, an der man ja teilhaben möchte, dekonstruiert werden. Der Eckpunkt Dekonstruktion ist darum ausgeschlossen. Wenn z. B. in einem Safe Space das Anders-Sein einen Raum bekommen soll und sowohl die Teilnahme an der Normalität als auch die herkömmliche VerAnderung (Othering) dekonstruiert werden sollen, ist Normalität kein Ziel mehr und dieser Eckpunkt damit ausgeschlossen. Und wenn es schließlich darum geht, ganz selbstverständlich an der Normalität teilzunehmen und den Gegensatz von Normalität und Andersheit zu dekonstruieren ist der Eckpunkt Empowerment hinfällig, da die Andersheit ja gerade nicht profiliert werden soll. Die Auseinandersetzung mit dem Trilemma ermöglicht es, zusammen mit den Studierenden die im bisherigen Seminarverlauf aufgekommenen, wahrgenommenen Widersprüche und Antinomien zu reflektieren und zu verstehen – gerade auch über eine erneute Auseinandersetzung mit den zuvor selbst formulierten, sich widersprechenden Thesen. Zentral für ein fundiertes Verständnis des Konzeptes ist zudem die Suche nach konkreten Beispielen für die Eckpunkte, aber auch für die Verbindungsachsen und schließlich die eigene Positionierung und deren Reflexion. Gewinnbringend ist darüber hinaus die Diskussion eines Vergleiches zwischen dem Trilemma und der allgegenwärtigen und mittlerweile oft kritisierten ‚Punkte & Kreise-Grafik' zur Unterscheidung von Inklusion, Integration, Separation und Exklusion. Durch die Thematisierung des Trilemmas kommen darüber hinaus drei weitere hilfreiche Konzepte (Empowerment, Normalisierung und Dekonstruktion) zumindest punktuell mit ins Spiel und können zu den bereits eingeführten Konzepten in Bezug gesetzt werden.

5. (Reflexive) Heterogenitätssensibilität

Laut Lena Schmitz und Toni Simon (2018, o. S.) geht es bei Heterogenitätssensibilität um eine „differenzierte Wahrnehmung der Heterogenität ihrer Schüler*innen" durch die Lehrkräfte. Nena Welskop und Vera Moser (2020, S. 17) heben deren Ausrichtung der Unterrichtsplanung „an den unterschiedlichen Fähigkeiten und Bedürfnissen der Lernenden" hervor. Und Claudia Klektau, Susanne Schütz und Julia Anne Fest (2019, S. 5) sprechen (unter Bezugnahme auf Ines Boban und Andreas Hinz (2016)) von einer Sensibilisierung „für verschiedene Heterogenitätsdimensionen, welche auf unterschiedlichen Ebenen miteinander interagieren", was darauf vorbereite, „Vielfalt als etwas Gegebenes und Positives anzunehmen". Im Gegensatz dazu heben Marcus Emmerich und Ulrike Hormel (2013) hervor, dass „Heterogenitätssensibilität als solche ... noch nicht [verhinderte – M. P.], dass Lehrkräfte ‚qualitative Differenz' mit negativen Wertungsoptionen und Selektionsentscheidungen verbinden" (ebd., S. 181). Laut Sven Kluge, Andrea Liesner, und Edgar Weiß (2015) kann Heterogenitätssensibilität „Selektion [sogar – M. P.] begünstigen und Chancenungleichheiten stabilisieren" (ebd., S. 12). Darüber hinaus besteht die Gefahr einer Reifizierung: Gerade die Akzeptanz und Anerkennung von Differenzen als ‚etwas Gegebenem' wird damit zum Problem. Lena Schmitz, Toni Simon und Hans Anand Pant (2020, zit. nach Schmitz/Simon 2018, o. S.[5]) sprechen darum von Heterogenitätssensibilität als „eine[r] differenzierte[n] Wahrnehmungsfähigkeit von zum entsprechenden Zeitpunkt virulenten Heterogenitätslinien" verbunden mit einer „Reflexivität gegenüber etwaigen Heterogenitätsdimensionen respektive der Herstellung von Differenz" (ebd.). Diese Reflexivität in Bezug auf die Herstellung von Unterschieden ist dabei jedoch für den Heterogenitätsdiskurs eher untypisch und bezeichnenderweise sprechen die Autor:innen an dieser Stelle auch nicht mehr von ‚Heterogenität' sondern von ‚Differenzen'. Typisch für den Umgang mit Heterogenität und die Sensibilität im Umgang mit ihr ist vielmehr die Akzeptanz und Anerkennung von Unterschieden, die als ‚gegeben' verstanden werden, was, wie oben angedeutet wurde, zu deren Festschreibungen und sogar zu Diskriminierungen führen kann. Reflexivität, wie sie Jürgen Budde und Merle Hummrich (2014) im Konzept der reflexiven Inklusion verstehen und wie sie für den neueren Differenzdiskurs mit dem zentralen Konzept Doing Difference charakteristisch ist, kann dem entgegenwirken: Hier geht es stets um ein Miteinander (vgl. Faulstich-Wieland 1995) bzw. Nebeneinander (vgl. Mahs 2015) von Dramatisierung und Entdramatisierung, die als zentral für eine reflexive Koedukation charakterisiert werden. Durch den Fokus auf den Herstellungsaspekt, der für den neuen Differenzenbegriff im Anschluss an das Konzept Doing Difference charakteristisch ist, beinhalten die Begriffe Differenz und Differenzsensibilität bereits das reflexive und antiessentialistische Element. Ganz in diesem Sinne definieren Lena Schmidt und Toni Simon Differenzsensibilität unter Rückgriff auf Thomas Eppenstein: Bei Differenzsensibilität handele es sich nicht um eine „unkritische und naive Affirmation gegebener Differenzen" (Eppenstein 2003, S. 284/Schmidt und Simon 2018, o. S.), vielmehr würden hier die „historisch-gesellschaftlichen Gründe von Differenzkonstruktionen" (ebd.) stets mitreflektiert. Bei der Heterogenitätssensibilität kann man zumindest nicht generell von einer

---

5 Im Original finden sich zwar entsprechende Inhalte, jedoch nicht mehr diese genaue Formulierung.

solchen Mitreflexion ausgehen. Darum spreche ich, die Reflexivität ergänzend, von einer (explizit) ‚reflexiven Heterogenitätssensibilität'.

6. Erklärvideos als Kontrast zum traditionellen Medium Text

Bei der Produktion von Erklärvideos wird das traditionelle Medium Text in ein modernes Medium umgesetzt, das sich aktuell einer großen Popularität erfreut und mittlerweile fast allgegenwärtig ist. Eine zentrale Rolle spielt dabei der Medienwechsel, der nicht nur eine Visualisierung nahe legt, sondern auch eine vertiefte Reflexion provoziert (vgl. u. a. Missomelius 2016). Für die Arbeit und vor allem auch Erstellung von Erklärvideos in der Lehre spricht zudem, dass mittlerweile neue Technik und (kostenlose) Software auch Laien ohne große Einarbeitung die Produktion von Videos ermöglicht. Besondere Pluspunkte sind dabei (vgl. u. a. Dorgerloh/Wolf 2020) u. a.:

- die Nähe zur Lebenswelt von Studierenden und Schüler:innen,
- die Abwechslung, die durch ein anderes Format entsteht,
- eine Stärkung der Medienkompetenz,
- die wiederholte Abrufbarkeit,
- eine vertieftere Auseinandersetzung mit dem Thema und weitaus intensivere Durcharbeitung, u. a. auch bedingt durch den Medienwechsel,
- die Form eines kreativ-explorativen Lernens sowie von ‚Lernen durch Lehren',
- und schließlich die Gelegenheit einer Beurteilung der eigenen Performance.

Darüber hinaus handelt es sich um eine didaktische Methode, die die Studierenden später selbst im Rahmen ihrer (insbesondere auch inklusiv orientierten) Unterrichtsgestaltung verwenden können, sei es, indem sie selbst Videos produzieren oder indem sie ihre Schüler:innen solche gestalten lassen.

Die im Rahmen der Seminare produzierten Erklärvideos sind in der überwiegenden Mehrzahl qualitativ sehr viel hochwertiger, pointierter, strukturierter, anschaulicher, zugänglicher und kreativer als klassische Referate, an deren Stelle sie treten. Nicht zuletzt haben sie den ganz banalen aber nicht unwichtigen Vorteil einer sehr viel zuverlässigeren Einhaltung des Zeitrahmens (maximal 8 Minuten). Es macht darum, zumindest in der Regel, einfach sehr viel mehr Spaß, sich die Videos zusammen anzuschauen – und sie sind, so meine Erfahrung, auch eine bessere Basis für Diskussionen als herkömmliche Referate. Dazu bei trägt vermutlich auch, dass hier eine sehr viel engere Betreuung möglich ist: Sprechstundentermine zur Besprechung des Skripts, das der Tonspur entspricht, habe ich als verpflichtend eingeführt und kann so eklatante Missverständnisse bereits im geschützten Umfeld korrigieren. Je nachdem, wie gut das Ausgangsprodukt bereits ist, können auch Feinheiten angemerkt oder es kann auch gemeinsam – zumindest exemplarisch – am Text gearbeitet werden.

Für eine intensive und produktive Zusammenarbeit in den Erklärvideogruppen als am günstigsten erwiesen hat sich eine Gruppengröße von drei Studierenden. Jenseits des Sprechstundentermins erfolgt die Erstellung der Videos sehr eigenständig und ist für mich quasi eine Black Box. Meinerseits gebe ich lediglich vor, dass keine stark unterstützende und vor allem keine kostenpflichtige Software (wie z. B. my simple show, powtoon und moovly) verwendet werden darf. Als kostenlose Software stehen aber genügend Programme zur Verfügung, z. B. Quick, WeVideo, PowerDirector, oder auch die kostenlose Version von Adobe Spark Video. Die technische Ausstattung, über die die Studierenden verfügen, reicht in aller Regel aus. Es genügt schon ein Smartphone, besser aber ist ein Tablet, ein Laptop oder auch ein Desktop-Computer. Stative oder gute Mikros können zusätzlich hilfreich sein.

Im Seminar diskutieren wir immer wieder spezielle Vorteile, aber auch Nachteile im Vergleich zu den klassischen Medien Text sowie zum Format Referat. Konsens ist, dass Erklärvideos als Seminarleistung (zumindest noch) eine willkommene Abwechslung darstellen und sowohl das Produzieren als auch das Anschauen Spaß machen. Produktiv sind u. a. auch der durch die Kürze gegebene Zwang zur didaktischen Reduktion, der Schwerpunkt auf Visualisierungen (der im Prinzip auch im Rahmen von Powerpoint-Präsentationen möglich wäre), eine meist ansprechende Darstellung sowie eine kreative Gestaltung. Ein willkommener Nebeneffekt ist, dass man sich die Videos immer wieder anschauen kann (d. h. die wiederholte Abrufbarkeit). Einzelne aus meinen Seminaren stammende Videos stehen mittlerweile sogar auf YouTube[6] und haben teilweise bereits eine beachtliche Anzahl an Klicks.

Aus einer pädagogisch-didaktischen Perspektive geht es nicht nur um das Produkt, sondern vor allem auch um den Produktionsprozess, die Kooperation miteinander und auch um die intensivere Auseinandersetzung mit dem Thema: Studierende erzählen regelmäßig, dass sie erst beim Erstellen der Videos die Inhalte der zugeteilten Texte wirklich verstanden haben. Teilweise spielt hier jedoch auch meine Rückmeldung in der Sprechstunde eine wichtige Rolle. Nicht zuletzt ist anzumerken, dass das von mir bereits vor dem Lockdown eingeführte Format gerade auch online sehr gut funktioniert hat: Sowohl das gemeinsame Erstellen als auch das Anschauen der Erklärvideos war auch in diesem Rahmen problemlos möglich.

---

6 Darüber entscheiden die Studierenden, die die Videos dann auch selbst hochladen. Sie können sich diese als Beispiele dort auch anschauen. Die entsprechenden Links schicke ich Ihnen gerne zu.

7. Weitere Seminarelemente

Weitere Elemente runden das Seminar ab und tragen vor allem zur Veranschaulichung der Konzepte bei. Als besonderes Highlight wird von Studierenden im Rückblick immer wieder die Rechercheaufgabe „Geschlechtsspezifische Angebote" angeführt, die ich ausgehend von Babara Rendtorffs Aufsatz „Betonen – ignorieren – gegensteuern" (2015) regelmäßig durchführe. Studierende suchen hier in unterschiedlichen Bereichen, wie z. B. bei Spielzeug, Kinderkleidung, Nahrungsmitteln, Pflegeprodukten und Kinderzimmereinrichtungen nach besonders ‚geschlechtstypischen' kommerziellen Produkten oder auch nach solchen, die diese Zuschreibung konterkarieren. Als weiterer Höhepunkt gilt das gemeinsame Anschauen des Films „Klassenleben" (von Hubertus Sieger) in der vorletzten Seminarsitzung, als Beispiel einer integrativen/inklusiven Schule (strukturiert durch Beobachtungsfragen, u. a. die Aufgabe, sich auf die Perspektive eines der sechs zentralen Kinder zu konzentrieren). Passende und prägnante Filmausschnitte, aber auch Filmtrailer (u. a. auch von Spielfilmen) wirken immer wieder ganz besonders diskussionsanregend, ebenso z. B. die Kurzvideos mit knappen Schulportraits von der DVD „Individualisierung" (Reinhard Kahl 2011). In Halle habe ich in einer der ersten Sitzungen das u. a. von Tanja Sturm entwickelte ‚Bourdieuspiel' durchgeführt (abrufbar auf den Seiten der Zeitschrift für Inklusion); in Aachen hatten wir wiederholt Insider zu Besuch: selbst sinnesbeeinträchtigte Mitarbeiter:innen vom SignGes, dem Zentrum für Gebärdensprache und Gestik der RWTH Aachen sowie Mitglieder der Initiativen GIPS Spielen und Lernen, die es sich zur Aufgabe gemacht haben, Kindern ein realistisches Bild von Menschen mit Behinderung (insbesondere Blindheit) und deren Alltag zu vermitteln. Dieser Rahmen bietet einen Raum für Begegnung und auch ausdrücklich für Nachfragen, die Menschen mit Beeinträchtigungen ansonsten nicht unvermittelt gestellt bekommen möchten. Dazu gibt es ebenfalls zahlreiche positive Rückmeldungen von Studierenden. Auch von diesen Formaten aus kann gezielt der Bogen zu den Dilemmata (De/)Kagegorisierung und (De/)Thematisierung und darüber zur reflexiven Heterogenitätssensibilität geschlagen werden.

8. Fazit

Obwohl die intensive Auseinandersetzung mit anspruchsvollen Texten natürlich eine Herausforderung darstellt, melden vor allem Studierende, die sich darauf eingelassen haben, immer wieder zurück, dass sie daraus sehr viel mitnehmen können. Auch die Produktion der Erklärvideos ist relativ zeitaufwändig. Trotzdem heben die Studierenden in der Rückschau die Videos in der Regel als besonders positiv hervor: als etwas, das ihnen nicht nur Spaß gemacht hat, sondern das in ihnen auch etwas ausgelöst hat. Ein Bewusstsein für die Ambivalenz der Verwendung von Kategorisierungen ist dabei ganz zentral.

Im Sinne des „Index for Inclusion" geht es bei dem vorgestellten Seminarkonzept primär darum, ‚inklusive Kulturen zu schaffen'. Meines Erachtens sollte es idealerweise noch durch mindestens ein zweites Seminar ergänzt werden, in dem es dann um die Entwicklung inklusiver Praktiken gehen könnte, so z. B. durch die Auseinandersetzung mit Konzepten zur Didaktik, Differenzierung und Diagnostik und auch der (multi-)professionellen Kooperation, so wie es in Halle zumindest für die angehenden Grundschulpädagog:innen vorgesehen ist.

Literatur

Boger, Mai-Anh (2017): Theorien der Inklusion – eine Übersicht. Zeitschrift für Inklusion, H. 1. www.inklusion-online.net/index.php/inklusion-online/article/view/413 (Abfrage: 10. März 2023).

Booth, Tony/Ainscow, Mel (2000): Index for Inclusion. Developing learning and participation in schools. London: Centre for Studies an Inclusive Education.

Budde, Jürgen/Hummrich, Merle (2014): Reflexive Inklusion. Zeitschrift für Inklusion, H. 4. www.inklusion-online.net/index.php/inklusion-online/article/view/193. (Abfrage: 20. Juli 2023).

Dorgerloh, Stephan/Wolf, Karsten D. (2020): Lehren und Lernen mit Tutorials und Erklärvideos. Weinheim, Basel: Beltz.

Emmerich, Marcus/Hormel, Ulrike (2013): Heterogenität – Diversität – Intersektionalität. Zur Logik sozialer Unterscheidungen in pädagogischen Semantiken der Differenz. Wiesbaden: Springer.

Eppenstein, Thomas (2003): Einfalt der Vielfalt? Interkulturelle pädagogische Kompetenz in der Migrationsgesellschaft. Frankfurt am Main: Cooperative-Verlag.

Faulstich-Wieland, Hannlore/Horstkemper, Marianne (1995): „Trennt und bitte, bitte nicht!" Koedukation aus Mädchen- und Jungensicht. Opladen: Leske & Budrich.

Fend, Helmut (2006): Neue Theorie der Schule. Einführung in das Verstehen von Bildungssystemen, Wiesbaden: VS Verlag für Sozialwissenschaften.

Heinrich, Martin/Wolfswinkler, Günther/Ackeren, Isabell van/Bremm, Nina/Sterblow, Lilian (2019): Multiparadigmatische Lehrerbildung. Produktive Auswege aus dem Paradigmenstreit. Die deutsche Schule 111, H. 2, S. 243–258.

Klektau, Claudia/Schütz, Susanne/Fett, Julia Anne (Hrsg.) (2019): Heterogenitätssensibilität durch Fallarbeit fördern. Zum Stellenwert von Kasuistik und Inklusion in der Lehrer*innenbildung. Halle: Hallesche Beiträge zur Lehrer*innenbildung.

Kluge, Sven/Liesner, Andrea/Weiß, Edgar (2015): Editorial. In: Kluge, Sven/Liesner, Andrea/Weiß, Edgar (Hrsg.): Inklusion als Ideologie (Jahrbuch für Pädagogik). Frankfurt am Main: Lang Edition, S. 9–17.

Lange-Vester, Andrea/Teiwes-Kügler, Christel (2014): Habitussensibilität im schulischen Alltag als Beitrag zur Integration ungleicher, sozialer Gruppen. In: Sander, Tobias (Hrsg.): Habitussensibilität. Eine neue Anforderung an professionelles Handeln. Wiesbaden: Springer VS, S. 117–207.

Mahs, Claudia/Rendtorff, Barbara/Warmuth, Anne-Dorothee (Hrsg.) (2015): Betonen – Ignorieren – Gegensteuern? Zum pädagogischen Umgang mit Geschlechtstypiken. Weinheim und Basel: Beltz Juventa.

Missomelius, Petra (2016): Zur Dimension der Kritik als Zielvorstellung von (Medien-)Bildung. In: Hug, Theo/Kohn, Tanja/Missomelius, Petra (Hrsg.): Medien – Wissen – Bildung. Medienbildung wozu? Innsbruck: innsbruck university press.

Schmitz, Lena/Simon, Toni (2018): Heterogenitätssensibilität. In: Frohn, Julia (Hrsg.): FDQI-HU-Glossar. Berlin: Humboldt-Universität zu Berlin. www.hu-berlin.de/fsqi/glossar, o. S. (Abfrage: 21. März 2023).

Tervooren, Anja/Rabenstein, Kerstin/Gottuck, Susanne/Laubner, Marian (2018): Differenz- und Normalitätskonstruktionen reflektieren: Perspektiven für eine Lehrer*innenbildung für Schule und Unterricht im Anspruch von Inklusion. In: BMBF (Hrsg.): Perspektiven für eine gelingende Inklusion. Beiträge der „Qualitätsoffensive Lehrerbildung" für Forschung und Praxis. Berlin: BMBF, S. 11–21.

Walgenbach, Katharina (2015): Intersektionalität – Perspektiven auf Schule und Unterricht. In: Bräu, Karin/Schlickum, Christine (Hrsg.): Soziale Konstruktionen in Schule und Unterricht. Zu den Kategorien Leistung, Migration, Geschlecht, Behinderung, soziale Herkunft und deren Interdependenzen. Opladen: Budrich, S. 291–305.

Welskop, Nena/Moser, Vera (2020): Heterogenitätssensibilität als Voraussetzung adaptiver Lehrkompetenz. In: Brodesser, Ellen/Frohn, Julia/Welskop, Nena/Liebsch, Ann-Catherine/Moser, Vera/Pech, Detlef: Inklusionsorientierte Lehr-Lern-Bausteine für die Hochschullehre. Ein Konzept zur Professionalisierung zukünftiger Lehrkräfte. Bad Heilbrunn: Klinkhardt, S. 19–29.

Autor:innenangaben

Penkwitt, Meike, Dr., Universität Bielefeld, AG 4 Schulentwicklung und Schulforschung; Oktober 2021 bis September 2023 Martin-Luther-Universität Halle-Wittenberg, Institut für Rehabilitationspädagogik, Arbeitsbereich Inklusion und Exklusion in Bildung Erziehung und Sozialisation.
Arbeits- und Forschungsschwerpunkte: Inklusion und Exklusion in Schule und Unterricht, Heterogenität und Intersektionalität, Inklusive Didaktik, Schulleitungspersonen und Schulkultur, Dokumentarische Methode
meike.penkwitt@rwth-aachen.de

„Ich glaube, man braucht nicht zwingend einen Sonderpädagogen" – Reflexion von Verständnissen inklusiven Unterrichts mit einer Struktur-Lege-Technik

Peter große Prues, Ann-Christin Faix

Da bislang kein allseits akzeptiertes Verständnis inklusiven Unterrichts erarbeitet werden konnte, ist es wichtig, dass Lehramtsstudierende wie auch Lehrer:innen in der Schulpraxis sich ihre jeweils individuellen Verständnisse bewusst machen. Dies ist auch insofern relevant, als solche Verständnisse in Form Subjektiver Theorien das Handeln beeinflussen und so in der konkreten Gestaltung von Unterricht zum Tragen kommen. Der Beitrag setzt sich zunächst mit dem psychologischen Konstrukt der Subjektiven Theorien und seiner Relevanz für inklusiven Unterricht auseinander. Daran anschließend stellt er eine sogenannte Struktur-Lege-Technik als Möglichkeit zur Reflexion Subjektiver Theorien vor und zeigt anhand ausgewählter Forschungsergebnisse auf, wie Veränderungen des Inklusionsverständnisses aufgedeckt werden können. Am Ende des Beitrags wird ein Blick auf die Möglichkeiten und Grenzen geworfen, die insbesondere mit einer digitalen Umsetzung der Struktur-Lege-Technik verbunden sind.

1. Warum sollten (angehende) Lehrer:innen ihr Inklusionsverständnis reflektieren?

Die Praxis von inklusivem Unterricht hängt maßgeblich davon ab, was Lehrer:innen unter ‚Inklusion' überhaupt verstehen. Ihr Verständnis von etwa Bildungsgerechtigkeit, Diversität oder sonderpädagogischem Förderbedarf sind Teile ihrer berufsbezogenen Überzeugungen und diese bestimmen – da ist sich die Professionsforschung weitestgehend einig – maßgeblich professionelles Handeln (vgl. Baumert/Kunter 2006; Wilde/Kunter 2016). Wie aber können diese Verständnisse, Überzeugungen oder *Beliefs* von Lehrer:innen bewusst und sichtbar gemacht werden? Denn dies scheint in vielerlei Hinsicht sinnvoll: In der universitären Ausbildung etwa müssen die Schul- und Unterrichtserfahrungen der Student:innen gezielt aufgegriffen werden, um neues pädagogisches und (fach-)didaktisches Wissen mit vorhandenen Strukturen zu verknüpfen und so trägem Wissen entgegenzuwirken (Wahl 2013). Auch für Lehrer:innen im Schuldienst ist es zielführend und hilfreich, sich des eigenen Verständnisses über Inklusion bewusst zu werden, um blinde Flecken und Professionalisierungsbedarfe identifizieren zu können.

Eine gezielte Auseinandersetzung mit den eigenen Vorstellungen ist gerade im Kontext von Inklusion und inklusivem Unterricht relevant, weil die Perspektiven hierauf individuell sehr unterschiedlich und zueinander sogar widersprüchlich sein können. Der Inklusionsbegriff wird auch in der Theorie nach wie vor diffus verwendet (Grosche 2015, S. 29). So geht etwa die *Theorie der trilemmatischen Inklusion* (Boger 2019) davon aus, dass mit Inklusion die drei Zielsetzungen Empowerment, Normalisierung und Dekonstruktion verfolgt werden – dabei können jeweils nur zwei der drei Ziele realisiert werden, während das dritte Ziel logisch ausgeschlossen ist. Dies kann dazu führen, dass sich zwei Menschen zum Thema Inklusion austauschen, aber völlig unterschiedliche Ziele damit verbinden, sodass es in der Verständigung zu Missverständnissen und Konflikten kommen kann. Während eine Person beispielsweise für eine gezielte Förderung von Schüler:innen mit sonderpädagogischem Förderbedarf innerhalb des Regelunterrichts eintritt, vertritt ihr Gegenüber möglicherweise die Position, dass durch eine Didaktik für Alle Unterschiede zwischen den Schüler:innen weniger stark betont und alle Schüler:innen individuell gefördert werden sollten. Beide Verständnisse können im Sinne der Theorie der trilemmatischen Inklusion als inklusiv gelten, lassen sich aber nur schwer miteinander vereinbaren (Boger 2017). Gerade weil inklusionsbezogene Vorstellung so unterschiedlich beschaffen und (auch in sich) widersprüchlich sein können, sollten Lehrkräfte sich ihre (handlungsleitenden) Vorstellungen bewusst machen und sie gezielt reflektieren können – nicht zuletzt, um sinnvoll mit Kommiliton:innen (und später Kolleg:innen) über Inklusion sprechen und (inklusiven) Unterricht weiterentwickeln zu können.

Zur methodischen Unterstützung und Gestaltung von Reflexion bietet sich die Struktur-Lege-Technik an. In inklusionssensiblen Veranstaltungen soll diese Methode (Lehramts-)Student:innen helfen, sich der eigenen Subjektiven Theorien über Inklusion und inklusiven Unterricht bewusst zu werden und diese auf kreative Weise zu reflektieren. Zur Vorstellung des Verfahrens wird hier zunächst auf das theoretische Grundkonzept der Subjektiven Theorien und das dazugehörige Forschungsprogramm Subjektive Theorien (im Folgenden: FST) (Groeben/Scheele 2020) eingegangen, dann werden Ergebnisse einer Studie zu Subjektiven Theorien von Lehramtsstudent:innen über guten inklusiven Unterricht präsentiert und abschließend Einsatzmöglichkeiten der Struktur-Lege-Technik in der Lehrer:innenbildung sowie Lehrer:innenaus- und -fortbildung diskutiert.

2. Theoretischer Kontext zu Subjektiven Theorien

Für das komplexe psychologische Konstrukt (berufsbezogener) Verständnisse gibt es eine Vielzahl verschiedener theoretischer Konzepte und Forschungsansätze: *Überzeugungen* (Wilde/Kunter 2016), *Beliefs* (Fives/Buehl 2012), *Vorstellungen* (Reusser/Pauli 2014), *Einstellungen* (Ruberg/Porsch 2017), *didaktische*

Theorien (Kunze 2004) oder *Subjektive Theorien* (Groeben/Scheele 2020; Kindermann/Riegel 2016). Während für alle Konstrukte angenommen wird, dass sie handlungsleitend sind und damit die Unterrichtspraxis von Lehrer:innen beeinflussen, wird insbesondere für Subjektive Theorien davon ausgegangen, dass sie durch Reflexionen bewusst gemacht und auch verändert werden können. Dabei sind im oft als ‚veraltet' betitelten Konstrukt der Subjektiven Theorien und den damit verbundenen anthropologischen Grundannahmen positive Entwicklungsperspektiven angelegt, die sie für den gegenwärtigen Professionalisierungsdiskurs (Stichwort: Qualitätsoffensive Lehrerbildung) hochgradig aktuell und anschlussfähig erscheinen lassen. Hier müssen wir davon ausgehen, dass (angehende) Lehrer:innen zur (Selbst-)Erkenntnis fähig sind und sich, ihr Wissen, ihre Subjektiven Theorien und ihren Unterricht (also ihr Handeln) reflektieren und auch bewusst verändern können. Ohne diese Annahme der Veränderbarkeit wären die Bemühungen um Professionalisierung pädagogischer Akteur:innen aus unserer Sicht schlicht gegenstandslos.

Das sogenannte *epistemologische Subjektmodell* – welches die anthropologischen Grundannahmen des FST abbildet – geht davon aus, dass Menschen eine grundlegende Fähigkeit zur (Selbst-)Erkenntnis besitzen (Groeben/Scheele 2020, S. 186). Der Mensch ist „auch und zu vorerst als rationales, mit Vernunft und an ihr orientiertes Wesen" zu verstehen (Straub/Weidemann 2015, S. 26), entsprechend könne der Mensch zumindest potenziell (subjektiv) rational und bewusst handeln. Mit dem Konstrukt Subjektiver Theorien wird jedoch nicht behauptet (wie manche Kritiker:innen manchmal übersehen), dass alles menschliche Handeln bewusst und individuell steuerbar ist: In der Unterscheidung zwischen (nicht-bewusstem) *Verhalten*, (teil-bewusstem) *Tun* und (bewusstem) *Handeln* werden drei verschiedene Dimensionen menschlicher Aktivität unterschieden und getrennt voneinander betrachtet (Groeben/Scheele 2020). Während der nicht-bewusste Bereich des ‚Verhaltens' (hierunter fallen etwa Reflexe oder Instinkte) durch Reflexionsprozesse nicht erreichbar ist, können die teilbewussten und bewussten Dimensionen durch Reflexion erreicht und ggfs. sogar verändert werden (Straub/Weidemann 2015).

In diesem Bereich finden sich nun Subjektive Theorien als bewusste individuelle Handlungstheorien. Kurz (aber nicht einfach) gesagt werden Subjektive Theorien definiert als „Kognitionen der Selbst- und Weltsicht, die im Dialog-Konsens aktualisier- und rekonstruierbar sind, als komplexes Aggregat mit (zumindest impliziter) Argumentationsstruktur, das auch die zu objektiven (wissenschaftlichen) Theorien parallelen Funktionen der Erklärung, Prognose, Technologie erfüllt, deren Akzeptierbarkeit als ‚objektive' Erkenntnis zu prüfen ist" (Groeben/Scheele 2020, S. 189). Aufgrund unserer Fokussierung auf die Methode der Struktur-Lege-Technik wollen wir besonders auf den Aspekt „komplexes Aggregat mit (zumindest impliziter) Argumentationsstruktur" eingehen. Es wird angenommen, dass handlungsleitende Subjektive Theorien aus zwei Bestandteilen bestehen: Zum einen aus verschiedenen Inhalten (Konzepten) und zum anderen aus den Beziehungen zwischen diesen Inhalten (Relationen) (Wahl 2013). Im Kontext von inklusivem Unterricht könnte eine Subjektive Theorie z. B. die Inhalte ‚Barrierefreiheit', ‚Lernbegleiter:innen', ‚Klassenklima', ‚sonderpädagogische Ausbildung', ‚Kooperation im Kollegium' usw. beinhalten. Relationen zwischen den Inhalten können dann z. B. die (vorhandene) eigene sonderpädagogische Ausbildung oder die barrierefreie Gestaltung eines Klassenraumes in eine (kausale) Beziehung mit gelungenem inklusivem Unterricht stellen.

3. Struktur-Lege-Techniken als Reflexionsmethode

Die zentrale Funktion von Struktur-Lege-Techniken ist es, die zuvor beschriebene Netzwerkstruktur Subjektiver Theorien abzubilden (Wahl 2001). Was ist für eine Lehrer:in im Kontext von Inklusion und inklusivem Unterricht überhaupt relevant (Inhalte) und wie sind diese verschiedenen Konzepte individuell miteinander verknüpft (Relationen)? Methodisch wurden dazu im Kontext des FST (Groeben et al. 1988) verschiedene Struktur-Lege-Techniken entwickelt (vgl. Scheele/Groeben 2020; Scheele/Groeben/Christmann 1992; Kindermann/Riegel 2016). Ziel ist jeweils, bei den Forschungspartner:innen (wie die beforschten Personen im FST genannt werden) durch das Struktur-Legen Reflexions- und Elaborationsprozesse anzustoßen (Groeben et al. 1988; Wahl 2013, S. 183 f.). Wird die Struktur-Lege-Technik im *Forschungskontext* angewandt (z. B. große Prues 2022), folgt diese in der Regel einem zweistufigen Verfahren: Zunächst werden die für eine Person relevanten Inhalte ihrer Subjektiven Theorie (z. B. über inklusiven Unterricht) mittels eines halb-standardisierten, meist problemzentrierten Interviews erhoben. Die Interviews werden von der Forscher:in im Anschluss transkribiert und inhaltlich-zusammenfassend ausgewertet (vgl. Kindermann 2019; große Prues 2022, S. 133 ff.). Das Ergebnis ist eine überschaubare Anzahl von extrahierten Inhalten, die auf kleine Kärtchen notiert werden und die Grundlage für die dann folgende Struktur-Lege-Sitzung darstellen[1].

In der hier beschriebenen Version der Struktur-Lege-Technik wurde das Vorgehen für den *hochschuldidaktischen Einsatz* adaptiert[2] (Faix et al. 2020, S. 7 ff.): In einer interdisziplinären Lehrveranstaltung mit dem Titel „Ist das guter

---

1 Auf den weiteren Ablauf im Forschungskontext (konkrete Gestaltung der Struktur-Lege-Sitzung, Auswertung der Strukturbilder) wird nicht weiter eingegangen, da für uns hier der hochschuldidaktische Einsatz im Vordergrund steht. Eine ausführliche Darstellung findet sich in große Prues (2022, S. 130 ff.).
2 Einer der Gründe liegt auch darin, dass es nicht praktikabel ist, in Lehrkontexten 30–40 ausführliche Interviews mit Student:innen zu führen.

inklusiver Unterricht?"³ sollten sich Student:innen zunächst ihre eigenen Subjektiven Theorien über inklusiven Unterricht bewusst machen und im Anschluss an einen theoretischen Input zu verschiedenen wissenschaftlichen Perspektiven auf guten inklusiven Unterricht elaborieren. Zu Seminarbeginn wurden die Struktur-Lege-Technik und ihr (hier bereits kurz dargestellter) methodologischer Hintergrund erläutert, im Anschluss bekamen die Student:innen jeweils Flipchartbögen, Haftnotizzettel in verschiedenen Farben, Bleistifte und Radiergummis sowie eine Übersicht über mögliche Relationen (etwa „das ist/das heißt", „zum Beispiel", „damit/um zu", „erkennbar an", „je mehr, desto mehr", „je weniger, desto weniger"; vgl. Faix et al. 2020, S. 8). Die Student:innen sollten dann nacheinander 1) für sie wichtige Begriffe zum Thema (guter) inklusiver Unterricht einzeln auf die Haftnotizzettel schreiben, 2) diese auf dem Flipchartbogen in einer für sie sinnvollen Struktur aufheften und 3) mithilfe von Pfeilen (mit Wirkrichtung) verbinden, um diese dann 4) mit passenden Relationen zu beschriften. Der Einsatz der Haftnotizzettel und Bleistifte ermöglicht es, dass die Student:innen im Lege-Prozess jederzeit noch Begriffe ergänzen oder die Struktur verändern können. Sobald die Struktur-Lege-Pläne erstellt sind, schließt sich eine zweite Phase an, in der sich die Student:innen in Partner:inneninterviews gegenseitig ihre Pläne vorstellen. Dabei ‚führen' sie sich gegenseitig durch ihre verbildlichte Subjektive Theorie, erläutern die gewählten Inhalte und Relationen und stellen sich gegenseitig Verständnisfragen. Durch die Verbalisierung wird die Reflexion der eigenen Subjektiven Theorie intensiviert und Lücken in der Argumentation oder Widersprüche mit höherer Wahrscheinlichkeit entdeckt.

Durch dieses ‚Sichtbar-Machen' der eigenen Subjektiven Theorien können in Lehrkontexten präsentierte wissenschaftliche Theorien, empirische Befunde etc. deutlich bewusster mit den eigenen kognitiven Strukturen verknüpft und mit diesen abgeglichen werden (vgl. Wilde/Kunter 2016). Damit wird der Entstehung von ‚trägem Wissen', das nicht hinreichend mit den bereits bestehenden kognitiven Strukturen verknüpft ist und auf das deshalb in Handlungssituationen nicht zurückgegriffen wird, entgegengewirkt (Wahl 2013). Stattdessen ermöglicht die Struktur-Lege-Technik eine vertiefte, reflexive Auseinandersetzung mit den eigenen Denkstrukturen und erlaubt es, neues Wissen hier zu integrieren. Die Struktur-Lege-Technik kann dann zu einem späteren Seminarzeitpunkt (z. B. zum Seminarende) wiederholt werden, um Lern- und Veränderungsprozesse direkt abzubilden. Hierzu setzen sich die Student:innen nochmals mit ihrem Struktur-Lege-Plan auseinander, ergänzen, verschieben oder verändern Inhalte und

---

3 Das Seminar fand im Rahmen des Projektes BiProfessional statt. BiProfessional wird im Rahmen der gemeinsamen „Qualitätsoffensive Lehrerbildung" von Bund und Ländern aus Mitteln des Bundesministeriums für Bildung und Forschung gefördert (Förderkennzeichen 01JA1908). Die Verantwortung für den Inhalt dieser Veröffentlichung liegt bei den Autor:innen.

Relationen[4] und reflektieren so die (Weiter-)Entwicklung ihrer eigenen Subjektiven Theorien (z. B. über guten inklusiven Unterricht).

4. Ergebnisse einer Studie zu Subjektiven Theorien von Lehramtstudent:innen über guten inklusiven Unterricht

Die Struktur-Lege-Technik bietet nicht nur Student:innen die Möglichkeit der vertieften Reflexion ihrer eigenen Vorstellungen und Überzeugungen, sie bietet – sofern die Teilnehmer:innen zustimmen – auch Forscher:innen die Gelegenheit, die in den Struktur-Lege-Plänen festgehaltenen Subjektiven Theorien zu rekonstruieren und zu erforschen. Im Rahmen des zuvor beschrieben Seminars „Ist das guter inklusiver Unterricht?" (Faix et al. 2019) haben die Teilnehmer:innen (1) zu Beginn des Seminars, (2) nach dem Theorieteil und (3) am Ende des Seminars jeweils einen Strukturlegeplan zu *gutem inklusivem Unterricht* nach dem zuvor beschriebenen Vorgehen erstellt bzw. überarbeitet. Die Struktur-Lege-Pläne dienten dann als Grundlage für problemzentrierte Interviews (Witzel 2000), in denen die Teilnehmer:innen die in den Struktur-Lege-Plänen enthaltenen Konzepte und Beziehungen so genau wie möglich erläutert haben. Sie wurden gebeten, dabei auch auf die Veränderungen gegenüber dem zuletzt erstellen Struktur-Lege-Plan näher einzugehen. Insgesamt haben 13 Studierende an der vertiefenden Interviewstudie teilgenommen. Davon wurden vier Fälle à vier Interviews auf Basis der Grounded Theory mit Blick auf ihre Veränderungen bezüglich des Verständnisses von inklusivem Unterricht ausgewertet (Corbin/Strauss 2015). Um Interpretationen abzusichern, wurden auch die Struktur-Lege-Pläne in die Analysen einbezogen.

Die Analysen zeigen u. a., dass sich bei einigen Studierenden im Verlauf des Seminars das Verständnis von gutem inklusivem Unterricht wandelt. Beispielsweise führt die Studentin Verena (Pseudonym) zu Beginn des Seminars aus, dass guter inklusiver Unterricht maßgeblich auf die Expertise von sonderpädagogischen Lehrkräften angewiesen sei, da sie andere (methodische) Herangehensweisen und Kompetenzen einbringen würden:

> „Am besten immer (zeigt auf Karte „zwei Lehrkräfte") zwei Lehrkräfte und da zum Beispiel drunter mit Sonderpädagogen (zeigt auf entsprechende Karte), also eine Lehrkraft und einen Sonderpädagogen, einfach weil ich es wichtig finde das Studium, diese Fächer gibt es ja nicht umsonst, die haben einfach nochmal ganz andere Möglichkeiten, ganz andere Ideen, die man als normaler Lehrer so jetzt nicht hat oder auch einfach andere Fähigkeiten" (Verena 1/14).

---

4 Ratsam ist, jetzt andersfarbige Haftnotizzettel oder eine andere Stiftfarbe zu verwenden, um den Vorher-nachher-Unterschied sichtbarer hervorzuheben.

Diese Aussage lässt auf ein Verständnis guten inklusiven Unterrichts schließen, welches davon ausgeht, dass es sich bei inklusivem Unterricht um eine Herausforderung handle, die über die Anforderungen an die Gestaltung von „Regelunterricht" hinausgehe und der daher mit *sonder*pädagogischer Expertise begegnet werden müsse. Guter inklusiver Unterricht erfordere damit die Kooperation zwischen Regel- und sonderpädagogischen Lehrkräften. Eine solche Position wäre im *Trilemma* annäherungsweise auf der Verbindung von Empowerment und Normalisierung[5] zu verorten (Boger 2017). Nach diesem ersten Interview haben sich die Teilnehmer:innen des Seminars mit verschiedenen Perspektiven auf guten inklusiven Unterricht wie z. B. Merkmalen guten Unterrichts (Lipowsky 2020), der Frage nach Bildungsinhalten (Klafki 2007) und dem Gemeinsamen Gegenstand (Feuser 2002) sowie Individualisierung und (Förder-)Diagnostik (Kullmann et al. 2014) auseinandergesetzt.[6] Nach diesem Theorieteil betrachtet Verena es als nicht mehr zwingend notwendig, dass sonderpädagogische Lehrkräfte inklusiven Unterricht mitgestalten:

> „Und da finde ich auch, also zum Beispiel Sonderpädagogen, ich glaube, man braucht nicht zwingend einen Sonderpädagogen, weil ich schon glaube, dass, so wie ich das jetzt auch im Seminar gesehen habe, alles das, was wir jemals als Lehrkräfte lernen, ist eigentlich das, was man inklusiven Unterricht nennt" (Verena 2/13).

Die Studierende geht jetzt davon aus, dass die Merkmale guten Unterrichts und eine Allgemeine Didaktik, innerhalb derer alle Schüler:innen bestmöglich individuell gefördert werden, hinreichend sind, um auch als Regellehrkraft guten inklusiven Unterricht gestalten zu können. Eine solche Perspektive, die Vielfalt als Normalfall begreift und die Unterscheidung von Schüler:innen mit und ohne sonderpädagogischen Förderbedarf eher kritisch betrachtet, entspräche im *Trilemma* der Verbindung von Normalisierung und Dekonstruktion[7] (Boger 2017). Eine derartige Veränderung des Inklusionsverständnisses war nicht intendiert, vielmehr sollte inklusiver Unterricht aus verschiedenen disziplinären Perspektiven dargestellt und herausgearbeitet werden, dass kein allgemeingültiges Verständnis inklusiven Unterrichts existiert. Das Beispiel verdeutlicht, dass sich das Verständnis von gutem inklusivem Unterricht verändern kann. Struktur-Lege-Pläne und darauf aufbauende Interviews können dazu beitragen, dass (angehende) Lehrkräfte auch diese Veränderungsprozesse zum Gegenstand ihrer Reflexionen machen.

---

5   *Empowerment* in diesem Kontext meint die Möglichkeit und Selbstvertretung, *Normalisierung* das Recht, als normaler Mensch betrachtet zu werden und an der Normalität teilzuhaben (Boger 2015, S. 52 f.).
6   Ausführlicher zum Seminarkonzept und den Inhalten siehe Faix et al. 2019.
7   Dekonstruktion meint hier die Überwindung binärer Vorstellungen wie behindert vs. nicht behindert (Boger 2015).

5. Chancen und Grenzen der Struktur-Lege-Technik in der Lehrer:innenbildung

Die Struktur-Lege-Technik kann wie im oben beschriebenen Beispiel der Lehrveranstaltung über guten inklusiven Unterricht eingesetzt werden mit dem Ziel, Student:innen bei der Reflexion der eigenen Subjektiven Theorien methodisch zu unterstützen. Die Technik bietet einen individuellen und kreativen Seminareinstieg, der das (Vor-)Wissen der Teilnehmer:innen in den Mittelpunkt stellt und wertschätzt. Besonders wenn mehrere Struktur-Lege-Pläne zu verschiedenen Zeitpunkten erstellt werden, wird damit die Veränderung individueller Vorstellungen für die Student:innen selbst deutlich sichtbar gemacht. Durch das Bewusstmachen der eigenen Subjektiven Theorien werden diese ‚aufgeschlossen' für die Weiterentwicklung, Modifizierung, Konkretisierung (und ggf. Verbesserung) durch wissenschaftliche Theorien und empirische Befunde (Wahl 2013). Selbstverständlich können mit der Struktur-Lege-Technik nicht nur Subjektive Theorien über guten inklusiven Unterricht herausgearbeitet und reflektiert werden. Vielmehr hat die Methode auch mit Blick auf andere Gegenstandsbereiche wie z. B. Demokratiebildung (große Prues 2022) einen Anwendungsbereich. Unsere Erfahrungen zeigen zudem, dass sich Struktur-Lege-Techniken in allen Phasen der Lehrer:innenbildung mit Gewinn einsetzen lassen. Allerdings hängen die Qualität der Ergebnisse und die Tiefe der Auseinandersetzungen stark vom individuellen Engagement der Teilnehmer:innen ab. Gerade zu Beginn fällt es vielen Teilnehmer:innen schwer, sich auf die Struktur-Lege-Technik ‚einzulassen', zumal die Auseinandersetzung mit den eigenen Subjektiven Theorien zu einem stark normativen Gegenstandsbereich wie Inklusion ein hohes Maß an Offenheit erfordert.

In den vergangenen Semestern haben wir unsere Struktur-Lege-Technik auch in einer digitalen Variante mit verschiedenen Online-Tools erprobt. Bei der Auswahl der Tools achteten wir darauf, dass es möglich ist, Begriffe bzw. Konzepte in verschiedenen Formen und Farben darzustellen, diese mit Pfeilen zu verbinden und die Pfeile zu beschriften, um die Beziehungen zwischen den Konzepten genauer benennen zu können. Darüber hinaus war es uns wichtig, dass Arbeitsergebnisse gespeichert und zu einem späteren Zeitpunkt erneut aufgerufen und überarbeitet werden können. Wenn die Studierenden frei zwischen der analogen Variante auf Papier und der digitalen Variante wählen konnten, entscheiden sie sich oft mehrheitlich für die digitale Form. Erste Beobachtungen lassen vermuten, dass die Auseinandersetzungen im digitalen Raum allerdings oberflächlicher und zeitlich kürzer ausfallen und auch der Umfang der Struktur-Lege-Pläne im Vergleich zur analogen Form deutlich reduziert ausfällt. Der empirische Vergleich digitaler und analoger Strukturlegepläne als Methode wäre daher ein weiteres Forschungsdesiderat.

Literatur

Baumert, Jürgen/Kunter, Mareike (2006): Stichwort: Professionelle Kompetenz von Lehrkräften. In: Zeitschrift für Erziehungswissenschaft 9, H. 4, S. 469–520.

Boger, Mai-Anh (2015): Theorie der trilemmatischen Inklusion. In: Schnell, Irmtraut (Hrsg.): Herausforderung Inklusion: Theoriebildung und Praxis. Bad Heilbrunn: Klinkhardt, S. 51–62.

Boger, Mai-Anh (2017): Theorien der Inklusion – eine Übersicht. In: Zeitschrift für Inklusion, H. 1. www.inklusion-online.net/index.php/inklusion-online/article/view/413 (Abfrage: 17.02.2023).

Boger, Mai-Anh (2019): Theorien der Inklusion: Die Theorie der trilemmatischen zum Mitdenken (Band 4). Münster: edition assemblage.

Corbin, Juliet/Strauss, Anselm (2015): Basics of Qualitative Research: Techniques and Procedures for Developing Grounded Theory. 4. Auflage. Thousand Oaks: Sage.

Faix, Ann-Christin/Lütje-Klose, Birgit/Textor, Annette/Wild, Elke (2020): Strukturlegepläne als hochschuldidaktisches Instrument zur Lehrevaluation und Reflexion Subjektiver Theorien. In: Herausforderung Lehrer*innenbildung 3, H. 1, S. 523–537.

Faix, Ann-Christin/Lütje-Klose, Birgit/Textor, Annette/Wild, Elke (2019): Ist das guter inklusiver Unterricht? Mit Videoanalysen und Hospitationen von der Theorie zur Praxisreflexion. In: Herausforderung Lehrer*innenbildung 2, H. 3, S. 1–19.

Feuser, Georg (2002): Momente entwicklungslogischer Didaktik einer Allgemeinen (integrativen) Pädagogik. In: Eberwein, Hans/Knauer, Sabine (Hrsg.): Integrationspädagogik. Kinder mit und ohne Beeinträchtigung lernen gemeinsam. Ein Handbuch. Weinheim und Basel: Beltz. 280–294.

Fives, Helenrose/Buehl, Michelle M. (2012): Spring Cleaning for the "Messy" Construct of Teacher's Beliefs: What are They? Which have been Examined? What Can they Tell us? In: Harris, Karen R./Graham, Steve/Urdan, Tim (Hrsg.): APA educational psychology handbook: Vol. 2. Individual differences and cultural and contextual factors. American Psychological Association, S. 471–499.

Groeben, Norbert/Scheele, Brigitte (2020): Forschungsprogramm Subjektive Theorien: Zur Psychologie des reflexiven Subjekts. In: Mey, Günter/Mruck, Katja (Hrsg.): Handbuch Qualitative Forschung in der Psychologie: Band 1: Ansätze und Anwendungsfelder. 2. Auflage. Wiesbaden: Springer, S. 185–202.

Groeben, Norbert/Wahl, Diethelm/Schlee, Jörg/Scheele, Brigitte (1988): Das Forschungsprogramm Subjektive Theorien: eine Einführung in die Psychologie des reflexiven Subjekts. Tübingen: Francke.

Grosche, Michael (2015): Was ist Inklusion? Ein Diskussions- und Positionsartikel zur Definition von Inklusion aus Sicht der empirischen Bildungsforschung. In: Kuhl, Poldi/Stanat, Petra/Lütje-Klose, Birgit/Gresch, Cornelia/Pant, Hans Anand/Prenzel, Manfred (Hrsg.): Inklusion von Schülerinnen und Schülern mit sonderpädagogischem Förderbedarf in Schulleistungserhebungen. Wiesbaden: Springer. 17–39.

Große Prues, Peter (2022): Demokratie-Erziehung als Querschnittsaufgabe. Eine Studie zu Subjektiven Theorien von Lehrkräften. Bad Heilbrunn: Klinkhardt.

Kindermann, Katharina (2019): Die zusammenfassende Inhaltsanalyse als zentrale Methode bei der Rekonstruktion subjektiver Theorien mittels Struktur-Lege-Verfahren. In: Forum Qualitative Sozialforschung 1, H. 4.

Kindermann, Katharina/Riegel, Ulrich (2016): Subjektive Theorien von Lehrpersonen: Variationen und methodische Modifikationen eines Forschungsprogramms. In: Forum Qualitative Sozialforschung 17, H. 2, Art. 1.

Klafki, Wolfgang (2007): Neue Studien zur Bildungstheorie und Didaktik: Zeitgemäße Allgemeinbildung und kritisch-konstruktive Didaktik. 6. Auflage. Weinheim und Basel: Beltz.

Kullmann, Harry/Lütje-Klose, Birgit/Textor, Annette (2014): Eine allgemeine Didaktik für inklusive Lerngruppen – fünf Leitprinzipien als Grundlage eines Bielefelder Ansatzes der Inklusiven Didaktik. In: Amrhein, Bettina/Dziak-Mahler, Myrle (Hrsg.): Fachdidaktik inklusiv: Auf der Suche nach didaktischen Leitlinien für den Umgang mit Vielfalt in der Schule. 1. Auflage. Münster: Waxmann, S. 89–107.

Kunze, Ingrid (2004): Konzepte von Deutschunterricht. Eine Studie zu individuellen didaktischen Theorien von Lehrerinnen und Lehrern. Wiesbaden: VS Verlag für Sozialwissenschaften.

Lipowsky, Frank (2020): Unterricht. In: Wild, Elke/Möller, Jens (Hrsg.): Pädagogische Psychologie. 3. Auflage. Berlin: Springer, S. 69–118.

Reusser, Kurt/Pauli, Christine (2014): Berufsbezogene Überzeugungen von Lehrerinnen und Lehrern. In: Terhart, Ewald/Bennewitz, Hedda/Rothland, Martin (Hrsg.): Handbuch der Forschung zum Lehrerberuf. 2. Auflage. Münster: Waxmann, S. 642–661.

Ruberg, Christiane/Porsch, Raphaela (2017): Einstellungen von Lehramtsstudierenden zu Lehrkräften zur schulischen Inklusion: Ein systematisches Review deutschsprachiger Forschungsarbeiten. In: Zeitschrift für Pädagogik 63, H. 4, S. 393–416.

Scheele, Brigitte/Groeben, Norbert (2020): Dialog-Konsens-Methoden: Psychologische Verfahren zur Erhebung der Innensicht von Handelnden. In: Mey, Günter/Mruck, Katja (Hrsg.): Handbuch Qualitative Forschung in der Psychologie. Band 2: Designs und Verfahren. 2. Auflage. Wiesbaden: Springer, S. 337–355.

Scheele, Brigitte/Groeben, Norbert/Christmann, Ursula (1992): Ein alltagssprachliches Struktur-Lege-Spiel als Flexibilisierungsversion der Dialog-Konsens-Methodik. In: Scheele, Brigitte (Hrsg.): Struktur-Lege-Verfahren als Dialog-Konsens-Methodik. Ein Zwischenfazit zur Forschungsentwicklung bei der rekonstruktiven Erhebung Subjektiver Theorien Münster: Aschendorff, S. 152–195.

Straub, Jürgen/Weidemann, Doris (2015): Handelnde Subjekte: Subjektive Theorien als Gegenstand der verstehend-erklärenden Psychologie. Gießen: Psychosozial-Verlag.

Wahl, Diethelm (2001): Wissen sichtbar machen (1): Nachhaltig lernen mit der „Struktur-Lege-Technik". In: Praxis Schule 5–10, H. 5, S. 63–65.

Wahl, Diethelm (2013): Lernumgebungen erfolgreich gestalten: Vom trägen Wissen zum kompetenten Handeln. Bad Heilbrunn: Klinkhardt.

Wilde, Annett/Kunter, Mareike (2016): Überzeugungen von Lehrerinnen und Lehrern. In: Rothland, Martin (Hrsg.): Beruf Lehrer/Lehrerin: Ein Studienbuch. Münster: Waxmann, S. 299–315.

Witzel, Andreas (2000): Das problemzentrierte Interview. In: Forum Qualitative Sozialforschung 1, H. 1, Art. 22.

Autor:innenangaben

Dr. Peter große Prues, Universität Osnabrück, Abteilung Schulpädagogik;
Arbeits- und Forschungsschwerpunkte: Demokratiebildung, Querschnittsaufgaben des Lehrerberufs, Subjektive Theorien und beliefs von Lehrer:innen, schulpraktische Studien
peter.grosse.prues@uni-osnabrueck.de

Dr. Ann-Christin Faix, Universität Bielefeld, Fakultät für Erziehungswissenschaft, AG 4 Schulentwicklung und Schulforschung;
Arbeits- und Forschungsschwerpunkte: Inklusiver Unterricht, Professionalisierung, Hochschuldidaktik
a.faix@uni-bielefeld.de

Musik in Kultureller Bildung und der Ansatz des *Service Learning*. Ein Seminarkonzept mit vielversprechendem Potenzial

Meike Wieczorek

Der Beitrag geht der Frage nach, welchen Mehrwert Studierende aus musikpraktischen Seminaren im Bereich der Kulturellen Bildung in Verbindung mit dem Ansatz des *Service Learning* im Kontext Hochschule ziehen können. Nach einer Einordnung von Kultureller Bildung mit dem Schwerpunkt Musik und einer Begriffsannäherung zu *Service Learning*, mündet eine Zusammenführung beider Themen in einer Projektbeschreibung. Abschließend werden der Mehrwert des Seminarkonzepts und die Bedeutsamkeit für eine inklusive Lehrer:innenausbildung aufgezeigt.

1. Einleitung

An der Technischen Universität Dortmund (TU Dortmund) bietet das Fachgebiet *Musik und Bewegung in Rehabilitation und Pädagogik bei Behinderung* Studierenden in dem im Bachelor unterschiedlicher Lehramtsstudiengänge verorteten Modul Kulturelle Bildung verschiedene Schwerpunkte. Studierenden werden in den praxisnahen Seminaren unterschiedliche Zugänge zur Kulturellen Bildung eröffnet. Neben Bewegung und Tanz ist Musik einer der Schwerpunkte. Am aktiven Musizieren kann jede(r) Seminarteilnehmer:in seinen Ressourcen entsprechend teilnehmen und zu einem musikalischen Ganzen beitragen. Im Sinne Probst (vgl. 1991) ist jeder Mensch musikalisch, da er in der Lage ist, Musik zu erleben. Dieses Verständnis von Musikalität leistet einen wertvollen Beitrag zur Inklusion und dient dem Seminar in Kultureller Bildung Musik in Verbindung mit dem Ansatz des *Service Learning* (vgl. Reinders 2016) als Grundlage. Was ist aber unter Kultureller Bildung und zusätzlich unter dem Schwerpunkt Musik zu verstehen? Was bedeutet *Service Learning* und welcher Mehrwert ergibt sich für Lernende aus einem Seminarkonzept, welches die beiden Aspekte vereint? Der Beitrag geht diesen Fragen nach um herauszustellen, warum das Seminarkonzept vielversprechendes Potenzial spezifisch für eine inklusionsorientierte Lehrer:innenbildung bietet.

2. Kulturelle Bildung Musik und *Service Learning*

In diesem Kapitel werden zunächst die Begriffe Kulturelle Bildung Musik und *Service Learning* erläutert und anschließend miteinander in Bezug gesetzt.

2.1 Kulturelle Bildung Musik

Der Begriff der Kulturellen Bildung ist sehr vielschichtig und wird an dieser Stelle nicht einer einzelnen Definition zugeordnet, sondern als Zusammenspiel unterschiedlicher Perspektiven verstanden. Denn schon der Begriff der Kultur stellt für Fuchs (vgl. 2013) einen Pluralitätsbegriff dar, der als Prozess der Selbst- und Weltgestaltung aufgefasst werden kann. Und laut Bockhorst, Reinwand-Weiss und Zacharias (vgl. 2012) führt der Begriff der Kulturellen Bildung mit Kultur und Bildung zwei der komplexesten Begriffe zusammen. Dem Gedanken Ermerts (2009) folgend, ist unter Kultureller Bildung eine Auseinandersetzung mit sich selbst, der Umwelt und der Gesellschaft im Medium der Künste zu verstehen. Kulturelle Bildung ist nicht gesondert von der allgemeinen Bildung, sondern als Bestandteil dieser zu sehen. Bildung beschreibt dabei das Erlernen von individuellen, ästhetischen und künstlerischen Fähigkeiten und umfasst sowohl die individuelle Aneignung von Wissen und Kompetenzen als auch die Aspekte der Eigenverantwortlichkeit und Problemlösefähigkeit (vgl. Ermert 2009). Zusammenfassend trägt Kulturelle Bildung zur Persönlichkeitsentwicklung und aktiven Lebensgestaltung bei.

Wird diesem Terminus im Weiteren der Begriff der Musik angehängt, wird dieser noch weniger greifbar. Um Musik nicht als weitere komplexe Bezeichnung einzuführen, ist sie in diesem Beitrag als Schwerpunkt Kultureller Bildung und nicht als Unterrichtsfach mit allen vertiefenden Inhalten und Theorien zu verstehen. Die Lehramtsstudierenden der TU Dortmund haben im Bereich der Kulturellen Bildung die Möglichkeit, sich mit elementarem, aktivem Musizieren auseinanderzusetzen, auch wenn sie keinerlei musikalische Vorkenntnisse vorweisen. Sie erfahren Musik als bedeutenden Teil Kultureller Bildung in pädagogischen Handlungsfeldern. Fokussiert wird nicht das Erlernen musikalischer Theorien, sondern das aktive Musizieren, was das Musikhören nicht ausschließt. Durch aktives Erarbeiten und Ausprobieren werden Kompetenzen erweitert und Zugänge zur Musik verändert oder geschaffen. Dies geschieht unabhängig von Alter, Geschlecht oder Herkunft und den musikalischen Fähigkeiten der Musizierenden (vgl. Michel 2020). Zu beachten ist außerdem der kommunikative Aspekt der Musik. Musik schafft unter anderem laut Bernatzky und Kreutz (vgl. 2015) einen zwischenmenschlichen Austausch auf kognitiver sowie emotionaler und sozialer Ebene. Zusammenfassend geht es um ein Erleben von Musik, das auch ohne Vorkenntnisse vielversprechend ist.

2.2 Service Learning

Service Learning bedeutet im Allgemeinen Lernen durch Erfahrung und kann laut Reimer et al. (vgl. 2020) grundlegend als Praxiserfahrung in Verbindung mit gesellschaftlicher Unterstützung definiert werden. Obwohl diese Methode ihren Einsatz tendenziell häufiger an weiterführenden Schulen findet, bereichert das Zusammentreffen von sozialer Unterstützung und dem Erlernen von Wissen mittlerweile auch die Hochschullehre. An Hochschulen liegt der Fokus auf der Wissensvermittlung durch die Lehrenden, mit besonderer Aufmerksamkeit auf der Berufsausbildung bzw. der Vermittlung beruflicher Kompetenzen (vgl. Klages/Reinders 2015). Dennoch zielt *Service Learning* grundlegend auf die Erweiterung der sozialen, emotionalen und demokratischen Kompetenzen und den Wissenserwerb ab (vgl. Seifert/Zentner/Nagy 2019). Laut Hofer (vgl. 2007) ist *Service Learning* eine besondere Art der Hochschullehre, da Theorie und Praxis miteinander verbunden werden. *Service* steht dabei für praktische Aktivitäten der Studiereden, die thematisch der Lehrveranstaltung entsprechen. Die Aktivitäten finden Anwendung im Lebensumfeld außerhalb der Hochschule. *Learning* steht für das literaturbezogene Vorbereiten, Reflektieren und theoretische Untermauern der Aktivitäten (vgl. Hofer 2007)

Backhaus-Maul und Roth (vgl. 2013) zeigen auf, dass viele Hochschulen *Service Learning* aufgrund der zu erwartenden Kompetenzerweiterung der Studierenden umsetzen. Ihnen zufolge geht es nicht nur um Wissenserwerb, sondern um eine gesellschaftliche Verantwortungsübernahme von Studierenden anderen Menschen gegenüber, um eine Erweiterung der Sozialkompetenzen und um Persönlichkeitsentwicklung. Letzteres geht weit über den Erwerb von Wissen und Sozialkompetenzen hinaus.

2.3 Kulturelle Bildung Musik und *Service Learning*

Kulturelle Bildung verfolgt das Ziel der Teilhabe am gesellschaftlichen Leben und fokussiert niedrigschwellige Angebote für alle Altersgruppen (vgl. Ermert 2009). Auch das *Service Learning* folgt dem Aspekt niedrigschwelliger Angebote. Durch diese kann eine Verbindung zwischen der Studierendenkohorte und einer Personengruppe, die gesellschaftlich unterstützt werden soll, entstehen (vgl. Reimer et al. 2020). Die niedrigschwelligen Angebote im Kontext des *Service Learning* beziehen sich auf die Heranführung von Lernenden an die gesellschaftlichen Unterstützungsbedarfe (vgl. Reinders 2016; Seifert et al. 2019).

Des Weiteren hat die Kulturelle Bildung das Ziel, gesellschaftliche Herausforderungen kennenzulernen und das eigene Verhalten, sowie die persönlichen Fähigkeiten im Austausch mit diesen zu verändern bzw. weiterzuentwickeln (vgl. Ermert 2009). Auch hier lässt sich ein Zusammenhang zum *Service Learning* herstellen. Denn die Reflexion des eigenen Handelns, sowie die Entwicklung des Bewusstseins für die eigene Kompetenzerweiterung stellen bedeutsame Faktoren des *Service Learning* dar (vgl. Reinders 2016; Seifert et al. 2019). Durch das Planen und Durchführen von *Service Learning*-Projekten entfalten Studierende ihre persönlichen Fähigkeiten. Durch fortlaufende Reflexionen des eigenen Handelns fokussieren sie ein Bewusstsein für die eigene, in diesem Fall auch musikalische, Kompetenzerweiterung. *Service Learning* kann das Denken und Handeln der Lernenden langfristig verändern (vgl. Backhaus-Maul/Roth 2013). Dieser Gedanke kann ebenso für die Kulturelle Bildung angeführt werden.

Wird musikalischer Aktivität unterstellt, eine Verbesserung der gesellschaftlichen Teilhabe und den Einbezug aller Menschen herbeiführen zu können, ließe sich auch dieser Gedanke mit dem Ansatz des *Service Learning* verbinden. *Service Learning* richtet den Blick auf das Lernen durch einen Praxisbezug zu gesellschaftlichen Randgruppen bzw. zu Menschen mit besonderen Unterstützungsbedarfen (vgl. Reimer et al. 2020). Unter Einbezug Kultureller Bildung trägt es zu einer Verbesserung der gesellschaftlichen Teilhabe Aller bei. Zudem zielt es darauf ab, das problemorientierte Handeln der Lernenden zu verbessern (vgl. Seifert et al. 2019). Sowohl das *Service Learning* als auch die Kulturelle Bildung Musik, tragen zusammenfassend zur Weiterentwicklung der individuellen Fähigkeiten, zur Veränderung von Strukturen und zur Teilhabe bei. Darüber hinaus wird Lernenden der Zugang zu gesellschaftlichen Randgruppen bzw. zu Herausforderungen in der Gesellschaft erleichtert (vgl. Bockhorst et al. 2012).

3. Hochschuldidaktisches Konzept mit vielversprechendem Potenzial

Für die *Hochschule* ist laut Hofer und Derkau (vgl. 2020) die Weiterentwicklung der Lehre und die Anpassung dieser an die Anforderungen der Gesellschaft von hoher Relevanz. Durch den Einbezug von *Service Learning* in die Hochschullehre verändert sich die Methodik des Lehrens dahingehend, dass diese individuell auf die Lernendengruppe angepasst werden kann. Die Studierenden stehen mit ihrer Persönlichkeits- und Kompetenzentwicklung im Mittelpunkt und der Bezug zur Praxis wird in Projekten Realität. Diesem Gedanken folgend widmet sich das Kapitel der Erläuterung des Seminarkonzepts, der Bedeutung des Musizierens ohne Vorkenntnisse und gibt einen Einblick in ein *Service Learning*-Projekt der Studierenden.

3.1 Seminarkonzept

„Zu Beginn stellt Service Learning eine didaktische Neuerung für Bildungsprozesse dar, was Entwicklungsprozesse nach sich zieht" (Hofer/Derkau 2020, S. 71).

Dieser Satz lässt sich für das Seminarkonzept Kulturelle Bildung Musik übernehmen, wenn Studierende Musizieren als ungewohnten Bildungsprozess für sich erfahren und dieser persönliche Entwicklungsprozesse nach sich zieht. Im hier beschriebenen Seminarkonzept widmen sich die Studierenden innerhalb einer Vorlesungszeit zunächst selbst dem aktiven Musizieren. Sie singen und lernen beispielsweise Bodypercussion ebenso kennen, wie elementare Instrumente und die damit verbundenen Möglichkeiten der Spieltechniken und Liedbegleitungen. Sie erarbeiten theoretisches Wissen und sammeln Erfahrung im praktischen Musizieren. Im Weiteren entwickeln sie auf dem neu erworbenen Grundlagenwissen des Musizierens ein eigenes *Service Learning*-Projekt. Sie planen niederschwellige Musizierangebote für eine gewählte Zielgruppe. Dabei werden sie an soziale Umfelder mit gesellschaftlichem Unterstützungsbedarf herangeführt.

Das entstehende Projekt wird im Vorfeld von den Lehrenden auf der Organisationsebene mit einer entsprechenden Partnerinstitution (z. B. Kindertagesstätte, Schule, Freizeit- Familien- und Senioreneieinrichtungen, Organisationen der sogenannten Behindertenhilfe, Hospiz, Strafvollzug etc.) vorbereitet. Fortwährend findet ein bedeutender Reflexionsprozess von Lehrenden, Studierenden, Mitarbeitenden der Partnerinstitution und auch ein Peerfeedback statt. Dies ist im Verlauf des gesamten Prozesses ebenso von Bedeutung, wie die Beachtung der Qualitätsmerkmale von *Service Learning* in Kultureller Bildung Musik (vgl. Wieczorek/Quinten 2023), die an dieser Stelle nicht weiter ausgeführt werden. Letztendlich wird in meist drei Tagen ein musikalisches *Service Learning*-Projekt in einer Partnerinstitution durchgeführt.

3.2 Musizieren ohne Vorkenntnisse

Die Studierenden der unterschiedlichen Lehramtsstudiengänge an der TU Dortmund studieren in den allermeisten Fällen nicht Musik als Unterrichtsfach. Entsprechend besuchen sie das Seminar ggf. ohne vertiefende Kenntnisse im Themenfeld Musik. Auch hat der überwiegende Teil der Studierendenschaft keine Erfahrungen im Bereich des aktiven Musizierens. Viele lernten in ihrer Kindheit beispielsweise das Blockflötenspiel oder haben in einem Schulchor gesungen. Eher Wenige erlernten das Spielen eines Instrumentes und ein noch kleinerer Anteil der Studierenden spielt noch aktiv ein Instrument während des Studiums. Diese Informationen gehen aus den Gesprächen mit den Studierenden in der Einführungsphase des Seminars hervor. Um also alle Studierenden gleichermaßen am Seminarkonzept teilnehmen lassen zu können und ihnen ggf. ein gewisses Unbehagen vor dem Seminar zu nehmen, bedarf es in der Beschreibung des Seminars den Kommentar *Musizieren ohne Vorkenntnisse*. Das Wort *Musizieren* vermittelt Aktivität. Es geht nicht nur darum, etwas über Musik zu erfahren, sondern aktiv elementare Musik entstehen zu lassen und zu gestalten. *Ohne Vorkenntnisse* verdeutlicht, dass alle Studierenden, unbeachtet ihrer musikalischen Fähigkeiten, willkommen sind. Der Kommentar soll darauf hinweisen, dass alle Studierenden ihren Ressourcen, auch ihrer musikalischen, entsprechend eingebunden werden können und keiner wegen selbstwahrgenommener Unmusikalität (vgl. Wieczorek 2022), oder Unsicherheit fernbleiben muss. Der Zusatz *ohne Vorkenntnisse* soll dem subjektiven Gefühl des ggf. Nichtkönnens von Musik entgegenwirken.

3.3 Studierenden Projekt

Studierende lernen im Seminar durch das Mitmachen und Mitgestalten von elementaren Musiziereinheiten ihre eigenen musikalischen Kompetenzen kennen, oder erweitern die bereits vorhandenen. Diese geben Sie an eine Zielgruppe in Form eines *Service Learning*-Projekts weiter. Entsprechend bietet *Service Learning* den Studierenden viel Motivation. Sie lernen, problembasiert zu arbeiten und entwickeln sich dadurch sowohl persönlich als auch fachlich weiter (vgl. Reimer et al. 2020). Ein Beispiel: für eine Schule mit dem Förderschwerpunkt Geistige Entwicklung (Partnerinstitution) wird von 35 Studierenden die Gestaltung einer Feier, mit der Präsentation kleiner musikalischer Einheiten, geplant. Im Vorfeld erarbeiten die Studierenden im Seminar musikalischen Aktivitäten wie Bandarbeit, Singen/Gebärdenchor, Trommeln, Geräuschproduktion, Instrumentenbau, Bodypercussion, Verklanglichen von Geschichten, Bewegungslieder, Entspannung durch Musik, Komponieren und Malen zur Musik. Dabei stehen sie bereits im Austausch mit den Lehrer:innen der Schule, damit das Vorhaben gelingen kann, obwohl sie die Zielgruppe noch nicht kennen. An drei aufeinanderfolgenden Projekttagen arbeiten dann drei bis vier Studierende in Gruppen mit je ca. zehn Schüler:innen zum Thema Winter. Begleitet und unterstützt werden die Studierenden auch dabei von den Lehrer:innen. Erfahrungsreiche Tage schließend mit der Präsentation der kleinen Musikbeiträge auf der Feier. Die Studierenden lernen, dass *Service Learning* bedeutet, den Wissenserwerb und die Aneignung berufsspezifischer Fähigkeiten zeitgleich in der Hochschullehre zu erleben und auf theoretischer Ebene fortlaufend zu reflektieren. Wichtige Aspekte des *Service Learning* sind dabei, theoretische Lehrinhalte mit einem durch gesellschaftliches Engagement erlangtem Verantwortungsbewusstsein zu verknüpfen und die Zusammenarbeit zwischen Hochschule und Partnerinstitution (vgl. Hofer/Derkau 2020) zu stärken.

4. Seminarkonzept für eine inklusionsorientierte Lehrer:innenbildung

Kulturelle Bildung im Allgemeinen fördert sowohl künstlerische als auch kreative Fähigkeiten und setzt bei Stärken eines jeden Einzelnen an. Kultureller Bildung

Musik im Zusammenspiel mit dem Ansatz des *Service Learning* wird darüber hinaus mit diesem Beitrag Bedeutung für eine inklusionsorientierte Lehrer:innenausbildung beigemessen. Nachdem der Mehrwert und die Herausforderungen für das skizzierte Seminarkonzept diskutiert werden, schließt der Beitrag mit einer Erläuterung dieser Bedeutung.

4.1 Mehrwert des Seminarkonzepts

Schon *Service Learning* weist überwiegend Vorteile auf. Im Allgemeinen lässt sich festhalten, dass die Verbindung von *Service Learning* und Kultureller Bildung Musik für alle Beteiligten einen hohen Mehrwert mit sich bringt. Einer der wichtigen Aspekte ist der im Prozess stattfindende Austausch untereinander, welcher anhand der Abbildung 1 von Reinders (vgl. 2016) verdeutlicht wird.

Abbildung 1: Austauschprozesse auf der Individualebene (Reinders 2016, S. 35)

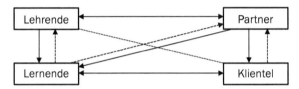

Die Lehrenden tauschen sich mit der Leitung und auch den Mitarbeitenden der Partnerinstitution aus. Dies geschieht nicht nur auf organisatorischer, sondern auch auf inhaltlicher Ebene. Ebenso tauschen die Lehrenden sich mit den Lernenden aus. Dies geschieht nur bedingt auf der organisatorischen, schwerpunktmäßig eher auf der inhaltlichen Ebene. Ferner stehen die Studierenden mit den Mitarbeitenden der Partnerinstitution in enger Verbindung, um ihr Vorhaben weitestgehend absprechen zu können. Auch bekommen sie Informationen zu ihrer Zielgruppe, mit der sie spätestens zur Projektdurchführung persönlich in Kontakt treten.

Dieser Austausch ist für Studierende mit dem Berufswunsch Lehrer:in ein entscheidender Lernprozess. Das Seminarkonzept zeigt, dass Kommunikation und das Verarbeiten von gewonnen Informationen in der praktischen Erfahrung gewinnbringender ist, als auf der theoretischen Ebene. Darüber hinaus bietet das Seminarkonzept für alle Beteiligten der *Service Learning*-Projekte positive, voneinander abweichende Erkenntnisse. Der Mehrwert des Seminars wird differenziert betrachtet:

Für die *Zielgruppe* (Klientel) ergibt sich mit dem Projekt eine Abwechslung im Alltag. Die Zielgruppe, wird an elementares Musizieren herangeführt. Ob dies zum Wissenserwerb oder zur Freizeitgestaltung beiträgt, ist nicht entscheidend.

Vielmehr kommt es auf eine (musikalische) Selbstwirksamkeitserfahrung (vgl. Roos/Wieczorek 2021) an. Es geht um das Erleben musikalischer Aktivität.

Für die *Partnerinstitution* wird zunächst eine eher ungewohnte Situation herbeigeführt. Der sonstige Ablauf der Einrichtung wird für wenige Tage durch Studierende bereichert. Zeitliche Abläufe und Räumlichkeiten müssen für die Durchführung des Projektes umgeplant werden. So bringt ein solches Projekt für die Einrichtung zwar zunächst Unruhe, oft aber Abwechslung und Neuerungen mit.

Für die *Studierenden* ist festzuhalten, dass *Service Learning* mit seiner Verbindung von akademischem Wissen und Praxiserfahrungen unterschiedliche Motivationsanlässe bietet. Sie vertiefen theoretisches Wissen, sammeln Selbstwirksamkeitserfahrung, leisten Transfer, werden in ihrer Persönlichkeit gestärkt und erfahren eine Kompetenzerweiterung auf unterschiedlichen Ebenen. Der Gewinn für Studierende geht weit über eine „[...] Unterstützung der Community und Anrechnung als Studienleistung." (Reinders 2016, S. 22) hinaus.

Für *Lehrende*, die *Service Learning*-Angebote in die Hochschule integrieren, ist als Mehrwert die eigene Kompetenzerweiterung und das Kennenlernen der Studierenden mit all ihren Ressourcen zu nennen. Sliwka (vgl. 2004) stellt heraus, dass sich für Lehrende auch ein Mehrwert in Bezug auf ihre Motivation am Arbeitsplatz ergibt. Lehrende, welche ihre Lehrmethoden mit dem Ansatz des *Service Learnings* verbinden, sind tendenziell zufriedener mit ihrer Arbeit als Lehrende, die den Einbezug von *Service Learning* meiden (vgl. Sliwka 2004). Zudem bekommen sie die Möglichkeit, mit Studierenden in einer abweichenden Lernumgebung in einen konstruktiven Austausch zu treten.

Für das Fach *Kulturelle Bildung Musik* liegt der Mehrwert vor allem in der Präsentation von Teilhabe-, Zugänglichkeits- und Inklusionsmöglichkeiten des aktiven Musizierens, außerhalb schulischer Curricula. Selbstwirksamkeitserfahrungen der Studierenden sprechen für den Ausbau der musikalisch kulturellen Angebote im Kontext *Service Learning* in der Hochschule.

4.2 Herausforderungen des Seminarkonzepts

Im Allgemeinen setzt *Service Learning* eine hohe Bereitschaft und Motivation der Lehrenden voraus (vgl. Sliwka 2004). Sowohl die Kontaktaufnahme zu den Partnerinstitutionen, deren Unterstützung unumgänglich ist, als auch die Planung, Umsetzung und Reflexion des Vorgehens ist zeitintensiv (vgl. Sporer et al. 2011). In Verbindung mit kultureller Bildung Musik wird dies an der Vor- und Nachbereitung des Seminarkonzepts deutlich. Das Treffen von Entscheidungen im Verbund bedeutet, ebenso wie veränderte Organisationsstrukturen und neue Aufbereitung von Materialien, einen hohen zeitlichen Aufwand und Engagement. Zusätzlich gilt für Lehrende beispielsweise laut Sporer et al. (vgl. 2011) eine

Überforderung der Lernenden auszuschließen. Dies kann zur Herausforderung werden, da die Überforderung für Studierenden bereits in ihrer anfänglichen Unsicherheit oder im eigenen aktiven Musizieren liegen kann.

4.3 Bedeutung für eine inklusive Lehrer:innenausbildung

Bei dem im Studium erlernten theoretischen Wissen fehlt den Studierenden oft ein Bezug zur Praxis und somit, laut deren Aussagen, zur Realität. Studierende lernen erfolgreicher, wenn das Lernen praxisbezogen stattfindet (vgl. Klages/ Reinders 2015). Das Seminar zur Kulturellen Bildung Musik unter Berücksichtigung des *Service Learning* deckt nicht nur diesen Bedarf an praxisbezogenem Lernen und stellt einen Bezug zur Realität und zum späteren Berufsleben her, sondern überzeugt durch seine Austausch- Reflexions- und Feedbackstruktur. Studierende reflektieren regelmäßig ihre Handlungen und lernen diese an die gesellschaftlichen Anforderungen, in diesem Falle das Projekt, anzupassen. Diese Struktur leistet einen besonderen Beitrag zur Einstellung zu Inklusion. Wenn Studierende im Lernprozess ihr eigenes Handeln und Vorgehen fortwährend reflektieren und Feedback der Kommiliton:innen, der Lehrenden, der Mitarbeiter:innen der Partnereinrichtung und letztendlich der Zielgruppe erhalten, hat dies Einfluss auf die Eigen- und Fremdwahrnehmung. Angemerkt sei an dieser Stelle, dass Wahrnehmen und Wahrnehmungsförderung im Gespräch und Austausch von Studierenden sowohl in Feedbackrunden zum *Service-Learning*-Projekt als auch in der abschließenden Seminarreflexion als wichtiges Lernfeld für ein inklusionsorientiertes Unterrichten angegeben werden.

Insbesondere für die inklusionsorientierte Lehrer:innenausbildung stellt *Service Learning* eine bedeutende Lehr- und Lernmethode dar. Das Erfahrungslernen führt zu einer Verbesserung der kognitiven und sozialen Fähigkeiten. Zudem steigert es die emotionalen Kompetenzen und die problembasierte Herangehensweise (vgl. Reimer et al. 2020; Schröten 2013). Unterstützt werden diese Effekte durch das aktive Musizieren, welches nachweislich die Sozialkompetenzen erweitert und zu einer Stärkung der gesellschaftlichen Verbundenheit führt (vgl. Bockhorst et al. 2012). Eine gesellschaftliche Verbundenheit erwirkt die musikalische Interaktion zwischen den Studierenden und einer Personengruppe, mit welcher die Studierenden außerhalb dieser besonderen Lernsituation vermutlich eher weniger im Kontakt und Austausch stehen. Die Projektform bietet dafür einen angeleiteten, geschützten Rahmen.

Es ist festzuhalten, dass, laut vielzähliger Aussagen in den Reflexionsgesprächen zum Seminarkonzept, das Lernen durch Erfahrung im Zusammenhang mit Musik sowohl für individuelle als auch berufliche Kompetenzerweiterungen sorgt. Die allgemeine Entwicklung des Selbst ist für Studierende von großer Bedeutung. Eine kreative Entfaltung durch aktives Musizieren, das Wahrnehmen der eigenen musikalischen Selbstwirksamkeit und weitere Selbstwirksamkeitserfahrungen im Projekt werden ebenso häufig positiv rückgemeldet, wie eine hohe Relevanz des Lehrformates für die eigene Professionalisierung. Solche Erfahrungen machen zu können ist einer der Vorteile von Kultureller Bildung, da diese auf die Weiterentwicklung der eigenen Fähigkeiten, genauso wie auf die Erprobung des Umgangs mit Menschen aus anderen Altersgruppen oder Menschen mit besonderen Unterstützungsbedarfen ausgerichtet ist (vgl. Ermert 2009). Diese Erfahrungen können im *Service Learning* durch den unmittelbaren Kontakt zu fremden Menschen gesammelt und die Handlungsweisen und möglichen Probleme im Anschluss an die praktischen Erfahrungen reflektiert werden (vgl. Reimer et al. 2020; Reinders 2016; Schröten 2013; Sliwka 2004; Sporer et al. 2011). Auch geht aus den Reflexionsgesprächen des beschriebenen Konzepts ein Verständnis der Lehramtsstudierenden für zuvor erlernte Theorien und Modelle hervor, wie ein bei Schröten (vgl. 2013) von Schüler:innen erwähntes vertieftes Verständnis des theoretisch erlernten Wissens.

Abschließend wird für das Seminar in Kultureller Bildung Musik im Kontext von *Service Learning* der Terminus „Musikalisches Lernen durch Erfahrung" festgehalten. „Musikalisches Lernen durch Erfahrung" fördert Kompetenzen von Studierenden, die für eine inklusionsorientierte Lehrer:innenbildung entscheidend sind. Außerdem ist das Seminarkonzept nicht nur für eine inklusionsorientierte Lehrer:innenbildung vielversprechend, sondern sensibilisiert für das Potenzial von Kultureller Bildung Musik. Es bedarf vermehrter Anwendung in der Hochschullehre.

Literatur

Backhaus-Maul, Holger/Roth, Christiane (2013): Service Learning an Hochschulen in Deutschland. Ein erster empirischer Beitrag zur Vermessung eines jungen Phänomens. Wiesbaden: Springer Fachmedien Wiesbaden.
Bernatzky, Günther/Kreutz, Gunter (2015): Musik und Wohlbefinden – ein dynamisch wachsendes Forschungsgebiet. In: Bernatzky, Günther/Kreutz, Gunter (Hrsg.): Musik und Medizin: Chancen für Therapie, Prävention und Bildung. Wien: Springer, S. 7–15.
Bockhorst, Hildegard/Reinwand-Weiss, Vanessa-Isabelle/Zacharias, Wolfgang (Hrsg.) (2012): Handbuch Kulturelle Bildung. München: kopaed.
Ermert, Karl (2009): Was ist Kulturelle Bildung?. www.bpb.de/gesellschaft/bildung/kulturelle-bildung/59910/was-ist-kulturelle-bildung?p=all (Abfrage: 11.09.2023)
Fuchs, Max (2013): Kulturbegriffe, Kultur der Moderne, kultureller Wandel. www.kubi-online.de/artikel/kulturbegriffe-kultur-moderne-kultureller-wandel (Abfrage: 11.09.2023)
Hofer, Manfred (2007): Ein neuer Weg in der Hochschuldidaktik: Die Service Learning-Seminare in der Pädagogischen Psychologie an der Universität Mannheim. In: Baltes, Anna Maria/Hofer, Manfred/Sliwka, Anne (Hrsg.): Studierende übernehmen Verantwortung. Service Learning an deutschen Universitäten. Weinheim: Beltz, S. 35–48.
Hofer, Manfred/Derkau, Julia (Hrsg.) (2020): Campus und Gesellschaft: Service Learning an deutschen Hochschulen. Positionen und Perspektiven. Weinheim und Basel: Beltz Juventa.
Klages, Benjamin/Reinders, Stefan (2015): Kollegiale Formate als Gelegenheiten akademischen Mitstreitens – Lernräume für Lehrende?. In: Klages, Benjamin/Bohmeyer, Axel/Bonillo, Marion/

Reinders, Stefan (Hrsg.): Gestaltungsraum Hochschullehre. Potenziale nicht-traditionell Studierender nutzen. Opladen: Budrich UniPress Ltd, S. 159–174.

Michel, Annemarie (2020): Unter den Vorzeichen von praktischer Klugheit und künstlerischem Know-how. Musizieren und Unterricht im Kontext der Frage nach einem guten Leben. In: Michel, Annemarie/Bradler, Katharina (Hrsg.): Musik und Ethik. Ansätze aus Musikpädagogik, Philosophie und Neurowissenschaft. Münster: Waxmann, S. 81–97.

Probst, Werner (1991): Instrumentalspiel mit Behinderten: ein Modellversuch und seine Folgen. Mainz: Schott.

Reimer, Tanja/Godat, Frauke/Osann, Isabell/Mix, Svenja (2020): Service Learning – Persönlichkeitsentwicklung durch gesellschaftliches Engagement. Projekte agil zum Ziel führen – Phasen, Methoden, Beispiele. München: Carl Hanser Verlag.

Reinders, Heinz (2016): Service Learning: Theoretische Überlegungen und empirische Studien zu Lernen durch Engagement. Weinheim: Beltz.

Roos, Stefanie/Wieczorek, Meike (2021): Selbstwirksamkeit und Musik – ein vielversprechendes Duett. In: Gemeinsam leben, 29, H. 2, S. 115–122.

Schröten, Jutta (2013): Wirkungsstudie Service Learning. Wie lassen sich Unterricht und Bürgerengagement verbinden? www.aktive-buergerschaft.de/wp-content/uploads/2018/02/sozialgenial_Broschuere_Wirkungsstudie_Service_Learning_web.pdf (Abfrage: 09.02.2023)

Seifert, Anne/Zentner, Sandra/Nagy, Franziska (2019): Praxisbuch Service-Learning. „Lernen durch Engagement" an Schulen. 2., aktualisierte Auflage. Weinheim: Beltz.

Sliwka, Anne/Frank, Susanne (2004): Service learning: Verantwortung lernen in Schule und Gemeinde. Berlin: Beltz.

Sporer, Thomas/Eichert, Astrid/Brombach, Julia/Apffelstaedt, Miriam/Gnädig, Ralf/Starnecker, Alexander (2011): Service Learning an Hochschulen: das Augsburger Modell. In: Köhler, Thomas/Neumann, Jörg (Hrsg.): Wissensgemeinschaften Digitale Medien – Öffnung und Offenheit in Forschung und Lehre. Münster: Waxmann, S. 70–80.

Wieczorek, Meike (2022): Wenn ich ein Instrument spielen könnte, würde ich das auch probieren… Zur Selbstkategorisierung in Bezug auf empfundene (Un-)Musikalität von Lehrkräften und Studierenden. In: Müller, Thomas/Ratz, Christoph/Stein, Roland/Lüke, Carina (Hrsg.): Sonderpädagogik – zwischen Dekategorisierung und Rekategorisierung. Bad Heilbrunn: Klinkhardt, S. 418–426.

Wieczorek, Meike/Quinten, Susanne (2023): Projekttag Musik – eine kompetenzorientierte Veranstaltung zur Vermittlung inklusiver kultureller Bildung im Studium der Rehabilitationswissenschaften. In: Zeitschrift für Heilpädagogik, 74, H. 2, S. 75–82.

Autor:innenangaben

Dr. Meike Wieczorek, Technische Universität Dortmund / Fakultät: Rehabilitationswissenschaften; Arbeits- und Forschungsschwerpunkte: Musik und Bewegung in Rehabilitation und Pädagogik bei Behinderung, Kulturelle Bildung Musik / *Service Learning* / aktives Musizieren / Teilhabe / Inklusion
Meike.wieczorek@tu-dortmund.de

Begabungs- und Potenzialförderung in der Digitalen Drehtür – Gestaltung und Reflexion digitaler Lernsituationen für heterogene Lerngruppen als Beitrag zur Professionalisierung in der Lehrkräftebildung

Silvia Greiten

Das Drehtür-Modell geht auf ein spezifisches Konzept zur Begabungsförderung nach Renzulli, Reis und Smith zurück und ist ursprünglich auf analoges Arbeiten in Einzelschulen ausgerichtet. Die Initiative *Digitale Drehtür* greift den Kerngedanken auf, dass Schüler:innen den regulären Unterricht auf Zeit verlassen können, um an anderen Lernsituationen im digitalen Format teilzunehmen. Dem Enrichmentgedanken folgend, sollen Schüler:innen in der Digitalen Drehtür interessegeleitet lernen und arbeiten können. Der Beitrag stellt ein hochschuldidaktisches Konzept vor, das Lehramtsstudierenden projektartiges Arbeiten im Kontext der Begabungs- und Potenzialförderung von Schüler:innen ermöglicht. In Gruppen konzipieren und erproben Studierende projektartig angelegte und als digitale Lernsituationen gestaltete Workshops. Diese Form der Auseinandersetzung mit Lernsituationen bietet Studierenden verschiedene Optionen zur eigenen Potenzialentwicklung und vielfältige Reflexionsanlässe als Zugänge zur Professionalisierung für digitale Lernsituationen an. In diesem Beitrag werden auf der Basis von Projektdokumentationen Reflexionen von Studierenden zusammenfassend und deskriptiv vorgestellt sowie die Bedeutung der Gestaltung digitaler Lernsituationen im Kontext der Begabungs- und Potenzialförderung für die Professionalisierung hinsichtlich ihrer zukünftigen Tätigkeit als Lehrkraft diskutiert.

1. Einleitung

Die Gesellschaft wird in ihrer Technologieentwicklung, ihren Arbeitsprozessen und in ihrer sozialen Kommunikation zunehmend digitaler. Daher steht auch das Schulsystem vor der Herausforderung, digitale Bildung zu ermöglichen. Dies erfordert neben der technischen Ausstattung von Schulen, Schulklassen und schließlich Schüler:innen vorrangig aber auch Kompetenzen von Lehrkräften dahingehend, geeignete digitale Lernmaterialien und Lernsettings didaktisch begründet auszuwählen und methodisch in Unterrichtssituationen einzubinden. Darüber hinaus stellen sich Fragen dazu, wie Schüler:innen in digitalen Lernsituationen unterstützt und begleitet werden können.

In der Lehrkräfteausbildung werden Digitalisierung und Digitalität als Themen für alle Ebenen des Schulsystems, aber auch als Teil von Unterrichtspraxis, durch die KMK forciert (KMK 2017, 2021). Als Ziele formuliert die KMK die „selbstbestimmte Teilhabe von allen Schülerinnen und Schülern an der digital geprägten Gesellschaft" und aktive und zukunftsorientierte Gestaltung von Unterrichts- und Schulentwicklung (KMK 2017, S. 8). Dazu sollten digitale Medien und Werkzeuge vermehrt in Unterricht und Schule genutzt werden. Die Corona-Pandemie führte zu einem „Digitalisierungsschub" (KMK 2021, S. 4) und so postulierte die KMK, dass „Veränderungen der Kommunikationspraxis", „Mediatisierung" oder auch „Visualisierung von Lerngegenständen" von neuen Handlungsroutinen auch in Unterrichtsprozessen geprägt sein werden (KMK 2021, S. 4). Wegweisend sind auch die von der OECD formulierten Future Skills, welche eine Veränderung von Lernsituationen einfordern, damit Schüler:innen auf zukünftige Problemlösungen und Arbeitsweisen vorbereitet werden (Ananiadou/Claro 2009; DA-OECD 2020).

In den letzten Jahren wurden in die erste und zweite Phase der Lehrkräfteausbildung die Themenfelder Umgang mit Heterogenität und Inklusion implementiert sowie Konsequenzen für die Professionalisierung von Lehrkräften formuliert (KMK/HRK 2015; KMK 2019; Greiten et al. 2017; Emmrich/Moser 2020). Befunde aus exemplarischen Dokumentenanalysen von Lehrkräfteausbildungsstandorten (Köninger/Greiten 2022) konnten zeigen, dass diese Themen zwar curricular verortet sind, aber eher schlagwortartig als konzeptionell. Auch ein darstellendes Review (Gollub et al. 2023) belegt, dass die Themen Heterogenität, Inklusion und Diversität in der Lehrkräfteausbildung bearbeitet, aber trotz der ihnen von der KMK (2021) zugeschriebenen Relevanz kaum beforscht werden. Befunde zur Digitalisierung als curricular verankertes Thema in der Lehrerkräfteausbildung stehen aus.

Theoretische Kontexte zum Heterogenitätsbegriff und zum Umgang mit Heterogenität sind breit diskutiert (Koller/Casale/Ricken 2014), im Zentrum stehen dabei Differenzbeschreibungen und das Herstellen von Differenzen in Gesellschaft und Schule. Inklusion im Zusammenhang mit Schule bedeutet im engen Begriffsverständnis, dass Kinder und Jugendliche mit und ohne Beeinträchtigungen gemeinsam lernen. Das weite Verständnis von Inklusion bezieht sich auf individuelle Lernvoraussetzungen und -bedingungen von Schüler:innen mit der Intention, „soziale Zugehörigkeit und Teilhabe zu fördern und jedwede Diskriminierung zu vermeiden" (KMK/HRK 2015, S. 2).

Mit dem weiten Inklusionsbegriff wird auch eine Brücke zur Begabungsförderung geschlagen. Durch den Beschluss der Kultusministerkonferenz zur begabungsgerechten Lernförderung (2009) gewann die Förderung von Begabungen eine bildungspolitische Öffentlichkeit und rückte in den Kontext von Bildungsgerechtigkeit (Reintjes et al. 2019). Die vom BMBF geförderte Initiative „Leistung macht Schule" (LEMAS o. J.) trug dann zur Weiterentwicklung des Begriffs und des Verständnisses der Begabungsförderung hin zur Potenzialentwicklung bei und folgte Bestrebungen der OECD (vgl. DA_OECD Lernkompass 2030, 2020), die Leistungsfähigkeit von Schüler:innen zu steigern.

In diesem Artikel wird aus hochschuldidaktischer Perspektive betrachtet, welchen Beitrag die Gestaltung und Reflexion digitaler Lernsituationen für heterogene Lerngruppen – mit dem Fokus auf Begabungsförderung und Potenzialförderung von Schüler:innen – im Rahmen der Initiative Digitale Drehtür für die Professionalisierung angehender Lehrkräfte leisten kann. Zunächst wird das Konzept der Digitalen Drehtür (DD o. J.) vorgestellt. Schwerpunkte liegen dann auf der Beschreibung eines Seminarkonzeptes, in dessen Rahmen Masterstudierende projektartige, digitale Lernsituationen mit dem Fokus auf Begabungsförderung und Potenzialentwicklung von Schüler:innen planen und durchführen, sowie der begleitenden Evaluation. Abschließend werden mit einer Diskussion und einem Ausblick Akzente für hochschuldidaktische Weiterentwicklungen gesetzt.

2. Digitale Drehtür als Ort digitaler Lernsituationen

2.1 Enrichment und „The Revolving-Door-Model" als Konzeptionsgrundlagen der Digitalen Drehtür

Im deutschsprachigen Raum gilt das Drehtürmodell nach Renzulli, Reis und Smith als bekannteste Form der Begabungsförderung in Schulen (Renzulli/Reis/Smith 1981; Greiten 2016a). Es basiert auf dem von Renzulli (1976) entwickelten lernpsychologisch fundierten Konzept zum Enrichment und dem Drei-Ringe-Modell (Renzulli 1976): Unter der Annahme, dass hohe Begabungspotenziale durch das Zusammenwirken von Kreativität, Aufgabengebundenheit und Begabungen entwickelt werden können, werden Schüler:innen spezifische Lernsituationen außerhalb des regulären Unterrichts angeboten. Dabei stehen interessegeleitetes, themenbezogenes Lernen im Vordergrund, in Verbindung mit Lern- und Arbeitstechniken und sozial eingebundenen Arbeitsweisen. Über drei Enrichmentstufen hinweg – von wenig komplexen Lernsituationen, die für die Bearbeitung eines Themas motivieren sollen, über die eigenständige Bearbeitung eines umfangreicheren Themas bis zur dritten Stufe, auf der ein sehr spezifisches und relevantes Problem bearbeitet werden soll – nehmen die Komplexität der Problemstellungen und das Anspruchsniveau in der Art des Bearbeitens zu. Um

Enrichment neben dem regulären Unterricht auch systemisch zu verorten, konzipierten Renzulli, Reiss und Smith (1981) das Konzept der „Revolving-Door", welches es Schüler:innen ermöglicht, den Unterricht zu verlassen und in einer auf verschiedenen Enrichmentstufen zugeordneten Lernsituation auf eine andere Art und Weise zu lernen. Das Konzept bietet theoretisch fundierte Elemente zur Lehrkräftebildung, zur qualitativen und quantitativen Diagnostik sowie lernpsychologische und begabungsfördernde Grundlagen an. Das Konzept der Revolving-Door wurde später zum School-Wide-Enrichment Modell weiterentwickelt (Renzulli et al. 2001).

In Deutschland ist das Drehtürmodell seit den 1990er Jahren bekannt (Greiten 2016b). Schulen nutzten vor allem die organisatorische Komponente des ‚Rausdrehens'. Das bedeutet, dass Schüler:innen den Unterricht für eine begrenzte Zeit verlassen können, um interessegeleitet Enrichmentangebote zu nutzen. Wie eine Studie zeigen konnte, entwickelten Schulen im Laufe der letzten zwanzig Jahre auf der Basis dieser organisatorischen Komponente verschiedene Typen, die sie als Drehtürkonzepte bezeichnen (Greiten 2016b). Zu reklamieren ist aber, dass nicht alle von Schulen praktizierten Drehtürkonzepte auch explizit die für Begabungsförderung konzipierten lernpsychologischen Kontexte des Revolving-Door-Konzeptes nach Renzulli et al. (1981) beinhalten. Ein Verlust v. a. hinsichtlich der mehrperspektivischen Diagnostik und lernpsychologisch fundierten didaktischen Konstruktion der Enrichmentangebote zeigt sich bei einigen Typen deutlich (Greiten 2016c).

2.2 Digitale Drehtür

2.2.1 Konzeption

Während der Corona-Pandemie initiierten acht Landesinstitute, ausgehend vom Landesinstitut Bremen (LIS o. J.), digitale Lernangebote, orientiert an Grundlagen des Enrichments. Personen unterschiedlicher Professionen konzipierten Angebote für verschiedene Altersgruppen, das Kernteam der Digitalen Drehtür stellte diese über eine Webseite bereit. Schüler:innen konnten sich für Angebote anmelden und diese parallel zu Unterrichtszeiten oder am Nachmittag per Videokonferenz nutzen (DD, o. J.). Diese Angebote wurden als „Inspirations" deklariert, umfassten i. d. R. zwei bis drei Meetings von 1,5 h Dauer. Im Vordergrund standen außercurriculare Themen mit der Intention, interessegeleitetes Lernen zu ermöglichen.

Finanziell unterstützt durch u. a. die Karg-Stiftung und 12 Bundesländer konnte die Initiative im Laufe der Jahre 2022 und 2023 erweitert und der *Campus Digitale Drehtür* (DD, o. J.) aufgebaut werden. Eine breite Palette an Workshops,

Werkstattkursen und aktuell auch Projekträumen wurde entwickelt und bereitgestellt, die bundesweit und auch international kostenlos verfügbar sind. Partnerschulen können sich registrieren und ihren Schüler:innen dann die Angebote der Digitalen Drehtür zur Verfügung stellen. Schüler:innen, deren Schulen nicht Partnerschulen sind, können sich eigenständig registrieren. Die didaktische Konzeption der verschiedenen Angebote orientiert sich über Grundlagen des Enrichment-Konzepts auch an den Future Skills der OECD (DA_OECD 2020), die Angebote werden regelmäßig evaluiert.

2.2.2 Optionen der Digitalen Drehtür für die Lehrer:innenbildung

Verschiedene Hochschulstandorte in Deutschland beteiligen sich an der Entwicklung und Durchführung von Angeboten für die Digitale Drehtür. Gerade für Lehramtsstudierende bieten die Planung, Gestaltung und Durchführung eine Gelegenheit, sich mit digitalen Lernsituationen, darauf bezogenen didaktischen Überlegungen und der Potenzialentfaltung von Schüler:innen, welche die Angebote interessegeleitet und ohne schulischen Leistungsbezug wählen, auseinanderzusetzen. Da die Angebote in der Digitalen Drehtür keiner klassischen Unterrichtskonzeption folgen, sondern projektartiges, forschendes Lernen in den Mittelpunkt stellen, kann die Beteiligung von Studierenden an der Digitalen Drehtür auch eine innovative Unterrichtsentwicklung für die spätere Schulpraxis initiieren, wenn Studierende Transfermöglichkeiten digitaler Lernsituationen in den Schulraum erproben und reflektieren. So kann ein Beitrag für eine zukunftsfähige Bildung entlang der KMK-Standards mit dem Anliegen der Professionalisierung für digitales Lehren, Lernen als Teil der Lehrkräftebildung (KMK 2021; Greiten/Rastede 2024) und Gestaltung von Lernsituationen für heterogene Lerngruppen im Sinne des weiten Inklusionsbegriffs geleistet werden (Weidenhiller/Miesera/Nerdel 2019).

Befunde zum Zusammenhang der Bearbeitung von Themen der Begabungsförderung in der ersten und zweiten Phase der Lehrkräftebildung und späteren Gestaltung kenntnisfundierter begabungsfördernder Lernsituationen von Lehrkräften stehen für den deutschsprachigen Raum und auch international aus. Für die unzureichende Befundlage und den Mangel an Studien kann die fehlende Implementierung in Curricula der Lehrkräftebildung vermutet werden.

Analogien zur inklusionsorientierten Lehrkräftebildung unterstützen das Anliegen, auch explizit Begabungsförderung als Teil eines weiten Inklusionsverständnisses in der Lehrerkräftebildung zu verankern. Inklusionsorientierte Lehrkräftebildung bereitet in der ersten Phase angehende Lehrkräfte auf schulische Inklusion vor und ihr wird zugeschrieben, den Grundstein für positive Selbstwirksamkeitserwartungen der Lehrkräfte zu legen (vgl. European Agency for Development in Special Needs Education 2012, S. 27), gemeint ist die Einschätzung der Fähigkeit, inklusive Lerngruppen unterrichten zu können. Die Einstellung von Lehrkräften zu Inklusion gilt als eine entscheidende Gelingensbedingung für inklusiven Unterricht und inklusive Schulentwicklung, die Einstellung Studierender kann durch Lehrveranstaltungen positiv beeinflusst werden (de Boer/Pijl/ Minnaert 2011; Gebhardt et al. 2015).

3. Seminarkonzeption zur Gestaltung digitaler Lernsituationen

An der Pädagogischen Hochschule Heidelberg konnten Lehramtsstudierende 2022 im Master ein Projektseminar zur Begabungsförderung belegen. Das Seminarkonzept orientierte sich am projektorientierten Arbeiten mit Arbeitsphasen im Wochen- und Blockformat. Inhalt und Ziel waren es, in Gruppen Angebote für die Inspiration-Week der Digitalen Drehtür zu entwickeln, durchzuführen und mit einer Prozessdokumentation zu reflektieren. Hochschuldidaktisch war das Prinzip des Pädagogischen Doppeldeckers (Leiß 2015) implementiert, mit der Intention, einen Lernprozess zu Gestaltung projektartiger digitaler Lernsituationen zu durchlaufen, diesen Prozess auf einer Metaebene zu reflektieren und somit Kompetenzen für die Gestaltung von Lernsituationen durch eigenes Handeln zu entwickeln (Wahl 2013). An dem Projektseminar nahmen 18 Studierende teil, in Gruppen bereiteten sie 5 Workshops vor.

3.1 Seminarkonzept

Das Seminarkonzept war in 4 Phasen unterteilt (Greiten/Rastede 2024): (1) Theoretische Einführung, (2) Entwicklung von Workshops für die Digitale Drehtür, (3) Durchführung der Workshops und (4) Reflexion mit Fokus auf Veränderungen eigener Vorstellungen über die Planung digitalgestützter und begabungsfördernden Lernsituationen. Im Seminarverlauf und abschließend als Reflexion fertigten die Studierenden eine prozessbegleitende Dokumentation an, die literatur- und praxisbezogene Elemente zur Reflexion enthielt.

Tabelle 1: Übersicht Seminarkonzeption Begabungsförderung & Digitale Drehtür (vgl. auch Greiten/Rastede 2024)

1. Phase: Theoretische Einführung		
Zeittaktung	*Themen*	*Lernunterstützung*
1. Seminarsitzung Präsenz	Grundlagen Begabungsförderung und Forschung zur Begabungsentwicklung und -förderung	
	Aufgaben: Literatur lesen & Fragen entwickeln	
2. Seminarsitzung Präsenz	Didaktik und Methodik projektorientierter Lernsituationen	
	Aufgaben: Literatur lesen & Fragen formulieren	Moodle-Gruppe Bereitstellung von Literatur Inputs zu den Themen
3. Seminarsitzung Präsenz	Begabungsmodelle und Zusammenhänge zu didaktischen Planungen	Aufbau: Fragesammlung zur Weiterarbeit Aufbau: Sammlung digitaler Tools
	Aufgaben: Literatur lesen & Fragen formulieren	
4. Seminarsitzung Präsenz	„Drei-Ringe-Modell" nach Renzulli, Bedeutung von Aufgaben und Problemen für das Lernen von Schüler:innen, Enrichment, Drehtürmodell, Digitale Drehtür	
	Aufgaben: Literatur lesen & Fragen formulieren	
5. Seminarsitzung Präsenz	E-Learning (Theoretische Kontexte, Praxisbeispiele, Studien)	Bereitstellung von Literatur
	Aufgaben: Literatur lesen & Fragen formulieren	
2. Phase: Entwicklung von Workshops für die Digitale Drehtür		
Zeittaktung	*Themen*	*Lernunterstützung*
6. Seminarsitzung Präsenz	Bildung von Arbeitsgruppen Brainstorming, gruppenbezogene und individuelle Arbeitsplanung	Bereitstellung von Literatur Aufbau interaktiver Ordner für Arbeitsgruppen auf bwSync&Share (kollaborativ zu bearbeitende Dokumente wie Textdateien und PowerPoint usw.) Installieren gruppenbezogener TaskCards und Videokonferenzräume
	Aufgaben: Literatur lesen & Fragen formulieren, gruppenbezogenen Ordner und TaskCard einrichten, Videokonferenzräume zur Arbeit in den Gruppen nutzen, Arbeitsplan erstellen	
7. Seminarsitzung Präsenz	Vorstellung der ersten Ideen im Plenum Fokussierung: Was ist ein Problem? (Kontext: Problem des jeweiligen Workshopangebotes ausschärfen) *Aufgaben:* Literatur lesen & Fragen formulieren, Arbeitsplan justieren	Bereitstellung von Literatur gruppenbezogene Betreuung durch die Dozierende

8.–10. Woche Freies Arbeiten	Workshops planen, Anmeldung bei der Digitalen Drehtür organisieren, Werbetext für den Workshop schreiben	gruppenbezogene Betreuung durch die Dozierende per Videokonferenz
		Weiterarbeit auf Moodle und bwSync&Share, TaskCard
11. Woche Blockseminar digital (4 Stunden)	Beginn im Plenum: Vorstellung des Arbeitsstandes Weiterarbeit in Breakout-Rooms mit den jeweiligen Arbeitsgruppen: Vorstellung der geplanten Workshops, exemplarische Erprobung verschiedener Tools Plenum: Austausch über Hindernisse und Gelingensbedingungen digitaler Lernsituationen	
3. Phase: Durchführung der Workshops		
Am Ende der Vorlesungszeit oder in der vorlesungsfreien Zeit	Durchführung der Workshops Dokumentation der Durchführung Reflexion	gruppenbezogene Betreuung durch die Dozierende per Videokonferenz
freie Planung		Weiterarbeit auf Moodle und bwSync&Share, TaskCard
4. Phase: Reflexion		
Blockseminar digital (2 Stunden Plenum, 2 Stunden Breakout-Rooms in Gruppen)	Gruppenbezogene Vorstellung zu Hindernissen und Gelingensbedingungen digitaler Lernsituationen, Diskussion über Veränderungen der eigenen Vorstellungen über die Planung digitalgestützter und begabungsfördernden Lernsituationen und Formulierung von Reflexionsfragen für die prozessbezogene Dokumentation	Weiterarbeit auf Moodle und bwSync&Share, TaskCard gruppenbezogene Betreuung durch die Dozierende per Videokonferenz
freie Arbeitszeit	prozessbezogene Dokumentation fertigstellen	Weiterarbeit auf Moodle und bwSync&Share, TaskCard Individuelle Kontakte zwischen Studierenden und Dozierenden

Die thematische Einführung umfasste Grundlagen der Begabungsförderung, Diskussion verschiedener Begabungsmodelle, didaktische Planung von Lernsituationen für heterogene Lerngruppen und explizit auch Grundlagen projektorientierten Lernens mit Schüler:innen. Das Drei-Ringe-Modell der Begabungsförderung nach Renzulli (1976), das Drehtürmodell samt lernpsychologischer Kontexte (Renzulli et al. 1981; Greiten 2016a,b) bildeten Schwerpunkte ebenso wie die Studie zum Drehtürmodell in Deutschland (Greiten 2016c), Konzepte zum E-Learning und die Auseinandersetzung mit eigenen Erfahrungen in digitalen Lernsituationen während der Pandemie. Studierende erstellten eine Sammlung digitaler Tools, präsentierten diese und diskutierten deren didaktische Nutzungsmöglichkeiten.

In der zweiten Phase bereiteten die Studierenden in Gruppen Workshops vor. Anspruchsvoll war es, ein Problem zu finden, Formulierungen für Fragestellungen und problembezogene Aufgaben zu entwickeln und Überlegungen dazu anzustellen, wie Schüler:innen, die man erst im Setting des Workshops kennenlernt, diese Fragen und Aufgaben bearbeiten können. Die Dozierende begleitete die zweite Phase mit Gesprächsangeboten per Videokonferenzen. Anliegen Studierender betrafen häufig didaktische Fragestellungen und Fragen zur Begabungsförderung. In einer anschließenden digitalen Videokonferenz-Blockeinheit konnten die Studierenden ihre entwickelten Lernsituationen in Breakout-Rooms exemplarisch erproben, diskutieren und reflektieren.

Für die Durchführung der Workshops wählten die Studierenden in Absprache mit Verantwortlichen der Digitalen Drehtür unterschiedliche Zeitfenster. Somit waren sie in der Lage, die dritte Phase eigenständig zu planen, einschließlich der Reflexion der Arbeitsprozesse und Formulierung von Fragen, Anliegen zu ausgewählten Sequenzen. In der vierten Phase stand die Reflexion im Mittelpunkt. Hindernisse und Gelingensbedingungen digitaler Lernsituationen wurden diskutiert und Erfahrungen ausgetauscht. Ein Schwerpunkt lag auch auf Professionalisierungsaspekten, wie die von Studierenden wahrgenommenen Veränderungen ihrer Einstellungen zur Begabungsförderung und zur Potenzialentfaltung von Schüler:innen sowie zu Vorstellungen zu den von ihnen geplanten und durchgeführten digitalen Lernsituationen für heterogene Lerngruppen. Abschließend formulierten die Studierenden individuelle Reflexionsfragen zur weiteren Bearbeitung für ihre individuellen Prozessdokumentation.

3.2 Prozessdokumentation

Die Prozessdokumentation besteht aus fünf Aufgaben, die während der Projektphase von den Studierenden eigenständig bearbeitet werden. Hochschuldidaktisch ist intendiert, dass die Studierenden sich mit wissenschaftlicher Literatur zu den Themen Begabungsförderung, digitale Lernsituationen, Didaktik, Förderung und Professionalisierung auseinandersetzen. Die Instruktion zur Reflexion der Studierenden war so konzipiert, dass Themenschwerpunkte, Kontextualisierungen und Exemplarität im Sinne subjektiver Relevanzsetzungen ermöglicht wurden.

Tabelle 2: Prozessdokumentation Seminar Begabungsförderung Digitale Drehtür

1. Aufgabe (ca. 2 Seiten)
a) Erarbeiten Sie literaturbasiert didaktische Leitlinien zur Entwicklung von Lehr-Lernsettings für die Digitale Drehtür.
b) Begründen Sie diese Leitlinien in Bezug auf Begabungsförderung.

2. Aufgabe (ca. 2 Seiten)
a) Erläutern Sie, inwiefern Begabungsförderung, individuelle Förderung von Schüler:innen und Professionalisierung von Lehrkräften zusammenhängen und welchen Einfluss Begabungsförderung von Schüler:innen auf die Professionalisierung von Lehrkräften haben kann.
b) Entwickeln Sie auch dazu eine kritische Position.

3. Aufgabe Dokumentation der Lernsituationen (Materialseiten)
Bereiten Sie die in Ihrem Angebot der „Digitalen Drehtür" genutzten Medien und Materialien so auf, dass Sie als Anlage der Prozessdokumentation gut nachvollziehbar sind.

4. Aufgabe Didaktischer Kommentar (ca. 2–3 Seiten)
Beschreiben Sie Ihr Workshopangebot (Verlauf, Material usw.) und schreiben Sie einen didaktischen Kommentar in Bezug auf „begabungsfördernden Unterricht" und „Projektunterricht". Recherchieren und nutzen Sie dazu geeignete Literatur.

5. Aufgabe Reflexion (ca. 1–1,5 Seiten)
Reflektieren Sie Ihre eigene professionelle Entwicklung mit Bezug auf ihre Kenntnisse zum Seminarbeginn, zur Planung und anschließenden Durchführung der Lernsituation für die Digitale Drehtür. Gehen Sie dabei auch exemplarisch auf zwei Situationen ein, die sie während der Durchführung Ihres Workshops erlebt haben und als gewinnbringend für Ihre professionelle Entwicklung erachten.

4. Ausgewählte Beschreibungen und Reflexionen der Studierenden

Im Folgenden werden Reflexionen der Studierenden aus 18 Prozessdokumentationen vorgestellt. Die Auswertung und Darstellung erfolgen kategoriengeleitet, zusammenfassend (Mayring 2020), deskriptiv und interpretativ sowie strukturiert nach thematischen Clustern. Diese Darstellung wurde gewählt, um einen Überblick über Reflexionsanlässe von Studierenden zu gewinnen.

Vergleich projektartiges Arbeiten als Workshopanbietende und Antizipation der Arbeitsweisen von Schüler:innen
Die meisten Studierenden beschreiben, dass sie im Seminar selbst Erfahrungen mit projektartigen Arbeitsprozessen machten, diese aber auch hinsichtlich möglicher Erfahrungen der Schüler:innen, die derartiges Arbeiten ja auch in dem Workshop erleben sollen, reflektieren. Den Ausführungen ist zu entnehmen,

dass diese doppelte Perspektivierung die Auseinandersetzung mit projektartigem Arbeiten intensiviert und zur empathischen Wahrnehmung der projektartigen Arbeitsprozesse von Schüler:innen beiträgt. Insbesondere als zur Projektarbeit zugehörig werden reflektiert, ein komplexes Thema zu bearbeiten, Motivation daran aufrechtzuerhalten und wechselnde Emotionen von Begeisterung, Ernüchterung, eigene Disziplinierung usw. zu erleben. Vergleiche des eigenen Erlebens mit den bei Schüler:innen vermuteten motivationalen und emotionalen Erfahrungen werden angestellt.

Unsicherheit und Ungewissheit
Die Erfahrung von Ungewissheit als Workshopleitende nimmt in den Reflexionen einen großen Raum ein. Dies betrifft vorrangig die Ungewissheit bezüglich der Spezifika der Digitalen Drehtür: Den Studierenden als Workshopleitende sind die Schüler:innen nicht bekannt, die Schüler:innen kennen sich womöglich untereinander nicht, stammen aus mehreren Bundesländern, unterschiedlichen Schulen, Schulformen und auch Schulstufen. Daraus resultieren auch Unsicherheiten zu Einschätzungen über das Vorwissen der Schüler:innen in vermeintlicher Relation zum Alter und zum Curriculum eines klassenbezogenen Fachunterrichts. Auch kann interessegeleitete Kurswahl bedeuten, dass die Schüler:innen schon viel Vorwissen haben und dieses nun erweitern möchten. Diesen Aspekt konnten einige Studierende bei der Planung der Workshops noch nicht so gut abschätzen, was ihrer Einschätzung nach zu ihrer Verunsicherung beitrug. Ein weiterer Grund ist, dass die Planungsprozesse zu einem Zeitpunkt begannen, zu dem die Anzahl der teilnehmenden Schüler:innen noch nicht bekannt war. Dieser Aspekt beeinflusst die Planungsprozesse bezüglich der Kommunikationssituationen und sozialen Interaktionen. Auch Unsicherheiten hinsichtlich des zu erwartenden Begabungspotenzials werden beschrieben als Differenz zu Erfahrungen mit „schwächeren" und „normalen" Schüler:innen, wie Studierende es mehrfach formulieren. Ein weiterer Aspekt bezieht sich auf die Unsicherheit des mehrere Sitzungen umfassenden Workshopverlaufs, dahingehend, ob sich die Schüler:innen in den Sitzungen beteiligen werden und sich zwischen den Meetings engagieren, ihre im Meeting gemeinsam formulierten Aufgaben bearbeiten. Da die Planungen projektartig und damit entsprechend offen angelegt sind, beschreiben einige Studierende Verunsicherungen, ob sie in der Livesituation spontan und dann auch sachgerecht würden reagieren können, auch bis zu Äußerungen der Sorge, die Kontrolle über die Lernsituation verlieren zu können. Die Studierenden äußern auch Unsicherheiten sowie Angst, von Schüler:innen als Workshopleitende bzw. Lehrkraft bloßgestellt zu werden, wenn Unvorhergesehenes geschehen würde, Schüler:innen ein spezifisches Wissen hätten und sie Arbeitsthemen und -schritte planen würden, zu denen Studierende als Workshopleitende wenig Vorwissen haben.

Rollenveränderungen
Ein bedeutsames Thema der Projektreflexion ist wahrgenommene Rollenveränderung sowohl der eigenen als auch jene der Schüler:innen. Einige Studierende beschreiben ihre Rolle als Lehrkräfte, Wissende, Überlegene, Organisierende, Strukturierende, als jene, die einen Plan von der Unterrichtssituation, von der Lernsituation haben. Und obwohl sie sich darüber bewusst sind, dass sie den Workshop projektartig konzipieren sollen und sie die eher traditionelle Rolle reflektieren, wurden im Workshopverlauf der Inspirations dann doch Irritationen ausgelöst, wenn Schüler:innen Teile der Moderation übernahmen, Aufgaben formulierten oder auch Arbeitsprozesse anleiteten. Wenig erwartet haben Studierende auch die aktive Rolle der Schüler:innen in Bezug auf Diskussionen, wenn Schüler:innen eigene Meinungen äußern und mit anderen diskutieren wollen. Eine Studentin beschreibt für das Setting der Digitalen Drehtür, dass sie als Workshopleitende nicht einfach ihren Plan für den Workshop habe durchsetzen können, ihr dies auch bereits bei der Planung bewusst gewesen sei, diese Erfahrung im Workshopverlauf aber noch einmal intensiviert wurde. Auch beschreiben Studierende, dass mit weniger Möglichkeiten zur Steuerung im Workshop und analog später im Unterricht, das Vertrauen der Lehrkräfte in die Schüler:innen verstärkt werden müsse.

Perspektive auf Arbeitsprozesse von Schüler:innen
Einige Reflexionsanteile beziehen sich auf die Wahrnehmung und Erfahrungen mit den teilnehmenden Schüler:innen. Mehrere Studierende äußern sich, dass es sie beeindrucke, wie schnell der Kontakt zu den unbekannten Schüler:innen hergestellt werden konnte. Auch haben Arbeitsergebnisse überrascht, ebenso, wie wenig Input die Schüler:innen für die Umsetzung ihrer Ideen benötigt hätten. Schüler:innen, die an der Digitalen Drehtür teilnahmen, seien im Arbeiten selbstständiger, als man es von anderen Schüler:innen kennen würde, man könne ihnen auch mehr zutrauen. Es sei erkennbar, dass die Schüler:innen freiwillig teilnehmen würden, man merke ihr Interesse durch das Einbringen von Fragen und die Diskussionsfreudigkeit. Es wird auch angenommen, dass die Interessegeleitetheit bei der Wahl der Workshops zur Motivation beitrage. Die Orientierung am Interesse der Schüler:innen wird als Gelingensbedingung für selbstständiges Arbeiten der Schüler:innen wahrgenommen.

Hinsichtlich der Verlässlichkeit der Schüler:innen im Laufe des Workshops formulieren die Studierenden auch kritische Einschätzungen, u. a. dass sich einige Schüler:innen kaum beteiligt haben und man diese, weil man sie nicht richtig kennen würde, auch nicht direkt ansprechen mochte. Studierende aus zwei Gruppen berichten aus zwei Workshopangeboten, dass Schüler:innen Aufgaben für die nächste Sitzung übernommen hätten, dann aber nicht anwesend waren, teilweise hätten sich andere Schüler:innen aber darauf verlassen. Hier kommentieren die

Studierenden, dass dies Erfahrungen entsprächen, die auch in klassischen Unterrichtsituationen gemacht werden würden, aber in diesem Setting nicht weiter diskutiert werden konnten, da man die Schüler:innen ja nur im Rahmen der Workshops kenne. Vielfach positiv konnotiert und von Studierenden betont sind die Feedbackrunden in der letzten Sitzung. Viele Studierende empfinden diese als hilfreich und kommentieren, dass sie diese später auch im Unterricht in der eigenen Klasse einsetzen möchten.

Begabungsförderung und Potenzialentfaltung
Einige Studierende reflektieren über die Relevanz der Themen Begabungsförderung und Potenzialentfaltung für ihre zukünftige Tätigkeit als Lehrkräfte. Eine Veränderung des Fokus wird mehrfach thematisiert: Eigentlich habe man im Unterricht und in Planungsprozessen eher die leistungsschwächeren Schüler:innen im Blick. Aber sowohl durch die Auseinandersetzung mit Literatur, Diskussionen im Seminar als auch mit den Erfahrungen des Workshops, seien auch Schüler:innen mit einem großen Wissensvorsprung, verschiedenen Begabungen und v. a. besonderen Interessen mehr zu berücksichtigen. Vier Studierende betonen, dass auch diese Schüler:innen ein Recht auf Förderung hätten, alle Schüler:innen einer Lerngruppe sollten im Blick sein. Aber dazu werden auch Fragen aufgeworfen, beispielsweise wie sich dieser Anspruch umsetzen lasse. Auch wird mehrfach reflektiert, dass in den Workshops nicht nur kognitive Begabungen eine Rolle gespielt hätten, sondern auch weitere Begabungsbereiche sichtbar wurden wie Gestaltung von Präsentationen, Kommunikation, kreative Gestaltung von Lernsituationen, Diskussion, Empathie, komplexe Problemformulierungen. Zur Wahrnehmung verschiedener Begabungsbereiche und Sensibilisierung als Workshopleitende habe auch das im Seminar erworbene Grundlagenwissen beigetragen.

Spontaneität und Flexibilität
In allen Prozessdokumentationen finden sich Reflexionen über nachhaltige Erfahrungen zur Spontaneität und Flexibilität als Kennzeichen des Workshopleitenden im Workshopverlauf. Das Setting des Workshops in der Digitalen Drehtür und das projektorientierte Arbeiten ließen eine vorab gut strukturierte Planung nicht zu. Zudem waren in allen Workshops offene Aufgabenstellungen enthalten, deren Bearbeitung die Schüler:innen gestalten konnten. Flexibles und spontanes Agieren während der Meetings waren somit notwendig, wurde von Studierenden offenkundig als selbstwirksamkeitsstärkend erlebt. Neben der anfänglichen Verunsicherung wird resümiert, dass spontanes Agieren und Problemlösen auch später für die Schule relevant seien und sich auf die Lernsituationen und die sich im Workshopverlauf entwickelnden Prozesse einzulassen, Bedingungen für Projektlernen wären. Gerade dieses Agieren als Workshopleitende und als zukünftige Lehrkräfte würde gutes Fachwissen, aber vor allem auch die Bereitschaft

benötigen, Schüler:innen mit ihren Anliegen und in ihren Lernprozessen verstehen zu wollen und selber als Lehrkraft auch lernen zu wollen.

Veränderung der Planungskonzepte
Alle Studierende wählen als Reflexionspunkte auch ihre Planungsprozesse. Die meisten thematisieren ihre Überlegungen zum Beginn ihrer Gruppenarbeitsphase: der Einstieg hätte meist den Vorbereitungen wie zur Planung einer Unterrichtsstunde geglichen, mit Formulierungen von Zielen, Zeiteinteilung, Phasierungen usw. Dies umzudenken, sei nicht einfach gewesen. Es handele sich ja nicht um ‚normalen Unterricht', dieser Begriff wurde von zehn Studierenden verwendet. Strukturskizzen, wie sie ja für Unterricht in der Schule, in der Praxisphase notwendig seien, würden ja nicht funktionieren, zum einen wegen der Anlage als Projekt und zum anderen auch wegen der Unerfahrenheit mit der Zeiteinteilung. Die Offenheit der Lernsituation wird als Herausforderung beschrieben, man könne eine Struktur weniger planen, als Studierende dies für eine eher traditionelle Unterrichtsstunden tun würden. Einige Studierende formulieren für sie bedeutsame Erkenntnisse, beispielsweise, dass für diese Art des Arbeitens weniger Planung notwendig wäre, sondern man sich darauf vorbereiten müsse, mehr Übersicht über die Arbeitsprozesse der Schüler:innen zu erhalten, um mehr Raum für Kreativität, Interessen und Wünsche der Schüler:innen zu lassen. Für zukünftiges Handeln als Lehrkraft im Unterricht wird gefolgert, dass Beobachtungen im Unterricht mehr Raum gegeben werden solle, was in der Digitalen Drehtür möglich gewesen sei, aber auch weil die Gruppen mit Größen zwischen fünf und fünfzehn Schüler:innen nicht der Größe von Klassen entsprechen würden.

Studierende beziehen ihre Erfahrungen zu Planungskonzepten auch auf Begabungsförderung und Heterogenität allgemein: Für die Planung von Unterricht seien verschiedene Aufgabenniveaus und Kompetenzbereiche zu berücksichtigen sowie curriculare und weitere Vorgaben. In der Konzeption von Angeboten in der Digitalen Drehtür wäre dies anders. In Drehtürkonzepten und projektartigem Arbeiten sollen die Schüler:innen mehr Freiheit und Raum für eigene Arbeitsprozesse bekommen, ihre überdurchschnittlichen Fähigkeiten nutzen und diese weiterentwickeln, weitere Fähigkeiten, Interessen, Begabungen entdecken. Einige Studierende ziehen das Fazit, dass sie sich ermutigt fühlen, projektartiges Arbeiten auch später in der Schule einzusetzen, fordern, Schüler:innen mehr in die Planung von Lernsituationen einzubeziehen und als Lehrkraft weniger detailliert zu planen.

Projektartiges Arbeiten in der Digitalen Drehtür und technische Grenzen in Online-Meetings
Wie schon in den Clustern ‚Perspektiven auf Schüler:innen' sowie ‚Begabungsförderung und Potenzialentfaltung' thematisiert wurde, zeigen sich viele

Studierende überrascht, dass die Schüler:innen in dieser digitalen Lernsituation mit fremden Schüler:innen und fremden Workshopleitenden so selbstverständlich agieren, interaktiv und kooperativ arbeiten. Annahmen der Studierenden tendieren dazu, dass die meisten Schüler:innen schon mehrfach an Angeboten der Digitalen Drehtür teilgenommen hätten und sie in diesem Setting und der besonderen Form des Arbeitens erfahren seien.

Kritisch und mit Bedenken versehen werden technische und organisatorische Probleme als Hindernisse reflektiert. Sorgen um stabile Internetverbindung bei den Studierenden und den Schüler:innen begleiten den Workshopverlauf, ebenso auch das Handling des in der Digitalen Drehtür verwendeten Konferenzsystems BigBlueButton. Auch sei vorausschauendes Denken notwendiger als in Präsenzlernsituationen, da anders als im Klassenzimmer, Gruppenarbeiten nur in Breakouträumen ermöglicht werden könnten und die Lehrkraft die Lernsituation nicht komplett im Blick habe, in Räume wechseln müsse und spontanes Reagieren in verschiedenen Gruppen nicht möglich sei. Auch könnten Schüler:innen, wenn sie sich in den Räumen aufhalten, nicht spontan bei den Workshopleitenden nachfragen, müssten in die Hauptsession wechseln. Die Alternative, alle ins Plenum zurückzuholen, um Erklärungen zu geben, würde eine zeitliche Verzögerung und Unterbrechungen in den individuellen Arbeitsprozessen der Gruppen bedeuten.

Kritisiert wird von einigen Studierenden, dass der Austausch mit den Teilnehmenden im Anschluss an den Workshop nicht möglich war. Sie wünschen, über Anschlüsse an das Projekt mehr zu erfahren und auch darüber, wie die Schüler:innen die Inhalte weiter nutzen wollen. Kritisiert wurde auch, dass einige Schüler:innen nach der ersten Sitzung nicht mehr teilnahmen, dies aber vor der nächsten Sitzung nicht klar gewesen sei. Sowohl hinsichtlich des Einbringens von Arbeitsergebnissen in den Workshop als auch zur Planung von Interaktionen sei dies problematisch gewesen. Auch wurden in zwei von drei Workshops, die dies offerierten, jenseits der Meetings weitere Angebote zur Arbeit mit Padlets oder TaskCards nicht genutzt. Diese waren als Sammelort geplant, aber in der nächsten Sitzung konnte dann darauf nicht zurückgegriffen werden.

Positiv wird das digitale Arbeiten mit den Standardfunktionen wie Bildschirmteilen, Gruppenräume einrichten, gemeinsame Protokolle und Nutzung vieler Apps betont. Auch beschreiben einige Studierende die Selbstverständlichkeit der Nutzung der Funktionen in der Videokonferenz durch die Schüler:innen als für sie auffällig im Vergleich zu Unterrichtserfahrungen während der Zeiten im Onlineunterricht im Kontext der Pandemie.

Mit Blick auf die Grundlagen der Digitalen Drehtür merken viele Studierende an, dass projektartiges Arbeiten in kurzen Zeiträumen, wie sie Workshops der Digitalen Drehtür vorsehen, nur begrenzt umsetzbar ist, dazu bedürfe es größerer Zeiträume. Somit könne in dem Format der Inspirations nicht mehr als die erste Enrichtmentstufe nach dem Konzept der Revolving Door erreicht werden.

Dennoch kommentieren einige Studierende, dass in diesem digitalen Format Projekte mit vielen Personen über einen längeren Zeitraum und mit einem eigenen Projektraum realisiert werden könnten. Betont wird die Gelingensbedingung, dass Schüler:innen sich dort interessegeleitet engagieren und mit Schüler:innen, die ähnliche Interessen, Motivationen und Engagement zeigen, an eigenen Fragestellungen arbeiten können.

Kooperative Arbeitsprozesse
Einige Studierende reflektieren auch ihre Erfahrungen in den kooperativ angelegten Arbeitsprozessen im Seminar. Man erhalte mehr Ideen, könne die unterschiedlichen Kompetenzen in der digitalen Nutzung, verschiedene Erfahrungen mit Apps für die Planung der Workshops nutzen und voneinander Neues lernen. Besonders gewinnbringend wird die Abstimmung während der Lernsituationen in den Workshops sowie das spontane Reagieren, um Probleme zu lösen, hervorgehoben.

Eigene Begabungen und Talente hätten gerade in der Gestaltung der Lernsituationen entdeckt werden können, v. a. hinsichtlich der didaktischen und methodischen Aspekte, der technischen Umsetzung, der Moderation und der Planungskompetenzen im Team.

5. Diskussion und Ausblick

Zur Professionalisierung für den Lehrberuf werden in den Bildungswissenschaften verschiedene Ansätze diskutiert. Erfahrungen in Lernsituationen mit Schüler:innen zu sammeln und diese Situationen unter verschiedenen Perspektiven zu reflektieren, gelten als förderlich. Meist wird dabei auf Unterrichtssituationen in schulischen Praxisphasen rekurriert. Lernsituationen mit den spezifischen Bedingungen der Digitalen Drehtür jedoch bieten einen anderen Rahmen, andere didaktische Erprobungsmöglichkeiten und die Auseinandersetzung mit heterogenen Lerngruppen, zu denen man die Eingangsbedingungen der Schüler:innen nicht kennt. Gerade diese Bedingungen scheinen für Studierende Reflexionsanlässe zu schaffen, die sich vor allem auf Vergleiche zwischen der erlebten Situation in der Digitalen Drehtür, Erfahrungen mit Unterricht aus Praxisphasen und Spekulationen oder der Bildung von Vorsätzen für prospektives Handeln beziehen. Somit erscheinen die Erfahrungen in der Digitalen Drehtür aus Sicht der Studierenden zu ihrer Professionalisierung beizutragen.

Einen zentralen Professionalisierungsbereich macht die Gestaltung von Lernsituationen und das Agieren in den Lernsituationen aus: Unter der Perspektive der Potenzialförderung von Lehramtsstudierenden zur Gestaltung digitaler Lernsituationen dokumentieren die von den Studierenden beschriebenen Arbeitsprozesse und Reflexionen, dass Studierende eher in dem Muster von Unterrichtsstunden und der Formulierung von Zielen und zu deren Erreichen geeigneten Aufgaben agieren, sie aber nun durch projektartiges Arbeiten weniger in vorhersehbaren Strukturen planen müssen. Die mit einem Gefühl von Unsicherheit verbundenen Planungsprozesse und vor allem die Durchführung in dem wenig vorhersehbaren Setting der Digitalen Drehtür fordert sie zur Spontaneität, Flexibilität und Rollenveränderungen auf. Eigene Potenziale in Bezug auf Kreativität, technische Umsetzung, Moderation, Teamarbeit, Nutzung des theoretisch erarbeiteten Wissens für die Praxis werden vielfach wahrgenommen und beschrieben.

Die Deskriptionen der Reflexionen beziehen sich auf Studierende, die einmalig einen Workshop in der Digitalen Drehtür geplant und durchgeführt haben. Sie hatten sowohl hinsichtlich Begabungsförderung und Potenzialentfaltung als auch mit diesem Format in der Digitalen Drehtür keine Vorerfahrungen. Die Aussagen der Studierenden sind subjektiv und skizzenhaft, wie das Format der Projektdokumentation es auch vorsieht. Dennoch lassen sich aus den Reflexionen Ansätze für Studien zur Professionalisierung von Studierenden und Lehrkräften ableiten, da sie Einblicke in die Sichtweisen von Studierenden auf die Live-Workshops bieten.

Literatur

Ananiadou, Katerina/Claro, Magdalena (2009): „21st Century Skills and Competences for New Millennium Learners in OECD Countries", OECD Education Working Papers, Nr. 41, OECD Publishing, Paris (Abruf 15.02.2023)

DA_OECD: Deutsche Arbeitsgruppe im internationalen OECD-Projekt Future of Education and Skills 2030 (2020): Lernkompass 2030. https://www.oecd.org/education/2030-project/contact/OECD_Lernkompass_2030.pdf. (Abruf 30.04.2023)

DD: Digitale Drehtür (o. J.): Digitale Drehtür. https://digitale-drehtuer.de/ (Abruf 30.04.2023)

de Boer, Anke/Pijl, S.-J./Minnaert, Alexander (2011): Regular primary school teachers' attitudes towards inclusive education: A review of the literature. International Journal of Inclusive Education 15, H. 3, S. 331–353.

Emmerich, Marcus/Moser, Vera (2020): Inklusion, Diversität und Heterogenität in der Lehrerinnen- und Lehrerausbildung. In: Cramer, Colin/König, Johannes/Rothland, Martin/Blömeke, Sigrid (Hrsg.): Handbuch Lehrerinnen- und Lehrerbildung Bad Heilbrunn: Klinkhardt / utb, S. 76–84.

European Agency for Development in Special Needs Education (2012): Teacher Education for Inclusion Profile of Inclusive Teachers (A. Watkins, ed.). Odense, Denmark https://www.european-agency.org/resources/publications/listing?theme%5B248%5D=248&lang%5B220%5D=220&filemime=All (Abruf 18.07.2023)

Gebhardt, Markus/Schwab, Susanne/Nusser, Lena/Hessels, Marco G.P. (2015): Einstellungen und Selbstwirksamkeit von Lehrerinnen und Lehrern zur schulischen Inklusion in Deutschland. Eine Analyse mit Daten des Nationalen Bildungspanels Deutschland (NEPS). Empirische Pädagogik 29, H. 2, S. 211–229.

Gollub, Patrick/Greiten, Silvia/Reckel, Lara E./Reichert, Maren/te Poel, Kathrin (2023): Empirische Befundlage zum Umgang mit Heterogenität, Inklusion und Vielfalt als Themen und Anforderungen schulpraktischer Professionalisierung im Kontext der Lehrkräftebildung: Kritische Betrachtung eines Desiderates und der Methode des darstellenden Literaturreviews. In: te Poel, Kathrin/Gollub, Patrick/Greiten, Silvia/Siedenbiedel, Cathrin/Veber, Marcel (Hrsg.): Heterogenität und Inklusion in den Schulpraktischen Studien – Theorie, Empirie, Diskurs. Münster: Waxmann, S. 17–39.

Greiten, Silvia (2016a): Das Drehtürmodell in der schulischen Begabtenförderung. Studienergebnisse und Praxiseinblicke aus Nordrhein-Westfalen. Frankfurt am Main: Karg-Stiftung. https://www.karg-stiftung.de/common/kfp/pdf/projekte/Karg-Heft9_web.pdf (Abruf 15.04.2023)

Greiten, Silvia (2016b): Das „Drehtürmodell"- theoretische Grundlagen und Weiterentwicklung. In: Greiten, Silvia (Hrsg.): Das Drehtürmodell in der schulischen Begabtenförderung. Studienergebnisse und Praxiseinblicke aus Nordrhein-Westfalen Frankfurt am Main: Karg-Stiftung, S. 8–19.

Greiten, Silvia (2016c): Typen von Drehtürmodellen in NRW. Rekonstruktionen aus einer Fragebogenstudie. In: Greiten, Silvia (Hrsg.): Das Drehtürmodell in der schulischen Begabtenförderung. Studienergebnisse und Praxiseinblicke aus Nordrhein-Westfalen Frankfurt am Main: Karg-Stiftung, S. 21–29.

Greiten, Silvia/Geber, Georg/Gruhn, Annika/Köninger, Manuela (2017): Inklusion als Aufgabe für die Lehrerausbildung – theoretische, institutionelle, curriculare und didaktische Herausforderungen für Hochschulen. In: Greiten, Silvia/Geber, Georg/Gruhn, Annika/Köninger, Manuela (Hrsg.): Lehrerausbildung für Inklusion – Fragen und Konzepte zur Hochschulentwicklung Münster: Waxmann, S. 14–36.

Greiten, Silvia/Rastede, Michaela (2024): Konzeptionen von Workshops im Kontext der „Digitalen Drehtür": Perspektiven auf Lehrer:innenbildung zur Gestaltung digitaler Lernsituationen. In: Rogl, Silke/Bögl, Elisabeth/Hinterplattner, Sara/Klug, Julia/Resch, Claudia (Hrsg.): „Begabung verändert – Förderliche Lernwelten erforschen, gestalten, implementieren" Münster: Waxmann. (i. Dr.).

KMK (2017): Bildung in der digitalen Welt. Strategie der Kultusministerkonferenz. Beschluss der Kultusministerkonferenz vom 08.12.2016 in der Fassung vom 07.12.2017. https://www.kmk.org/fileadmin/Dateien/pdf/PresseUndAktuelles/2018/Digitalstrategie_2017_mit_Weiterbildung.pdf (Abruf 14.06.2023)

KMK (2019): Standards für die Lehrerbildung: Bildungswissenschaften (Beschluss der Kultusministerkonferenz vom 16.12.2004 i. d. F. vom 16.05.2019). https://www.kmk.org/fileadmin/Dateien/veroeffentlichungen_beschluesse/2004/2004_12_16-Standards-Lehrerbildung-Bildungswissenschaften.pdf (Abruf 14.06.2023)

KMK: Kultusministerkonferenz (2009): Grundsatzposition der Länder zur begabungsgerechten Förderung. https://www.kmk.org/fileadmin/Dateien/veroeffentlichungen_beschluesse/2009/2009_12_12-Begabungsgerechte-Foerderung.pdf (Abruf 1.04.2023)

KMK: Kultusministerkonferenz (2021): Lehren und Lernen in der digitalen Welt. Die ergänzende Empfehlung zur Strategie „Bildung in der digitalen Welt." https://www.kmk.org/fileadmin/veroeffentlichungen_beschluesse/2021/2021_12_09-Lehren-und-Lernen-Digi.pdf (Abruf 2.05.2023)

KMK/HRK: Kultusministerkonferenz/Hochschulrektorenkonferenz (2015): Lehrerbildung für eine Schule der Vielfalt. Gemeinsame Empfehlung von Hochschulrektorenkonferenz und Kultusministerkonferenz. https://www.kmk.org/fileadmin/veroeffentlichungen_beschluesse/2015/2015_03_12-Schule-der-Vielfalt.pdf (Abruf 15.03.2023)

Koller, Hans-Christoph/Casale, Rita/Ricken, Norbert (Hrsg.) (2014): Heterogenität. Zur Konjunktur eines pädagogischen Konzepts. Schöning.

Köninger, Manuela/Greiten, Silvia (2022): (Wie) Werden Studierende im Kontext schulpraktischer Phasen auf Unterricht in heterogenen, inklusiven Lerngruppen vorbereitet und begleitet? Beschreibung eines Desiderates. In: Veber, Marcel/Gollub, Patrick/Schkade, Theresa/Greiten, Silvia (Hrsg.): Umgang mit Heterogenität – Chancen und Herausforderungen für schulpraktische Professionalisierung. Bad Heilbrunn: Klinkhardt, S. 153–171.

Leiß, Judith (2015): Partizipation, Prozessorientierung, Transparenz. Koordinaten einer Hochschuldidaktik zur Förderung der Kompetenzorientierung angehender Lehrkräfte. In: Bresges, André/Dilger, Bernadette/Hennemann, Thomas/König, Johannes/Lindner, Heike/Rohde, Andreas (Hrsg.): Kompetenzen perspektivisch. Interdisziplinäre Impulse für die LehrerInnenbildung. Münster: Waxmann, S. 162–168.

LEMAS: Leistung macht Schule (o. J.): https://www.leistung-macht-schule.de/ (Abruf 1.04.2023)

LIS: Landesinstitut für Schulen Bremen (o. J.): Die Digitale Drehtür. https://www.lis.bremen.de/fortbildung/begabungsfoerderung/die-digitale-drehtuer-586409 (Abruf 2.05.2023)

Mayring, Philipp (2020): Qualitative Inhaltsanalyse. In: Mey, Günther/Mruck, Katja (Hrsg.) Handbuch Qualitative Forschung in der Psychologie. Wiesbaden: Springer, 495–511.

Reintjes, Christian/Kunze, Ingrid/Ossowski, Ekkehard (Hrsg.) (2019): Begabungsförderung und Professionalisierung. Befunde, Perspektiven, Herausforderungen. Bad Heilbrunn: Klinkhardt.
Renzulli, Joseph S. (1976): The enrichment triad model: A guide for developing defensible programs for the gifted and talented. In: Gifted Child Quarterly, 20, S. 303–326.
Renzulli, Joseph S./Reis, Sally M./Smith, Linda H. (1981): The Revolving Door Identification Model. Mansfield Centre: Creative Learning Press.
Renzulli, Jospeh S./Reis, Sally M./Stedtnitz, Ulrike (2001): Das Schulische Enrichment Modell SEM. Aarau: Sauerländer Verlag.
Wahl, Diethelm (2013): Lernumgebungen erfolgreich gestalten. Vom trägen Wissen zum kompetenten Handeln. 3. Auflage. mit Methodensammlung. Bad Heilbrunn.
Weidenhiller, Patrizia/Miesera, Susanne/Nerdel, Claudia (2019): Inklusion und Digitalisierung in der Lehrerbildung. Lehrveranstaltungskonzept zur Professionalisierung von Lehramtsstudierenden. In: Journal für Psychologie 27, H. 2, S. 382–399

Autor:innenangaben

Greiten, Silvia, Prof. Dr., Pädagogische Hochschule Heidelberg, Institut für Erziehungswissenschaft; Arbeits- und Forschungsschwerpunkte: Schul- und Unterrichtsentwicklung im Kontext von Heterogenität, Inklusion, Individueller Förderung, Hochbegabung und Professionalisierung, qualitative Forschung und Mixed Methods
greiten@ph-heidelberg.de

Qualifizierung für das Unterrichten heterogener Lerngruppen: Ein digitales Bausteinkonzept zum Aufbau adaptiver Lehrkompetenz

Julia Frohn, Ann-Catherine Liebsch

Im Feld schulischer Inklusion wurden in den vergangenen Jahren in Deutschland zahlreiche universitäre Forschungs- und Entwicklungsprojekte umgesetzt, die unterschiedliche Schwerpunkte fokussieren und neue Impulse für Theorie, Lehr-Lern-Praxis und Empirie gesetzt haben. In diesem Beitrag werden Ergebnisse des Projekts *Fachdidaktische Qualifizierung Inklusion angehender Lehrkräfte an der Humboldt-Universität zu Berlin* (FDQI-HU/FDQI-HU-MINT[1]) vorgestellt, das im interdisziplinären Team Konzepte für Hochschulseminare zur Planung, Durchführung und Reflexion von (Fach-)Unterricht in heterogenen Lerngruppen entwickelt. In fünf Lehr-Lern-Bausteinen im Blended-Learning-Format werden darin zentrale Aspekte eines an Inklusion orientieren Unterrichts adressiert. Kern der Einheiten ist – neben einer Einführung zu inklusiver Didaktik und einer Einheit zum Thema Sprachbildung – die *adaptive Lehrkompetenz*, wobei im Laufe der Entwicklung eine theoretische (Neu-)Verortung dieses Konstrukts vorgenommen wurde, die den kompetenzorientierten und strukturtheoretischen Ansatz zur Lehrkräfteprofessionalisierung verbindet und Erfordernissen eines inklusiven Unterrichts Rechnung trägt. Der Beitrag stellt die theoretischen Grundlagen vor und beschreibt das Prinzip der Bausteine und deren Inhalte. Abschließend werden knappe Einblicke in die Evaluation des Vorhabens gewährt und Gelingensbedingungen sowie Zukunftsperspektiven einer an Inklusion orientierten Lehrkräftebildung diskutiert.

1. Einführung: Aktuelle Entwicklungsfelder und -schwerpunkte

Während allgemein- und bildungspolitische Vorgaben – angelehnt an die schon 1993 von Annedore Prengel skizzierte „Pädagogik der Vielfalt" und basierend auf menschenrechtlichen Prämissen – eine „Lehrerbildung für eine Schule der Vielfalt" (KMK 2015) fordern, wird deren systematische Umsetzung weiterhin

---

[1] FDQI-HU-MINT wird im Rahmen der gemeinsamen „Qualitätsoffensive Lehrerbildung" von Bund und Ländern aus Mitteln des Bundesministeriums für Bildung und Forschung (BMBF) unter dem Förderkennzeichen 01JA1920 gefördert. Die Verantwortung für den Inhalt dieser Veröffentlichung liegt bei den Autorinnen.

durch bestehende Dissonanzen erschwert: Dies betrifft etwa die anhaltend diffuse Begriffslage im Inklusionsdiskurs, das ungeklärte Verhältnis möglicher beteiligter Disziplinen und damit einhergehender unterschiedlicher institutioneller und thematischer Anbindungen oder die individuell unterschiedlich gehandhabte Frage nach additiven oder integrativen Ansätzen (zusammengefasst siehe Frohn/Moser 2021). Aufgrund dieser fehlenden übergreifenden Systematik kommt Einzelprojekten zur Umsetzung einer Lehrer:innenbildung für Inklusion – u. a. gefördert durch die *Qualitätsoffensive Lehrerbildung* (QLB) – umso mehr Bedeutung zu. Während das Spektrum der Inhalte und Lehr-Lern-Formate dieser Projekte denkbar breit ist, lassen sich einzelne Schwerpunkte identifizieren, die initiativenübergreifend gesetzt werden. Inhaltlich steht z. B. „[i]m Mittelpunkt der Diskussion um eine Professionalisierung für und Vorbereitung auf inklusiven Unterricht […] der Begriff der Reflexion" (Anderson et al. 2023, S. 18); methodisch kommen vermehrt digitale Lehr-Lern-Umgebungen zum Einsatz (vgl. ebd., S. 19; Greiten et al. 2017, S. 27 f.). Insgesamt erscheinen zudem „interdisziplinäre, bestenfalls kooperativ gestaltete Weiterentwicklungsprozesse" (ebd., S. 29; vgl. auch Frohn/Moser 2021) vonnöten, um den komplexen Anforderungen gerecht zu werden und zukünftige Lehrkräfte mithilfe theorie- und evidenzbasierter Lehr-Lern-Formate für die „Schule der Vielfalt" zu professionalisieren.

In diesem Sinne hat sich das Projekt *Fachdidaktische Qualifizierung Inklusion angehender Lehrkräfte an der Humboldt-Universität zu Berlin (FDQI-HU/FDQI-HU-MINT)* – als eines von vielen inklusionsorientierten Projekten im Rahmen der QLB – zum Ziel gesetzt, „ein geeignetes Konzept für die Entwicklung heterogenitätssensibler und adaptiver Kompetenzen angehender Lehrkräfte in der hochschuldidaktischen Ausbildung bereitzustellen" (aus dem Antrag auf Förderung von 2015). Dieser Beitrag stellt den Entwicklungsverlauf sowie die Lehr-Lern-Einheiten und entsprechende Evaluationsergebnisse vor und diskutiert abschließend Zukunftsperspektiven für eine Lehrer:innenbildung für Inklusion.

2. „FDQI-HU" – Ein Entwicklungsansatz im Design-Based-Research-Verfahren

Das Projekt FDQI-HU (2016–2019) bzw. FDQI-HU-MINT (2019–2023) folgt seit Beginn einem Design-Based-Research-Ansatz (DBR, siehe z. B. Reinmann 2018; Reinmann/Sesnik 2014), der eine zyklische Vorgehensweise vorsieht und dabei ein exploratives Vorgehen ermöglicht. Jeder Zyklus besteht aus Design, Implementierung und Analyse bzw. Evaluation einer Maßnahme, um zum einen Implikationen für die weitere Theorieentwicklung zu gewinnen, und zum anderen auf Basis des Gelernten ein „Re-Design" zu skizzieren, das wiederum den Auftakt für einen neuen Zyklus bildet (ausführlich siehe Frohn/Brodesser 2019; Dubiel/Frohn 2023). Durch die dem DBR-Ansatz zugrundeliegende

Praxisorientierung werden für das jeweilige Re-Design aktuelle Impulse aus der Bildungspraxis für die kontinuierliche Weiterentwicklung genutzt, um zeitgenössischen Anforderungen im Wechselspiel von Theoriefundierung und -genese, Intervention und empirischer Evaluation Rechnung zu tragen.

Das hier vorgestellte Lehr-Lern-Konzept zur Förderung adaptiver Lehrkompetenz und Sprachbildung basiert auf dem sechsten und letzten Zyklus der Entwicklung, Umsetzung und Evaluation von Lehr-Lern-Einheiten im Projekt FDQI-HU. In der ersten Förderphase des Projekts waren – im Sinne der oben beschriebenen notwendigen Interdisziplinarität – Vertreter:innen der Fachdidaktiken Englisch, Geschichte, Latein, Informatik und Arbeitslehre sowie der Disziplinen Sprachbildung, Grundschulpädagogik und Rehabilitationspädagogik an der Bausteinentwicklung beteiligt; in der zweiten Förderphase Vertreter:innen der Fachdidaktiken Biologie, Mathematik und Physik sowie der genannten und der neu dazugekommenen Querschnittsdisziplin „Digitale Medienbildung". Zur Beschreibung der Lehr-Lern-Einheiten wurde der Begriff der Bausteine gewählt. Nach dem Verständnis von FDQI-HU stellen Bausteine in sich geschlossene Elemente einer übergreifenden Konstruktion dar, die für sich genommen flexibel in der Nutzung sind, in der Summe der Teile jedoch auch einen Mehrwert gegenüber den Einzelteilen bieten. Erstmals wurde das Bausteinkonzept im Jahr 2018 erprobt (zur umfassenden Darstellung siehe Brodesser et al. 2020) und seither kontinuierlich weiterentwickelt. Unter den Erfordernissen der COVID-19-Pandemie wurden die Lehr-Lern-Bausteine zunächst digitalisiert und 2020 „digital gedacht", d.h. die Bausteine wurden mit Blick auf die Möglichkeiten und Vorteile der digitalen Lernumgebung Moodle neu konzipiert, was durch den Zusatz „2.0" im Titel angezeigt wird. In der aktuellen Version sind die Bausteine Teil eines Blended-Learning-Konzepts (Arnold et al. 2018), das allen interessierten lehrkräftebildenden Akteur:innen zur Nachnutzung (inkl. didaktischer Kommentierung und sämtlichen Materials) als Open Educational Resources (OER) zur Verfügung steht (Frohn/Liebsch/Pech 2023).

3. Theoretischer Hintergrund

Die Bausteinreihe basiert auf einem Inklusionsverständnis, das über die integrationspädagogisch geprägte Begriffsbestimmung im Sinne sonderpädagogischer Förderbedarfe hinausgeht – und dabei bspw. Sprache, Herkunft oder Hochbegabung als Dimensionen von Vielfalt annimmt –, jedoch auch die Expertise jahrzehntelanger Integrationsforschung berücksichtigt (im Detail siehe Simon 2019).

Ziel der Bausteinreihe ist die Förderung *adaptiver Lehrkompetenz* angehender Lehrkräfte, wobei im Laufe der Entwicklungszyklen eine theoretische (Neu-)Verortung des Konstrukts unternommen wurde, die verschiedene Professionalisierungsansätze vereint und damit der Fokussierung auf die Dimension der Reflexion – im Sinne der von Cramer und Kolleg:innen 2019 als notwendig ausgewiesenen „Meta-Reflexivität" für die Lehrkräftebildung – Rechnung trägt. Obwohl nämlich adaptive Lehrkompetenz im deutschsprachigen Raum schon seit Ende des letzten Jahrhunderts (Weinert/Helmke 1997) als zielführend im Umgang mit heterogenen Lerngruppen benannt wurde und seither, „wenn auch z. T. verengt auf adaptive Instruktion [...] als ‚Sammelbezeichnung für den unterrichtlichen Umgang mit interindividuellen Differenzen' gelten kann (Hasselhorn & Gold 2009, S. 253)" (Frohn/Liebsch 2023, S. 3; vgl. auch Beck et al. 2008; Brühwiler 2014), beinhaltet das Konstrukt teils fundamentale Passungsprobleme mit inklusionspädagogischen Prämissen. Kritiker:innen warnen mit Blick auf adaptiven Unterricht etwa vor einem „defizitorientierte[n] Förder- bzw. Kompensationsmodell [...] auf Basis eines normorientierten Heterogenitätsverständnisses" (Simon 2015, S. 229) und beanstanden die darin implizierte vermeintliche Steuerbarkeit schulischen Handelns (Wischer/Trautmann 2014) sowie die im Titel des Konstrukts enthaltene Lehrkräftezentrierung.

Für eine Zusammenführung der unterschiedlichen Perspektiven bestimmt FDQI-HU das Konstrukt der adaptiven Lehrkompetenz als Verschränkung von kompetenzorientierten und strukturtheoretischen Professionalisierungsansätzen (Frohn/Schmitz/Pant 2020; Frohn/Liebsch 2023). Dabei wurden die aus kompetenzorientierter Sicht formulierten Konstruktfacetten der adaptiven Sachkompetenz,[2] adaptiven diagnostischen Kompetenz, adaptiven didaktischen Kompetenz sowie adaptiven Klassenführungskompetenz übernommen und für die Entwicklung der Bausteinreihe um strukturtheoretisch orientierte Spannungsfelder ergänzt, die aus Projektsicht in einer Lehrkräftebildung für Inklusion zu reflektieren sind. So soll einer Lehrkräfteprofessionalisierung Rechnung getragen werden, die sowohl konkrete domänenspezifische Kenntnisse und Fähigkeiten fördert, zum anderen aber zukünftige Lehrkräfte dafür sensibilisiert, dass kein allgemeingültiges Rezept für eine erfolgreiche Unterrichtsplanung und -durchführung existiert. Ferner wird mit den Bausteinen der aktuellen Forderung Rechnung getragen, dass es „bestimmter Formate und Lehr-Lern-Designs [bedarf], die eine sowohl praxisbezogene als auch vom direkten Handlungs- und Entscheidungsdruck befreite Auseinandersetzung mit unterrichtlichen Prozessen ermöglichen (Moldenhauer et al. 2020)" (Anderson et al. 2023, S. 19).

4. Zielgruppe und fachliche Verortung

Die Bausteinreihe wurde für Lehramtsstudierende ab dem ca. vierten Fachsemester konzipiert und kam bislang in ganz unterschiedlichen fachlichen

---

2 Die adaptive Sachkompetenz wird nicht durch einen separaten Baustein, sondern mithilfe der vorzunehmenden fachdidaktischen Spezifizierung gefördert.

Ausrichtungen zum Einsatz: Neben Seminaren der Rehabilitations- und Sonderpädagogik an der Humboldt-Universität zu Berlin (HU) und der Goethe-Universität Frankfurt (GU) sowie allgemeindidaktischen Veranstaltungen wurden die Bausteine in Seminaren der o. g. Fachdidaktiken eingesetzt. Dank ihrer konzeptionellen Offenheit, die auf die Förderung der einzelnen Konstruktfacetten sowie die Reflexion entsprechender Spannungsfelder abzielt, ist jeder Baustein anhand unterschiedlicher Vertiefungen und Übungen individuell fachlich zu schärfen (für Beispiele zur MINT-Ausrichtung siehe Frohn/Liebsch/Pech 2023).

5. Die Bausteinreihe: Didaktische Prinzipien und Einblicke in das Material

Das didaktische Grundprinzip basiert auf der Idee des Blended Learning, sodass die Bausteine auf einen interaktiven Lehr-Lern-Prozess mit Wechselwirkung zwischen den virtuellen, asynchron organisierten und den realen, synchron stattfindenden Lehr-Lern-Settings abzielen. So erarbeiten die Studierenden die digitalen Bausteininhalte „selbstständig und eigenverantwortlich im Rahmen der jeweiligen Seminarveranstaltung zur Vorbereitung auf eine synchrone Sitzung […], wobei ihnen die Lerninhalte in Form von Texten, Grafiken und Abbildungen, Videos sowie interaktiven Tools (z. B. H5P-Anwendungen) in einer strukturierten Lernumgebung zur Verfügung gestellt werden" (Frohn/Liebsch 2023, S. 11).

Gerade im Rahmen einer Lehrkräftebildung für Inklusion ist dabei besonderes Augenmerk auf mögliche Barrieren zu legen, weshalb die digitalen Einheiten bestmöglich nach den Richtlinien der *Web Content Accessibility Guidelines (WCAG 2.1)* entwickelt wurden. Dies betrifft u. a. Alternativtexte zu Grafiken, beschreibende Links, die Nutzung serifenloser Schrifttypen und scharfer Kontraste sowie die Untertitelung von Videos.

Als didaktische Prämisse gilt schon seit den ersten Entwicklungszyklen der Seminareinheiten ein didaktischer Doppeldecker (Wahl 2013), der durch die Korrespondenz von Inhalt und Form einer Lehr-Lern-Einheit zukünftigen Lehrkräften eine beispielhafte Gestaltung von Unterricht vermitteln soll. Dabei diente das im Projekt entwickelte *Didaktische Modell für inklusives Lehren und Lernen* (DiMiLL) (Frohn et al. 2019) als Orientierung für die Bausteingestaltung, weshalb die einzelnen Einheiten die inklusionsorientierten Prozessmerkmale der *Partizipation* (z. B. unterschiedliche mediale Repräsentationsformen), *Kommunikation* (z. B. Forumsaktivitäten), *Kooperation* (z. B. Gruppenarbeiten) und *Reflexion* (z. B. anhand einer jedem Baustein eigenen Feedback-Sektion) berücksichtigen (vgl. Frohn/Liebsch 2023).

Übergreifend verfolgen die Bausteine eine einheitliche Struktur, was einerseits durch ein kohärentes Design über alle Bausteine hinweg, andererseits durch einen ähnlichen Aufbau – bei ganz unterschiedlicher medialer und inhaltlicher Aufbereitung – unterstützt wird. In der Lernumgebung Moodle umfasst ein Baustein einen Abschnitt. Jeder Baustein beginnt mit einem Einführungsvideo, das die Ziele der Einheit veranschaulicht. Es folgen unterschiedliche praxisorientierte Aufgabentypen, die mithilfe der Moodle-Aktivität „Buch" (kapitelweise strukturierter Text) Anbindung an aktuelle theoretische Diskurse erfahren. Die grundsätzliche Praxis- bzw. Kompetenzorientierung der Bausteine folgt der Annahme, dass „[d]ie reine Vermittlung von Theorie, wie sie sich noch am schnellsten in die Hochschullehre implementieren ließe, […] für dieses komplexe Arbeitsfeld nicht auszureichen [scheint], da von Studierenden – ohne vorherige theoretische oder praktische Berührungspunkte – eine selbstständige Verarbeitung von Konzepten in Handlungswissen in der Regel nicht erwartet werden kann" (Greiten et al. 2017, S. 22). Neben zusätzlichen multimedialen, interaktiven Übungen zur Sensibilisierung und Selbstreflexion im Umgang mit Spannungsverhältnissen werden auch textbasierte Aufgaben angeboten, die auf den Wissenszuwachs der Studierenden abzielen. Ferner kommen H5P-Anwendungen zum Einsatz, die eine interaktive Aufbereitung von Inhalten ermöglichen. Eröffnet wird die Reihe durch einen Einführungsbaustein zur Beschreibung der Lehr-Lern-Umgebung, der ein Moodle-Buch zum Arbeiten mit dem Kurs sowie eine knappe Vorstellung des Konstrukts der adaptiven Lehrkompetenz enthält. Ein im Einführungsbaustein enthaltenes Forum zu allgemeinen Fragen und technischem Support eröffnet eine Feedback-Kultur – auch in Form von Peer-Support –, die die kontinuierliche Kommunikation unter den Beteiligten über alle Bausteine hinweg fördern soll.

5.1 Der Baustein „Das Didaktische Modell für inklusives Lehren und Lernen"

Der erste Baustein vermittelt den Studierenden die inklusionspädagogischen Grundlagen und führt das DiMiLL ein. Die Studierenden erarbeiten sich die Inhalte anhand eines interaktiven Videos und eines Moodle-Buchs, das die einzelnen Modellelemente ausführlicher erläutert. Abschließend kann durch eine Transferaufgabe das Gelernte anhand eines über das DiMiLL hinausgehenden Frageimpulses im Forum diskutiert werden (zur ausführlichen Darstellung und Nachnutzung siehe Liebsch/Marsch/Frohn 2023). Der Baustein umfasst drei Teilaufgaben und kann in ca. 35 Minuten bearbeitet werden.

5.2 Der Baustein „Adaptive diagnostische Kompetenz 2.0"

Der zweite Baustein zielt darauf ab, dass die Studierenden ihre Einstellung und Haltung in Bezug auf Diagnostik im inklusiven Kontext anhand zweier geführter

Selbsterfahrungsübungen kritisch reflektieren. Die sog. „Zitronen-Übung" hat eine Sensibilisierung für Heterogenität von Schüler:innen sowie eine damit einhergehende Potenzialorientierung zum Ziel. „Übung Zwei" versetzt die Studierenden selbst in die Situation von Lernenden, die ohne viel Wissen um die Umstände oder Ziele des Verfahrens diagnostiziert werden. In der hierauf folgenden synchronen Sitzung kann neben dem Förderungs-Stigmatisierungsdilemma (Boger/Textor 2016) auch das spannungsreiche Verhältnis zwischen allgemeinpädagogischer und lernpsychologischer Diagnostik (Gloystein/Frohn 2020) erörtert werden. Ergänzt werden die Reflexionsübungen durch Texte in Form von Moodle-Büchern. Insgesamt umfasst der Baustein sechs Teilaufgaben und benötigt ca. 150 Minuten Bearbeitungszeit (zur ausführlichen Darstellung und Nachnutzung siehe Gloystein/Liebsch/Bechinie 2023).

5.3 Der Baustein „Adaptive didaktische Kompetenz 2.0"

Der dritte Baustein überführt das theoretische Wissen zum DiMiLL in die konkrete Planung von inklusiven Unterrichtssettings. Die Studierenden erarbeiten sich anhand eines Moodle-Buchs und einer interaktiven Drag-and-Drop-Lernaufgabe ein sog. Anforderungsraster, das durch gezielte Fragen zur Umsetzung von Prozessmerkmalen und Strukturelementen eine an Inklusion orientierte Unterrichtsplanung anleitet und weitere Informationen zum Selbststudium bereitstellt. Anknüpfungspunkte im synchronen Setting bietet z. B. das Spannungsfeld zwischen Offenheit und Struktur (vgl. Textor et al. 2014, S. 75). Mit seinen drei Teilaufgaben kann der Baustein in ca. 130 Minuten bearbeitet werden (zur ausführlichen Darstellung und Nachnutzung siehe Frohn/Liebsch/Marsch 2023).

5.4 Der Baustein „Adaptive Klassenführungskompetenz 2.0"

Im vierten Baustein eigenen sich die Studierenden die theoretischen Grundlagen einer an Inklusion orientierten Klassenführung anhand eines Moodle-Buchs an und wenden ihr Wissen in der anschließenden Reflexion einer Videovignette an, die eine authentische Unterrichtssituation zeigt. Durch die anschließende Nennung und Diskussion möglicher Handlungsalternativen für die Lehrkraft in den im Baustein theoretisch hergeleiteten Spannungsfeldern – konkret zwischen inklusionspädagogischen Normen und unterrichtlichen Praxen (vgl. Bender/Rennebach 2021) sowie zwischen Individualität und Gemeinschaft – wird ein Transfer im Rahmen des Forums umgesetzt. Für vier Teilaufgaben benötigen die Studierenden ca. 90 Minuten (zur ausführlichen Darstellung und Nachnutzung siehe Frohn/Liebsch/Mayer 2023).

5.5 Der Baustein „Sprachbildung 2.0"

Der fünfte Baustein soll die Studierenden für die Notwendigkeit einer sprachbildenden Ausgestaltung von Fachunterricht sensibilisieren. Nach einer einführenden Selbsterfahrungsübung zur Beschreibung eines Fachgegenstands in einer Zweit- oder Fremdsprache erhalten die Studierenden u. a. einen Einblick in die Methode „Scaffolding" und analysieren ein fachspezifisches Unterrichtsmaterial hinsichtlich seines sprachbildenden Potentials. Dazu werden interaktive Präsentationen (H5P) genutzt. Der Baustein umfasst sieben Teilaufgaben und kann in 175 Minuten bearbeitet werden (zur ausführlichen Darstellung und Nachnutzung siehe Rödel/Mayer 2023).

6. Einblicke in die Projektevaluation

6.1 Messung möglicher Veränderungen der adaptiven Lehrkompetenz unter Studierenden durch die Bausteinbearbeitung

Im Sinne des oben beschriebenen DBR-Vorgehens wurde jede Implementierung einer Seminareinheit in jedem durchlaufenen Zyklus mit Blick auf unterschiedliche Zielkonstrukte evaluiert. Dafür wurde in der ersten Projektförderphase das Evaluationsinstrument *IHSA* (Inklusionsverständnis, Heterogenitätssensibilität, Selbstwirksamkeitsüberzeugung, Adaptive Lehrkompetenz) entwickelt, das als Skalenhandbuch zur Verfügung steht (Schmitz/Simon/Pant 2020) und auch für die zweite Projektphase genutzt wurde. In dem hier beschriebenen Zyklus zielte die Evaluation u. a. auf die Bearbeitung der Frage, ob unter den Studierenden ein Zuwachs ihrer adaptiven Lehrkompetenz durch die Bearbeitung der Lehr-Lern-Bausteine über den Zeitraum eines Semesters zu verzeichnen sei. Für eine möglichst praxisnahe Evaluation kamen dabei Videovignetten zum Einsatz, die mithilfe offener Items von den Studierenden bearbeitet wurden. Als Prä-Post-Design (Erhebung jeweils zu Beginn und Ende des Wintersemesters 2021/2022) mit Interventions- (N = 86) und Vergleichsgruppe (N = 26) zielte die Erhebung auf eine *Entwicklung* der Kompetenzausprägung unter den Studierenden. Die offenen Antworten wurden mithilfe des Kodierschemas von zwei unabhängigen Kodiererinnen dichotom kodiert, anschließend wurde eine einfaktorielle ANCOVA (Analysis of Covariance) mit Messwiederholung berechnet. Die Ergebnisse legen eine unterschiedliche Kompetenzentwicklung nahe: Während für die adaptive didaktische Kompetenz und die adaptive Klassenführungskompetenz signifikante Steigerungen zwischen den beiden Messzeitpunkten festgestellt wurden, fand in der Facette adaptive diagnostische Kompetenz ein – wenn auch statistisch nicht signifikanter – Rückgang statt (zur ausführlichen Darstellung der Studie sowie zur Diskussion der Ergebnisse siehe Dubiel/Frohn/Lau 2023).

6.2 Feedback durch die Studierenden

Jeder digitale Lehr-Lern-Baustein beinhaltet eine abschließende Feedback-Einheit, die den Dozierenden Einblicke in die Einschätzung der Lehr-Lern-Einheiten aus Sicht der Studierenden gibt. Dabei werden in jedem Baustein die folgenden Aussagen mit Hilfe einer fünfstufigen Likert-Skala bewertet: „Ich konnte die Inhalte und Kernaussagen des Bausteins nachvollziehen"; „Die Aufgabenstellung des Bausteins habe ich verstanden und ich wusste, was ich zu tun habe"; „Durch die Arbeit an diesem Baustein habe ich mich persönlich und/oder fachlich weiterentwickelt." Insgesamt haben Studierende (N = 107) aus allen im letzten Zyklus herausgebrachten Seminaren (im Lehramt Biologie, Mathematik, Physik der HU sowie des Studiengangs „Lehramt an Förderschulen (L5)" an der GU) am – freiwilligen – Feedbackprozess teilgenommen. Eine prozentuale Darstellung des Antwortverhaltens auf die drei Fragen ist Tabelle 1 zu entnehmen.

Tabelle 1: Angaben der Studierenden in Prozent

1. Ich konnte die Inhalte und Kernaussagen des Bausteins nachvollziehen.					
	DiMiLL	Diagnostik	Didaktik	Klassenführung	Sprachbildung
Ich stimme überhaupt nicht zu.	1,01	1,03	0,00	0,00	0,00
Ich stimme nicht zu.	2,02	5,15	5,56	0,00	3,95
Ich stimme weder zu noch lehne ich ab.	2,02	5,15	2,78	7,89	7,89
Ich stimme zu.	50,51	56,70	44,44	65,79	38,16
Ich stimme voll und ganz zu.	44,44	31,96	47,22	26,32	50,00
Gesamt	100	100	100	100	100

2. Die Aufgabenstellung dieses Bausteins habe ich verstanden und ich wusste, was ich zu tun habe.					
	DiMiLL	Diagnostik	Didaktik	Klassenführung	Sprachbildung
Ich stimme überhaupt nicht zu.	0,97	0,00	0,00	0,00	0,00
Ich stimme nicht zu.	2,91	3,06	2,86	5,41	2,67
Ich stimme weder zu noch lehne ich ab.	11,65	12,24	0,00	10,81	10,67
Ich stimme zu.	44,66	46,94	37,14	45,95	46,67
Ich stimme voll und ganz zu.	39,81	37,76	60,00	37,84	40,00
Gesamt	100	100	100	100	100

3. Durch die Arbeit an diesem Baustein habe ich mich persönlich und/oder fachlich weiterentwickelt.

	DiMiLL	Diagnostik	Didaktik	Klassenführung	Sprachbildung
Ich stimme überhaupt nicht zu.	1,96	1,03	0,00	0,00	1,28
Ich stimme nicht zu.	1,96	6,19	5,71	2,63	7,69
Ich stimme weder zu noch lehne ich ab.	23,53	20,62	14,29	26,32	28,21
Ich stimme zu.	44,12	49,48	45,71	42,11	41,03
Ich stimme voll und ganz zu.	28,43	22,68	34,29	28,95	21,79
Gesamt	100	100	100	100	100

Insgesamt ergibt sich ein moderat bis deutlich positives Bild mit Blick auf Verständnis von Form und Inhalt der Bausteine sowie auf die individuell wahrgenommene Weiterentwicklung (für eine ausführliche Darstellung der Evaluation sowie Einschränkungen und Implikationen der Feedback-Auswertung siehe Dubiel/Frohn 2023).

7. Diskussion und Fazit

Die hier vorgestellten Lehr-Lern-Einheiten wurden im Projekt FDQI-HU über verschiedene Entwicklungszyklen hin erarbeitet und sollen zur Professionalisierung zukünftiger Lehrkräfte mit Blick auf das Unterrichten heterogener Lerngruppen beitragen. Sie dienen sowohl der Förderung einzelner Konstruktfacetten adaptiver Lehrkompetenz als auch der Reflexion unterrichtlicher Spannungsfelder in inklusiven Settings und stehen Interessierten zur Nachnutzung dank umfangreicher didaktischer Aufbereitung zur Verfügung (Frohn/Liebsch/Pech 2023). Zahlreiche FDQI-HU-Kolleg:innen verschiedener Disziplinen waren engagiert an der Entwicklung, Umsetzung und Evaluation der hier vorgestellten Ergebnisse beteiligt (https://pse.hu-berlin.de/de/forschung-und-lehre/projekte/fdqi-hu/fdqi-team-team) – ein Umstand, der einerseits die Notwendigkeit und den Nutzen der umfassenden Förderung im Rahmen der Qualitätsoffensive unterstreicht, andererseits die Frage nach der Nachhaltigkeit solcher Projekte aufwirft: Werden keine *dauerhaften* Ressourcen für die fortlaufende Aktualisierung der Inhalte auf Basis neuer wissenschaftlicher Erkenntnisse geschaffen, können derlei Maßnahmen nicht die langfristige Wirkung auf aktuellem Diskursstand entfalten, die die Lehrkräftebildung so dringend benötigt. Gleiches gilt für die Vernetzung von Projekten untereinander, die die Diskussion und den Austausch von Konzepten erleichtert (z. B. im „Netzwerk Inklusion in der Lehrkräftebildung") und unbedingt weiter zu fördern ist. Insgesamt ist zu beachten, dass die Nachnutzung der entstandenen Konzepte sowohl für die Anpassung an einen Fachgegenstand als auch für den Lehr-Lern-Kontext zusätzlicher Ressourcen bedarf, da auch der Heterogenität universitärer Lerngruppen durch Adaptivität begegnet werden muss. Gelingt diese Adaption, bestmöglich in einem interdisziplinär gestalteten Kontext, auf Basis gegenseitigen Austauschs sowie mittels nötiger Ressourcen, kann eine Anbahnung inklusionsbezogener Kompetenzen in der universitären Lehrkräftebildung langfristig gelingen.

Literatur

Anderson, Sven/Kortmann, Michael/Seebach, Leonie/Pferdekämper-Schmidt, Anne (2023): Von Lerngegenständen und ihrer Erschließung bis zur Schaffung von Zugängen – Das „Was" und „Wie" inklusionsorientierter Lehrer*innenbildung. In: Schröter, Anne/Kortmann, Michael/Schulze, Sarah/Kempfer, Karin/Anderson, Sven/Sevdiren, Gülsen/Bartz, Janieta/Kreutchen, Christopher (Hrsg.), Inklusion in der Lehramtsausbildung – Lerngegenstände, Interaktionen und Prozesse. Münster: Waxmann, S. 15–28.

Arnold, Patricia/Kilian, Lars/Thillosen, Anne/Zimmer, Gerhard (2018): Handbuch E-Learning. Lehren und Lernen mit digitalen Medien. 5. Auflage. Bielefeld: Bertelsmann.

Beck, Erwin/Baer, Matthias/Guldimann, Titus/Bischoff, Sonja/Brühwiler, Christian/Müller, Peter (Hrsg.) (2008): Adaptive Lehrkompetenz. Analyse und Struktur, Veränderbarkeit und Wirkung handlungssteuernden Lehrerwissens. Münster: Waxmann.

Bender, Saskia/Rennebach, Nils (2021): Teilhabeordnungen inklusiven Unterrichts: Zwischen moralischen Normen und den Normen sozialer Praxen. In: Zeitschrift für Pädagogik 67, H. 2, S. 231–250.

BMBF (2016): Neue Wege in der Lehrerbildung. Die Qualitätsoffensive Lehrerbildung. https://www.qualitaetsoffensive-lehrerbildung.de/lehrerbildung/shareddocs/downloads/files/bmbf-neue_wege_in_der_lehrerbildung_barrierefrei.pdf?_blob=publicationFile&v=1 (Abfrage: 11.03.2023).

Boger, Mai-Ahn/Textor, Annette (2016): Das Förderungs-Stigmatisierungs-Dilemma. Oder: Der Effekt diagnostischer Kategorien auf die Wahrnehmung durch Lehrkräfte. In: Amrhein, Bettina (Hrsg.): Diagnostik im Kontext inklusiver Bildung. Theorien, Ambivalenzen, Akteure, Konzepte. Bad Heilbrunn: Klinkhardt, S. 79–97.

Brodesser, Ellen/Frohn, Julia/Welskop, Nena/Liebsch, Ann-Catherine/Moser, Vera/Pech, Detlef (Hrsg.) (2020): Inklusionsorientierte Lehr-Lern-Bausteine für die Hochschullehre. Ein Konzept zur Professionalisierung zukünftiger Lehrkräfte. Bad Heilbrunn: Klinkhardt.

Brühwiler, Christian (2014): Adaptive Lehrkompetenz und schulisches Lernen. Effekte handlungssteuernder Kognitionen von Lehrpersonen auf Unterrichtsprozesse und Lernergebnisse der Schülerinnen und Schüler. Münster: Waxmann.

Cramer, Collin/Harant, Martin/Merk, Samuel/Drahmann, Martin/Emmerich, Marcus (2019): Meta-Reflexivität und Professionalität im Lehrerinnen- und Lehrerberuf. In: Zeitschrift für Pädagogik 65, H. 3, S. 401–423.

Dubiel, Simone/Frohn, Julia (2023): Feedback zu den digitalen Lehr-Lern-Bausteinen zur Lehrkräfteprofessionalisierung für inklusive Settings. In: DiMawe. Die Materialwerkstatt 5, H. 3, S. 101–115. https://doi.org/10.11576/dimawe-6443

Dubiel, Simone/Frohn, Julia/Lau, Johanna (2023): Adaptive Lehrkompetenz in der universitären Lehrkräftebildung – Evaluation und Implikationen eines digitalen Lehr- und Lernangebots. In: Lehrerbildung auf dem Prüfstand 16, H. 2, S. 164–183

Frohn, Julia/Brodesser, Ellen (2019): Inklusionsorientierte Lehr-Lern-Konzepte zur Förderung adaptiver Lehrkompetenz. Entwicklung, Umsetzung und Evaluation universitärer Lehrveranstaltungen im „Design-Based-Research"-Verfahren. In: Herausforderung Lehrer_innenbildung. Zeitschrift zur Konzeption, Gestaltung und Diskussion 2, H. 2, S. 435–451.

Frohn, Julia/Brodesser, Ellen/Moser, Vera/Pech, Detlef (Hrsg.) (2019): Inklusives Lehren und Lernen: Allgemein- und fachdidaktische Grundlagen. Bad Heilbrunn: Klinkhardt.

Frohn, Julia/Liebsch, Ann-Catherine (2023): Digitale Lehr-Lern-Bausteine zu inklusiver Didaktik, adaptiver Lehrkompetenz und Sprachbildung – theoretische Rahmung und praktische Umsetzung. Editorial zum Themenheft. In: DiMawe. Die Materialwerkstatt 5, H. 3, S. 1–18. https://doi.org/10.11576/dimawe-6436

Frohn, Julia/Liebsch, Ann-Catherine/Marsch, Sia (2023): Der Baustein Adaptive didaktische Kompetenz 2.0. Eine digitale Lehr-Lern-Einheit zur Lehrkräfteprofessionalisierung für inklusive Settings. In: DiMawe. Die Materialwerkstatt 5, H. 3, S. 56–70. https://doi.org/10.11576/dimawe-6439

Frohn, Julia/Liebsch, Ann-Catherine/Mayer, Stephen (2023): Der Baustein Adaptive Klassenführungskompetenz 2.0. Eine digitale Lehr-Lern-Einheit zur Lehrkräfteprofessionalisierung für inklusive Settings. In: DiMawe. Die Materialwerkstatt 5, H. 3. S. 71–83. https://doi.org/10.11576/dimawe-6440

Frohn, Julia/Liebsch, Ann-Catherine/Pech, Detlef (Hrsg.) (2023): Digitale Lehr-Lern-Bausteine zu inklusiver Didaktik, adaptiver Lehrkompetenz und Sprachbildung. Ein Blended-Learning-Konzept für die Lehrkräftebildung als Open Educational Resource. Themenheft der Zeitschrift DiMawe. Die Materialwerkstatt. Zeitschrift für Konzepte und Arbeitsmaterialien für Lehrer*innenbildung und Unterricht (https://www.dimawe.de/index.php/dimawe/issue/view/454).

Frohn, Julia/Moser, Vera (2021): Inklusionsbezogene Studienanteile in der Lehrkräftebildung: zum Stand der Umsetzung anhand bildungspolitischer Entwicklungen und einer Befragung unter den Lehrkräftebildungszentren in Deutschland. In: Zeitschrift für Inklusion, H. 1.

Frohn, Julia/Schmitz, Lena/Pant, Hans Anan (2020): Lehrkräfteprofessionalisierung: adaptive Lehrkompetenz für inklusiven Unterricht. In: Brodesser, Ellen/Frohn, Julia/Welskop, Nena/Liebsch, Ann-Catherine/Moser, Vera/Pech, Detlef (Hrsg.): Inklusionsorientierte Lehr-Lern-Bausteine für die Hochschullehre. Ein Konzept zur Professionalisierung zukünftiger Lehrkräfte. Bad Heilbrunn: Klinkhardt, S. 30–36.

Gloystein, Dietlind/Frohn, Julia (2020): Der Baustein Adaptive diagnostische Kompetenz: ein Selbstversuch und inklusionssensible pädagogische Diagnostik als Impuls für Perspektivwechsel und professionelle Reflexion. In: Brodesser, Ellen/Frohn, Julia/Welskop, Nena/Liebsch, Ann-Catherine/Moser, Vera/Pech, Detlef (Hrsg.): Inklusionsorientierte Lehr-Lern-Bausteine für die Hochschullehre. Ein Konzept zur Professionalisierung zukünftiger Lehrkräfte. Bad Heilbrunn: Klinkhardt, S. 62–75.

Gloystein, Dietlind/Liebsch, Ann-Catherine/Bechinie, Dominik (2023): Der Baustein Adaptive diagnostische Kompetenz 2.0. Eine digitale Lehr-Lern-Einheit zur Lehrkräfteprofessionalisierung für inklusive Settings. In: DiMawe. Die Materialwerkstatt 5, H. 3, S. 32–55. https://doi.org/10.11576/dimawe-6438

Greiten, Silvia/Geber, Georg/Gruhn, Annika/Köninger, Manuela (2017): Inklusion als Aufgabe für die Lehrerausbildung. In: Greiten, Silvia/Geber, Georg/Gruhn, Annika/Köninger, Manuela (Hrsg.): Lehrerausbildung für Inklusion. Münster: Waxmann, S. 14–36.

Hasselhorn, Markus/Gold, Andreas (2009): Pädagogische Psychologie. Erfolgreiches Lernen und Lehren. 2. Auflage. Stuttgart: Kohlhammer.

KMK (2015): Lehrerbildung für eine Schule der Vielfalt. Gemeinsame Empfehlung von Hochschulrektorenkonferenz und Kultusministerkonferenz. https://www.kmk.org/fileadmin/veroeffentlichungen_beschluesse/2015/2015_03_12-Schule-der-Vielfalt.pdf (Abfrage: 06.06.2023).

Liebsch, Ann-Catherine/Marsch, Sia/Frohn, Julia (2023): Der Baustein Das Didaktische Modell für inklusives Lehren und Lernen (DiMiLL). Eine digitale Lehr-Lern-Einheit zur Lehrkräfteprofessionalisierung für inklusive Settings. In: DiMawe. Die Materialwerkstatt 5, H. 3, S. 19–31. https://doi.org/10.11576/dimawe-6437

Moser Opitz, Elisabeth (2014): Inklusive Didaktik im Spannungsfeld von gemeinsamem Lernen und effektiver Förderung. In: Jahrbuch für Allgemeine Didaktik 4, S. 52–68.

Prengel, Annedore (1993): Pädagogik der Vielfalt. Verschiedenheit und Gleichberechtigung in Interkultureller, Feministischer und Integrativer Pädagogik. Wiesbaden: VS.

Reinmann, Gabi (2018): Reader zu Design-Based Research (DBR). https://gabi-reinmann.de/wp-content/uploads/2018/06/Reader_DBR_Juni2018.pdf (Abfrage: 06.06.2023).

Reinmann, Gabi/Sesink, Werner (2014): Begründungslinien für eine entwicklungsorientierte Bildungsforschung. In: Hartung, Anja/Schorb, Bernd/Niesyto, Horst/Moser, Heinz/Grell, Petra (Hrsg.): Jahrbuch Medienpädagogik 10. Methodologie und Methoden medienpädagogischer Forschung. Berlin: Springer, S. 75–89.

Rödel, Laura/Mayer, Stephen (2023, i. Dr.): Der Baustein Sprachbildung 2.0. Eine digitale Lehr-Lern-Einheit zur Lehrkräfteprofessionalisierung für inklusive Settings. In: DiMawe. Die Materialwerkstatt 5, H. 3, S. 84–100. https://doi.org/10.11576/dimawe-6442

Schmitz, Lena/Simon, Toni/Pant, Hans Anan (2020): Heterogene Lerngruppen und adaptive Lehrkompetenz. Skalenhandbuch zur Dokumentation des IHSA-Erhebungsinstruments. Münster, New York: Waxmann.

Simon, Toni (2015): Adaption – woran und wofür? Adaption als Kerngeschäft inklusionsorientierter Sachunterrichtsdidaktik. In: Liebers, Katrin/Landwehr, Brunhild/Marquardt, Anne/Schlotter, Kezia (Hrsg.): Lernprozessbegleitung und adaptives Lernen in der Grundschule. Forschungsbezogene Beiträge. Wiesbaden: Springer, S. 229–234.

Simon, Toni (2019): Zum Inklusionsverständnis von FDQI-HU. In: Frohn, Julia/Brodesser, Ellen/Moser, Vera/Pech, Detlef (Hrsg.): Inklusives Lehren und Lernen: Allgemein- und fachdidaktische Grundlagen. Bad Heilbrunn: Klinkhardt, S. 21–27.

Textor, Annette/Kullmann, Harry/Lütje-Klose, Birgit (2014): Eine Inklusion unterstützende Didaktik – Rekonstruktionen aus der Perspektive inklusionserfahrener Lehrkräfte. In: Jahrbuch für Allgemeine Didaktik 4, S. 69–91.

Wahl, Diethelm (2013): Lernumgebungen erfolgreich gestalten. Vom trägen Wissen zum kompetenten Handeln. 3. Auflage mit Methodensammlung. Bad Heilbrunn: Klinkhardt.

Weinert, Franz/Helmke, Andreas (Hrsg.) (1997): Entwicklung im Grundschulalter. Weinheim: Beltz.

Wischer, Beate/Trautmann, Matthias (2014): ‚Individuelle Förderung' als bildungspolitische Reformvorgabe und wissenschaftliche Herausforderung. In: Die deutsche Schule 106, H. 2, S. 105–118.

Autor:innenangaben

Frohn, Julia, Dr., Humboldt-Universität zu Berlin;
Arbeits- und Forschungsschwerpunkte: Inklusionsorientierte Didaktik, Lehrkräfteprofessionalisierung, Auswirkungen der Corona-Pandemie auf Schule und Unterricht, Verbindung von Digitalität und Inklusion im Lehren und Lernen
julia.frohn@hu-berlin.de

Liebsch, Ann-Catherine, Humboldt-Universität zu Berlin;
Arbeits- und Forschungsschwerpunkte: Inklusiver Lateinunterricht, Lehren und Lernen im Kontext von Digitalisierung, Lehrkräftebildung im Kontext von Inklusion
ann-catherine.liebsch@hu-berlin.de

Kinderrechte im Kontext inklusiver Bildung. Einblicke in ein hochschuldidaktisches Format im Rahmen der Lehrer:innenbildung

David Rott, Daniel Bertels

Die Kinderrechte (im Folgenden KR) bieten Lehramtsstudierenden, so eine zentrale These dieses Beitrags, für die normative und empirische Auseinandersetzung mit Fragen inklusiver Bildung eine provokative und produktive Basis. Im Sinne eines weiten Inklusionsverständnisses, das auf Partizipation abzielt und barrierefreie gesellschaftliche Mitbestimmung in einer demokratisch orientierten Gesellschaft für alle Menschen anstrebt, sind die KR neben der UN-Behindertenrechtskonvention ein gewichtiger Rahmen für pädagogische Gestaltungsprozesse. Im Zentrum der theoretischen Überlegungen steht die Beziehung zwischen den KR und der inklusiven Bildung. Hieraus werden hochschuldidaktische Potenziale abgeleitet. Vorgestellt wird ein Seminarkonzept, in dem Lehramtsstudierende sich mit Fragen zur inklusiven Bildung und den normativen Orientierungen der Kinderrechte in der schulischen und pädagogischen Praxis beschäftigen. Anhand ausgewählter studentischer Produkte wird analysiert, wie sich die Beschäftigung mit den Kinderechten auf die Professionalisierung von Lehramtsstudierenden auswirken kann.

1. Einleitung

Allgemein kann Inklusion verstanden werden als umfassende Teilhabe und Barrierefreiheit für alle Menschen in Bezug auf Gesellschaft und Bildung. Vor diesem normativen Hintergrund sind eine gesellschaftliche und bildungsbezogene Ausgrenzung und Diskriminierung beispielsweise aufgrund des Geschlechts, der familiären Herkunft oder aber jedweder Beeinträchtigung zu vermeiden. Während die Behindertenrechtskonvention (UN 2006) dieses Recht auf Teilhabe und Nichtdiskriminierung mit Bezug auf die Allgemeine Erklärung der Menschenrechte (UN 1948) für eine spezifische Gruppe, Menschen mit Beeinträchtigungen, durchdekliniert, behält die Kinderrechtskonvention (im Folgenden KRK; UN 1989) einen weiten Fokus auf alle Personen zwischen 0–18 Jahren und bezieht dabei alle Dimensionen von Heterogenität in Schule (vgl. Vock/Gronostaj 2017) ein. Für die Schule bedeutet Inklusion die diskriminierungsfreie Teilhabe aller Schüler:innen an gesellschaftlich relevanten Bildungsprozessen (vgl. Prengel 2015; Sturm 2016). Ein über die KR grundgelegtes Verständnis inklusiver Bildung richtet den Blick auf Bildungsprozesse und damit verbundene Prozesse der Inklusion bzw. der Exklusionen für bestimmte Schüler:innen(gruppen) (vgl. Biewer/Proyer/Kremsner 2019; Werning/Lütje-Klose 2016). Für die Lehrer:innenbildung gilt es, ein solches weites Verständnis inklusiver Bildung in allen Phasen der Lehrer:innenbildung deutlich zu machen. Mit dem hier vorgestellten Seminarkonzept soll eine professionalisierungsbezogene Perspektive für die Umsetzung inklusiver Bildung aufgezeigt werden.

2. Das Seminarkonzept „Kinderrechte im Kontext inklusiver Bildung"

Dem vorgestellten Seminarkonzept liegt ein berufsbiographischer Professionalisierungsansatz als Orientierungsrahmen für die hochschuldidaktische Ausgestaltung zugrunde. Diesem Ansatz folgend deuten Lehramtsstudierende die hochschulischen Anforderungen vor dem Hintergrund eigener antizipierter Erwartungen und Idealbilder vom Lehrer:innensein (vgl. Hericks/Kunze 2002; Lindmeier/Lindmeier 2018). Diese antizipierten Erwartungen und Idealbilder speisen sich, neben dem erworbenen Wissen und den bisherigen berufsbezogenen Erfahrungen, auch aus den Schulerfahrungen als ehemalige Schüler:innen (vgl. Herzmann/König 2016).

Es kann davon ausgegangen werden, dass Lehramtsstudierende diese auf die Professionalisierung wirkenden persönlichen Schulerfahrungen in weiten Teilen in einem mehrgliedrigen, hoch selektiven und leistungsorientierten Schulsystem absolviert haben (vgl. Heinzel/Krasselmann 2022). Im Studium werden sie mit Fragen zur Entstehung von Heterogenität, aber auch zum produktiven Umgang mit ebendieser als zentrale Perspektive und Aufgabe von Lehrkräften konfrontiert. Weitere Folien, vor denen Lehrer:innenbildung ausdekliniert wird, sind die Gestaltung inklusiver Bildung und die damit verbundenen Bemühungen, soziale Ungleichheit in der Schule und damit auch in der Gesellschaft insgesamt abzubauen. Diese Perspektiven stellen die bisherigen tradierten Bewältigungsmuster des Systems Schule massiv in Frage. So lassen sich in der Mehrgliedrigkeit des Systems, in der starken Orientierung an kognitiver Leistungsfähigkeit und den damit in Zusammenhang stehenden Selektionsmechanismen starke Exklusionstendenzen für unterschiedliche Schüler:innengruppen ausmachen (vgl. Heinrich 2015).

Die vordergründige Orientierung an der Leistungsheterogenität verdeckt aber die Bedingungen, unter denen Leistung zustande kommen kann. Verheyen (2018) hat aufgezeigt, dass Leistung immer eingebunden ist in ein soziales Gefüge. Bezüglich des Heterogenitätsdiskurses lassen sich Verstrickungen erkennen, die die Frage auslösen, wie etwa der sozio-ökonomische Status der Eltern dazu führt, dass Schüler:innen in der Schule bestimmte Leistungen zeigen können oder eben nicht (vgl. Rott 2022). In dieser Konfrontation werden möglicherweise bestehende Berufsvorstellungen und Idealbilder vom Lehrer:innenberuf in Frage gestellt.

Ein berufsbiographischer Professionalisierungsansatz geht davon aus, dass in dieser Konfrontation von (neuen) beruflichen Anforderungen und den individuellen Ressourcen (Kompetenzen, Interessen, Zielen, Überzeugungen) Professionalisierung geschieht (vgl. Hericks/Keller-Schneider/Bonnet 2019), indem die berufsbezogenen Erfahrungen mit Rekurs auf gesicherte fachliche Bezüge reflektiert werden. Demnach haben die aktuellen schulpädagogischen Diskurse Inklusion, Umgang mit Heterogenität sowie soziale Ungleichheit einen Einfluss auf die Professionalisierung bzw. Professionalität von (angehenden) Lehrkräften, die sich über die vier berufsbiographischen Entwicklungsaufgaben Rollenfindung, Vermittlung, Anerkennung und Kooperation ausdeklinieren lassen.

Das Seminar „Kinderrechte im Kontext inklusiver Bildung" am Institut für Erziehungswissenschaft an der Universität Münster ist im Master of Education im Modul „Sonderpädagogik" verortet. Es kann von Studierenden besucht werden, die sich für allgemeinbildende Schulen qualifizieren lassen. Die Ausbildung zur Lehrkraft für Sonderpädagogik ist zum jetzigen Zeitpunkt noch nicht möglich. Der Aufbau eines entsprechenden Studienganges ist mit dem Wintersemester 2023/24 geplant.

Die aktuelle Studienordnung der Studiengänge für allgemeinbildende Schulen im Modul „Sonderpädagogik" fokussiert auf sonderpädagogische Unterstützungsbedarfe und legt vor allem ein enges Inklusionsverständnis an. Mit dem Seminar wird der Versuch unternommen, einen weiten Inklusionsbegriff für die Ausgestaltung inklusiver Bildungsangebote zu rahmen. Das Seminar haben wir an anderer Stelle hinsichtlich der hochschuldidaktischen Anlage und Durchführung dezidiert vorgestellt (Rott/Bertels/Stroetmann 2021) und die eigene Position als Hochschullehrende reflektiert (Rott/Bertels 2023) sowie im Zusammenspiel mit der zweiten Phase der Lehrer:innenbildung diskutiert (Bertels/Ridder/Rott/Speckenwirth 2022).

Das Seminar umfasst drei Teile: einen Grundlagenteil, in dem zentrale Bezugsideen erarbeitet werden, einen Werkstattteil, in dem die Studierenden sich mit unterschiedlichen pädagogischen Praxen beschäftigen können, etwa durch das Hospitieren in Schulen oder durch Interviews mit Akteur:innen, und einen Abschlussteil, in dem die Studierenden ihre Ergebnisse aufbereiten und präsentieren.

Zum Grundlagenteil: Das Seminar beginnt mit einer theoretischen sowie empirischen Verortung in den Feldern inklusiver Bildung (vgl. Hinz 2002; Prengel 2015) und Heterogenität in der Schule (vgl. Sturm 2016; Vock/Gronostaj 2017). Zudem werden die KR in ihrer Systematik und ihre Relevanz für die Schule vorgestellt. Die KRK (UN 1989) wird neben der Behindertenrechtskonvention (UN 2006) als weit gedachte normative Grundlage der Gestaltung inklusiver Bildung eingeführt. Die Verortung in der Menschenrechtsdiskussion als universelle Bezugsnorm geschieht in kritischer Auseinandersetzung, etwa mit Bezug auf Taylor (2021), der in seinem Essay „Bedingungen für einen freien Konsens über Menschenrechte" verdeutlicht, dass die Idee der Menschenrechte kulturellen Prägungen unterworfen ist und immer nur vor der Folie bearbeitet werden kann, wie das Verhältnis von Individuum und Gesellschaft gefasst wird.

Zum Werkstattteil: Aufbauend auf diese Wissensbasis erhalten die Studierenden unterschiedliche Feldzugänge in die Kinderrechtepraxis im Schulsystem. Eine Option sind Hospitationen in Schulen, die die Verwirklichung der KR im Schulprogramm verankert haben. Hier führen Studierende Beobachtungen im (kinderrechtsbezogenen) Unterricht durch, nehmen an speziellen Projekttagen teil oder lernen zentrale Organe wie Klassenrat und Schüler:innenparlament kennen. Ein weiterer Feldzugang wird über Kontakte zu Expert:innen im Bereich der Umsetzung der KR hergestellt. Neben Lehrpersonen und Schulleitungen sind dies etwa Schüler:innen, die sich in diesem Bereich besonders engagieren, Stiftungs-Akteur:innen oder Eltern. Über leitfadengestützte Interviews erschließen sich die Studierenden unter einer bestimmten und selbst ausgewählten Perspektive die jeweilige Kinderrechtepraxis der Expert:innen. Zudem werden weitere Angebote eingebunden, etwa der Besuch von spezifischen Tagungen oder die Beschäftigung mit Materialien, die in Schule und Unterricht eingesetzt werden können.

Die verschiedenen Zugänge bieten den Studierenden die Möglichkeit, eigene Schwerpunkte zu setzen und eigenen Fragen nachzugehen. Dabei werden organisatorische Fragen, etwa zur Zeitplanung, in die Verantwortung der Studierenden gelegt.

Nach dem Feldzugang wird in den Seminarzeiten an den Erfahrungen, Beobachtungen oder Daten gearbeitet. Dies geschieht anhand des Materials individuell, in Kleingruppen bzw. im Plenum. Hier werden die Diskussion und Analyse fokussiert. Bisher wurden in der Werkstattphase folgende Arbeitsmodi gefunden:

- Darstellung und Analyse der Interview-Ergebnisse in Kleingruppen.
- Darstellung und Diskussion der Beobachtungen aus dem kinderrechtebasierten Unterricht in Einzelarbeit oder Kleingruppen.
- Darstellung und Diskussion der kinderrechtebasierten Ansätze, die im Rahmen der Tagung kennengelernt wurden.
- Darstellung und Diskussion der Materialien, die zur Er- und Bearbeitung der KR eingesetzt werden.

Zum Präsentationsteil: In einer Präsentationsphase werden die Perspektiven und Schwerpunkte, die sich die Studierenden erarbeitet haben, vorgestellt und diskutiert. Aus diesen Ergebnissen erwachsen u. U. Studien- und Prüfungsleistungen im Modul. Viele Studierende nutzen diese Erfahrungen, um weitergehende Studien zu gestalten, etwa im Praxissemester oder als Masterarbeit.

3. Studentische Arbeitsergebnisse & hochschulische Perspektiven

Mit Blick auf die Ziele, die mit dem Seminar verbunden werden, stellt sich die Frage, ob diese auch erreicht werden können. Ausgehend vom berufsbiographischen Ansatz wäre davon auszugehen, dass die beobachteten Situationen, Gespräche, Tagungsbesuche oder die Auseinandersetzungen mit den Materialien zu Irritationen auf Seiten der Studierenden führen können. Durch den Wechsel zwischen Phasen der Einzelarbeit (etwa Hospitationen) und Gruppenarbeit (in der angegliederten Werkstattphase) sind Perspektiverweiterungen zu erwarten. Durch das Zugänglichmachen der unterschiedlichen Erfahrungen durch die Präsentationsphase kann ein vernetztes Nachdenken über die Erlebnisse stattfinden.

Um dieser Spur nachzugehen, wird anhand von studentischen Materialien die analytische Arbeit aufgezeigt und bezüglich der Frage der Professionalisierung der angehenden Lehrpersonen zur Diskussion gestellt. Dabei handelt es sich nicht um ein empirisches Vorgehen im engeren Sinne. Vielmehr soll explorativ herausgestellt werden, welche Potenziale für die Hochschuldidaktik und die Professionalisierung der Lehramtsstudierenden erkennbar werden. Bezüglich der Ideen Forschenden Lernens wurde im Anschluss an Huber (2009) und Jenkins und Healey (2005) bereits an anderer Stelle aufgezeigt (vgl. Rott/Bertels 2023), welche Potenziale sich mit dieser Arbeit verbinden lassen. Hier konnte aufgezeigt werden, dass die Studierenden in dem Seminar differente Aufgaben und Rollen im Sinne von Jenkins und Healy (2005) ausfüllen. Zunächst sind sie Rezipierende und setzen sich mit den theoretischen Grundlagen und der empirischen Ausgangslage auseinander. Anschließend werden die Studierenden selbst zu Akteur*innen im Forschungsfeld und nutzen Forschungsmethoden wie Interviews oder Beobachtungen. Genutzt werden können dabei eventuell Vorerfahrungen, die dann im Seminar weiter aufgebaut werden.

Das erste hier folgend vorgestellte Dokument stellt einen Auszug aus einem umfassenderen Beobachtungsprotokoll dar. Dieses wurde an einem Vormittag (vier Unterrichtsstunden) in einer Grundschule in einer Kleinstadt in NRW in einer Klasse 4 erstellt. Die Schule hatte Studierenden des Seminars die Option eröffnet, bei einem Projekttag zu hospitieren. Die Studierenden konnten alleine oder zu zweit in eine Klasse gehen. Die Klasse und die Lehrperson waren den Studierenden zuvor unbekannt, auch die Schule wurde bis zu diesem Zeitpunkt nur durch ein kurzes Video und Erläuterungen durch die Dozierenden vorgestellt.

Das Beobachtungsprotokoll entstand auf Basis der Vorarbeiten im Seminar in Anlehnung an ethnographische Beobachtungsansätze (vgl. De Boer/Reh 2012). Dabei wurde den Studierenden aufgezeigt, welche Rolle Beobachter:innen in pädagogischen Kontexten einnehmen (können) und wie sich die Rollenwahrnehmung auf die zu beobachtende Praxis auswirken kann. Impulsfragen (etwa:

Was fällt Ihnen besonders auf? Wie sprechen die Personen miteinander? Wie nutzen die Schüler:innen das Material?) wurden als Orientierungshilfen an die Hand gegeben, da nicht davon ausgegangen werden kann, dass die Studierenden in diesem Bereich bereits über entsprechende Expertise verfügen. Die Studierenden waren in der Form der Dokumentation und der Fokussierung ihrer Beobachtungen letztendlich frei, um Raum für Irritationen und Fragen verstärkt zu ermöglichen.

Das Protokoll beginnt unvermittelt, ohne dass die Lerngruppe, der Raum, die Position, von der aus beobachtet wird, näher beschrieben werden. Das Protokoll wird so wiedergegeben, wie es für das Seminar als digitales, getipptes Dokument eingereicht wurde. Eine Korrektur (etwa Orthographie, Zeichensetzung) findet nicht statt.

Auszug Beobachtungsprotokoll (Grundschule, Klasse 4, Kinderrechtetag)

Die Lehrerin fängt mit dem Satz an „Ihr erinnert euch vielleicht, das machen wir jedes Jahr... Wer kann ein Kinderrecht erklären?" Die SuS wissen schon was auf sie zu kommt, das merke ich daran, dass kein weiterer Erklärungsbedarf zu dem Thema besteht. Die SuS melden sich. Das drangenommene Kind erklärt zuerst ein bestimmtes Bild (was, es darauf sieht) und steht dann auf und geht auf die rechte Seite der Tafel, um die dazu passende Wortkarte zu lesen. Man merkt, dass die SuS diesen Ablauf schon kennen. Die SuS sollen sich selbst drannehmen. Die Lehrerin achtet dabei darauf, dass Mädchen und Jungen abwechselnd drankommen. Manchmal brauchen SuS länger, die passende Wortkarte zu finden. Dann greift die Lehrerin ein und zeigt den SuS die dazu passende Wortkarte mit der Begründung „damit es schneller geht". Auf einer Karte steht das Wort „Ausbeutung", welches die Lehrerin näher erklärt. Sie bezieht sich auf Kinderarbeit im Osten (Indien, Teppiche nähen). Manche Bilderklärungen werden von der Lehrerin noch ergänzt bzw. wird die Bedeutung des Bildes näher erläutert („Da ist noch ein Kind im Rollstuhl. Der im Rollstuhl möchte auch gärtnern").

In der Werkstattphase wird die Beobachtungssequenz in einem Wechselspiel aus Einzelarbeit und Gruppenarbeit über den Zeitraum mehrerer Wochen analysiert. Die Studierenden arbeiteten dabei verschiedene Perspektiven heraus. Das Thema KR scheint in einem jährlichen Turnus wiederholt zu werden (*Ihr erinnert euch vielleicht, das machen wir jedes Jahr*), die Lehrkraft betont den Wiedererkennungswert. Hierdurch entsteht der Eindruck einer Routine oder auch einer routinemäßigen Thematisierung.

Die beschriebene didaktisch-methodische Aufbereitung vermittelt, dass sich die KR explizit oder implizit über das Hinzuziehen von Abbildungen darstellen und benennen lassen. Das Vorgehen bei der Bearbeitung der Aufgabe wird durch die Lehrperson bestimmt. Die Beschreibung des Ablaufs lässt vermuten, dass die Aufgabe dann angemessen bearbeitet ist, wenn die Schüler:innen die auf der

Abbildung dargestellte Situation mündlich beschreiben und eine damit in Verbindung stehende Wortkarte korrekt zuordnen können.

Es scheinen Handlungssituationen auf den Karten dargestellt zu sein, jedoch werden einzelne KR nicht unbedingt explizit benannt. Über die Angabe einer Wortkarte „Ausbeutung" wird beispielsweise deutlich, dass die Wortkarten nicht KR beschreiben, sondern Gefahren, denen Kinder ausgesetzt sind.

Neben der expliziten Aufgabenstellung der Zuordnung von Bild und Wort besteht der Beschreibung nach eine zweite, heimliche Aufgabenstellung in der schnellen Erledigung ebendieser (*damit es schneller geht*). Nicht der Nachvollzug und das Verständnis von Bild und Wort, sondern ein schnelles Abarbeiten wird angestrebt. Ein Austausch zu den abgebildeten Situationen findet nicht statt. Es geht vielmehr um das quantitative Abarbeiten, die einzelnen Karten oder Darstellungen sollen abgehakt, erledigt werden.

Die Lehrkraft scheint in der Unterrichtssituation die Definitionsmacht über die Bilder und Wortkarten zu behalten. Beschreibungen der Schüler:innen werden ergänzt, erläutert, korrigiert. Dabei interpretiert die Lehrkraft auch Gefühle der Abgebildeten. Sie geht über die Wortmeldungen hinaus. Vereinfachende, stereotypisierende Äußerungen folgen (etwa zur Kinderarbeit und zum Jungen im Rollstuhl), ohne dass eine Problematisierung erfolgt. Dass Probleme mit den KR vor allem aus dem eigenen Nahraum verdrängt werden (Kinderarbeit in Indien, aber doch nicht bei uns), knüpft an bestehende Probleme der Umsetzung der KR in Deutschland an. Eine Diskussion über die geleisteten Einordnungen und Strukturierungen geschieht, der studentischen Niederschrift der Beobachtungssequenz folgend, nicht.

Im Seminar wurde den Studierenden, die an dieser konkreten Unterrichtsbeobachtung nicht teilnahmen, das Material nach den ersten Analysearbeiten durch die Person, die die Beobachtungssituation erstellte, zugänglich gemacht. Die Sequenz wurde durch die beobachtende Person vorgestellt und eingeordnet. Hinweise zu möglichen Ergänzungen der Szene selbst (etwa: Konkretisierungen zur Lerngruppe) oder auch zu den ersten Analyseergebnissen (etwa: Verständnisfragen, theoriegeleitete Impulse) wurden in die weitere Arbeit aufgenommen.

Im Anschluss daran erfolgte eine Diskussion und damit verbunden eine detaillierte Analyse. Hierdurch wurden in der Seminargruppe neue Fragen und Anknüpfungspunkte in Hinblick auf die Verwirklichung einer kinderrechtebasierten Schule aufgeworfen, etwa:

- Welches (heimliche) Ziel verfolgt eine in dieser Form didaktisch aufbereitete Unterrichtssequenz?
- Welchen Lernertrag nehmen die Schüler:innen aus dieser Unterrichtssequenz mit?
- Wo bzw. in welchen (gesellschaftlichen und geografischen) Feldern wird die Notwendigkeit der Formulierung von KR formuliert?

- Sind die abgebildeten Situationen und die zugeordneten Rechte eindeutig, ohne Diskussions- oder Klärungsbedarf?
- Ergibt sich nicht erst aus der Bearbeitung und Diskussion der jeweiligen Bildsituationen die Chance, die Relevanz der KR zu ermitteln?

In den Fragestellungen lassen sich zentrale Anknüpfungspunkte hinsichtlich der Professionalisierung erkennen. Diese umfassen einerseits Aspekte der Kinderrechte, andererseits vor allem aber auch didaktische oder methodische Fragen, die auf guten Unterricht (vgl. Meyer 2021) abzielen. Dabei werden Materialien angesprochen, Formen der Präsentation oder der Aktivierung, vor allem auch die Rolle der Lehrperson.

Poster Trainingsraum (Sekundarstufe 1, Lehrpersoneninterview)
Das zweite Beispiel ist ein Poster, das für die Präsentation vorbereitet wurde. Über das Poster wurden die Ergebnisse eines Interviews mit einer Lehrkraft dargestellt, die an einer weiterführenden Schule arbeitet, welche sich als Kinderrechteschule präsentiert. Die Studierenden nahmen mit der Lehrperson Kontakt auf und führten via Zoom ein Interview. Dabei wurden vor allem Fragen zur schulischen Umsetzung aufgeworfen, da hier anscheinend die größten Interessen der Studierenden lagen. Sie fragten nach Umsetzungsmöglichkeiten im Unterricht, aber auch nach Strukturen, die helfen, die KR in der Schule angemessen zu berücksichtigen. In der Interviewanalyse stellte sich ein Instrument als besonders relevant für die Studierenden heraus: der Trainingsraum. Auf diese Methode zum Umgang mit Unterrichtsstörungen konzentrierten sich die Studierenden in der weiteren Analyse.

In dem Interview stellte die Lehrkraft den schulisch etablierten Trainingsraum als Möglichkeit dar, das Recht auf Bildung für alle Schüler:innen zu gewährleisten. Die Interviewgruppe zeichnet im Poster die Argumentation der Lehrkraft nach.

Das Konzept Trainingsraum wird in der Seminarsituation dem Plenum erläutert, da es nicht allen Anwesenden bekannt ist. Im Nachgang an die Präsentation entzündet sich daraufhin eine Debatte um die Verwirklichung der KR (hier Recht auf Bildung für die Gesamtgruppe) über den Ausschluss Einzelner. Die Studierenden, die das Interview geführt hatten, folgten in der Argumentation der Lehrperson und hatten keine kritischen Einwände. Die Idee, dass die Gruppe besser lernen kann, wenn die, die als Störende identifiziert werden, temporär aus der Lerngruppe entfernt werden, war für sie ein äußerst schlüssiges Argument. In der Diskussion differenzierte sich dieses Bild weiter aus. Hier verwiesen einige Studierende vehement darauf, dass der Trainingsraum einen exkludierenden und stigmatisierenden Effekt hat, der das Recht auf Bildung für alle überlagert. Hier treten zwei Rechte miteinander in Konkurrenz. Das Abwägen dieser Argumente wurde in einer offenen Diskussion geführt, etwa:

- Bedeutet ein Ausschluss einzelner Schüler:innen nicht automatisch Exklusion?
- Wie kann das Recht auf Bildung aller Schüler*innen verwirklicht werden, wenn einzelne die Lernatmosphäre beeinträchtigen?
- Kann der:dem einzelnen „störenden" Schüler:in die Verantwortung für den gestörten Lernprozess übertragen werden?
- Welche alternativen pädagogischen Handlungsmöglichkeiten bieten sich Lehrkräften im Sinne der KRK?

Intensiv wird in der Seminargruppe die Antinomie aus Rechten des Einzelnen und Rechten der Gruppe diskutiert. Die KR werden als normative Grundlage der Auseinandersetzung bewusst wahrgenommen und als Argumentations- und Handlungsgrundlage erkannt. Dabei wurde im Seminar nicht die eine richtige Lösung definiert, sondern vielmehr ausgearbeitet, welche Folgen bestimmte Setzungen haben können und wie die Beachtung einzelner Rechte auch Limitierungen in der Gesamtschau haben können.

Gerade im diskursiven Potenzial zeigte sich auch, wie sich die Positionen der Studierenden unterscheiden können, welche Perspektiven sie einnehmen (Lehrpersonen und Schüler:innen, Einzelne oder Gruppe) und wie sich hieran auch die Argumentation verschieben kann. Besprochen wurde zudem, ob und inwiefern diese Diskussion aus dem Seminar nicht auch wichtig wäre für die Schule. Überlegt wurde, der interviewten Lehrperson eine Rückmeldung zu geben und sie noch einmal für ein Gespräch einzuladen. Diese Einladung wurde seitens der Lehrperson allerdings nicht angenommen.

4. Fazit und Ausblick

Vor dem Hintergrund der bisherigen Erfahrungen ergeben sich für uns unterschiedliche Anknüpfungspunkte für die zukünftige Seminararbeit:

Es zeigt sich hochschuldidaktisch, dass über den Feldzugang pädagogische Situationen aufgedeckt werden, die häufig eine antinomische Gestalt (vgl. Helsper 2016) haben. Diese Situationen bieten, wenn ihre spannungsreiche Gestalt aufgedeckt wird, die Möglichkeit, frei von pädagogischen Handlungszwängen analysiert, diskutiert und reflektiert zu werden. Die bisherigen Erfahrungen zeigen allerdings, dass eine solche nachgelagerte Analyse und Reflexion oftmals einer gezielten theoretischen Orientierung, wissenschaftlichen Einordnung und reflexiven Begleitung bedürfen. Die oft im Rahmen einer berufsbiographischen Professionalisierung geforderte Reflexion von schulpraktischen Erfahrungen über den Rekurs auf gesicherte fachliche Aspekte muss bewusst angelegt und angemessen angeleitet werden. Beobachtungen schulisch-unterrichtlicher Praxis, Befragungen schulischer Akteur:innen oder die Diskussion von Unterrichtsmaterial bedürfen einer expliziten theoretischen, normativen und programmatischen

Einordnung im Sinne der KRK. Die Studierenden zeigen erfahrungsgemäß Offenheit und großes Interesse an dieser gemeinsamen Analyse und Einordnung. Eine so verstandene Reflexivität (vgl. Budde/Hummrich 2015; Häcker/Walm 2015; Hericks et al. 2019) kann einen Wissens- und Kompetenzerwerb von (angehenden) Lehrkräften für ein inklusives Bildungssystem unterstützen und damit Professionalisierung im berufsbiographischen Sinne ermöglichen. Die Studierenden finden in der KRK (UN 1989) eine normative Grundlage der professionellen Reflexion innerhalb der Seminararbeit sowie eine normative Grundlage der eigenen (antizipierten) Handlungsfähigkeit im pädagogischen Feld. So kann das für die Professionalisierung von Lehrkräften grundsätzliche Paradigma des lebenslangen Lernens als Ergebnis eines Abgleichs schulischer Anforderungen mit persönlichen Ressourcen angeregt werden.

Forschungsbezogen stellt sich uns die Frage, welche Perspektiven Studierende auf die pädagogische Praxis haben. Wir haben die Vermutung, dass die eigene Auseinandersetzung – auch jenseits des hier vorstellten Seminars – sich häufig um Klassenführung, Autorität und Anerkennung als Lehrkraft dreht. Hier wäre es spannend, die in den Dokumenten erkennbaren Perspektiven systematisch aufzuarbeiten und in Hinblick auf eine berufsbiographische Professionalisierung und die darin verorteten Entwicklungsaufgaben auszudeuten. Außerdem könnte das Kinderrechtewissen von Studierenden vor Beginn des Seminars erhoben werden.

Literatur

Bertels, Daniel/Ridder, Michael/Rott, David/Speckenwirth, Ullrich (2022): Kinderrechte als eine grundlegende Orientierung in der Lehrerbildung? In: Schulverwaltung NRW, H. 6, 2022, S. 174–177.

Biewer, Gottfried/Proyer, Michelle/Kremsner, Gertraud (2019): Inklusive Schule und Vielfalt. Stuttgart: Kohlhammer.

Budde, Jürgen/Hummrich, Merle (2015): Inklusion aus erziehungswissenschaftlicher Perspektive. In: Erziehungswissenschaft 26, H. 51, S. 33–41.

De Boer, Heike/Reh, Sabine (2012): Beobachtung in der Schule – Beobachten lernen. Wiesbaden: Springer.

Häcker, Thomas/Walm, Maik (2015): Inklusion als Herausforderung an eine reflexive Erziehungswissenschaft. Anmerkungen zur Professionalisierung von Lehrpersonen in inklusiven Zeiten. In: Erziehungswissenschaft 26, H. 51, S. 81–89.

Heinrich, Martin (2015): Inklusion oder Allokationsgerechtigkeit? Zur Entgrenzung von Gerechtigkeit im Bildungssystem im Zeitalter der semantischen Verkürzung von Bildungsgerechtigkeit auf Leistungsgerechtigkeit. In: Manitius, Veronika/Hermstein, Björn/Berkemeyer, Nils/Bos, Wilfried (Hrsg.): Zur Gerechtigkeit von Schule. Theorien, Konzepte, Analysen. Münster: Waxmann, S. 235–255.

Heinzel, Friederike/Krasemann, Benjamin (2022): Erfahrung und Inklusion – Herausforderungen für die Lehrer*innenbildung. In: Heinzel, Friederike/Krasemann, Benjamin (Hrsg.): Erfahrung und Inklusion. Springer VS, Wiesbaden.

Helsper, Werner (2016): Lehrerprofessionalität – der strukturtheoretische Ansatz. In: Rothland, Martin (Hrsg.): Beruf Lehrer/Lehrerin. Münster: Waxmann, S. 103–126.

Hericks, Uwe/Keller-Schneider, Manuela/Bonnet, Andreas (2019): Professionalität von Lehrerinnen und Lehrern in berufsbiographischer Perspektive. In: Harring, Marius/Rohlfs, Carsten/Gläser-Zikuda, Michaela (Hrsg.): Handbuch Schulpädagogik Münster: Waxmann, S. 597–607.

Hericks, Uwe/Kunze, Ingrid (2002): Entwicklungsaufgaben von Lehramtsstudierenden, Referendaren und Berufseinsteigern. Ein Beitrag zur Professionalisierungsforschung. In: Zeitschrift für Erziehungswissenschaft 5, H. 3, S. 401–416.

Herzmann, Petra/König, Johannes (2016): Lehrerberuf und Lehrerbildung. Bad Heilbrunn: Klinkhardt.

Hinz, Andreas (2002): Von der Integration zur Inklusion – terminologisches Spiel oder konzeptionelle Weiterentwicklung? In: Zeitschrift für Heilpädagogik 53, H. 9, S. 354–361.

Huber, Ludwig (2009): Warum Forschendes Lernen nötig und möglich ist. In: Huber, Ludwig/Hellmer, Julia/Schneider, Friederike (Hrsg.): Forschendes Lernen im Studium. Aktuelle Konzepte und Erfahrungen Bielefeld: Webler, S. 9–35.

Jenkins, Alan/Healey, Mick (2005): Institutional Strategies to Link Teaching and Research. York: The Higher Education Academy. http://www.heacademy.ac.uk/assets/York/documents/ourwork/research/Institutional_strategies.pdf (Abfrage: 17.05.2023).

Lindmeier, Christian/Lindmeier, Bettina (2018): Professionalisierung von Lehrpersonen. In: Sturm, Tanja/Wagner-Willi, Monika (Hrsg.): Handbuch schulische Inklusion. Opladen: Barbara Budrich, S. 266–281.

Meyer, Hilbert (2004): Was ist guter Unterricht?. 15. Auflage. Berlin: Cornelsen.

Prengel, Annedore (2015): Inklusive Bildung: Grundlagen, Praxis, offene Fragen. In: Häcker, Thomas/Walm, Maik (Hrsg.): Inklusion als Entwicklung. Konsequenzen für Schule und Lehrerbildung. Bad Heilbrunn: Klinkhardt, S. 27–46.

Rott, David (2017): Die Entwicklung der Handlungskompetenz von Lehramtsstudierenden in der Individuellen Begabungsförderung. Forschendes Lernen aufgezeigt am Forder-Förder-Projekt Advanced. Münster: Waxmann.

Rott, David (2022): Heterogenität in der Schule. Verhandlung strittiger Begrifflichkeiten im Handlungsfeld Schule. In: Fischer, Christian/Rott, David (Hrsg.): Individuelle Förderung – Heterogenität und Handlungsperspektiven in der Schule. Münster: Waxmann, S. 13–26.

Rott, David/Bertels, Daniel (2023): Kinderrechte als Thema in der Lehrer*innenbildung. Perspektiven aus dem und für das Studium von angehenden Lehrpersonen. In: Bartz, Adolf/Gerarts, Katharina/Krappmann, Lothar/Lohrenscheit, Claudia (Hrsg.): Praxis der Kinderrechte an deutschen Schulen. Eine Zwischenbilanz. Frankfurt am Main: Wochenschau, S. 265–276.

Rott, David/Bertels, Daniel (2023, i. E.): Studierende erforschen Kinderrechte. Ansätze forschenden Lernens in geöffneten Hochschulsettings. In: Schneider, Ralf/Weißhaupt, Michael/Griesel, Clemens/Pfrang, Agnes/Tänzer, Sandra/Schulze, Hendrikje (Hrsg.): Entdeckende und forschende Lernprozesse als Herausforderung einer zweifachen Adressierung in Hochschullernwerkstätten – Forschungszugänge im Dialog. Bad Heilbrunn: Klinkhardt.

Rott, David/Bertels, Daniel/Stroetmann, Elisabeth (2021): Inklusive Bildung unter dem Fokus der Kinderrechte. In: Herausforderung Lehrer*innenbildung 4, H. 1, S. 398–417.

Sturm, Tanja (2016): Lehrbuch Heterogenität in der Schule. München: Reinhardt.

Taylor, Charles (2021): Bedingungen für einen freiwilligen Konsens über Menschenrechte. In: Derselbe: Menschenrechte, Religion, Gewalt. Drei Essays. Ditzingen: Reclam, S. 7–50.

UN (1948): Allgemeine Erklärung der Menschenrechte. Resolution der Generalversammlung.

UN (1989): Übereinkommen über die Rechte des Kindes.

UN (2006): Übereinkommen über die Rechte von Menschen mit Behinderungen.

Verheyen, Nina (2018): Die Erfindung der Leistung. Berlin: Hanser.

Vock, Miriam/Gronostaj, Anna (2017): Umgang mit Heterogenität in Schule und Unterricht. Berlin: Friedrich-Ebert-Stiftung.

Werning, Rolf/Lütje-Klose, Birgit (2016): Einführung in die Pädagogik bei Lernbeeinträchtigungen. München: Reinhardt.

Autor:innenangaben

Rott, David, Dr., Universität Münster, Institut für Erziehungswissenschaft der Universität Münster; Arbeits- und Forschungsschwerpunkte: diversitätssensible Lehrer:innenbildung, Individuelle Förderung, Begabungsforschung, Forschendes Lernen, Kinderrechtebildung
david.rott@uni-muenster.de

Bertels, Daniel, Dr., Landeskompetenzzentrum für Individuelle Förderung NRW; Arbeits- und Forschungsschwerpunkte: Inklusive Bildung, Lehrer*innenbildung für Inklusion, Umsetzung der Kinderrechte in der Schule
daniel.bertels@uni-muenster.de

Lehrkräftebildung für Inklusion – Wirksamkeit verschiedener Aus- und Fortbildungsmaßnahmen

Sandra Mirbek

> Der vorliegende Beitrag stellt die Ergebnisse einer Evaluationsstudie vor, welche verschiedene Aus- und Fortbildungsmaßnahmen für Studierende und Lehrkräfte in der ersten und dritten Phase der Lehrkräftebildung untersucht, deren Ziel es ist, zu einer Professionalisierung der Teilnehmenden im Umgang mit Diversität und Inklusion beizutragen. Dabei stehen die drei Kompetenzfacetten Wissen, Einstellung und Selbstwirksamkeitserwartungen zu inklusivem Unterricht im Fokus. Die angebotenen Veranstaltungen sind Praxisprojekte und Lehrveranstaltungen für Studierende sowie kurze Fortbildungen und mehrmonatige Fortbildungsreihen für Lehrkräfte. Der Beitrag stellt ausgewählte Ergebnisse zur Wirksamkeit der Angebote sowie zum Einfluss der verschiedenen Merkmale (Zielgruppe, Angebotsdauer und Intensität an Theorie-Praxis-Verzahnung) vor.

1. Einführung

2004 wurde an der Goethe-Universität Frankfurt in Zusammenarbeit mit dem Hessischen Kultusministerium die *Arbeitsstelle für Diversität und Unterrichtsentwicklung – Didaktische Werkstatt* (nachfolgend: Didaktische Werkstatt) errichtet, welche im Fachbereich Erziehungswissenschaften verortet ist. Diese hat sich zum Ziel gesetzt, Lehrkräfte und Studierende in ihrem Umgang mit Diversität und Inklusion im weiten Begriffsverständnis zu professionalisieren. Eine Herausforderung hierbei ist, dass die Lehrkräfte hierfür nicht nur mit fachlichem Wissen gerüstet sein müssen, sondern sich auch deren Einstellungen und Selbstwirksamkeitserwartungen positiv auf die Gestaltung des Unterrichts auswirken und entscheidend zum Erfolg schulischer Inklusion beitragen (vgl. Seifried/Heyl 2016; Schwarzer/Warner 2014). Die vorliegende Evaluationsstudie untersuchte mittels eines Prä-Post-Designs, inwieweit durch verschiedene Angebotsformate (Praxisprojekte, Lehrveranstaltungen, kurze Fortbildungen oder Fortbildungsreihen) und deren Merkmale wie Zielgruppe, Angebotsdauer und Intensität an Theorie-Praxis-Verzahnung ein Zuwachs in den drei Kompetenzfacetten (Wissen, Einstellung und Selbstwirksamkeitserwartungen im Hinblick auf Inklusion) aufseiten der Studierenden bzw. Lehrkräfte erfolgt. In diesem Beitrag werden exemplarische Ergebnisse dieser Studie vorgestellt und auf die Wirksamkeit verschiedener hochschuldidaktischer Angebotsformate bzw. deren Merkmale eingegangen. Dazu wird zuerst der theoretische Hintergrund und das zugrundeliegende Inklusionsverständnis sowie der aktuelle Forschungsstand betrachtet. Anschließend wird auf die Methodik, inklusive der Fragestellung, der Zielgruppe/Stichprobe und der untersuchten Formate sowie deren Merkmale (näher erläutert in Tabelle 1) eingegangen und die Ergebnisinstrumente vorgestellt. Danach werden exemplarische Ergebnisse der Evaluationsstudie dargestellt, wobei der Schwerpunkt auf der Wirksamkeit der verschiedenen Formate und ihrer Merkmale liegt. Ein Fazit resümiert die Erkenntnisse.

2. Theoretischer Hintergrund und Forschungsstand

Inklusion beschreibt das „Konzept eines gesellschaftlichen Systems, in welchem Vielfalt als bereichernd angesehen wird, keine Vergleichsnorm vorgesehen ist und alle Menschen, unabhängig von ihren Differenzmerkmalen (Diversitätskategorien), gleichberechtigt partizipieren können" (Mirbek 2021, S. 29). Nach Artikel 24 der UN-Behindertenrechtskonvention (UN-BRK) müssen alle Schüler:innen Zugang zum allgemeinbildenden Bildungssystem erhalten und einzelne dürfen nicht ausgesondert werden (UN 2006). Das gilt nicht nur für Schüler:innen mit Behinderungen, sondern für alle und somit auch für Schüler:innen mit „Fluchthintergrund, in Armutslagen sowie sprachliche und religiöse Minderheiten" (Mirbek 2021, S. 25). Es soll somit ein inklusives Schulsystem geschaffen werden, welches die Diversität der Schüler:innenschaft als Ressource und nicht als Hindernis begreift (vgl. Feyerer 2017). Ein inklusives Schulsystem erfordert eine angepasste Lehrkräftebildung, wobei die Lehrkräfte neben fachlichem Wissen auch über zielführende Einstellungen und positive Selbstwirksamkeitserwartungen zu inklusivem Unterricht verfügen müssen (vgl. Hellmich/Görel 2014; vgl. Schwab/Feyerer 2016; vgl. Schwarzer/Warner 2014).

Da die Aus- und Fortbildung der Lehrkräfte einen entscheidenden Einfluss auf die Entwicklung der Kompetenzfacetten Wissen, Einstellungen und Selbstwirksamkeitserwartungen sowie die gelungene Umsetzung schulischer Inklusion aufweist, ist von Interesse, welchen Beitrag verschiedene universitäre Aus- und Fortbildungsmaßnahmen auf die Kompetenzentwicklung der Lehrkräfte leisten können und welche Angebote für deren Wirksamkeit erforderlich sind (vgl. Lipowsky 2014). Der vorgestellten Studie liegt das Kompetenzmodell aus dem Projekt *Cognitive Activation in the Classroom: The Orchestration of Learning Opportunities for the Enhancement of Insightful Learning in Mathematics (COACTIV)* zugrunde, welches speziell für Lehrkräfte entwickelt wurde und ein vielschichtiges Bild von Lehrkraftkompetenz mit kognitiven, emotionalen und motivationalen Anteilen abbildet (vgl. Kunter et al. 2011). Zu den vier übergeordneten Kompetenzaspekten gehören: Professionswissen, Überzeugungen und Werthaltungen, motivationale Überzeugungen sowie selbstregulative Fähigkeiten. Zum Professionswissen zählt u. a. das prozedurale pädagogisch-psychologische *Wissen zu inklusivem Unterricht*, die *Einstellungen zu inklusivem Unterricht* befinden sich im Kompetenzaspekt der Überzeugungen & Werthaltungen und die *Selbstwirksamkeitserwartungen* sind ein Teil der motivationalen Überzeugungen. Der vierte Aspekt der Selbstregulation beeinflusst wurde nicht erhoben, da er trotz seiner Bedeutung für das subjektive Belastungserleben der Lehrkräfte und somit die Lehrkräftegesundheit kein klassischer Kompetenzbereich der Lehrkräftebildung ist, er schwer zu messen ist und es überdies noch nicht klar ist, inwieweit dieser Bereich veränderbar ist (vgl. Klusmann 2011). Im Folgenden werden die Erkenntnisse zur Wirksamkeit von Lehrkräftebildung dargelegt.

Wirksame Aus- und Fortbildungsangebote in der Lehrkräftebildung erfordern einen Wechsel zwischen Theorie-, Praxis- und Reflexionsphasen und sollten eher langfristig angelegt sein, wenngleich die Kompetenzen mit zunehmender absoluter Dauer nicht linear ansteigen (vgl. Lipowsky/Rzejak 2017). Denn die absolute Anzahl der Stunden und der Einbezug von Reflexionsphasen sind, neben der absoluten Dauer, welche mindestens 6 Monate betragen sollte, entscheidend für den Erfolg der Fortbildungsmaßnahmen bei Lehrkräften (vgl. Timperley et al. 2007). Diese Erkenntnisse der Wirksamkeitsforschung in der dritten Phase der Lehrkräftebildung (Fortbildung) sind nicht ohne weiteres auf das Studium, also die erste Phase der Lehrkräftebildung übertragbar. Neben der Phase/Zielgruppe müssen auch die Einflüsse der Merkmale der Angebote (z. B. Dauer, Theorie-Praxis-Verzahnung) sowie der Hintergrundvariablen (z. B. Schulform, Unterrichtserfahrung/Fachsemester, Fortbildungserfahrung) einbezogen werden. Denn Personen mit längerer Unterrichtserfahrung oder einem höheren Fachsemester weisen gegebenenfalls mehr Kenntnisse und Erfahrungen zur Thematik auf, während Lehrkräfte mit einem Lehramtsstudium für Förderschulen beispielsweise bereits im Studium ein umfangreicheres Wissen zu Sonderpädagogik bzw. Inklusion erlangt haben (vgl. Seitz/Haas 2015). Zudem ist der Umgang mit Diversität und Inklusion an der Grundschule vergleichsweise länger ein Thema als an weiterführenden Schulen, sodass von verschiedenen Ausgangslagen ausgegangen werden muss, die den statistischen Einbezug der Hintergrundvariablen erforderlich machen (vgl. Kucharz 2015).

3. Methodische Vorgehensweise

Bei der Untersuchung der Auswirkungen der Aus- und Fortbildungsangebote der Didaktischen Werkstatt auf die Professionalisierung von Lehramtsstudierenden sowie Lehrkräften im Hinblick auf Diversität und Inklusion ist besonders die Entwicklung der Kompetenzfacetten Einstellungen, Wissen und Selbstwirksamkeitserwartungen zu inklusivem Unterricht von Interesse. Die untersuchten Formate (Praxisprojekte, Lehrveranstaltungen, kurze Fortbildungen und Fortbildungsreihen) thematisieren den Umgang mit Diversität und Inklusion im schulischen Kontext explizit. Dabei unterscheiden sich die Formate in ihren Merkmalen (Zielgruppe, Dauer und Theorie-Praxis-Verzahnung). Die Zielgruppen sind Studierende (Lehrveranstaltungen und Praxisprojekte) sowie Lehrkräfte (kurze Fortbildungen und Fortbildungsreihen). Die Dauer reicht von eintägigen Fortbildungen über einsemestrige Lehrveranstaltungen bis zu zweisemestrigen Praxisprojekten bzw. Fortbildungsreihen mit ca. 30-stündigem oder mehr als 40-stündigem Umfang. Dabei weisen die Lehrveranstaltungen für Studierende sowie die kurzen Fortbildungen für Lehrkräfte eine geringe Theorie-Praxis-Verzahnung auf, da diese lediglich Inputphasen mit (Selbst-)Reflexionsanteilen und keine dazwischenliegenden Praxisphasen umfassen. Im Gegensatz dazu bieten die Fortbildungsreihen sowie die Praxisprojekte einen mehrfachen Wechsel zwischen Input-, Erprobungs- und Reflexionsphasen, sodass hier eine intensive Theorie-Praxis-Verzahnung vorliegt. Als Vergleichsgruppe bei den Studierenden dienen zum einen die Teilnehmenden der Lehrveranstaltungen, in denen die Thematisierung inklusiven Unterrichts nicht in den Fokus gestellt wird (implizite Thematisierung) sowie zum anderen die Studierenden der Erziehungswissenschaften, welche ebenfalls an Praxisprojekten teilnehmen und somit die Praxiserfahrungen machen, ohne jedoch den lehramtsbezogenen Theorie-Hintergrund zu haben. Für die Lehrkräfte steht keine Vergleichsgruppe zur Verfügung, da die Angebote allen Lehrkräften in Hessen offen stehen und diese nicht aufgrund der Studienteilnahme von der (zeitweisen) Teilnahme an den Angeboten ausgeschlossen werden dürfen. Eine Übersicht der verschiedenen Formate und deren Merkmale (Zielgruppe, Dauer und Theorie-Praxis-Verzahnung) befindet sich in Tabelle 1.

Tabelle 1: Übersicht der Formate und ihrer Merkmale (Mirbek 2021, S. 109)

Format	Zielgruppe	Dauer	Theorie-Praxis-Verzahnung
LV	Lehramtsstudierende	Ca. 30-stündig	Gering
LV (VG)	Lehramtsstudierende (VG)	Ca. 30-stündig (VG)	Gering (VG)
Praxisprojekt	Lehramtsstudierende	> 40-stündig	Intensiv
Praxisprojekt (VG)	Studierende Erz.wiss	> 40-stündig (VG)	Intensiv (VG)
Fortbildungsreihe	Lehrkräfte	Ca. 30-stündig & >40-stündig	Intensiv
Kurze Fortbildung	Lehrkräfte	Eintägig	Gering

LV = Lehrveranstaltung, VG = Vergleichsgruppe.

3.1 Fragestellung

Wenngleich es einige Studien gibt, die sich mit der Wirksamkeit von Lehrkräftebildung befassten oder die aktuelle Ausprägung in den verschiedenen Kompetenzfacetten bei Studierenden sowie Lehrkräften erheben, fehlen konkrete Evaluationen, welche die Wirksamkeit konkreter Aus- und Fortbildungsformate im Hinblick die Professionalisierung zu inklusivem Unterricht, wie sie an der Didaktischen Werkstatt angeboten werden, erfassen (vgl. Mirbek 2021). Die Forschungsfrage lautet entsprechend: *Welchen Beitrag leisten die Angebote der Didaktischen Werkstatt für die Professionalisierung von Lehramtsstudierenden sowie Lehrkräften im Umgang mit Diversität bzw. Inklusion?*

Das der Evaluation zugrunde liegende Wirkmodell bezieht dabei die Ausgangsbedingungen der Teilnehmenden (Input) und die Umfeld- bzw. Kontextbedingungen (Kontext) ein und betrachtet den Einfluss der Prozessvariablen (Merkmale bzw. Format der Veranstaltungen) sowie das Produkt (Outcome), also die Ergebnisse in den drei Kompetenzfacetten nach Abschluss der Aus- und Fortbildungsmaßnahmen (vgl. Mirbek 2021). Dies ermöglicht Aussagen sowohl über die Entwicklungen in den drei Kompetenzfacetten als auch zum Einfluss der verschiedenen Formate und ihrer Merkmale sowie der Hintergrundvariablen.

3.2 Stichprobe und Erhebungsinstrument

Um die Veränderungen durch die Angebote in den drei Kompetenzfacetten zu überprüfen und dabei den Einfluss der Formate und ihrer Merkmale erfassen zu können, wird eine Fragebogen-Erhebung mittels eines Mehr-Gruppen-Prätest-Posttest-Designs durchgeführt, bei dem die Werte in den drei Kompetenzfacetten zu Beginn der Aus- und Fortbildungsangebote (Prä-Test) sowie an deren Ende (Post-Test) erfasst werden. Als Teilnehmende fungieren 373 Personen, welche im 29-monatigen Erhebungszeitraum an den Angeboten der Didaktischen Werkstatt sowie beiden Befragungen teilnahmen. Der Fragebogen erfasst neben statistischen Angaben wie z. B. Alter, Geschlecht, studierter Schulform oder beruflichen Vorerfahrungen die drei Kompetenzfacetten Einstellungen, prozedurales Wissen und Selbstwirksamkeitserwartungen zu inklusivem Unterricht.

Die *Einstellungen zu inklusivem Unterricht* werden mittels 16 Items erhoben, die der Kurzskala zur inklusiven Einstellung und Selbstwirksamkeit von Lehrpersonen (KIESEL) von Bosse und Spörer (2014) entnommen sind. Dabei weist die Skala mit Cronbachs α = .904 (Prä-Befragung) und .918 (Post-Befragung) eine sehr hohe Reliabilität auf. Während in der KIESEL-Skala lediglich die

Einstellungen zu Schüler:innen mit Behinderungen erfragt werden, enthält die erweiterte Skala ebenfalls Items zu den Einstellungen gegenüber Schüler:innen mit Migrationshintergrund sowie heterogenem Leistungsstand. Gegenüber den positiv oder negativ formulierten Items können auf einer 4er Skala von *trifft gar nicht* zu bis *trifft voll zu* Zustimmung oder Ablehnung ausgedrückt werden.

Die Items zu *Selbstwirksamkeitserwartungen zu inklusivem Unterricht* umfassen die Überzeugungen der Lehrkräfte mit der Diversität der Schüler:innen umgehen zu können und adaptiven bzw. inklusiven Unterricht durchführen zu können. Diese werden mittels einer Skala aus 25 Items erhoben, welche sich aus folgenden fünf Instrumenten bzw. Subskalen zusammensetzt: *Selbstwirksamkeitserwartungen zum adaptiven Unterrichten in heterogenen Lerngruppen* (SAUL) (Meschede/Hardy 2020), *Selbstwirksamkeit bezogen auf adaptive Unterrichtsgestaltung* (Kopp 2009), *Lehrer-Selbstwirksamkeitserwartung* (Schwarzer/Schmitz 1999), *Gestaltung des Unterrichts* (Bosse/Spörer 2014) und *Subjektive Bedrohung durch Heterogenität* (Jerusalem 1995). Die Antwortskala umfasst ebenfalls eine 4-er Skala von *trifft gar nicht* zu bis *trifft voll zu*. Die Reliabilität der neu entstandenen Skala ist mit Cronbachs α = .884 (Prä-Befragung) und .886 (Post-Befragung) sehr hoch.

Das *prozedurale Wissen zu inklusivem Unterricht*, also das handlungsnahe Wissen, wird mittels Fallvignetten aus dem Fragebogen zum Umgang mit Heterogenität des Forschungsprojekts *Effektive Kompetenzdiagnose in der Lehrerbildung (EKoL)* der Universität Heidelberg (Franz et al. 2019) erhoben. Diese fragen das Handlungswissen im Umgang mit Heterogenität im Unterricht ab, legen ihren Schwerpunkt auf das Diagnostizieren und Anwenden passender Maßnahmen beispielsweise in Hinblick auf den Umgang mit Leistungsrückständen, LRS oder einem sonderpädagogischen Förderbedarf und erreichen mit Cronbachs α = .765 (Prä-Befragung) und .834 (Post- Befragung) eine ausreichende interne Konsistenz. Im Gegensatz zu den Einstellungen und Selbstwirksamkeitserwartungen geht es hierbei nicht um die eigenen Einschätzungen, sondern darum, die korrekten Verhaltensweisen im Umgang mit den geschilderten Fällen identifizieren zu können. Dafür arbeiten die Fallvignetten mit geschlossenen Antwortalternativen (Item mit Handlungsvorschlägen) und einer 6-er Skala von *trifft gar nicht zu* bis *trifft voll zu*, welche eine differenzierte Einschätzung der Sinnhaftigkeit der verschiedenen Handlungsvorschläge ermöglicht. Nachfolgend wird in Tabelle 2 eine kurze Fallvignette mit den dazugehörigen Items und den korrekten Lösungen (mit Kreuz gekennzeichnet) dargestellt.

„Daniela kommt mit der Diagnose LRS in die 5. Klasse der Hauptschule Grünbach. Was sollte die Lehrkraft aus pädagogisch-psychologischer Perspektive im nächsten Schritt unternehmen?" (Franz 2015, S. 10)

Tabelle 2: Fallvignette Wissen (Mirbek 2021, S. 115; in Anlehnung an Franz 2015, S. 10)

	1 trifft gar nicht zu	2	3	4	5	6 trifft voll zu
Die Lehrerin sollte Kontakt zu einer ausgebildeten Lehrkraft für LRS in der Sekundarstufe aufnehmen und diese um Unterstützung bitten.	☐	☐	☐	☐	☐	☒
Sie sollte versuchen Daniela an eine Sprachheilschule zu vermitteln.	☒	☐	☐	☐	☐	☐
Sie sollte sich mit Danielas Grundschullehrerin austauschen.	☐	☐	☐	☐	☐	☒
Sie sollte überlegen, welche Fördermöglichkeiten an der Schule möglich sind.	☐	☐	☐	☐	☐	☒

4. Ergebnisse

Im Folgenden wird auf die Ergebnisse eingegangen, wobei zuerst der Zuwachs zwischen den Messzeitpunkten dargestellt und anschließend auf die zentralen Ergebnisse zu den Formaten und ihren Merkmalen eingegangen wird. Die detaillierten Auswertungen nach den Formaten und ihren Merkmalen sowie die Ergebnisse zum Einfluss der Hintergrundvariablen (z. B. vorhandene Unterrichtserfahrung, Schulform) auf die Kompetenzentwicklung sowie dem Zusammenhang zwischen den Kompetenzfacetten (Korrelationen) können bei Mirbek 2021 nachgelesen werden.

4.1 Zuwachs in den drei Kompetenzfacetten zwischen Prä- und Post-Zeitpunkt

Die Ergebnisse der Evaluationsstudie zeigen, dass die Teilnehmenden der Angebote in allen drei Kompetenzfacetten profitieren, wobei die Selbstwirksamkeitserwartungen der Teilnehmenden 2,84 zum Prä-Zeitpunkt auf 2,97 zum Post-Zeitpunkt signifikant und mit einem starken Effekt ansteigen und somit besonders zunehmen (durchschnittlicher Anstieg um 4,58 %). Der Zuwachs an prozeduralem Wissen (3,28 %) sowie Einstellungen (2,5 %) weist lediglich einen schwachen Effekt auf. Das *prozedurale Wissen zu inklusivem Unterricht* steigt zwischen den beiden Messzeitpunkten von 5,48 auf 5,66 (theoretischer Maximalwert 8) und die *Einstellungen zu inklusivem Unterricht* von 3,20 zum Prä- auf 3,28 zum Post-Zeitpunkt signifikant an. In Tabelle 3 sind die statistischen Ergebnisse einer Varianzanalyse mit Messwiederholung zu finden, wobei für jede Kompetenzfacette die Anzahl der einbezogenen Datensätze aller Studierenden und Lehrkräfte dargestellt wird.

Tabelle 3: Zuwachs in den drei Kompetenzfacetten zwischen Prä- und Post-Zeitpunkt (Mirbek 2021, S. 140)

Kompetenzfacette	n	Prä	Post	Zuwachs	η^2_p
		MW (SD)	MW (SD)		
Einstellungen	352	3,20 (0,46)	3,28 (0,47)	$F_{1,351}$ = 18,361; $p<0,001$	0,050
Prozedurales Wissen	341	5,48 (1,11)	5,66 (1,19)	$F_{1,340}$ = 7,450; $p = 0,018$	0,021
Selbstwirksamkeitserwartungen	321	2,84 (0,35)	2,97 (0,345)	$F_{1,320}$ = 84,590; $p<0,001$	0,209

4.2 Ergebnisse zu den Formaten und ihren Merkmalen

Abbildung 1 zeigt, bei welchen Merkmalen bzw. Formaten ein signifikanter Zuwachs in der dazugehörigen Kompetenzfacette festzustellen ist und stellt somit eine Zusammenfassung der zentralen Ergebnisse dar. Dabei sind die drei Kompetenzfacetten in der rechten Pfeilreihe angeführt. Die Pfeilreihen links davon geben an, in welchem Formaten bzw. bei welchen Merkmalsausprägungen ein signifikanter Zuwachs in der jeweiligen Kompetenzfacette auftritt. D. h. auf die Veränderungen der *Einstellungen zu inklusivem Unterricht* wirken sich bei den Teilnehmenden eine mindestens 30-stündige Dauer und eine explizite Thematisierung prognostisch günstig aus, wohingegen die Theorie-Praxis-Verzahnung keine Auswirkungen zeigt. Die Teilnehmenden in den Formaten Lehrveranstaltung und Fortbildungsreihe können ihre diesbezüglichen Einstellungen deutlich steigern. Erwartungswidrig erlangen die Studierenden (Lehramt und Erziehungswissenschaften) bereits während des Studiums einen deutlichen Zuwachs an *prozeduralem Wissen zu inklusivem Unterricht*, was auf die studienbegleitende Praxis im Rahmen der Praxisprojekte zurückgeführt werden kann, da sich diese intensive Theorie-Praxis-Verzahnung als notwendig für den Wissenserwerb erweist – ebenso wie eine Dauer von mindestens 30 Stunden. Die

Lehrkräfte, welche bereits mit hohen Wissenswerten starten, können sich hier nicht signifikant steigern. Im Hinblick auf die *Selbstwirksamkeitserwartungen zu inklusivem Unterricht* erlangen die Teilnehmenden in allen Formaten – und somit unabhängig von den verschiedenen Merkmalsausprägungen – einen signifikanten Zuwachs. Offenbar können die angebotenen Aus- und Fortbildungen das Zutrauen in die eigenen Kompetenzen des Diagnostizierens, Förderns und Handelns im inklusiven Unterricht, also die diesbezüglichen Selbstwirksamkeitserwartungen, in besonderem Maße steigern. Die detaillierten Auswertungen für jedes Format bzw. die einzelnen Merkmale können bei Mirbek (2021) nachgelesen werden.

Abbildung 1: Übersicht der Merkmale und Formate mit signifikantem Zuwachs in den jeweiligen Kompetenzfacetten (Mirbek 2021, S. 169)

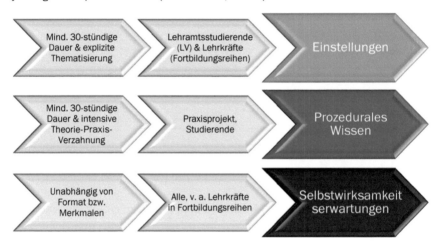

5. Fazit und Ausblick

Insgesamt gelingt es, mit den Angeboten der Didaktischen Werkstatt die Professionalität von Studierenden und Lehrkräften bezüglich Diversität bzw. Inklusion im Unterricht und v. a. ihre diesbezüglichen Selbstwirksamkeitserwartungen zu steigern. Der Zuwachs an Selbstwirksamkeitserwartungen ist besonders bedeutsam, führt er doch dazu, dass sich die (angehenden) Lehrkräfte besser zutrauen, mit den Herausforderungen im Hinblick auf Diversität und Inklusion umzugehen und Diversität im Unterricht adaptiv und inklusiv zu gestalten. Hinzu kommen die Einstellungen, welche für die Motivation der einzelnen Lehrkräfte ebenso entscheidend sind wie für die Umsetzung von Änderungsprozessen im Schulkollegium und die Entwicklung einer inklusiven Schulkultur (vgl. Amrhein 2015; vgl. Urton et al. 2014). Dabei wirkt begünstigend, dass „die Fortbildungsreihen der Didaktischen Werkstatt adaptiv und prozesshaft gestaltet sind und die individuellen Bedarfe der Lehrkräfte einbeziehen, genauso wie sie nicht nur einzelne Lehrkräfte, sondern die gesamte Schule einschließlich der Schulleitung erreichen und somit umfassendere Auswirkungen auf das gesamte Kollegium erzielen und eine inklusive Schulentwicklung begünstigen können." (Mirbek 2021, S. 202).

Betrachtet man die Wirksamkeit der Merkmale sind mindestens 30-stündige Veranstaltungen besonders günstig. Damit die Teilnehmenden ihre Einstellungen überdenken und verändern können, ist es erforderlich, dass die Auseinandersetzung mit Diversität und Inklusion und den eigenen Einstellungen dazu explizit geschieht – eine querschnittliche Thematisierung in Veranstaltungen mit anderem Schwerpunkt – wie in den Veranstaltungen der Vergleichsgruppe – ist nicht ausreichend. Damit alle ihr prozedurales Wissen zu inklusivem Unterricht verbessern können, ist es zudem wichtig einen mehrfachen Wechsel von Input-, Erprobungs- und Reflexionsphasen zu ermöglichen.

Während das prozedurale Wissen in anderen Studien überwiegend erst während der Berufstätigkeit steigt und sich im Studium nicht bereits verbessert (vgl. Blömeke/Kaiser 2015; vgl. König 2014), weist der Anstieg an prozeduralem Wissen bei den Studierenden darauf hin, dass die Praxisprojekte umfangreiche praktische Erfahrungen sowie eine hinreichende Theorie-Praxis-Verknüpfung mit Input-, Erprobungs- und Reflexionsphasen ermöglichen. Betrachtet man den geringen Zuwachs an Wissen bei den Lehrkräften, stellt sich die Frage, inwieweit die Angebote der Didaktischen Werkstatt neues Wissen so bereitstellen bzw. erfahrbar machen können, dass auch die Lehrkräfte, welche mit den höchsten Ausgangswerten im Wissen starten (vgl. Mirbek 2021), noch einen Kompetenzzuwachs erlangen können. Zudem gilt es zu überprüfen, inwiefern bei ihnen ein Anstieg des Wissens in einem Bereich erfolgt, welcher bei diesem auf Studierende zugeschnittenen Messinstrument nicht zum Vorschein kommt, sodass hier eine Anpassung des Messinstruments notwendig wäre.

Bezogen auf den erwartungswidrig hohen Zuwachs an Selbstwirksamkeitserwartungen bietet sich eine Follow-Up-Untersuchung nach einer längeren Erprobungs- bzw. Umsetzungsphase an. Hiermit könnte überprüft werden, wie stabil diese Selbstwirksamkeitserwartungen sind und ob gegebenenfalls einzelne Gruppen ihre Selbstwirksamkeit zum Zeitpunkt der Post-Messung überschätzt haben. Zudem sollten weitere quantitative sowie qualitative Erhebungen durchgeführt werden, um beispielsweise die Bedeutung der verschiedenen Ausgestaltungsmöglichkeiten der Theorie-Praxis-Verzahnung oder der Selbst- und Fremdreflexion in den Veranstaltungen sowie die Einflüsse der Kompetenzzuwächse auf das Lehrkräftehandeln in der Praxis zu untersuchen.

Literatur

Amrhein, Bettina (2015): Professionalisierung für Inklusion gestalten: Stand und Perspektiven der Lehrerfortbildung in Deutschland. In: Fischer, Christian/Veber, Marcel/Fischer-Ontrup, Christiane/Buschmann, Rafael (Hrsg.): Umgang mit Vielfalt. Aufgaben und Herausforderungen für die Lehrerinnen- und Lehrerausbildung. Münster: Waxmann, S. 139–155.

Blömeke, Sigrid/Kaiser, Gabriele (2015): Teacher Education and Development Study: Follow up (TEDS-FU). Berlin: Eigenverlag.

Bosse, Stefanie/Spörer, Nadine (2014): Erfassung der Einstellung und der Selbstwirksamkeit von Lehramtsstudierenden zum inklusiven Unterricht. In: Empirische Sonderpädagogik 6, H. 4, S. 279–299.

Feyerer, Ewald (2017): Herausforderungen bei der Umsetzung inklusiver Bildung. In: Schörkhuber, Bernhard/Rabl, Martina/Svehla, Heidemarie (Hrsg.): Vielfalt als Chance. Münster: LIT, S. 13–22.

Franz, Eva-Kristina (2015): Fragebogen zum Umgang mit Heterogenität (EKoL 2). Universität Heidelberg: Unveröffentlichter Fragebogen.

Franz, Eva-Kristina/Heyl, Vera/Wacker, Albrecht/Dörfler, Tobias (2019): Konstruktvalidierung eines Tests zur Erfassung von adaptiver Handlungskompetenz in heterogenen Gruppen. In: Journal for Educational Research Online 11, H. 2, S. 116–146.

Hellmich, Frank/Görel, Gamze (2014): Erklärungsfaktoren für Einstellungen von Lehrerinnen und Lehrern zum inklusiven Unterricht in der Grundschule. In: Zeitschrift für Bildungsforschung 4, H. 3, S. 227–240.

Jerusalem, Matthias (1995): Herausforderungs-, Bedrohungs- und Verlusteinschätzungen von Lehrern. In: Schwarzer, Ralf/Jerusalem, Matthias (Hrsg.): Skalen zur Erfassung von Lehrer- und Schülermerkmalen. Dokumentation der psychometrischen Verfahren im Rahmen der Wissenschaftlichen Begleitung des Modellversuchs Selbstwirksame Schulen. Berlin: Eigenverlag, S. 80–83.

Klusmann, Uta (2011): Allgemeine berufliche Motivation und Selbstregulation. In: Kunter, Mareike/Baumert, Jürgen/Blum, Werner/Klusmann, Uta/Krauss, Stefan/Neubrand, Michael (Hrsg.): Professionelle Kompetenz von Lehrkräften. Ergebnisse des Forschungsprogramms COACTIV. Münster: Waxmann, S. 277–291.

König, Johannes (2014): Forschung zum Erwerb von pädagogischem Wissen angehender Lehrkräfte in der Lehrerausbildung. In: Terhart, Ewald/Bennewitz, Hedda/Rothland, Martin (Hrsg.): Handbuch der Forschung zum Lehrerberuf. Münster: Waxmann, S. 615–641.

Kopp, Bärbel (2009): Inklusive Überzeugungen und Selbstwirksamkeit im Umgang mit Heterogenität. Wie denken Studierende des Lehramts für Grundschulen. In: Empirische Sonderpädagogik 1, H. 1, S. 5–25.

Kucharz, Diemut (2015): Inklusiver Sachunterricht. In: Huf, Christina/Schnell, Irmtraud (Hrsg.): Inklusive Bildung in Kita und Grundschule. Stuttgart: Kohlhammer, S. 221–236.

Kunter, Mareike/Baumert, Jürgen/Blum, Werner/Klusmann, Uta/Krauss, Stefan/Neubrand, Michael (2011): Professionelle Kompetenz von Lehrkräften. Ergebnisse des Forschungsprogramms COACTIV. Münster: Waxmann.

Lipowsky, Frank (2014): Theoretische Perspektiven und empirische Befunde zur Wirksamkeit von Lehrerfort- und -weiterbildung. In: Terhart, Ewald/Bennewitz, Hedda/Rothland, Martin (Hrsg.): Handbuch der Forschung zum Lehrerberuf. Münster: Waxmann, S. 510–541.

Lipowsky, Frank/Rzejak, Daniela (2017): Fortbildungen für Lehrkräfte wirksam gestalten. Erfolgsversprechende Wege und Konzepte aus Sicht der empirischen Bildungsforschung. Bildung und Erziehung 70, H. 4, S. 379–399.

Meschede, Nicola/Hardy, Ilonca (2020): Selbstwirksamkeitserwartungen von Lehramtsstudierenden zum adaptiven Unterrichten in heterogenen Lerngruppen. In: Zeitschrift für Erziehungswissenschaft 23, H. 3, S. 565–589.

Mirbek, Sandra (2021): Diversität und Inklusion in der Lehrkräftebildung – Eine Evaluationsstudie zu den Auswirkungen von universitären Aus- und Fortbildungsangeboten auf die Professionalisierung von Lehramtsstudierenden sowie Lehrkräften. Hamburg: Dr. Kovac.

Schwab, Susanne/Feyerer, Ewald (2016): Editorial. Schwerpunktthema.: Einstellungsforschung zum inklusiven Unterricht. Empirische Sonderpädagogik 23, H. 1, S. 3–4.

Schwarzer, Ralf/Schmitz, Gerdamarie S. (1999): Skala zur Lehrer-Selbstwirksamkeitserwartung (WirkLehr). In: Schwarzer, Ralf/Jerusalem, Matthias (Hrsg.): Skalen zur Erfassung von Lehrer- und Schülermerkmalen. Dokumentation der psychometrischen Verfahren im Rahmen der Wissenschaftlichen Begleitung des Modellversuchs Selbstwirksame Schulen. Berlin: Eigenverlag, S. 60–61.

Schwarzer, Ralf/Warner, Lisa Marie (2014): Forschung zur Selbstwirksamkeit bei Lehrerinnen und Lehrern. In: Terhart, Ewald/Bennewitz, Hedda/Rothland, Martin (Hrsg.): Handbuch der Forschung zum Lehrerberuf. Münster: Waxmann, S. 662–678.

Seifried, Stefanie/Heyl, Vera (2016): Konstruktion und Validierung eines Einstellungsfragebogens zu Inklusion für Lehrkräfte (EFI-L). In: Empirische Sonderpädagogik 23, H. 1, S. 22–35.

Seitz, Simone/Haas, Benjamin (2015): Inklusion kann gelernt werden! Weiterbildung von Lehrkräften für die Inklusive Schule. In: Vierteljahreszeitschrift für Heilpädagogik und ihre Nachbargebiete 84, H. 1, S. 9–20.

Timperley, Helen/Wilson, Aaron/Barrar, Heather/Fung, Irene (2007): Teacher Professional Learning and Development: Best Evidence Synthesis Iteration (BES). Wellington: Ministry of Education New Zealand.

United Nations Organization (UN) (2006): Übereinkommen über die Rechte von Menschen mit Behinderungen vom 13. Dezember 2006. In: Bundesgesetzblatt Teil II. NR. 35. Köln: Bundesanzeiger.

Urton, Karolina/Wilbert, Jürgen/Hennemann, Thomas (2014): Der Zusammenhang zwischen der Einstellung zur Integration und der Selbstwirksamkeit von Schulleitungen und deren Kollegien. In: Empirische Sonderpädagogik 6, H. 1, S. 3–16.

Autor:innenangaben

Mirbek, Sandra, Prof. Dr., Professorin für Heilpädagogik und Inklusionspädagogik, IU Internationale Hochschule;
Arbeits- und Forschungsschwerpunkte: Heil- und Inklusionspädagogik, Motologie/Psychomotorik, Körperlichkeit & Diskriminierung
sandra.mirbek@iu.org

Wie planen Studierende des Lehramtes Grundschule Unterricht für Inklusive Settings? Eine rekonstruktive Untersuchung aus einem Hochschulseminar

Thomas Strehle

Folgender Beitrag untersucht, wie Studierende des Lehramts Grundschule Unterricht für inklusive Settings planen. Nach der Darstellung zentraler Linien des Diskurses um Unterrichtsplanung, auch im Kontext von Inklusion, wird im Artikel Unterrichtsplanung als Voraussetzung für die Erforschung der studentischen Planungsprozesse mit Grundsätzen der Bildungsgang-Didaktik verknüpft. Unterrichtsplanung wird auf dieser Grundlage als Aufgabe dimensioniert, die zentral für die Tätigkeit von Lehrkräften ist, sich als der Biografie immanente Entwicklungsaufgabe im Lehrberuf fassen lässt und damit bereits im Studium grundlegend bearbeitet wird. Unter diesen forschungsrelevanten Voraussetzungen wird hier danach gefragt, wie Lehramts-Studierende eine der zentralen Anforderungen moderner Bildungssysteme, nämlich den Umgang mit Inklusion, in Prozessen der Unterrichtsplanung aufnehmen und deuten. Um dies auch empirisch zu stützen, wird auf ein Protokoll studentischer Unterrichtsplanung Bezug genommen, das dahingehend befragt wird, welche Bearbeitungslogiken im Umgang mit Inklusion erschlossen werden können und welche Konsequenzen sich daraus für weitere inhaltliche Schwerpunktsetzungen für ein Lehramtsstudium ziehen lassen.

1. Dimensionen der Unterrichtsplanung in inklusiven Settings

Unterrichtsplanung bezeichnet den Prozess, der dem eigentlichen, in der Regel in der Schule stattfindenden Unterricht zeitlich vorgeschaltet ist. Im Planungsprozess werden die Entscheidungen getroffen, wie der Unterricht ablaufen soll (vgl. Peterßen 2000, S. 11). Geht man davon aus, dass dem Unterricht die Aufgabe zukommt, Lernenden Inhalte zu vermitteln oder einen Kompetenzerwerb zu ermöglichen, lässt sich Unterrichtsplanung als die Aufgabe fassen, Lehr- und Lernprozesse in Passung zu bringen (vgl. Ziegelbauer/Ziegelbauer 2019, S. 427). Sie bleibt dabei zwangsläufig ein Entwurf – Klafki sprach von einem Vor-Entwurf auf das Kommende (vgl. Klafki 1963, S. 5).

Blickt man auf die letzten Jahre zurück, haben vor allem Wernke und Zierer (2017) aus didaktischer Perspektive versucht, die für eine gelingende

Lehr-Lernprozess-Struktur notwendigen Kompetenzen zu klären und Forschung zur Unterrichtsplanung zu generieren. Neben einer Fachkompetenz und einer pädagogischen Kompetenz, die sie als die Fähigkeit der Lehrperson fassen, eine professionelle Beziehung zu den Schüler:innen zu flechten und Vertrauen aufbauen zu können, sehen sie als drittes eine didaktische Kompetenz: diese beschreibt die Fähigkeit der Lehrkraft, den Unterricht so zu gestalten, dass ein Kompetenzaufbau bei den Schüler:innen überhaupt möglich ist (vgl. Wernke/Zierer 2017, S. 9 ff.). Unterrichtsplanung beschreibt also das Vorgehen, Lehrprozesse in Lernprozesse zu überführen. In der didaktischen Theoriebildung wurde dieser Hiatus zwischen Lehren und Lernen (vgl. Gruschka 2014) noch weiter ausgearbeitet und didaktisches Handeln als Bearbeiten dieser Kluft dimensioniert. In diesem Sinne spricht Meier aus Perspektive der Bildungsgang-Didaktik (ähnlich Wegner 2016) von der Unterrichtsplanung als dem permanenten Versuch, eine Entsprechung zwischen Sachanforderungen, die sich in spezifischen Anforderungen des jeweiligen Faches an die Klassenstufe manifestieren, und der Biografie der Schüler:innen (vgl. Meier 2008, S. 124) zu suchen.

Jenseits der eben angesprochenen Bildungsgang-Didaktik haben in jüngerer Zeit Jäger/Maier (2019) aus Perspektive des Angebots-Nutzungs-Modells ein Schema entwickelt, um Prozesse der Unterrichtsplanung erfassen und darstellen zu können (vgl. Jäger/Maier 2019). Unterrichtsplanung fungiert dabei als Teil der Angebotsseite: die Lehrkräfte sollen den Unterricht so planen, dass er von den Schüler:innen genutzt werden kann. Um diese Angebots-Seite weiter auszudifferenzieren und gleichzeitig die Prozesse der Ko-Konstruktion der Schüler:innen aufnehmen zu können, gehen sie von einem fünfschrittigen Planungsschema aus. Lehrkräfte sollen zunächst auf der Grundlage fachlicher Vorgaben Lernziele formulieren und den Wissenserwerb strukturieren, den Unterricht methodisieren sowie den Lehr-Lernprozess gestalten. Am Ende wird überprüft, ob die Schüler:innen die Lernziele erreicht haben, um auf dieser Basis weitere Schritte planen zu können (vgl. Jäger/Maier 2019, S. 458).

Auch wenn über dieses Schema Unterrichtsplanung als differenzierter Ablauf dargestellt werden kann, bleibt dennoch die Frage, ob Unterrichtsplanung tatsächlich der hier unterstellte, ausschließlich rational gedachte Prozess ist, bei dem Lehrkräfte auf der Grundlage ihrer wissenschaftlichen Expertise Ziele formulieren, im Unterricht umsetzen und am Ende evaluieren. Demgegenüber legen die empirischen Untersuchungen von Tänzer (2017) nahe, Unterrichtsplanung als komplexe Suchbewegung zu sehen, in der die Lehrkraft versucht, die vermuteten Lerninteressen der Schüler:innen gegenüber einer Sache mit den eigenen Vorstellungen von Unterricht zu verknüpfen und auszubalancieren. In ihrer fallübergreifenden und nicht nur am Sachunterricht ansetzenden Analyse geht Tänzer (2017) davon aus, dass Unterrichtsplanung ein Konstruktionsprozess ist, der am Material ansetzt und bei dem die Vorstellungen der Lehrkraft über

Lehren und Lernen wesentlich für „die Nutzung bestimmter Planungsmaterialien und die Auswahl der Lernmaterialien wie auch insgesamt auf den Umgang mit Planungsentscheidungen" (Tänzer 2017, S. 143) sind.

Unterrichtsplanung erscheint so in einer zusammenfassenden Analyse des bisher entwickelten als herausfordernder Prozess, der zwar fachlich und inhaltlich durch institutionelle Vorgaben präformiert ist, gleichzeitig aber über die Kompetenzen und Deutungen der Lehrkraft genauso mitbestimmt wird wie über die unterstellten Interessen und Bedürfnisse der Schüler:innen. Unter der Bedingung von Inklusion werden diese Anforderungen weiter verdichtet und gewinnen an Komplexität. Die Prämissen einer inklusiven Pädagogik, wie sie in Artikel 24 der UN-Behindertenrechtskonvention formuliert sind, zielen darauf, im Schulsystem Menschen mit Behinderung nicht auszugrenzen und separierende Strukturen aufzulösen (vgl. Aichele/Kroworsch 2017, S. 3). Das in der UN-Konvention formulierte, an Behinderung zwar festgemachte, aber auch auf andere Differenzlinien übertragbare Konzept von Inklusion wurde in den schon länger bestehenden, um den Umgang mit Differenz kreisenden schulpädagogischen Diskurs erweitert und bezieht sich nun auch auf den Einbezug anderer marginalisierter Gruppen (vgl. Werning 2013; Katzenbach 2017). Unter diesen genannten Vorzeichen richtet sich der inklusive Unterricht an alle Schüler:innen, grenzt niemanden aus und reagiert auf institutionell hervorgerufene oder gesellschaftlich bedingte Benachteiligungen (vgl. Budde/Hummrich 2013). Indem in inklusiven Settings versucht wird, alle Schüler:innen anzusprechen und anzuerkennen, wird gleichzeitig eine am Individuum orientierte pädagogische Handlungsform implementiert, die explizit Abstand von der Orientierung an den „deutschen Mittelschichtskindern" (Gloystein/Moser 2020, S. 162) nimmt. Ein sensibler Umgang mit Heterogenität ist somit ein „zentraler inklusionspädagogischer Anspruch an Lehrkräfteprofessionalität" (Welskop/Moser 2020, S. 21).

Unter der Prämisse von Inklusion werden damit auch spezifische Ansprüche an die Unterrichtsplanung formuliert: allen Schüler:innen sollen Lernfortschritte ermöglicht werden. Die beschriebene Vielfalt der Schüler:innen manifestiert sich so in einem Unterricht, der möglichst viele Anschlüsse schafft. Dementsprechend sieht Greiten (vgl. 2018, S. 161 ff.) die Binnendifferenzierung als eine der zentralen Kategorien der Unterrichtsplanung für inklusive Settings. Gleichzeitig wird auf der Ebene der Aus- und Weiterbildung von Lehrkräften die Fähigkeit zur Gestaltung inklusiver Lehr-Lernsettings zu einer zentralen Qualifikation pädagogischer Handlungsfähigkeit (vgl. KMK 2015; Brodesser et al. 2020, S. 8), die sich auch in einer Förderrichtlinie des BMBF zur Qualifizierung pädagogischer Fachkräfte für Inklusion sowie entsprechenden Projekten in der Lehrkräftebildung manifestiert (vgl. Lutz et al. 2022, S. 7).

2. Forschungsstand zur Unterrichtsplanung in inklusiven Settings

Unter den oben genannten Prämissen wird auch das Lehramtsstudium zu einem Ort, der angehende Lehrkräfte dazu befähigen soll, mit den Anforderungen von Inklusion an Schulen produktiv umgehen zu können. Lehramtsstudierende sollen sich so an der Hochschule mit pädagogischen und didaktischen Wissensbeständen auseinandersetzen, um kompetent für das Unterrichten in inklusiven Settings zu werden. Bevor aber in den nächsten beiden Kapiteln das hier im Zentrum stehende Forschungsprojekt weiter skizziert wird, soll zunächst auf den Forschungsstand zur inklusiven Unterrichtsplanung im Studium eingegangen werden.

In einem quantitativen Forschungsvorhaben wurde über ein computer-animiertes Gaming-Programm untersucht, wie der Kompetenzerwerb für die Gestaltung inklusiver Lernsettings im Lehramtsstudium gelingen kann. Dafür wurde der Begriff der Klassenführung in die drei Bereiche Produktivität (z. B. Erhöhung der Lernzeit), Verhaltensmanagement (z. B. die Einführung von Regeln) und instruktionale Lernformate operationalisiert (vgl. Ohle-Peters/Mc Elvany 2022, S. 136). Dieser letztgenannte Bereich wird als die Kompetenz erfasst, „Lernprozesse strukturieren und adäquate Lerngelegenheiten für alle Lernenden ermöglichen" (ebd.) zu können und weist so eine hohe Äquivalenz zur hier entwickelten Dimension der Unterrichtsplanung auf. Über die jeweilige Computeranimation, die unterschiedliche Unterrichtsszenarien zur Verfügung stellt, erhalten die Studierenden direkt Rückmeldung, ob es ihnen tatsächlich gelungen ist, allen Schüler:innen Lerngelegenheiten zu schaffen (vgl. ebd., S. 144).

Eine weitere Untersuchung, die deutlich anschlussfähiger an die hier entwickelte Argumentation ist, stammt aus der inklusiven Mathematikdidaktik. Es wurde ein Seminarkonzept für Lehramtsstudierende des Faches Mathematik entwickelt, das explizit die häufig voneinander getrennten Wissensbestände der Fach- mit denen der allgemeinen bzw. inklusionsspezifischen Didaktik verbindet (vgl. Häsel-Weide et al. 2022, S. 85). Insgesamt besteht das Seminar aus drei differenten Phasen, die sich zirkulär aufeinander beziehen. Zunächst entwickeln die Studierenden Kriterien für einen inklusiven Mathematikunterricht und überprüfen diese an bereits bestehenden Aufgabenformaten sowie an mathematik- und inklusionsdidaktischen Modellen. In einem zweiten Schritt setzen sich die Studierenden mit Unterrichtsmitschnitten zu den analysierten Aufgabenformaten auseinander und rekonstruieren die Aussagen von Lehrpersonen dazu. Abschließend kommt es drittens zu einer Reflexion (ebd., S. 93).

Höchst anschlussfähig an das hier zu skizzierende Forschungsprojekt ist an diesem eben beschriebenen Seminarkonzept die Rolle der didaktischen Theoriebildung. Wenn die Studierenden didaktische Modelle diskutieren oder auch kritisieren und Didaktik differente unterrichtliche Handlungsformen generieren kann, wird sie eben nicht als strikte Vorgabe verstanden, die einen stringenten

Verhaltenskodex für die Praxis vorgibt. Vielmehr erscheint Didaktik zwar als notwendiges Instrumentarium für die Gestaltung von Unterricht, produziert aber eher Deutungen und Handlungsformen denn eine eng zu befolgende Vorgabe, die Erfolg garantiert. Damit geht es denen im „Ausbildungsprozess von angehenden Lehrern" angesiedelten Modellen „um die Theoretisierung und operative Gestaltung von Lehren und Lernen im Kontext von Ausbildung für den pädagogischen Beruf des Lehrers" (Terhart 2009, S. 157–158), um auf diesem Weg eine Folie für Unterricht zu schaffen.

3. Skizzierung des Forschungsprojektes

An diese eben dargestellte Perspektive auf Didaktik schließt das Forschungsprojekt an, das im Wintersemester 2019/20 an der PH Heidelberg stattfand. In einem erziehungswissenschaftlichen Hochschulseminar, das sich explizit auf Inklusive Didaktik bezog und sich an Lehramtsstudierende Grundschule richtete, sollte untersucht werden, wie die Teilnehmer:innen inklusiven Unterricht planen. Im ersten Teil des zugrundeliegenden Seminars wurde, nach Begriffsklärungen zu Inklusion und Exklusion, auf inklusionsdidaktische Modelle eingegangen. Deutlich wurde herausgearbeitet, dass Didaktik im Seminar im Kontext von Unterrichtsplanung fundiert wird. Bei den beiden im Seminar zugrunde gelegten Modellen handelte es sich um das von Feuser zum Lernen am gemeinsamen Gegenstand (2011) sowie um das Modell von Kahlert/Heimlich (2012). Während Feusers Modell als grundlegend für den gesamten Diskurs um inklusive Didaktik gelten kann und nicht einem spezifischen Unterrichtsfach entstammt, wurde das Modell Kahlert/Heimlichs zunächst im Sachunterricht entwickelt und dann erst für die Gestaltung inklusiver Settings adaptiert. Entsprechend der interdisziplinären Perspektive des Sachunterrichts versucht es, ein Thema in mehrere inklusionsdidaktische Netze zu untergliedern, die dann je Bezüge zu Schüler:innen, entsprechend ihren Interessen, ermöglichen sollen (vgl. Kahlert/Heimlich 2012, S. 175). Nach diesen Grundlagen hatten die Studierenden die Möglichkeit, selbständig inklusiven Unterricht vorzubereiten. Wie oben bereits bei der Darstellung des Forschungsprojekts von Häsel-Weide et al. (2022) dargestellt, konnten die besprochenen didaktischen Modelle als generierendes Moment für die eigene Planung herangezogen werden. Dies war der Arbeitsauftrag für die Studierenden:

„Arbeitsauftrag: Inklusive Didaktik:

1.) Wählen Sie ein Thema, das Bezüge zum Bildungsplan Baden-Württembergs aufweist.
2.) Versuchen Sie, diesem eine projektartige Struktur zu geben und greifen Sie dabei auf eines der hier angesprochenen didaktischen Modelle zurück.

3.) Welche verschiedenen Lernsituationen (vgl. Terfloth/Cesak 2016, S. 37) können Sie aufnehmen?
4.) Erstellen Sie einen Ablaufplan und Materialien (soweit Sie kommen) Ihres Projektes!"

Die Auseinandersetzungen der Studierenden mit diesem Arbeitsauftrag wurden als Audio-Transkripte aufgezeichnet und bilden die Grundlage für die Rekonstruktionen. Um die Erforschung der studentischen Dokumentationen aber anschlussfähig an Paradigmen rekonstruktiver Sozialforschung zu machen und so eben keine das didaktische Wissen der Studierenden überprüfende Evaluationsstudie durchzuführen, wurde als rahmengebendes Konstrukt auf Grundsätze der Bildungsgangdidaktik bzw. der Biografieforschung zurückgegriffen. So schreibt Dausien (2016) für die Biografieforschung, dass die Anforderungen von Bildungssystemen zwar die Subjekte prägen und sich so „auch in die Innenwelten und Bildungsprozesse individueller Subjekte" (Dausien 2016, S. 161) einschreiben, aber sie gleichzeitig auch ein Gerüst für „biografische Perspektiven" (ebd.) bilden. In der Bildungsgangforschung werden diese Anforderungen und Ansprüche, die Bildungsinstitutionen repräsentieren, als Aufgaben an die Subjekte reformuliert. Bildungsgangforschung rekonstruiert damit die aus den Aufgaben resultierenden Such- und Deutungsprozesse der adressierten Subjekte (vgl. Wegner 2016, S. 87). Ziel der Bildungsgangforschung ist also, das sich aus den beiden Polen ergebende Spannungsverhältnis – einerseits institutionelle Ansprüche, andererseits subjektive Handlungsentwürfe – auf empirischer Grundlage zu beschreiben und theoretisch zu erschließen (Meyer 2016, S. 237). Überträgt man dieses soweit entwickelte auf die inklusive Unterrichtsplanung, lassen sich die oben beschriebenen Dimensionen der Planung von Unterricht weiter konkretisieren. Auf der Seite der objektiven Anforderungen hat Unterrichtsplanung die Aufgabe, die institutionell vorgegebenen Kompetenzen der Unterrichtsfächer, Niveau- und Klassenstufen aufzugreifen. Auf der Seite der Subjekte lassen sich zwei unterschiedliche Ebenen der Sinnzuschreibung erkennen:

1.) Inklusion als gesamtgesellschaftliche Aufgabe manifestiert gleichzeitig Erwartungen an Unterricht: der soll nun so gestaltet und geplant werden, dass allen Schüler:innen Lernen ermöglicht wird. In den studentischen Rekonstruktionen zur Unterrichtsplanung materialisieren sich diese Erwartungen aus subjektiver Perspektive. Die Studierenden deuten also in ihren Dokumenten zur Unterrichtsplanung objektiv gegebene Zusammenhänge. Diesen schreiben sie subjektiven Sinn zu. An den studentischen Aussagegestalten manifestieren sich so Muster, Orientierungen und Auseinandersetzungen mit gesellschaftlichen oder schulischen Realitäten. Ganz in diesem Sinne plädiert auch Wegner dafür, in der „Rekonstruktion der berufsbiografischen

Entwicklungsprozesse der Lehrerinnen und Lehrer" (Wegner 2016, S. 106) einen Baustein für das Verständnis von Unterrichtsprozessen zu sehen.
2.) Doch lassen sich in den studentischen Rekonstruktionen nicht nur Sinnzuschreibungen bezogen auf objektive Handlungsanforderungen erkennen. Da Unterricht auch aus Perspektive der adressierten Schüler:innen Sinn machen soll, lässt sich diese Ebene der Zuschreibung als weitere identifizieren. Die Möglichkeit für die Schüler:innen, im Unterricht für sich Sinn zu entdecken, entspringt der Fähigkeit der Lehrkräfte, genau diese Brücke auch schlagen zu können. Lehrkräfte sollten ihren Unterricht, den institutionellen Bildungsgang, also so planen und gestalten, dass dieser für die Schüler:innen Sinn macht (vgl. Wegner 2016, S. 89). Dies gelingt aber nur dann, wenn in die Prozesse der Unterrichtsplanung die Perspektive der Schüler:innen mit aufgenommen wird (vgl. Wegner 2016, S. 103). Unterrichtsplanung ist damit der permanente Versuch, eine Entsprechung zwischen Sachanforderungen und der Biografie der Schüler:innen (vgl. Meier 2008, S. 124) zu suchen.

Ziel des Forschungsprojektes ist, in denen im Seminar aufgezeichneten studentischen Transkriptionen zur inklusiven Unterrichtsplanung die eingeschriebenen Sinnfiguren zu rekonstruieren. Den Prämissen sinn-rekonstruktiven Forschens folgend (vgl. Bennewitz 2013), wurden die aufgezeichneten Gruppenarbeitsphasen mit der erforderlichen Genauigkeit transkribiert (vgl. Langer 2013). Auf sprachliche Glättungen, Ergänzungen oder Auslassungen wurde so verzichtet. Die Analyse des Datenmaterials erfolgte nach zentralen Prämissen der Grounded Theory (vgl. Strauß, Corbin 1996; Strübing 2018). Der im nächsten Kapitel wiedergegebene und rekonstruierte Ausschnitt wurde aufgrund seiner hohen interaktiven Dichte einer sequenzanalytischen Feinanalyse unterzogen (vgl. Bergmann 2019).

4. Die Rekonstruktion der studentischen Unterrichtsplanung

Bei der Auseinandersetzung mit dem oben dargestellten Auftrag entspann sich zwischen zwei Studierenden folgender Dialog, der explizit auf ein Formblatt zur Unterrichtsplanung Bezug nimmt, dem hier eine entscheidende Funktion zukommt und das nicht im Seminar in irgendeiner Form angesprochen wurde:

P1: *Ok das brauchen wir natürlich jetzt nicht. Wie kriegt man des jetzt weg? Weißt du des?*
P2: *Äh die ganze dings löschen. Oh ich kenn's nur in Word aber*
P1: *Ach du scheiße. Kann man des einfach jetzt so lassen? [P2: Ja.] P1: Name der Lehrkraft.... Des können wir ja auch offenlassen, oder?*
P2: *Ja. Brauchen wir ja jetzt nicht. So dann haben wir jetzt Stundenthema*

P2: Ach so dann lass doch des oben auch einfach drin stehen.
P1: Ja. Name der... Ach so.
P2: Des Studenten.
P1: Ja stimmt.
P2: Ja nee keine Ahnung.
P1: Komm ich machs weg. [P2: Ja. (lachen)] Is wurscht. Ehm Stundenthema da haben wir ja auf jeden Fall Familie, ne? [P2: Ja.] Und [...] soll ich dann soll ich dann schon nochmal was schreiben wie [...] Familie und dann ehm [...] ehm so was wie [P2: Familie] Hausbild oder so was? Also weißt du wie ich meine? Irgendwie, dass man schon mal weiß ehm
P2: zu welchem Überthema das gehört.
P1: Genau!

Die Logik des Formblattes wird zur entscheidenden Metapher für die Bearbeitung des Arbeitsauftrages. Dieser wird zunächst über die spezifische Logik des Dokuments auf einer formalen Ebene bearbeitet. Nach und nach gehen sie die einzelnen Rubriken, wie Stundenthema oder Name der Lehrkraft durch. Auch wenn einzelne Rubriken des Formblattes übergangen werden, wie beispielsweise die Namen der Lehrpersonen, ändert dies nichts an der Übernahme einer vorgegebenen Struktur, die das Gespräch entscheidend konturiert. Das anscheinend am Laptop ausfüllbare Formblatt einer Strukturskizze manifestiert so den Vollzug von Praktiken (vgl. Kolbe u. a. 2008, S. 132).

Dokumente, wie auch dieses am Laptop ausfüllbare Formblatt einer Strukturskizze, spielen eine zentrale Bedeutung für die Konstitution eines sozialen Geschehens (vgl. Latour 2001) und orientieren den Vollzug von Praktiken (vgl. Kolbe et al. 2008, S. 132; Kelle 2009), wie etwa hier den kollektiven Planungsprozess einer Unterrichtsstunde. Dabei können zwei Ebenen voneinander getrennt werden:

- Das Formblatt evoziert die Reihenfolge und die Aspekte, die das Sprechen über Unterricht markieren. Würde das Formblatt so andere Aspekte enthalten oder eine andere Ordnung vorgeben, wäre das Sprechen auch ein anderes.
- Gleichzeitig gibt das Dokument aber eine Ordnung vor, wie eine zukünftige, auf dieser Planung stattfindende Unterrichtsstunde ablaufen wird. Das Dokument hat so auch eine präformierende Wirkung.

Das hier von den Studierenden genutzte Formblatt für die Unterrichtsplanung dient für die Planung von realem Unterricht. Die hier im Seminar zu bearbeitende Aufgabe bezieht sich aber auf Unterricht, der nicht stattfinden wird. Dennoch wird das Formblatt als zentrales Strukturierungsmuster herangezogen. Damit unterlegen die Studierenden dem Dokument eine allumfassende Wirkung: es kann immer verwendet werden, ganz unabhängig, ob die Planung nur zu Übungszwecken, wie im Seminar, oder auch real stattfindet. Daraus lässt sich aber auch gleichzeitig schließen, dass die Planung von Unterricht im Seminar mit einer tatsächlichen für den Unterricht durchaus vergleichbar ist.

Dokumente dieser Art präfigurieren den Prozess der Unterrichtsplanung. Enthält ein solches Dokument beispielsweise eine Spalte für die Dauer der Unterrichtsphasen, fungiert dies als wirkmächtige Aufforderung an die Planenden, das zu unterrichtende Thema auch in einer zeitlichen Dimension zu denken. Unterricht wird so als exakt zu planender Akt konzipiert, der auf einer unterstellten Technisierbarkeit unterrichtlichen Geschehens beruht. Auch wenn die Studierenden hier kleinere Änderungen vornehmen, ändert das nichts an der präformierenden Wirkung des Dokuments. Diese Funktion überlagert auch die inhaltliche. So wird über das Thema de Unterrichtsstunde nicht anhand der oben aufgezeigten Polarität zwischen objektiven Anforderungen des Faches und subjektiven Handlungsentwürfen einer gedachten Schülerschaft diskutiert – vielmehr findet das Sprechen über die inhaltliche Dimension von Unterricht über das Formblatt und dessen Rubriken statt. Unterrichtsplanung wird so als formaler Akt konzipiert, der das Sprechen über und das mögliche Handeln im Unterricht okkupiert und so zum allein gültigen Lösungsweg stilisiert wird.

5. Zusammenfassung

Die studentische Problembearbeitung des Handlungsauftrags zur Planung inklusiven Unterrichts konzentriert sich auf die Umsetzung einer durch ein Formblatt vorgegebenen Ordnung. Ein Einbezug der besprochenen didaktischen Modelle oder auch die Rückführung der im Formblatt aufgezählten Rubriken auf didaktische Theorie ist im gesamten Gespräch nicht zu erkennen. Auch in anderen Dokumenten des Samples griffen die Studierenden selten darauf zurück: von fünf untersuchten studentischen Dokumentationen ließ sich nur in einem ein klarer Bezug zu einem der besprochenen inklusionsdidaktischen Modelle rekonstruieren. Dies ist höchst anschlussfähig an aktuelle Forschung zur Unterrichtsplanung: Litten (2017) kommt zu dem Ergebnis, dass didaktische Modelle, hier des Faches Geschichte, für die Unterrichtsplanung bei Lehrkräften kaum eine Rolle spielen (vgl. S. 436). Die hier zum Ausdruck kommende, zentrale Problematik der Lehrer:innenbildung, die in der Kluft zwischen möglicher, theoretischer Modellierung eines Lerngegenstandes und der praktizierten Planungsumsetzung besteht, beschreibt auch Weingarten (2019). Bezogen auf die kognitiven Potenziale der von angehenden Lehrkräften geplanten Unterrichtsstunden spricht er davon, dass Anwendungsstunden dominieren, aber Lernende kaum im Unterricht kritisch reflektieren oder beurteilen können (vgl. Weingarten 2019, S. 226).

Aus der in diesem Artikel im Zentrum stehenden Studie lassen sich diese Erkenntnisse verallgemeinern:

- In das Formblatt, über das die Studierenden im hier zugrunde gelegten Transkript Unterricht planen, sind didaktische Kategorien eingegangen, beispielsweise im diskutierten Sachbezug oder der anvisierten Ebene des Ziels unterrichtlichen Lernens (s. o.). Auch wenn didaktische Theoriebildung somit in die Strukturskizze aufgeht, kann sie dort nicht als Theorie, sondern nur als formaler Akt der Zuschreibung artikuliert werden. Eine theoriegeleitete Reflexion der Unterrichtsplanung wird systematisch unterlaufen.
- Studierende scheinen zumindest teilweise Unterrichtsvorbereitung als formalistischen Akt zu begreifen, über den Inhalte didaktischer Theoriebildung als Ablaufschema präsentiert werden. Die lenkende Funktion der über die Strukturskizze präsentierten Kategorien wie Stundenziel oder Oberthema wird weder erkannt noch bearbeitet.
- Aufgrund der formal vorgegebenen Struktur des Formblattes und der damit inhärenten Logik des schnellen Abarbeitens kann die oben beschriebene Ebene eines sinnstiftenden Lernens nur verfehlt werden: ein Dialog, der die Schüler: innen-Perspektive aufgreift, findet so auch nicht statt.
- In dem die Schüler:innen-Perspektive im gesamten Dokument nicht näher beleuchtet wird, wird ein wesentlicher Anspruch inklusiven Unterrichts verfehlt. Hier wäre näher zu untersuchen, wie sich diese Ausweichbewegungen studentischer Praxis erklären und weiterbearbeiten lassen.

Die Forschung zu diesem, zwischen Biografie, Professionalisierung und Didaktik angesiedeltem Forschungsstrang soll die nächsten Jahre weitergeführt werden, um so einerseits die studentischen Deutungen im Prozess der Unterrichtsplanung weiter präzisieren und andererseits auch Potenziale der Didaktik herausarbeiten zu können. Zentral auf der Grundlage des hier vorgestellten Materials scheint aber zu sein, in Lehre und Forschung weiter am Erkennen regulierender Wirkungen der dargestellten Kategorien zur Unterrichtsplanung zu arbeiten, um Studierenden so die Kompetenz mit auf den Weg zu geben, präformierende Mechanismen reflektieren zu können.

Literatur

Aichele, Valentin & Kroworsch, Susann (2017): Inklusive Bildung ist ein Menschenrecht: Warum es die inklusive Schule für alle geben muss. (Position / Deutsches Institut für Menschenrechte, 10). Berlin: Deutsches Institut für Menschenrechte, Monitoring-Stelle UN-Behindertenrechtskonvention.

Bennewitz, Hedda (2013): Entwicklungslinien und Situation des qualitativen Forschungsansatzes in der Erziehungswissenschaft. In: Friebertshäuser, Barbara/Langer, Antje/Prengel, Annedore (Hrsg.): Handbuch Qualitative Forschungsmethoden in der Erziehungswissenschaft. Weinheim: Beltz, S. 43–60

Bergmann, Jörg R. (2019): Konversationsanalyse. In: Flick, Uwe/von Kardoff, Ernst/Steinke, Ines (Hrsg.): Qualitative Forschung. Ein Handbuch. Reinbek bei Hamburg: Rowohlt, S. 524–537.

Brodesser, Ellen/Frohn, Julia/Welskop, Nena/Liebsch, Ann-Catherine/Moser, Vera/Pech, Detlef (Hrsg.) (2020): Inklusionsorientierte Lehr-Lern-Bausteine für die Hochschullehre. Ein Konzept zur Professionalisierung zukünftiger Lehrkräfte. Bad Heilbrunn: Klinkhardt 2020, S. 7–15.

Budde, Jürgen/Hummrich, Merle (2013): Reflexive Inklusion. In: Zeitschrift für Inklusion online. https://www.inklusion-online.net/index.php/inklusion-online/article/view/193 (Abfrage: 29.09.20).

Dausien, Bettina/Hanses, Andreas (2016): Konzeptualisierungen des Biografischen – Zur Aktualität biografiewissenschaftlicher Perspektiven in der Pädagogik. In: Zeitschrift für Pädagogik 62, H. 2, S. 159–171.

Feuser, Georg (2011): Entwicklungslogische Didaktik. In: Kaiser, Astrid/Schmetz, Ditmar/Wachtel, Peter/Werner, Birgit (Hrsg.): Didaktik und Unterricht. Stuttgart: Kohlhammer, S. 86–100.

Gloystein, Dietlind/Moser, Vera (2020): Aufbau und Erweiterung von Heterogenitätssensibilität und diagnostischer Kompetenz durch inklusionsorientierte Lehr-Lern-Bausteine in der universitären Lehrkräftebildung. Einordnung und Weiterentwicklung der konzipierten Unterrichtseinheiten aus inklusionspädagogischer Sicht. In: Brodesser, Ellen/Frohn, Julia/Welskop, Nena/Liebsch, Ann-Catherine/Moser, Vera/Pech, Detlef (Hrsg.): Inklusionsorientierte Lehr-Lern-Bausteine für die Hochschullehre. Bad Heilbrunn: Klinkhardt, S. 162–174.

Greiten, Silvia (2018): Unterrichtsplanung für heterogene Lerngruppen – Kernkategorien und didaktische Dimensionen als Planungsempfehlungen. In: Müller, Kathrin/Gingelmaier, Stephan (Hrsg.): Inklusion in der Schulpädagogik. Ansprüche, Umsetzungen, Widersprüche. Weinheim und Basel: Beltz Juventa, S. 158–171.

Häsel-Weide, Ute/Seitz, Simone/Wallner, Melina/Wilke, Yannick (2022): Professionalisierung für inklusiven Mathematikunterricht. Interdisziplinäre Seminarkonzeption zur reflexiven Professionalisierung angehender Mathematiklehrkräfte in der Sekundarstufe. In: Lutz, Deborah/Becker, Jonas/Buchhaupt, Felix/Katzenbach, Dieter/Strecker, Alica/Urban, Michael (Hrsg.): Qualifizierung der pädagogischen Fachkräfte für inklusive Bildung, Band 3, Münster: Waxmann, S. 83–100.

Jäger, Sybille. & Maier, Uwe (2019): Unterrichtsplanung. In: Kiel, E., Herzig, B., Maier, U. & Sandfuchs, U. (Hrsg.), Handbuch Unterrichten an allgemeinbildenden Schulen. Bad Heilbrunn: Klinkhardt, S. 455–465.

Kahlert, Joachim/Heimlich, Ulrich (2012): Inklusionsdidaktische Netze – Konturen eines Unterrichts für alle (dargestellt am Beispiel des Sachunterrichts). In: Heimlich, Ulrich/Kahlert, Joachim (Hrsg.): Inklusion in Schule und Unterricht. Wege zur Bildung für alle. Stuttgart: Kohlhammer, S. 153–190.

Katzenbach, Dieter (2017): Inklusion und Heterogenität. In: Bohl, Thorsten/Budde, Jürgen/Rieger-Ladich, Markus (Hrsg.): Umgang mit Heterogenität in Schule und Unterricht. Grundlagentheoretische Beiträge, empirische Befunde und didaktische Reflexionen. Bad Heilbrunn: Klinkhardt, S. 123–140.

Kelle, Helga (2009): Kindliche Entwicklung und die Prävention von Entwicklungsstörungen. Die frühe Kindheit im Fokus der childhood studies. In: Honig, Michael-Sebastian (Hrsg.): Ordnungen der Kindheit. Problemstellungen und Perspektiven der Kindheitsforschung. Weinheim und München: Juventa, S. 79–102.

Klafki, Wolfgang (1963): Studien zur Bildungstheorie und Didaktik. Weinheim: Beltz.

Kolbe, Fritz-Ulrich/Reh, Sabine/Fritzsche, Bettina/Idel, Till-Sebastian/Rabenstein, Kerstin (2008): Theorie der Lernkultur. Überlegungen zu einer kulturwissenschaftlichen Grundlegung qualitativer Unterrichtsforschung. In: Zeitschrift für Erziehungswissenschaft 11, H. 1, S. 125–143.

Langer, Antje (2013): Transkribieren – Grundlagen und Regeln. In: Friebertshäuser, Barbara/Langer, Antje/Prengel, Annedore (Hrsg.): Handbuch Qualitative Forschungsmethoden in der Erziehungswissenschaft. Weinheim und Basel: Beltz Juventa, S. 515–526.

Latour, Bruno (2001): Eine Soziologie ohne Objekt? Anmerkungen zur Interobjektivität. In: Berliner Journal für Soziologie 11, H. 2, S. 237–252.

Litten, Katharina (2017): Wie planen Geschichtslehrkräfte ihren Unterricht? Eine empirische Untersuchung der Unterrichtsvorbereitung von Geschichtslehrpersonen an Gymnasien und Hauptschulen. Göttingen: V&R unipress.

Lutz, Deborah/Becker, Jonas/Buchhaupt, Felix/Katzenbach, Dieter/Strecker, Alica/Urban, Michael (2022): Qualifizierung für Inklusion in der Sekundarstufe – zur Kontextualisierung der Erträge eines aktuellen Forschungsprogramms. In Lutz, Deborah/Becker, Jonas/Buchhaupt, Felix/Katzenbach, Dieter/Strecker, Alica/Urban, Michael (Hrsg.): Qualifizierung der pädagogischen Fachkräfte für inklusive Bildung, Band 3. Münster: Waxmann, S. 7–24.

Meyer, M. (2008): Unterrichtsplanung aus der Perspektive der Bildungsgangforschung. In: Meyer, Meinert/Prenzel, Manfred/Hellekamps, Stephanie: Perspektiven der Didaktik Zeitschrift für Erziehungswissenschaft. Sonderheft 9, S. 117–137.

Ohle-Peters, Annika/McElvany, Nele (2022): Evidenzbasierte Qualifizierung von angehenden Lehrkräften: Effektive und adaptive Klassenführung im inklusiven Klassenzimmer (EQuaL-I), In: Buchhaupt, Felix/Becker, Jonas/Katzenbach, Dieter/Lutz, Deborah/Strecker, Alica/Urban, Michael (Hrsg.): Qualifizierung für Inklusion Grundschule. Münster: Waxmann, S. 135–146.

Peterßen, Wilhelm (2000): Handbuch Unterrichtsplanung. Grundfragen, Modelle, Stufen, Dimensionen. 9. Auflage. München: Oldenbourg.

Strauss, Anselm/Corbin, Juliet (1996): Grounded Theory. Grundlagen der qualitativen Sozialforschung. Weinheim: Beltz.

Strübing, Jörg (2018): Qualitative Sozialforschung. Eine komprimierte Einführung für Studierende. 2. Auflage. Berlin: de Gruyter.

Tänzer, Sandra (2017): Sachunterricht planen im Vorbereitungsdienst. Empirische Rekonstruktionen der Planungspraxis von Lehramtsanwärtern und Lehramtsanwärterinnen. In: Wernke, Stephan/Zierer, Klaus (Hrsg.): Die Unterrichtsplanung: Ein in Vergessenheit geratener Kompetenzbereich?! Status Quo und Perspektiven aus Sicht der empirischen Forschung. Bad Heilbrunn: Klinkhardt, S. 134–147.

Terhart, Ewald (2009): Didaktik. Stuttgart: Reclam.

Wegner, Anke (2016): Zur Planung und Gestaltung des Unterrichts aus der Perspektive der Bildungsgangdidaktik. In: Wegner, Anke (Hrsg.): Allgemeine Didaktik: Praxis, Positionen, Perspektiven. Leverkusen-Oplanden: Verlag Barbara Budrich, S. 87–112.

Weingarten, Jörg (2019): Wie planen angehende Lehrkräfte ihren Unterricht? Empirische Analysen zur kompetenzorientierten Gestaltung von Lehrangeboten. Münster: Waxmann.

Welskop, Nena/Moser, Vera (2020): Heterogenitätssensibilität als Voraussetzung adaptiver Lehrkompetenz. In: Brodesser, Ellen/Frohn, Julia/Welskop, Nena/Liebsch, Ann-Catherine/Moser, Vera/Pech, Detlef (Hrsg.): Inklusionsorientierte Lehr-Lern-Bausteine für die Hochschullehre. Ein Konzept zur Professionalisierung zukünftiger Lehrkräfte. Bad Heilbrunn: Klinkhardt, S. 19–29.

Werning, Rolf (2013): Inklusive Pädagogik – Eine Herausforderung für die Schulentwicklung. In: Klauß, Theo/Terfloth, Karin (Hrsg.): Besser gemeinsam lernen! Inklusive Schulentwicklung. Heidelberg: Universitätsverlag Winter, S. 17–28.

Wernke, Stephan/Zierer, Klaus (2017): Die Unterrichtsplanung – Ein in Vergessenheit geratener Kompetenzbereich?! In: Wernke, Stephan/Zierer, Klaus (Hrsg.): Die Unterrichtsplanung – Ein in Vergessenheit geratener Kompetenzbereich?! Status Quo und Perspektiven aus Sicht der empirischen Forschung. Bad Heilbrunn: Klinkhardt, S. 7–16.

Ziegelbauer, Sascha/Ziegelbauer, Christine (2019): Unterrichtsplanung. In: Harring, Marius/Rohlfs, Carsten/Gläser-Zikuda, Michaela (Hrsg.): Handbuch Schulpädagogik. Münster: Waxmann, S. 427–439.

Autor:innenangaben

Strehle, Thomas, Dr., Pädagogischen Hochschule Heidelberg, Institut für Erziehungswissenschaft; Arbeits- uns Forschungsschwerpunkte: Professionalisierung von Lehrkräften, rekonstruktive Sozialforschung, Fragen Allgemeiner Didaktik
strehle@ph-heidelberg.de

Empirische Ergebnisse zum Inklusionsverständnis Lehramtsstudierender und ihren Einstellungen zu Heterogenität im Zusammenhang mit der (Nicht)Teilnahme an inklusionsbezogener Lehre

Toni Simon

> Eine an einem reflexiven Inklusionsverständnis orientierte Hochschullehre sollte u. a. auf die Förderung eines ebensolchen Verständnisses sowie auf die Entwicklung von Einstellungen und Kompetenzen für einen differenzkritischen, anerkennenden Umgang mit Heterogenität im Unterricht zielen. Anhand von Ergebnissen einer quantitativen Studie (N = 2200) wird nachfolgend gezeigt, welches Inklusionsverständnis bei den befragten Lehramtsstudierenden dominiert, welche Einstellungen sie zur Heterogenität im Unterricht haben und inwiefern sich die Verständnisse und Einstellungen der Befragten unterscheiden, wenn sie (k)eine Lehrveranstaltung zum Thema Inklusion besucht haben. Die Ergebnisse werfen u. a. die Frage nach der Gestaltung und Wirkung inklusionsorientierter Hochschullehre auf und unterstreichen die Relevanz von Hochschul(lehr)e als Forschungsfeld der Inklusionsforschung.

1. Problemaufriss: Inklusion & Hochschul(lehr)e

Die deutschen Hochschulen haben seit mehr als zehn Jahren die Verantwortung für die Organisation „einer koordinierten und explizit auf […] ‚Inklusion' orientierten LehrerInnenbildung" (Münch 2011, S. 4) und es besteht weitgehend Konsens darüber, dass eine solche „fach- und sektorübergreifend" (EADSNE 2012, S. 26) zu realisieren ist. Hinsichtlich der Frage, was eine inklusive Schule kennzeichnet (vgl. Moser 2012) und im Anschluss daran, wie eine adäquate inklusionsorientierte Lehrkräftebildung zu gestalten sei, und welche Kompetenzen im Kontext derselben zu fördern sind, hat sich ein reger Diskurs etabliert (z. B. Döbert/Weishaupt 2013; Häcker/Walm 2015; Greiten et al. 2017; Brodesser et al. 2020). Mit Blick auf die themenbezogenen Diskurse und Forschungen lassen sich dabei jedoch mindestens drei Problemfelder benennen: *Erstens* (empirische Ebene) war der Forschungsstand zur inklusionsorientierten Lehrkräftebildung lange unzureichend (vgl. Heinrich/Urban/Werning 2013) und bis dato wurde nicht systematisch erforscht, inwiefern Konzeptionen der Inklusionsforschung in der Lehrkräftebildung aufgegriffen werden und wenn ja, wie sie didaktisch-methodisch umgesetzt werden. *Zweitens* (Ebene der Hochschuldidaktik und -entwicklung) wird zwar betont, dass Hochschulen „nicht nur Orte der Vermittlung [...] sein, sondern [...] zu exemplarischen Orten der Gestaltung inklusiver Kulturen, Strukturen und Praktiken werden" sollten (Platte 2012, S. 155). Wie aber der (vermeintliche) ‚Königsweg' des Parallelisierungsmodells (z. B. Wahl 2013) in einem nicht-inklusiven System umgesetzt werden kann und wie sich das System Hochschule verändern muss, ist deutlich weniger diskutiert als die Frage der (Um)Gestaltung von Schule. *Drittens* (theoretisch-konzeptionelle Ebene) wird zwar die „Orientierung an den Praxisanforderungen" längst als „zentraler Qualitätsaspekt" (Seitz 2011, o. S.) der inklusionsorientierten Lehrkräftebildung formuliert – gleichsam existieren trotz eines konsensuellen Kerns (Piezunka/Schaffus/Grosche 2017) differente, teils widersprüchliche Verständnisse von Inklusion (exempl. Boger 2015) mit je unterschiedlichen Konsequenzen für Fragen der Unterrichtsgestaltung und somit auch der Lehrkräftebildung.

Eine an einem reflexiven Inklusionsverständnis (Budde/Hummrich 2013) orientierte Lehrkräftebildung zielt *unter anderem* auf die Förderung eines differenzkritischen Inklusionsverständnisses sowie von inklusionspädagogisch anschlussfähigen Einstellungen und Kompetenzen für einen gelingenden, reflexiven Umgang mit Heterogenität in Schule und Unterricht – z. B. im Kontext individueller Förderung (Greiten et al. 2017). Für diese Ziele bedeutsam und im Folgenden im Fokus sind verschiedene Kognitionen angehender Lehrkräfte i. S. bewusster und unbewusster mentaler Prozesse. Zu diesen gehören u. a. Vorstellungen und Verständnisse, Überzeugungen bzw. Beliefs, subjektive Theorien oder die im Kontext der Inklusionsforschung seit Mitte der 2010er Jahre vielfach beforschten Selbstwirksamkeitsüberzeugungen und Einstellungen.

2. Inklusionsverständnisse und Einstellungen zu Heterogenität – *ausgewählte* Anmerkungen zum Forschungsstand

Inklusion ist auch in der Lehrkräftebildung ein omnipräsenter, jedoch unterschiedlich verstandener Begriff. In den letzten zehn Jahren hat sich die pragmatische Unterscheidung eines engen vs. breiten Inklusionsverständnisses (vgl. z. B. Budde/Hummrich 2013) etabliert, sich aber spätestens mit empirischen Forschungen zu differenten Verständnissen von Inklusion als simplifizierend erwiesen. Zwar wurden in den letzten Jahren zunehmend Studien zu Inklusionsverständnissen verschiedener Akteur:innen durchgeführt[1] (grob zusammenfassend vgl. Simon 2023, S. 161 ff.), die u. a. zeigen, dass die polare Gegenüberstellung

---

1 Einen Schwerpunkt stellen hierbei Studien mit qualitativem Design (Gruppendiskussionen, leitfadengestützte Interviews) dar, einen anderen quantitative Befragungen mittels Fragebogen. Weniger häufig sind Studien im Mixed-Methods-Design (z. B. Veber 2016).

eng vs. breit empirisch nur bedingt haltbar ist (siehe z. B. Boger 2015), dennoch stellen Studien zu Inklusionsverständnissen nach Schaumburg, Walter und Hashagen (2019, S. 8) ein „klares Forschungsdesiderat" dar. Zudem wurde die Frage des (Nicht)Einflusses der Lehrkräfte(weiter)bildung auf das Inklusionsverständnis von (angehenden) Lehrkräften bislang weniger umfassend erforscht. Vorliegende Studien (z. B. Veber 2016) verdeutlichen dabei u. a. die relative Persistenz von Inklusionsverständnissen, die sich grundsätzlich auch bei Kognitionen wie Beliefs und Einstellungen zeigt (ebd., S. 182 ff.).

Neben dem Inklusionsverständnis werden im weiteren Verlauf auch Einstellungen angehender Lehrkräfte fokussiert. Dass Kognitionen wie z. B. Einstellungen für pädagogisch-professionelles im Allgemeinen und didaktisches Handeln im Speziellen relevant sind, ist hinlänglich bekannt (vgl. Baumert/Kunter 2006; Lang et al. 2010). Aufgrund ihrer potenziell handlungsleitenden Wirkung gelten sie auch als „bedeutsamer Faktor zur Implementierung inklusiver Strukturen" (Ruberg/Porsch 2017, S. 393). In der Inklusionsforschung wurden in den letzten ca. zehn Jahren vielfach Einstellungen erforscht – allerdings mit einem starken Fokus auf sonderpädagogische Kategorien, sodass die Inklusions-Einstellungsforschung weitgehend als Integrationsforschung zu bezeichnen (Merz-Atalik 2014) bzw. bezüglich ihrer Inhaltsvalidität kritisch zu hinterfragen ist (ebd.; Gasterstädt/Urban 2016; Simon 2019a, 2019b). Die Anerkennung von Heterogenität gilt für die Theorie und Praxis schulischer Inklusion als zentral (Bohl/Budde/Rieger-Ladich 2017). Einstellungen zu Heterogenität im Kontext von Inklusion auf Fragen der (Nicht)Behinderung resp. des sonderpädagogischen Förderbedarfs zu reduzieren, widerspricht einem reflexiven Inklusionsverständnis, dem zufolge *viele* Heterogenitätsdimensionen bzw. Differenzlinien (bestenfalls intersektional) zu beachten sind. Es gilt zudem zu berücksichtigen, dass Heterogenität ein relatives, mehrdimensionales, soziales Konstrukt ist (Wenning 2007), sodass z. B. „eine Lerngruppe jeweils so heterogen [ist], wie dort gerade Heterogenität ‚gesehen' und wie sie […] ‚verhandelt' wird" (Seitz 2008, S. 193). Einstellungen zu Heterogenität zu erforschen, erfordert es entsprechend, entweder unterschiedliche Facetten von Heterogenität (siehe z. B. Gebauer/McElvany/Klukas 2013) oder aber dieselbe als mehrdimensionales Konstrukt (z. B. Lang et al. 2010; Junker et al. 2020) in den Blick zu nehmen – gegebenenfalls in Kombination mit Fall-Vignetten (siehe z. B. Schmitz/Simon/Pant 2020).

3. Einblicke in die INSL-Studie

Nachfolgend werden ausgewählte Einblicke in die im Mixed-Mode-Design durchgeführte quantitative Querschnittsstudie INSL (Inklusion aus Sicht angehender Sachunterrichts-Lehrkräfte) gegeben, in deren Rahmen 2200 angehende Lehrkräfte befragt wurden.[2] Das weitgehend aus vierstufigen Ratingskalen bestehende INSL-Erhebungsinstrument wurde anhand einer Stichprobe von N = 163 angehenden Lehrkräften sowie mittels eines Retrospective Think-Aloud mit N = 38 und eines Cognitive Lab mit N = 3 Expert:innen pilotiert. Es zielt auf die Erfassung verschiedener Kognitionen (im Schwerpunkt Einstellungen) zu unterschiedlichen Konstrukten mit Relevanz für die Thematik schulischer Inklusion. Neben dem subjektiven Inklusionsverständnis der Befragten stellen deren Einstellungen zur Heterogenität im Unterricht einen wichtigen Schwerpunkt von INSL dar.[3] Die Befragten (N = 2200) waren zum Erhebungszeitpunkt im Durchschnitt 22,6 Jahre alt (SD = 4,43) und gaben zu 86,1 % an, weiblich sowie zu 13,8 % männlich zu sein. 83,9 % gaben an, ein Grundschul- bzw. Primarstufen-Lehramt, 13 % ein sonderpädagogisches und 3,1 % ein anderes Lehramt zu studieren. 67,8 % der Befragten hatten bereits mindestens eine Lehrveranstaltung zum Thema Inklusion besucht, 32,2 % noch keine (N = 2153). Die für diesen Beitrag relevanten Forschungsfragen lauten:

(1) *Welches Verständnis schulischer Inklusion haben die befragten angehende Lehrkräfte?*
(2) *Welche Einstellungen haben sie zu Heterogenität im Unterricht?*
(3) *Unterscheiden sich die Inklusionsverständnisse und Einstellungen zu Heterogenität, wenn (k)eine Lehrveranstaltung zum Thema Inklusion besucht wurde?*

Die zur Beantwortung dieser Fragen herangezogenen Daten wurden mittels der in Tabelle 1 angeführten Skalen generiert.

Tabelle 1: Verwendete (Sub)Skalen und Werte der internen Konsistenz

Konstrukt/Skala (Quelle; Skalenart)	Subskalen	Item-Anzahl	Cronbachs α		
			INSL-Online-Sample (N = 278)	INSL (N = 2200)	Lang et al. 2010 (N = 447)
Einstellung zu Heterogenität (Lang et al. 2010; modifiziert; geschlossen)	differenzbezogen positiv	5	,80	,79	,84
	normbezogen negativ	4	,56	,52	,64
	belastungsbezogen negativ	5	,72	,69	,77
Inklusionsverständnis (eigene; offen)	---	1	---	---	---

---

2 Zum Zwecke der Datenerhebung wurden bundesweit alle Standorte der Sachunterrichts-Lehrkräftebildung kontaktiert. Letztlich konnten Daten in zwölf Bundesländern bzw. an ca. 60 % dieser Standorte erhoben werden.
3 Einen weiteren Schwerpunkt stellen Einstellungen zur Partizipation von Schüler:innen (einschließlich didaktischer Partizipation) dar (siehe z. B. Simon 2023), womit ein spezifisches Desiderat der Inklusionsforschung aufgegriffen wird (vgl. ebd.; Geldner-Belli/Wittig 2023).

Während die Einstellungen zur Heterogenität mittels geschlossener Skalen erhoben und zunächst deskriptivstatistisch ausgewertet wurden, wurden die Inklusionsverständnisse mittels eines offenen Items erfasst – unter anderem um der potenziellen Varianz der Verständnisse Rechnung zu tragen.[4] Die Auswertung der subjektiven Verständnisse erfolgte zunächst mittels der kommunikationswissenschaftlich orientierten quantitativen bzw. integralen Inhaltsanalyse nach Früh (1981/2017), die als klassische Methode zur Auswertung offener Fragen gilt (Züll 2015) und als „Kombination formaler und verstehend / interpretierender [...] Analyseschritte" (Früh 2017, S. 62) beschrieben wird. Dem klassischen Vorgehen folgend wurde ein Kategorienschema (bestehend aus 7 Ober- und 21 Unterkategorien) entwickelt, mittels derer N = 1863 subjektive Definitionen schulischer Inklusion codiert wurden (die Reliabilitätsüberprüfung erfolgte mit 100 % des Datensatzes (= 39123 Codierungen); CR nach Holsti = ,99). Die Kategorien wurden weitergehend in nominale, dichotomisierte Variablen überführt und ebenfalls deskriptivstatistisch mittels SPSS ausgewertet. Zur Beantwortung der Frage eines möglichen Zusammenhangs des Besuches von Lehrveranstaltungen zum Thema Inklusion mit dem Inklusionsverständnis der Befragten wurden Chi^2-Tests sowie das Assoziationsmaß Phi berechnet. Weiterhin wurde Mittels Mann-Whitney-U-Test untersucht, ob sich die Einstellungen der Befragten zu Heterogenität im Unterricht unterscheiden, wenn (k)eine solche Lehrveranstaltung besucht wurde (Überprüfung der zentralen Tendenzen).

3.1 Welches Verständnis von schulischer Inklusion haben angehende Lehrkräfte?

Die deskriptivstatistische Auswertung (Häufigkeitsanalyse) der anhand des Kategorienschemas codierten subjektiven Definitionen von schulischer Inklusion (N = 1863) zeigt Folgendes: Grundsätzlich lassen sich in den Definitionen Aspekte finden, die in den inklusionspädagogischen Diskursen um Schule und Unterricht als relevant verhandelt werden, wie zum Beispiel die Zusammenarbeit in inter- oder multiprofessionellen Teams, der Schul- und Unterrichtsentwicklung oder auch Fragen der Schüler:innenpartizipation. Gleichsam werden diese sich in den sieben Oberkategorien widerspiegelnden Aspekte deutlich unterschiedlich oft genannt (siehe Abb. 1). So lässt sich insgesamt erstens ein starker Fokus vor allem auf die Frage der De-Segregation (oftmals unter Verwendung der Metapher „eine Schule für alle" oder „gemeinsamer Unterricht") in Verbindung mit einem universalistischen Adressat:innenkreis (z. B. „alle Schüler", „alle Kinder") finden. Der Aspekt der De-Segregation bleibt jedoch häufig unspezifisch/abstrakt,

---

4   Im weiteren Verlauf der Befragung wurde das Inklusionsverständnis zusätzlich mittels geschlossener Items erfasst.

respektive werden die Auflösung von Förderschulen oder die grundlegende Überwindung der Mehrgliedrigkeit im Bildungswesen als wichtige Forderungen im Kontext der De-Segregationsdebatten der Inklusionspädagogik nur selten explizit benannt (siehe Abb. 2). Zweitens lässt sich ein Fokus auf Fragen der *Lern-Organisation* insbesondere mit Blick auf Kinder mit sonderpädagogischem Förderbedarf feststellen, wobei insbesondere auf den Gemeinsamen Unterricht für Schüler:innen mit und ohne sonderpädagogischen Förderbedarf verwiesen wird. Andere Differenzlinien (bspw. Migrationsbiografien) spielen kaum eine Rolle. Insgesamt drückt sich in den Definitionen dominant der „Umgang mit Schülern mit" aus, dem Systemfragen deutlich untergeordnet sind.[5]

Abbildung 1: Auftreten der Oberkategorien in N = 1863 Definitionen schulischer Inklusion (absolute und relative Häufigkeiten)

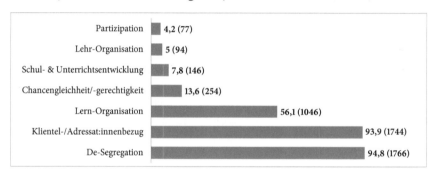

Abbildung 2: Auftreten der Unterkategorien im Bereich De-Segregation (N = 1766); absolute und relative Häufigkeiten; Mehrfachnennung möglich)

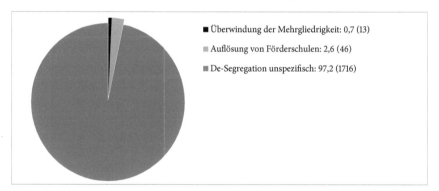

---

5 Durch Analysen weiterer, hier nicht thematisierter Skalen bzw. Indizes des INSL-Instrumentes sowie durch Textanalysen der Definitionen mittels MAXQDA/MAXDictio (Worthäufigkeits-/Wortkombinationsanalysen) erhärtet sich dieser Befund.

3.2 Welche Einstellungen haben angehende Lehrkräfte zu Heterogenität im Unterricht?

Die expliziten Einstellungen zu Heterogenität als abstraktes, mehrdimensionales Konstrukt wurden mittels der von Lang et al. (2010) entwickelten, leicht modifizierten Skala, bestehend aus den drei Subskalen differenzbezogen positive Einstellung (Heterogenität als Bereicherung; α = ,79), normbezogen negative Einstellung (Ziel der Homogenisierung/Reduktion von Heterogenität; α = ,52) und belastungsbezogen negative Einstellung (Heterogenität als Arbeitsbelastung; α = ,69) erfasst. Mittels explorativer Faktorenanalyse (PCA, Varimax) wurde die dreifaktorielle Struktur vorab (bei lediglich einer abweichenden Faktorladung) bestätigt (50,6 % Varianzaufklärung). Die Ergebnisse verdeutlichen (N = 2200; Skalenmittelpunkt bei 2,5), dass die differenzbezogen positive Einstellung zu Heterogenität am stärksten ausgeprägt ist (M = 3,37; SD = ,52). Gleichsam ist die belastungsbezogen negative etwa durchschnittlich (M = 2,44; SD = ,57) und die normbezogen negative am wenigsten stark ausgeprägt (M = 2,26; SD = ,59). Grundsätzlich ist darauf zu verweisen, dass sich positive und negative Einstellungen nicht per se ausschließen. Sie können i. S. ambivalenter Einstellungen parallel existieren oder ein Indiz für teils widersprüchliche Vorstellung vom Ziel des pädagogischen Umgangs mit Heterogenität (Anerkennen vs. (Leistungs-)Homogenisierung) sein (siehe auch Simon 2019a und b).

3.3 Unterscheiden sich die Inklusionsverständnisse und Einstellungen zu Heterogenität, wenn (k)eine Lehrveranstaltung zum Thema Inklusion besucht wurde?

Mit Blick auf die in den Inklusionsverständnissen zu findenden Ober- und Unterkategorien zeigen sich laut Chi2-Tests nur bei einzelnen Kategorien, bei denen sich auch die relativen Häufigkeiten deutlich(er) unterscheiden (siehe Abb. 3), statistisch signifikante Zusammenhänge mit dem Besuch einer Lehrveranstaltung zum Thema Inklusion. Bei den Ober- und dazugehörigen Unterkategorien De-Segregation, Chancengleichheit/-gerechtigkeit, Lehr-Organisation und Partizipation gibt es keine statistischen Zusammenhänge. Während es beim Adressat:innenbezug (Oberkategorie; N = 1832; $\chi^2(1)$ = ,151, p = ,698, φ = ,009) und der Unterkategorie des kooperativen Lernens (N = 1034; $\chi^2(1)$ = 2,559, p = ,110, φ = ,050) ebenfalls keinen statistisch signifikanten Zusammenhang gibt, lässt sich für die Nennung eines universellen Adressat:innenkreises (N = 1714; $\chi^2(1)$ = 55,865, p = ,000, φ = -,181), eines Adressat:innenbezuges mit Fokus Behinderung/sonderpädagogischer Förderbedarf (N = 1714; $\chi^2(1)$ = 34,352, p = ,000, φ = ,142), der Lern-Organisation (Oberkategorie; N = 1832; $\chi^2(1)$ = 70,658, p = ,000, φ = -,196), des individualisierten Lernens (N = 1034; $\chi^2(1)$ = 19,713, p = ,000, φ = -,138) sowie der insgesamt selten thematisierten (siehe Abb. 1) Schulentwicklung (N = 1832; $\chi^2(1)$ = 17,738, p = ,000, φ = -,098) ein solcher nachweisen. Der Effekt des Zusammenhangs (Phi) ist jeweils klein.

Abbildung 3: Gruppenweise Gegenüberstellung der relativen Häufigkeit des Auftretens ausgewählter Ober- bzw. Unterkategorien

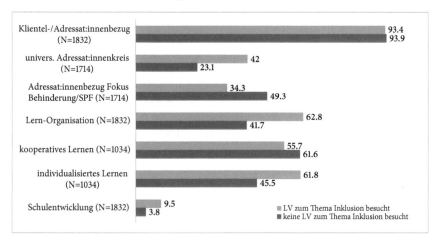

Die Unterschiede zwischen den beiden untersuchten Gruppen angehender Lehrkräfte mit Blick auf ihre Einstellungen zu Heterogenität können Tabelle 2 entnommen werden. Auch wenn die Mittelwertunterschiede relativ gering sind, zeigen die Ergebnisse des Mann-Whitney-U-Tests, dass die Unterschiede über alle drei Konstrukte bzw. Subskalen signifikant sind: Die differenzbezogen positiven Einstellungen sind höher, die belastungsbezogen und normbezogen negativen Einstellungen niedriger, wenn mindestens eine Lehrveranstaltung zum Thema Inklusion besucht worden ist.

Tabelle 2: Gruppen-Mittelwerte und -Standardabweichungen sowie Signifikanz der Gruppen-Unterschiede hinsichtlich der Einstellungen zu Heterogenität (Mann-Whitney-U-Test)

			Heterogenitäts-Einstellung		
			differenzbezogen positiv	belastungsbezogen negativ	normbezogen negativ
Besuch von LV zu Inklusion	Ja (N = 1459)	M	3,41***	2,42**	2,14***
		SD	,50	,58	,58
	Nein (N = 694)	M	3,27***	2,48**	2,49***
		SD	,54	,55	,53

Die Varianzen sind bei einem Signifikanzniveau von α = ,05 bei p≤,05 signifikant (*), bei p≤,01 sehr signifikant (**) und bei p≤,001 höchst signifikant (***).

4. Fazit

Anhand der oben vorgestellten Daten konnte gezeigt werden, dass sich die mit Blick auf die Gesamtstichprobe von N = 2200 zunächst relativ homogen erscheinenden Inklusionsverständnisse hinsichtlich einzelner Kategorien signifikant unterscheiden – je nachdem, ob die Befragten eine Lehrveranstaltung zum Thema Inklusion hatten oder nicht. Derselbe Effekt zeigt sich bezogen auf die Einstellungen zur Heterogenität, wenngleich sich bezogen auf diese andeutet, dass insbesondere die belastungsbezogene negative Einstellung schwerer zu irritieren zu sein scheint, als die beiden anderen Einstellungen/Einstellungsfacetten.[6] Hinsichtlich dieser relativen Persistenz sowie des parallelen Bestehens von positiven und negativen Einstellungen lässt sich mit Budde (2015, S. 118) fragen, ob sich hier der „Widerspruch zwischen normativer Überhöhung (‚Vielfalt tut gut') und [antizipierter] praktischer Überforderung" widerspiegelt und inwiefern hier z. B. Selbstwirksamkeitsüberzeugungen oder andere Konstrukte moderierend wirken.

Insgesamt lassen die dargestellten Ergebnisse einen positiven Einfluss inklusionsbezogener Lehre vermuten, der i. S. eines reflexiven Inklusionsverständnisses als wünschenswert bezeichnet werden kann. Dabei ist zu beachten, dass mit den dargestellten Zusammenhängen resp. gruppenbezogenen Unterschieden keine Aussagen zu Kausalitäten getroffen werden können. Angesichts der durch ihr Design bedingten Limitation der INSL-Studie müsste im Rahmen von ergänzenden, vor allem auch qualitativen Studien bzw. Mixed-Methods-Studien ebensolchen Kausalitäten nachgegangen werden.

Einen wichtigen Beitrag zur Fundierung einer Lehrer:innenbildung für Inklusion und damit zur Realisierung inklusiver Bildung stellen zudem weitere quantitative und qualitativ-rekonstruktive Forschungen *beispielsweise* zu folgenden Fragen dar: Inwiefern kann in Deutschland tatsächlich von „einer koordinierten und explizit auf [...] „Inklusion" orientierten LehrerInnenbildung" (Münch 2011, S. 4) gesprochen werden? (Hierzu wären neben der Erforschung von Praxen der Hochschullehre u. a. auch die von Curricula denkbar.) Welche Verständnisse von Inklusion und (dem Umgang mit) Heterogenität existieren, dominieren und unterscheiden sich ggf. bei verschiedenen Akteur:innen in Hochschule? Wie und wodurch werden diese in der Hochschul(lehr)e hervorgebracht, evoziert und verhandelt und inwiefern beeinflussen diese z. B. hochschulische Strukturen, Kulturen und Praktiken?

---

6   Diese ausschließlich positiven Effekte stehen im Gegensatz zu bislang veröffentlichten Analysen eines Teil-Samples der INSL-Studie (Simon 2019a und b) und Befunden ähnlich angelegter Studien (siehe Schmitz/Simon/Pant. 2020).

Literatur

Baumert, Jürgen/Kunter, Mareike (2006): Stichwort: Professionelle Kompetenz von Lehrkräften. In: Zeitschrift für Erziehungswissenschaft 9; H. 4, S. 469–520.

Boger, Mai-Anh (2015): Theorie der trilemmatischen Inklusion. In: Schnell, Irmtraud (Hrsg.): Herausforderung Inklusion. Bad Heilbrunn: Klinkhardt, S. 51–62.

Bohl, Thorsten/Budde, Jürgen/Rieger-Ladich, Markus (Hrsg.) (2017): Umgang mit Heterogenität in Schule und Unterricht. Bad Heilbrunn: Klinkhardt.

Brodesser, Ellen/Frohn, Julia/Welskop, Nena/Liebsch, Ann-Catherine/Moser, Vera/Pech, Detlef (Hrsg.) (2020): Inklusionsorientierte Lehr-Lern-Bausteine für die Hochschullehre. Bad Heilbrunn: Klinkhardt.

Budde, Jürgen (2015): Zum Verhältnis der Begriffe Inklusion und Heterogenität. In Häcker, Thomas/Walm, Maik (Hrsg.): Inklusion als Entwicklung. Bad Heilbrunn: Klinkhardt, S. 117–133.

Budde, Jürgen/Hummrich, Merle (2013): Reflexive Inklusion. In: Zeitschrift für Inklusion 4/2013. www.inklusion-online.net/index.php/inklusion-online/article/view/193/199 (Abfrage: 15.02.2023).

Döbert, Hans/Weishaupt, Horst (Hrsg.) (2013): Inklusive Bildung professionell gestalten. Münster: Waxmann.

EADSNE [Europäische Agentur für Entwicklungen in der sonderpädagogischen Förderung] (2012): Inklusionsorientierte Lehrerbildung. Odense: EADSNE.

Früh, Werner (1981): Inhaltsanalyse: Theorie und Praxis. 1. Auflage. München: Ölschläger.

Früh, Werner (2017): Inhaltsanalyse: Theorie und Praxis. 9. Auflage. Konstanz: UVK.

Gasterstädt, Julia/Urban, Michael (2016): Einstellung zu Inklusion? Implikationen aus Sicht qualitativer Forschung im Kontext der Entwicklung inklusiver Schulen. In: Empirische Sonderpädagogik 8, H. 1, S. 54–66.

Gebauer, Miriam M./McElvany, Nele/Klukas, Stephanie (2013): Einstellungen von Lehramtsanwärterinnen und Lehramtsanwärtern zum Umgang mit heterogenen Schülergruppen in Schule und Unterricht. In: McElvany, Nele/Gebauer, Miriam M./Bos, Wilfried/Holtappels, Heinz G. (Hrsg.): Jahrbuch der Schulentwicklung Band 17. Weinheim und Basel: Beltz Juventa, S. 191–216.

Geldner-Belli, Jens/Wittig, Steffen (2023): Inklusion und Demokratie. Zur Bedeutung des demokratischen Horizonts für erziehungswissenschaftliche Fragen von Teilhabe und Partizipation. In: Sturm, Tanja/Balzer, Nicole/Budde, Jürgen/Hackbarth, Anja (Hrsg.): Erziehungswissenschaftliche Grundbegriffe im Spiegel der Inklusionsforschung. Opladen: Budrich, S. 97–118.

Greiten, Silvia/Geber, Georg/Gruhn, Annika/Köninger, Manuela (Hrsg.) (2017): Lehrerausbildung für Inklusion. Münster: Waxmann.

Häcker, Thomas/Walm, Maik (Hrsg.) (2015): Inklusion als Entwicklung. Bad Heilbrunn: Klinkhardt.

Heinrich, Martin/Urban, Michael/Werning, Rolf (2013): Grundlagen, Handlungsstrategien und Forschungsperspektiven für die Ausbildung und Professionalisierung von Fachkräften für inklusive Schulen. In: Döbert, Hans/Weishaupt, Horst (Hrsg.): Inklusive Bildung professionell gestalten. Münster: Waxmann, S. 69–133.

Junker, Robin/Zeuch, Nina/Rott, David/Henke, Ina/Bartsch, Constanze/Kürten, Ronja (2020): Zur Veränderbarkeit von Heterogenitäts-Einstellungen und -Selbstwirksamkeitsüberzeugungen von Lehramtsstudierenden durch diversitätssensible hochschuldidaktische Lehrmodule. In: Empirische Sonderpädagogik 12, H. 1, S. 45–63.

Lang, Eva/Grittner, Frauke/Rehle, Cornelia/Hartinger, Andreas (2010): Das Heterogenitätsverständnis von Lehrkräften im jahrgangsgemischten Unterricht der Grundschule. In: Hagedorn, Jörg/Schurt, Verena/Steber, Corinna/Waburg, Wiebke (Hrsg.): Ethnizität, Geschlecht, Familie und Schule. Wiesbaden: VS Verlag, S. 315–331.

Merz-Atalik, Kerstin (2014): Der Forschungsauftrag aus der UN-Behindertenrechtskonvention – Probleme, Erkenntnisse und Perspektiven einer Inklusionsforschung im schulischen Feld. In: Trumpa, Silke/Seifried, Stefanie/Franz, Eva/Klauß, Theo (Hrsg.): Inklusive Bildung: Erkenntnisse und Konzepte aus Fachdidaktik und Sonderpädagogik. Weinheim und Basel: Beltz Juventa, S. 24–46.

Moser, Vera (Hrsg.) (2012): Die inklusive Schule. Stuttgart: Kohlhammer.

Münch, Jürgen (2011): Chancengleichheit in der Differenz. Zur überfälligen Neuorientierung der Lehrerbildung auf ein inklusives Bildungssystem. www.hf.uni-koeln.de/data/gbd/File/Muench/muench_lehrerbildung.pdf (Abfrage: 15.02.2023).

Piezunka, Anne/Schaffus, Tina/Grosche, Michael (2017): Vier Definitionen von schulischer Inklusion und ihr konsensueller Kern. Ergebnisse von Experteninterviews mit Inklusionsforschenden. In: Unterrichtswissenschaft 45, H. 4, S. 207–222.

Platte, Andrea (2012): Inklusive Bildung als internationale Leitidee und pädagogische Herausforderung. In: Balz, Hans-Jürgen/Benz, Benjamin/Kuhlmann, Carola (Hrsg.): Soziale Inklusion. Wiesbaden: Springer VS, S. 141–162.

Ruberg, Christiane/Porsch, Raphaela (2017): Einstellungen von Lehramtsstudierenden und Lehrkräften zur schulischen Inklusion – Ein systematisches Review deutschsprachiger Forschungsarbeiten. In: Zeitschrift für Pädagogik 63, H. 4, S. 393–415.

Schaumburg, Melanie/Walter, Stefan/Hashagen, Uje (2019): Was verstehen Lehramtsstudierende unter Inklusion? Eine Untersuchung subjektiver Definitionen. In: QfI 1, H. 1. https://doi.org/10.21248/qfi.9 (Abfrage: 15.02.2023).

Schmitz, Lena/Simon, Toni/Pant, H. Anand (2020): Heterogenitätssensibilität angehender Lehrkräfte: empirische Ergebnisse. In: Brodesser, Ellen/Frohn, Julia/Welskop, Nena/Liebsch, Ann-Catherine/Moser, Vera/Pech, Detlef (Hrsg.): Inklusionsorientierte Lehr-Lern-Bausteine für die Hochschullehre. Bad Heilbrunn: Klinkhardt, S. 113–123.

Seitz, Simone (2008): Diagnostisches Handeln im Sachunterricht. In: Graf, Ulrike/Moser Opitz, Elisabeth (Hrsg.): Diagnostik und Förderung im Elementarbereich und Grundschulunterricht. Baltmannsweiler: Schneider, S. 190–197.

Seitz, Simone (2011): Eigentlich nichts Besonderes – Lehrkräfte für die inklusive Schule ausbilden. In: Zeitschrift für Inklusion 3/2011. www.inklusion-online.net/index.php/inklusion-online/article/view/83/83 (Abfrage: 15.02.2023).

Simon, Toni (2019a): Celebrate Diversity? Einstellungen angehender Lehrkräfte zu Heterogenität im Spannungsfeld von Differenzanerkennung und normierendem Homogenisierungsdenken. In: Esefeld, Marie/Müller, Kirsten/Hackstein, Philipp/von Stechow, Elisabeth/Klocke, Barbara (Hrsg.): Inklusion im Spannungsfeld von Normalität und Diversität. Band II. Bad Heilbrunn: Klinkhardt, S. 65–74.

Simon, Toni (2019b): Inklusionsorientierte individuelle Förderung im Unterricht im Spannungsfeld differenzbezogen-positiver und normbezogen-negativer Einstellungen zu Heterogenität. In: Zeitschrift für Inklusion 3/2019. www.inklusion-online.net/index.php/inklusion-online/article/view/511/392 (Abfrage: 15.02.2023).

Simon, Toni (2023): Inklusion und Partizipation aus der Sicht von Lehramtsstudierenden. In: Sturm, Tanja/Balzer, Nicole/Budde, Jürgen/Hackbarth, Anja (Hrsg.): Erziehungswissenschaftliche Grundbegriffe im Spiegel der Inklusionsforschung. Opladen u. a.: Budrich, S. 157–181.

Veber, Marcel (2016): Erfassung und Entwicklung von Teacher Beliefs in Inklusiver Bildung im Rahmen der ersten Phase der LehrerInnenbildung aufgezeigt am Projekt Pinl. Münster: WWU.

Wahl, Diethelm (2013): Lernumgebungen erfolgreich gestalten. 3. Auflage. Bad Heilbrunn.

Wenning, Norbert (2007): Heterogenität als Dilemma von Bildungseinrichtungen. In: Boller, Sebastian/Rosowski, Elke/Stroot, Thea (Hrsg.): Heterogenität in Schule und Unterricht. Weinheim und Basel: Beltz, S. 21–31.

Züll, Cornelia (2015): Offene Fragen. Mannheim: GESIS. www.gesis.org/fileadmin/upload/SDMwiki/Offene_Fragen_Zuell_08102015_1.1.pdf (Abfrage: 15.02.2023).

Autor:innenangaben

Simon, Toni, Dr., Martin-Luther-Universität Halle-Wittenberg;
Arbeits- und Forschungsschwerpunkte: Didaktik des Sachunterrichts, inklusive Schulpädagogik unter besonderer Berücksichtigung von Fragen der Didaktik, Diagnostik und Partizipation, Einstellungen zur schulischen Inklusion
toni.simon@paedagogik.uni-halle.de

Was bleibt? Studentische Kurzreflexionen als Resümee eines Seminars zu Heterogenität und Inklusion in Berufsbildenden Schulen

Erika Gericke

Die Schülerschaft von Berufsbildenden Schulen zeichnet sich durch eine äußerst heterogene Zusammensetzung aus. Mit dem Ziel, die Masterstudierenden des Lehramts an Berufsbildenden Schulen im Rahmen der universitären Lehrer:innenbildung auf ihre zukünftigen Arbeitsbedingungen vorzubereiten, wurde ein Seminar entwickelt, welches sich mit dem Umgang mit einer heterogenen Schülerschaft in Berufsbildenden Schulen auseinandersetzt. Im Rahmen des Seminars wurden durch die Studierenden Kurzreflexionen zu den drei Themen Heterogenitätsbegriff, Heterogenitätsdimension Schulleistung sowie Intersektionalität angefertigt. Die Analyse der studentischen Kurzreflexionen zeigt, dass Intersektionalität und reflexive Inklusion die dominierenden Reflexionsthemen sind.

1. Heterogenität als ein Lehr- und Lerngegenstand in der universitären Ausbildung von Lehramtsstudierenden für Berufsbildende Schulen

„Berufsbildende Schulen"[1] ist eine Schulform der Sekundarstufe II und ein Sammelbegriff für Schulen, die einen beruflichen bzw. berufsorientierten Abschluss anbieten. Berufsbildende Schulen umfassen eine Vielzahl an Schulformen bzw. Bildungsgängen:

- *Berufsvorbereitende Bildungsgänge*, die den Hauptschulabschluss zum Ziel haben
- *Berufsschule*, welche die Vermittlung der theoretischen Inhalte der betrieblichen Ausbildung (Stichwort duale Ausbildung) übernimmt und die zusätzlich den Erwerb des Hauptschulabschlusses bzw. der Fachoberschulreife ermöglicht

---

1 Die Verwendung der Bezeichnung im Plural, die von der Schul- und Kultusverwaltung und in der Eigenbezeichnung genutzt wird, liegt darin begründet, dass die angebotene Vielfalt an Schulformen bzw. Bildungsgangen zum Ausdruck gebracht werden soll. In NRW wird an Stelle der Bezeichnung Berufsbildende Schulen die Bezeichnung Berufskolleg genutzt.

- *Berufsfachschule*, in der der Hauptschulabschluss, die Fachoberschulreife oder die Fachhochschulreife erworben werden kann
- *Fachoberschule* und *Berufliches Gymnasium*, die auf die Fachhochschul- bzw. allgemeine Hochschulreife vorbereiten

Die Zugangsvoraussetzungen zu diesen Schulformen bzw. Bildungsgänge sind sehr unterschiedlich. Folglich zeichnet sich die Schülerschaft Berufsbildender Schulen durch eine hohe Heterogenität bzgl. der schulischen Vorbildung aus. Weitere relevante Heterogenitätsdimensionen sind Migrationshintergrund, Fluchterfahrung und Behinderung (Euler/Severing 2020, S. 17). Der Bildungsauftrag Berufsbildender Schulen ist es, den Schüler:innen der verschiedenen Schulformen bzw. Bildungsgänge nicht nur berufliches und allgemeinbildendes Wissen zu vermitteln, sondern „die Stärkung berufsbezogener und berufsübergreifender Handlungskompetenz zu ermöglichen. Damit werden die Schüler:innen zur Erfüllung der Aufgaben im Beruf sowie zur nachhaltigen Mitgestaltung der Arbeitswelt und der Gesellschaft in sozialer, ökonomischer, ökologischer und individueller Verantwortung, insbesondere vor dem Hintergrund sich wandelnder Anforderungen, befähigt" (KMK 2021, S. 14). Der Begriff „Handlungskompetenz wird verstanden als die Bereitschaft und Befähigung des Einzelnen, sich in beruflichen, gesellschaftlichen und privaten Situationen sachgerecht durchdacht sowie individuell und sozial verantwortlich zu verhalten" (KMK 2021, S. 15).

Berufsbildung in Deutschland verfolgt den Anspruch, inklusive berufliche Bildung umzusetzen (vgl. Enggruber/Rützel 2014). Hierbei wird das weite Begriffsverständnis von Inklusion genutzt, mittels wessen sich zeigt, dass nicht nur Jugendliche mit Beeinträchtigungen schwer Zugang zum Ausbildungsmarkt erhalten bzw. vor Herausforderungen während der Berufsausbildung stehen, sondern auch lernschwache Jugendliche (vgl. Enggruber/Rützel 2014), Jugendliche mit Migrationserfahrung (vgl. Bundesministerium für Bildung und Forschung 2018), junge Mütter (vgl. Neises 2019) und weitere Personengruppen. Zukünftige Lehrkräfte in Berufskollegs, welche grundsätzlich in allen Schulformen bzw. Bildungsgängen eingesetzt werden (können), unterrichten eine Schülerschaft, die sich durch vielfältige Heterogenitätsdimensionen auszeichnet.

Studierende des Lehramtes für Berufskolleg studieren neben ihren zwei Unterrichtsfächern auch Bildungswissenschaften. In den Bildungswissenschaften ist die erziehungswissenschaftliche Teildisziplin Berufspädagogik inkludiert. Aufgabe der Berufspädagogik ist es, „[…] sich mit den Zielen, Voraussetzungen und Bedingungen, Möglichkeiten und Realitäten der Qualifizierung von (in der Regel jungen) Menschen durch (in der Regel) institutionalisierte Maßnahmen für eine humane Erwerbstätigkeit und für ein Leben in der Gesellschaft [zu] beschäftig[en]" (Schanz 1997, S. 287) sowie Menschen, für die der Übergang in Ausbildung und Arbeit nicht oder nur schwer gelingt, zu fördern. Entsprechend haben die Lehrveranstaltungen der Berufspädagogik u. a. zum Ziel, die Studierenden auf ihre spätere heterogene Schülerschaft vorzubereiten. Die Vermittlung von Umgangsstrategien mit heterogenen Klassen ist dabei nicht ausreichend, sondern es gilt sich mit der eigenen Haltung, der eigenen professionellen Orientierung zu diesem Thema auseinanderzusetzen (vgl. Budde/Hummrich 2013). Budde und Hummrich (2013) differenzieren dies weiter in ihrem Konzept der reflexiven Inklusion aus. „Reflexive Inklusion zielt […] sowohl auf das Wahrnehmen und Ernstnehmen von Differenzen und das Sichtbarmachen von darin eingeschriebener Benachteiligung als auch auf den Verzicht auf Festschreibung und Verlängerung impliziter Normen durch deren Dekonstruktion" (Budde/Hummrich 2013, o. S.). Somit ist es für die Studierenden wichtig, sich mit der Praktik des Doing Difference zu beschäftigen. Denn: „Ein jedes ‚Doing Difference' ist eine sinnhafte Selektion aus einem Set konkurrierender Kategorisierungen, die erst einen Unterschied schafft, der einen Unterschied macht (Hirschauer 2014, S. 170)". Gerahmt wird reflexive Inklusion von Intersektionalität sowie Interdisziplinarität. Budde und Hummrich (2013) leiten drei Ziele der pädagogischen Bildung ab: a) dort, wo es möglich ist, sollen „keine Unterschiede gemacht werden und Ungleichheitskategorien dekonstruiert werden" (Budde/Hummrich 2013, o. S.), b) die Studierenden sollen reflexiv „die exkludierenden Aspekte von Schule und Unterricht bzw. von pädagogischem Handeln insgesamt" (vgl. ebd.) erkennen und c) soll den Studierenden „spezifisches Wissen um pädagogische Diagnostik und die Bedeutungen von sozialen Ungleichheitskategorien" (vgl. ebd.) vermittelt werden. Das Seminar ‚Heterogenität in Berufsbildenden Schulen', welches im nächsten Kapitel beschrieben wird, hat diese Ziele mit aufgegriffen.

2. Das Seminar ‚Heterogenität in Berufsbildenden Schulen'

Das Seminar ‚Heterogenität in Berufsbildenden Schulen' wurde im Sommersemester 2021 an der Otto-von-Guericke-Universität Magdeburg auf Grund der damaligen Corona-Schutzmaßnahmen als ein synchrones Seminar durchgeführt. Vor dem Hintergrund der unterschiedlichen Lebensumstände (z. B. Elternschaft, Nebenjob) der Studierenden, erhielten sie das Angebot, sich aus den elf synchronen Seminarterminen drei Termine auszusuchen, die statt synchron in asynchroner Form durchgeführt werden. Es nahmen elf Studierende des Masterstudienganges Lehramt an Berufsbildenden Schulen teil.

Die Seminarinhalte waren in fünf thematische Einheiten gegliedert:

1. Begrifflichkeiten: weites Inklusionsverständnis, Begriff Heterogenität, spezifische Betrachtung der Heterogenitätsdimensionen[2] Kultur und Schulleistung, Intersektionalität

---

2 Während im Seminar mit dem Begriff Heterogenitätsdimension gearbeitet wurde, nutzen andere Autoren (z. B. Budde 2012) den Begriff der Differenzkategorie.

2. Wiederholung didaktischer Grundlagen aus dem Bachelorstudium: subjektorientierte Didaktik, erfahrungsbasierte Didaktik, handlungsorientierte Didaktik, konstruktivistischer Ansatz
3. Didaktik der Ausbildungsvorbereitung und Förderung von Sprachfähigkeit: Vocational Literacy, Textanpassung
4. Individualisierter und adaptierter Unterricht
5. Umgang mit heterogenen Lernvoraussetzungen aus fachdidaktischer Perspektive

Ausgangspunkt für die didaktische Ausgestaltung des Seminars war ein positiver Beziehungsaufbau zwischen der Dozentin und den Seminarteilnehmer:innen. Einige Seminarteilnehmer:innen waren zu diesem Zeitpunkt bereits nebenberuflich als Lehrkräfte in Berufsbildenden Schulen tätig und waren bereit, aus ihrem Berufsalltag zu berichten. Das Seminarkonzept zielte darauf ab, zum einen Impulse für die Auseinandersetzung der eigenen Haltung zu Heterogenität und Inklusion zu setzen, indem jene Inhalte mit Reflexionsaufgaben verbunden wurden. Beispielsweise lautete eine Reflexionsaufgabe zum Thema Vocational Literacy – Förderung von Sprachfähigkeit: „Was ist Ihr aktuelles Selbstverständnis als zukünftige Lehrkraft für Berufsbildenden Schulen? Wo liegt für Sie Ihr Arbeitsschwerpunkt? Begründen Sie!" Zum anderen wurden Umgangsstrategien vorgestellt, diskutiert und mittels Transferaufgaben selbst praxisnah (weiter-)entwickelt. Eine Transferaufgabe zum Thema individualisierter Unterricht war z. B.: „Wählen Sie zwei Formen der Differenzierung und skizzieren Sie deren Umsetzung für eine fiktive Klasse in einer fiktiven Unterrichtseinheit (45 Minuten) entweder a) in Ihrer beruflichen Fachrichtung oder b) in Ihrem Unterrichtsfach in einer fiktiven Klasse."

Zum Erwerb ihrer Leistungspunkte hatten die Seminarteilnehmer:innen die Aufgabe, eine schriftliche Kurzreflexion durchzuführen, indem sie folgende Reflexionsfragen beantworten sollten:

- Begriff Heterogenität
  - Welches Begriffsverständnis von Heterogenität hatten Sie zu Beginn des Seminars und welches haben Sie nun? Was hat sich für Sie verändert?
- Heterogenitätsdimension Schulleistung
  - Welche Konsequenzen ziehen Sie für Ihr zukünftiges Lehrerhandeln bzgl. der Heterogenitätsdimension Schulleistung?
- Intersektionalität
  - Basierend auf Ihren bisherigen praktischen Erfahrungen (Modul Orientierungspraktikum, evtl. Modul professionspraktische Studien): Welche Intersektionalität könnte in Ihren zukünftigen Klassen vorliegen?
  - Welche Strategien haben Sie, um zu reflektieren, dass Sie selbst in Ihrem Unterricht zur Heterogenität beitragen (doing difference)?

Die elf schriftlichen Kurzreflexionen wurden gemäß der Ground Theory nach Strauß & Corbin (1996) und mittels der Software MAXQDA ausgewertet. Zunächst wurde das Datenmaterial offen kodiert und anschließend unter folgenden Fragestellungen axial kodiert:

- Welche Aspekte der vorgegebenen Reflexionsthemen wurden von den Seminarteilnehmer:innen reflektiert?
- Welche Haltungs- und/oder Handlungsveränderungen zeigten sich in den schriftlichen Kurzreflexionen bei den Seminarteilnehmer:innen?

Das Ergebnis sind drei Hauptkategorien ‚Relevanzsetzung der Studierenden bzgl. des Heterogenitätsbegriffs', ‚Konsequenzen für die eigene Lehrtätigkeit' und ‚Intersektionalität & Doing Difference', mit jeweils entsprechenden Subkategorien.

3. Studentische Kurzreflexionen als Resümee (und Ausblick) eines Seminars zu Heterogenität und Inklusion in Berufsbildenden Schulen

3.1 Relevanzsetzungen der Studierenden zum Begriff Heterogenität

Die Reflexionen zu der Frage „Welches Begriffsverständnis von Heterogenität hatten Sie zu Beginn des Seminars und welches haben Sie nun?[3] Was hat sich für Sie verändert?" lassen sich in drei Kodekategorien ordnen: das vorherige Begriffsverständnis von Heterogenität, Erkenntnisse zum Begriff Heterogenität und Wandlungsprozesse i. S. v. Haltungs- bzw. Handlungsänderung. Abbildung 1 bildet diese grafisch ab.

---

3 Hierfür konnten die Seminarteilnehmer:innen auf ihre Seminarunterlagen der ersten Sitzung zurückgreifen.

Abbildung 1: Reflexionsthemen zum Begriff Heterogenität

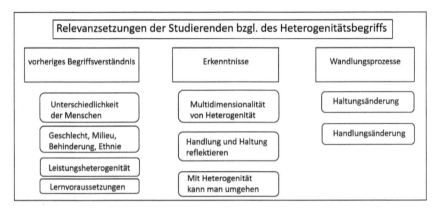

Die schriftlichen Kurzreflexionen der Studierenden zeigen, dass die Mehrheit von ihnen vor Seminarbeginn ein sehr allgemeines Verständnis von Heterogenität hatte. Fünf von elf Seminarteilnehmer:innen haben den Heterogenitätsbegriff mit „Unterschiedlichkeit/Verschiedenheit von Menschen" (HB, Z. 45–46, Z. 154–155, Z. 176–177) gleichgesetzt. Ebenfalls fünf von elf Studierenden hatten zwar ein konkreteres Verständnis von Heterogenität, allerdings nicht auf den Schulkontext bezogen, sondern auf große gesellschaftliche Kategorien wie Geschlecht, Ethnizitäten, Milieu und Behinderung (vgl. HB, Z. 95–96, Z. 283, Z. 301–302). Ein schulspezifisches Heterogenitätsverständnis lag bei fünf Seminarteilnehmer:innen vor – hier wurde auf die Heterogenitätsdimensionen Leistung (vgl. HB, Z. 83, Z. 243) und Lernvoraussetzungen (vgl. HB, Z. 97, Z. 123) rekurriert. Der untenstehenden Tabelle 1 ist zu entnehmen, dass fünf von elf Studierenden den Heterogenitätsbegriff auf eine der vier Heterogenitätsdimensionen und sich nur jeweils ein:e Seminarteilnehmer:in über drei bzw. vier Heterogenitätsdimensionen bewusst war.

Tabelle 1: Verteilung Wahrnehmung unterschiedlicher Heterogenitätsdimensionen vor dem Seminarinput

Wahrgenommene Heterogenitätsdimension	Seminarteilnehmer:in										
	1	2	3	4	5	6	7	8	9	10	11
Unterschiedlichkeit der Menschen	x					x	x	x	x		
Geschlecht, Ethnie, Milieu, Behinderung				x				x	x	x	x
Leistungsheterogenität			x	x	x				x		
Lernvoraussetzungen	x			x	x		x				

In den schriftlichen Kurzreflexionen der Studierenden zeigen sich drei Erkenntnisse hinsichtlich des Heterogenitätsverständnisses nach dem Seminar. Erstens ist ihnen die Multidimensionalität von Heterogenität bewusst geworden – es gibt verschiedene Dimensionen, die miteinander in Verbindung stehen und dass Heterogenität nicht nur ein bedeutsames Thema im Kontext Schule, sondern ein gesamtgesellschaftliches Thema ist:

> „Verändert hat sich mein Verständnis des Begriffes, indem ich verstanden habe, dass die Wichtigkeit einerseits in der Gesellschaft und andererseits besonders in der Schule zunimmt" (HB, Z. 71 f.).

Zweitens haben die Seminarteilnehmer:innen eine offene und zugewandte Haltung zu ihren (zukünftigen) Schüler:innen entwickelt, indem sie sich auf ihre Schüler:innen einlassen und sie kennenlernen wollen. Zudem haben die Seminarteilnehmer:innen die Erkenntnis gewonnen, dass sie als (zukünftige) Lehrkraft unbewusst zur Heterogenität in der Klasse beitragen können. Drittens haben die Studierenden für sich festgestellt, dass man aktiv mit der Heterogenität von Klassen umgehen kann, dass es spezifische Umgangsstrategien gibt. Am häufigsten wurde Bezug auf die Methoden im Kontext der Förderung der Sprachfähigkeit genommen:

> „Wenn ich nun an den Begriff Heterogenität denke, denke ich gleichzeitig an Strategien zum Umgang mit Heterogenität. Darunter zählen beispielsweise didaktische Methoden zur Verbesserung der Lesefähigkeit oder Strategien, die ich als Lehrkraft nutzen kann, um meinen Schülerinnen und Schülern zu ermöglichen, den von mir gelehrten Inhalt Bedeutung abzugewinnen" (HB, Z. 199–203).

Besonders spannend sind die Wandlungsprozesse zweier Seminarteilnehmerinnen – beide arbeiteten bereits aktiv als Lehrkräfte, die sich in den Kurzreflexionen zeigten. Eine Studentin stellte eine Haltungsänderung bei sich fest. Sie belegte das Seminar mit dem Ziel, konkrete Umgangsstrategien für schwierige Situationen, die sie bereits in ihrem Berufsalltag erlebt hat, zu erlernen. Die Heterogenität ihrer Schüler:innen hat sie als ein Problem wahrgenommen. Nach dem Seminar hat sie Heterogenität als eine positive Eigenschaft gesehen und als eine Chance für sich, als Lehrkraft, den eigenen methodischen Horizont zu erweitern:

> „So veränderte sich mein defizitäres Verständnis des Begriffs immer mehr und das Begriffskonstrukt wurde durch verschiedene begriffsimmanente Merkmale wie sozioökonomischer Status, Kultur, Herkunft, Persönlichkeitsmerkmale, Schulformen,

Intelligenz sowie Alter und Entwicklungsstand aufgefüllt. [...] Im Verlauf des Seminars wurden viele Umgangsstrategien vermittelt, so dass der Begriff in meinem Kopf nicht mehr negativ konnotiert ist wie am Anfang, sondern Heterogenität in einer Klasse eine echte Chance auch für mich als Lehrkraft darstellen kann, meinen methodisch-didaktischen Horizont zu erweitern" (HB, Z. 135-145).

Die zweite bereits als Lehrkraft arbeitende Studentin beobachtete bei sich eine Handlungsänderung. Vor dem Besuch des Seminars investierte sie sehr viel Zeit und Kraft in den Versuch, möglichst alle Heterogenitätsmerkmale ihrer Schüler:innen zu erfassen, um einen äußerst differenzierten Unterricht vorzubereiten. Dieses Verhalten gab sie nach dem Seminar auf: sie reduziert ihre Schüler:innen nicht mehr auf ihre Heterogenitätsmerkmale, sondern bezieht die Individualität ihrer Schüler:innen aktiv durch ein erweitertes Methodenspektrum ein:

„Ich habe mir immer die Frage gestellt, wie die Analyse der Lernvoraussetzungen genau stattfinden soll. Es gibt unzählige verschiedene Merkmale, die alle je nach Lernsituation von Bedeutung sein könnten. [...] Vielmehr sehe ich meine Aufgabe als Lehrkraft nicht darin, aufgrund etwaiger Merkmalen Lerngruppen zu bilden. Anhand dessen wird Heterogenität erzeugt. Die Schüler:innen werden so auf bestimmte Merkmale reduziert. Ich möchte meinen Schüler:innen Möglichkeit geben, ihre individuellen Fähigkeiten, Fertigkeiten und Kenntnisse mit einzubringen" (HB, Z. 13 ff., 35-38).

Abbildung 2 fasst die Rekonstruktion der Wandlungsprozesse grafisch zusammen.

Abbildung 2: Grafische Darstellung der rekonstruierten Wandlungsprozesse

Wandlungsprozesse	
Haltungsänderung	**Handlungsänderung**
Zu Beginn: Ziel, Umgangsstrategien für problematische Situation erlernen, Heterogenität der SuS als Problem	Zu Beginn: Versuch alle Heterogenitätsmerkmale der SuS erfassen (viel Zeit und Kraft hiereingesteckt)
Am Ende: Heterogenität der SuS ist eine Chance für die Lehrkraft, den eigenen methodischen Horizont zu erweitern	Am Ende: keine Reduzierung der SuS auf ihre Heterogenitätsmerkmale, sondern Einbezug ihrer Individualität

3.2 Konsequenzen für das eigene spätere Lehrerhandeln bzgl. der Heterogenitätsdimension Schulleistung

Die Seminarteilnehmer:innen sollten nun reflektieren, welche Konsequenzen sie für ihr zukünftiges Lehrer:innenhandeln hinsichtlich der Heterogenitätsdimension Schulleistung ziehen. Die Studierenden setzten sich hierbei mit der Funktion, die die Heterogenitätsdimension Schulleistung erfüllt, auseinander. Des Weiteren reflektierten sie ihre Ziele und welche Strategien sie einsetzen möchten, um diese zu erreichen. Im Zuge dessen betrachteten die Seminarteilnehmer:innen auch ihr Rollenverständnis.

Den Seminarteilnehmer:innen ist bewusst geworden, dass Berufsbildende Schulen die gesellschaftlichen Funktionen der Allokation und der Selektion innehaben. Die Zuteilung im mehrgliedrigen Schulsystem, die Vergabe von Ausbildungs-, Arbeits- und Studienplätzen sowie eventuelle Klassenwiederholungen oder -übersprünge erfolgen über Allokation und Selektion. Unter der Nutzung dieser Funktionen werden homogene Lerngruppen hergestellt, die zum einen eine Illusion sind und zum anderen von Nachteil sein können. Eine gesamtgesellschaftliche Perspektive wird ebenfalls sichtbar in den Kurzreflexionen, wenn die Studierenden schreiben, dass eine zu starke Differenzierung die gesellschaftliche Spaltung vorantreibt:

„Ziel einer jeden Gesellschaft sein sollte keine großen Leistungsunterschiede innerhalb der Gesellschaft vorzuweisen" (HDSL, Z. 287 f.).

„Die Gefahr der Spaltung durch eine zu große Spanne zwischen ‚den Guten' und ‚den weniger Guten' wird meiner Ansicht nach dadurch geschürt, dass bereits im Vorfeld ‚die Schule eine Schlüsselinstitution für die Reproduktion sozialer Ungleichheit ist' (Weber 2003, S. 9[4])" (HDSL, Z. 86–89).

„Diese Schere zwischen den Leistungsstärksten und Leistungsschwächsten gilt es bestmöglich zu schließen, denn es kann kein gesellschaftliches Ziel darin bestehen möglichst große Leistungsunterschiede zu erschaffen" (HDSL, Z. 518–521).

Zusätzlich nehmen die Studierenden eine formale Perspektive ein. Sie sehen den erfolgreichen Erwerb der Berufsqualifikation als das gemeinsame Ziel ihrer Schüler:innen:

---

4   Hier zitiert der Student aus der selbstrecherchierten Quelle Weber, M. (2003). Heterogenität im Schulalltag. Konstruktion ethnischer und geschlechtlicher Unterschiede, die nicht Gegenstand im Seminar war.

„Durch die Bestrebungen in der Vergangenheit, Berufsabschlüsse bundesweit zu vereinheitlichen, haben Auszubildende eines Berufs ein gemeinsames Ziel: die Abschlussprüfung ihrer Ausbildung" (HDSL, Z. 49–51).

„Dabei würde ich stets die Curricula beachten, um den Lernenden alles zu zeigen, was sie wissen sollten, da alle SuS das Ziel haben, die Ausbildung oder Schule mit einem Abschluss zu beenden" (HDSL, Z. 408–410).

Abbildung 3 fasst die studentische Reflexion hinsichtlich der Funktion der Heterogenitätsdimension Schulleistung grafisch zusammen.

Abbildung 3: Ergebnis der studentischen Reflexionen zu der Funktion der Heterogenitätsdimension Schulleistung

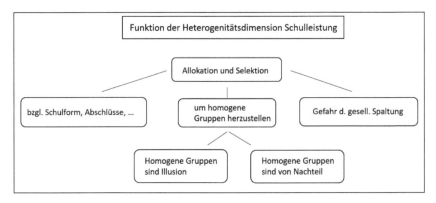

Die Seminarteilnehmer:innen leiten für sich die Aufgabe bzw. das Ziel ab, Heterogenität in ihren Klassen zu minimieren. Die Studierenden nehmen hinsichtlich der Heterogenitätsdimension Schulleistung eine defizitorientierte Wahrnehmung von Heterogenität ein. Des Weiteren wollen sie eine Spaltung in der Klasse vermeiden und alle Schüler:innen zum Bildungsziel des erfolgreichen Erwerbs des Berufsabschlusses führen.

Erreichen wollen sie diese Ziele, indem sie einen adaptiven Unterricht durchführen, der das Vorhandensein der adaptiven Lehrkompetenz voraussetzt. Konkret verweisen sie auf adaptive Unterrichtsmethoden und -ansätze wie blended learning, die Zone der nächsten Entwicklung und innere Differenzierung. Hinsichtlich der adaptiven Lehrkompetenz verweisen die Studierenden in ihren Kurzreflexionen auf die Notwendigkeit diagnostischer Fähigkeiten und einem kontinuierlichen Weiterbildungsbedarf. Ein Seminarteilnehmer stellt für sich fest:

„muss ich meine adaptive Lehrkompetenz entweder durch weitere Seminare oder Fortbildungen weiterentwickeln" (HDSL, Z. 293 f.).

Zusätzlich beziehen sich die Seminarteilnehmer:innen auf allgemeine pädagogische Ansätze wie Klassenführung und Strukturierung, schüler:innenorientierten, erfahrungs-, handlungsorientierten, lebensweltbezogenen Unterricht, individuelle Förderung, um ihre Ziele zu erreichen. Ein Studierender schlussfolgert für sich, dass die Leistungsheterogenität seiner Schüler:innen bestehen bleibt, wenn er alle individuell fördere:

> „Wenn einerseits die Leistungsstarken und Leistungsschwächeren gleichermaßen gefördert werden, dann bleibt die Heterogenität bestehen und andererseits ist es nicht vorteilhaft nur die Leistungsschwächeren zu fördern da die Leistungsstärkeren sich unterfordert fühlen würden" (HDSL, Z. 455–458).

Abbildung 4 fasst die von den Seminarteilnehmer:innen abgeleiteten Strategien, um ihre Schüler:innen heterogenitätssensibel zum erfolgreichen Abschluss ihrer Berufsausbildung zu führen, zusammen.

Abbildung 4: Zusammenfassende Darstellung der von den Seminarteilnehmer:innen beschriebenen Strategien, um ihre Schüler:innen zum erfolgreichen Abschluss zu führen

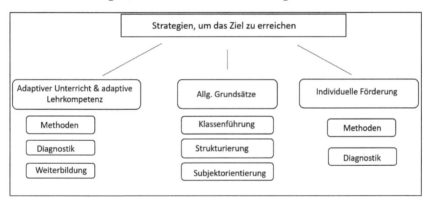

Nachdem die Studierenden die Funktion der Heterogenitätsdimension Schulleistung für sich reflektiert und die sich für sie daraus ergebenen Aufgaben und Ziele abgeleitet haben, reflektieren sie über ihr Rollenverständnis als (zukünftige) Lehrkraft. Sie verstehen sich als Begleiter:in, der/die nicht frontal vor der Klasse steht, sondern als eine Person, die ein unterstützendes Lernklima mit einer positiven Schüler:innen-Lehrkraft-Beziehung schafft. Sie wollen Teamplayer sein mit ihren (zukünftigen) Kolleg:innen – und zwar nicht nur auf einer rein fachlichen Ebene, sondern auch als Sparringspartner:in für Reflexionen. Der Part der Leistungsbewertung wird besonders hervorgehoben in der Rolle der Lehrkraft. Die Studierenden nehmen diesen Aspekt ihrer (zukünftigen) Rolle als besonders herausfordernd wahr und möchten ihn professionell ausführen, indem sie kriteriengeleitet vorgehen.

3.3 Intersektionalität und doing difference als Lehrperson

Hinsichtlich der im Seminar behandelten Themen Intersektionalität und doing difference wurden folgende zwei Reflexionsfragen formuliert:

- Basierend auf Ihren bisherigen praktischen Erfahrungen (Modul Orientierungspraktikum, evtl. Modul professionsprakt. Studien) welche Intersektionalität könnte in Ihren zukünftigen Klassen vorliegen?
- Welche Strategien haben Sie, um zu reflektieren, dass Sie selbst in Ihrem Unterricht zur Heterogenität beitragen (doing difference)?

Abbildung 5 zeigt die gesamte Kodeübersicht zu diesem Themenkomplex.

Abbildung 5: Kodeübersicht zu den studentischen Reflexionen hinsichtlich Intersektionalität und Doing Difference

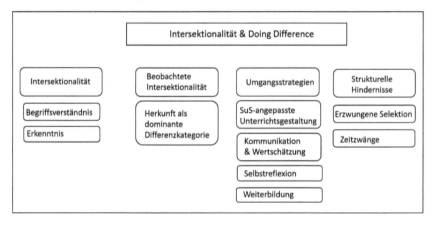

Die sechs Studierenden, die zunächst ihr Verständnis von Intersektionalität verschriftlichten, verstehen Intersektionalität als eine Verschränkung bzw. Wechselbeziehung verschiedener Heterogenitätsdimensionen/Differenzkategorien (IS, Z. 7–9, 85 f., 144–147). Zwei Studierende zeigten auf, dass sich nicht nur die Schüler:innen, sondern auch die Lehrkräfte durch Intersektionalität auszeichnen.

> „Ausgehend von meiner Unterrichtserfahrung kann ich sagen, dass ich in zukünftigen und gegenwärtigen Klassen auf fast alle Differenzkategorien treffen kann. Damit meine ich beispielsweise: Alter, Geschlecht, Sexualität (insbesondere Heteronormativität), Race/Ethnie, soziales Milieu (Klassismus) etc. Dies kann nicht nur auf die Schüler*innen, sondern auch auf die Lehrer*innen zutreffen" (IS, Z. 182–186).

Als die Seminarteilnehmer:innen an ihre Zeit im Orientierungspraktikum bzw. ihre derzeitige Lehrtätigkeit dachten und davon ausgehend antizipieren sollten, welche verschiedenen Heterogenitätsdimensionen sich in ihren Schüler:innen ‚kreuzen' werden, haben fünf Studierende zwei Dimensionen, zwei Studierende drei Dimensionen und drei Studierende vier bzw. fünf Dimensionen angegeben. Mit zehn Nennungen war die Heterogenitätsdimension ‚Herkunft' die dominanteste Dimension, gefolgt von ‚Geschlecht' mit sechs und ‚Milieu' mit vier Nennungen.

Tabelle 2: Studentische Antizipation der vorhandenen Intersektionalität der zukünftig zu unterrichteten Schüler:innen

Wahrgenommene Intersektionalität	Seminarteilnehmer:in										
	1	2	3	4	5	6	7	8	9	10	11
Herkunft	x	x	x	x	x	x	x		x	x	x
Sprache							x				
Geschlecht	x	x		x	x			x		x	
sex. Orientierung					x					x	x
Körper							x			x	x
Milieu				x	x	x			x	x	
schul. Vorbildung						x		x			
Alter						x		x			

Wenn es darum geht, Strategien zu haben, die verhindern, dass die Lehrkraft ungewollt die Heterogenität in der Klasse steigert, indem sie bspw. die Heterogenität ihrer Schüler:innen überbetont, führen die Studierenden in ihren Kurzreflexionen vier Umgangsstrategien an. Am häufigsten (mit sieben Nennungen) wurde die schüler:innenangepasste Unterrichtsgestaltung angeführt, die sich bspw. durch die Wahrnehmung unterschiedlicher Lernvoraussetzungen und einem Helfersystem bei schriftlichen Aufgaben auszeichnet. Mit fünf Nennungen wurde auf die Strategie der Kommunikation und Wertschätzung eingegangen. Die Studierenden möchten dies erreichen, indem sie Kommunikationsregeln aufstellen, ihre Schüler:innen gleichbehandeln, Wertschätzung, Akzeptanz und Respekt ihren Schüler:innen zeigen, aber auch von ihren Schüler:innen bekommen. Sie möchten gegenüber ihren Schüler:innen eine Offenheit bewahren und in ihrem Kollegium einen kollegialen Austausch pflegen. Die Studierenden wollen zudem Selbstreflexion nutzen, um zu vermeiden, dass sie mittels Überbetonung von Heterogenität ungewollt zur Heterogenität in der Klasse beitragen. Sechs Studierende sehen es als eine Aufgabe der Lehrkraft an, sich regelmäßig selbst zu reflektieren, und sich von ihren Schüler:innen Feedback einzuholen. Ein Studierender will hierbei nicht nur auf das sprachliche Feedback achten, sondern auch auf das durch die Körpersprache ausgedrückte Feedback seiner Schüler:innen. Ein Seminarteilnehmer verweist auf Weiterbildungsangebote, die er nutzen möchte. Gleichzeitig empfinden sie es als ihre Aufgabe, ihre Schüler:innen für das Thema der Intersektionalität zu sensibilisieren:

> „Die letzte Strategie besteht darin, viele Fortbildungen in diesem Bereich zu besuchen, damit bestehende (unbewusste) Deutungsmuster mit Hilfe von z. B. des Paradigmas der Intersektionalität aufgebrochen werden können" (IS, Z. 215–217).

> „Meine vorletzte Strategie ist das Sensibilisieren von Schüler*innen für dieses Thema, was mit Aufklärung, Verortung in den Klassenregeln und Analyse von Situationen aus dem Unterricht geschieht" (IS, Z. 210–2012).

Abbildung 6 bildet die Strategien, die die Seminarteilnehmer:innen in Hinblick auf den Umgang mit Intersektionalität einsetzen wollen, grafisch ab.

Abbildung 6: Strategien, die die Seminarteilnehmer*innen in Hinblick auf den Umgang mit Intersektionalität einsetzen wollen

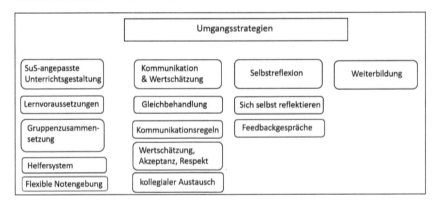

Die Seminarteilnehmer:innen reflektieren zudem, dass es strukturelle Bedingungen gibt, die eine intersektionale Diskriminierung begünstigen. Dies kann durch die Selektionsfunktion von Berufsbildenden Schulen an sich und den chronischen Zeitmangel, den Lehrkräfte haben, die u. a. dazu führt, lernschwache Schüler:innen nicht ausreichend fördern zu können, geschehen. Ein Student zitiert:

> „Eine durch das deutsche Schulsystem entstehende Diskriminierung, welche zu einer intersektionalen Diskriminierung werden kann ist der Selektionsfunktion der Schulen geschuldet, da es durch das Messen von Wissensabständen eine Homogenisierung anstrebt (Scherr 2012)" (IS, Z. 94–97).

Eine bereits als Lehrkraft tätige Studentin schreibt:

> „Optimal wäre, wenn ich mir mehr Zeit für die ‚schwächeren' SuS nehme oder diesen Personen das Thema etwas anders erkläre, damit sie am Ende der Unterrichtsstunde auf dem gleichen Stand sind mit den anderen SuS, die auch ohne die individuelle Hilfe der Lehrkraft das Thema verstanden haben." (IS, Z. 128–132).

4. Was bleibt? Ein Fazit

In den schriftlichen Kurzreflexionen der Seminarteilnehmer:innen ziehen sich wie ein roter Faden drei Themen. Erstens, die gesellschaftliche Relevanz bzw. das Eingebettet-Sein des Themas ‚Umgang mit Heterogenität'. Dies zeigt sich darin, dass die Studierenden bzgl. des Begriffsverständnisses von Heterogenität reflektieren, dass dieses Thema nicht nur von schulischer, sondern auch gesamtgesellschaftlicher Relevanz ist (siehe Kapitel 3.1). Zudem ist ihnen bewusst geworden, dass Berufsbildende Schulen eine Allokations- und Selektionsfunktion haben und dass eine zu große Differenzierung die Spaltung der Gesellschaft unterstützt (siehe Kapitel 3.2). Des Weiteren nehmen sie wahr, dass strukturelle Bedingungen eine intersektionelle Diskriminierung von Schüler:innen begünstigen (siehe 3.3). Das zweite zentrale Thema ist die durch die Lehrkraft gestaltete Beziehung zu den Schüler:innen. Die Seminarteilnehmer:innen haben für sich erkannt, dass es wichtig ist, in eine Beziehung mit ihren Schüler:innen zu treten (siehe Kapitel 3.1) und es zur Rolle einer Lehrkraft gehört, eine gute und tragfähige Beziehung zu den Schüler:innen aufzubauen und zu pflegen (siehe 3.2). Die Erkenntnis, dass die Heterogenität der Schülerschaft etwas ist, womit aktiv umgegangen werden kann, ist das dritte zentrale Thema, was sich zum einen in genau dieser Haltung ausdrückt (siehe 3.1) und zum anderen in den diversen Umgangsstrategien, die rezipiert wurden (siehe 3.1 und 3.2). Dass Heterogenität nun als Chance – und nicht mehr als Problem – wahrgenommen wird, ist auch kritisch zu sehen. Denn „[a]uch hier wird Heterogenität als etwas gleichsam ‚von außen Kommendes' beschrieben und damit ebenfalls einer ontologisierenden Festschreibung Vorschub geleistet" (Budde 2012, S. 525). Dies begünstigt nicht nur eine Festschreibung von Differenz, sondern führt zu einer Handlungsnotwendigkeit i. S. v. eine Chance nutzen. Dies wiederum verstellt den Blick darauf, „inwieweit schulische Akteure, Routinen, Unterrichtsverläufe etc. selber an der Konstruktion von Heterogenität und Homogenität (und noch grundlegender an der Hervorbringung von Konzeptionen zu Differenz und Gleichheit) beteiligt sind […]" (Budde 2012, S. 529 f.).

Zudem wurde sichtbar, dass es den Seminarteilnehmenden gelang, sich in reflexiver Inklusion zu üben (vgl. Budde/Hummrich 2013). Sie sind sensibilisiert für verschiedene Heterogenitätsdimensionen und deren Verschränkungen (siehe 3.1) und gleichzeitig sind sie sich der unbewussten doing difference Prozesse bewusst geworden und haben erkannt, auf eine Fokussierung verschiedener Heterogenitätsdimensionen bei ihren Schüler:innen zu verzichten (siehe 3.2 und 3.3). Mit der Anerkennung der schulimmanenten Funktionen der Allokation und Selektion haben die Seminarteilnehmer:innen „die exkludierenden Aspekte von Schule und Unterricht bzw. von pädagogischem Handeln insgesamt" erkannt (Budde/Hummrich 2013, o. S.). Das dritte Ziel der pädagogischen Bildung im Kontext der reflexiven Inklusion wird im Erwerb des spezifischen Diagnostikwissen und Bedeutungen von sozialen Ungleichheitskategorien gesehen (vgl. Budde/Hummrich 2013). Dieser Punkt wurde im Seminar nicht aufgenommen.

Resümierend wurde in diesem Seminar zum einen erreicht, dass die Studierenden jeder für sich eine Haltung zum Thema heterogene Schülerschaft entwickelt haben, und zum anderen haben sie diverse Umgangsstrategien kennengelernt. Intersektionalität und reflexive Inklusion waren die dominierenden Reflexionsthemen bzw. -ergebnisse. Entsprechend sollten zukünftige Seminare diese zwei Themen ins Zentrum rücken. Beispielsweise werden Seminarkonzepte benötigt, die Unterscheidungspraktiken bewusst machen und eine reflexive Bearbeitung dieser Praktiken initiieren.

Literatur

Budde, Jürgen (2012): Problematisierende Perspektiven auf Heterogenität als ambivalentes Thema der Schul- und Unterrichtsforschung. In: Zeitschrift für Pädagogik 58, H. 4, S. 522–540.
Budde, Jürgen/Hummrich, Merle (2013): Reflexive Inklusion. www.inklusion-online.net/index.php/inklusion-online/article/view/193/199 (Abfrage: 14.02.2023).
Bundesministerium für Bildung und Forschung (2018): Berufsbildungsbericht 2018. www.bmbf.de/publikationen/ (Abfrage: 14.02.2023).
Enggruber, Ruth/Rützel, Josef (2014): Berufsausbildung junger Menschen mit Migrationshintergrund. Eine repräsentative Befragung von Betrieben. Bertelsmann Stiftung. www.bertelsmann-stiftung.de/de/publikationen/publikation/did/berufsausbildung-junger-menschen-mit-migrationshintergrund/ (Abfrage: 14.02.2023).
Euler, Dieter/Severing, Eckart (2020): Heterogenität in der Berufsbildung – Vielfalt gestalten. www.bertelsmann-stiftung.de/de/publikationen/publikation/did/heterogenitaet-in-der-berufsbildung-vielfalt-gestalten-all (Abfrage: 14.02.2023).
Hirschauer, Stefan (2014): Un/doing Differences. Die Kontingenz sozialer Zugehörigkeiten. In: Zeitschrift für Soziologie 43, H. 3, S. 170–191.
Kultusministerkonferenz (2021): Handreichung für die Erarbeitung von Rahmenlehrplänen der Kultusministerkonferenz für den berufsbezogenen Unterricht in der Berufsschule und ihre Abstimmung mit Ausbildungsordnungen des Bundes für anerkannte Ausbildungsberufe. www.kmk.org/fileadmin/veroeffentlichungen_beschluesse/2021/2021_06_17-GEP-Handreichung.pdf (Abfrage: 14.02.2023)
Neises, Frank (2019): Exklusion überwinden – Zugänge zu und Teilhabe an regulärer Ausbildung und Beschäftigung. In: Arndt, Ingrid/Neises, Frank/Weber, Klaus (Hrsg.): Inklusion im Übergang von der Schule in Ausbildung und Beruf. Hintergründe, Herausforderungen und Beispiele aus der Praxis. Bonn: Verlag Barbara Budrich, S. 55–70.

Schanz, Heinrich (1997): Personalentwicklung in berufspädagogischer Sicht. In: Arnold, Rolf/Dobischat, Rolf/Ott, Bernd (Hrsg.): Weiterungen der Berufspädagogik. Von der Berufsbildungstheorie zur internationalen Berufsbildung. Festschrift für Antonius Lipsmeier zum 60. Geburtstag. Stuttgart: Franz Steiner Verlag, S. 280–290.

Strauss, Anselm L./Corbin, Juliet M. (1996): Grounded Theory. Grundlagen qualitativer Sozialforschung. Weinheim: Beltz, PsychologieVerlagsUnion.

Hinweis zu den Literaturangaben aus den empirischen Daten: Die schriftlichen Kurzreflexionen der einzelnen Studierenden wurden gemäß den Aufgabenstellungen zusammengestellt. Entsprechend entstanden drei Dokumente: HB – Heterogenitätsbegriff, HDSL – Heterogenitätsdimension Schulleistung, IS – Intersektionalität. Diese wurden mit fortlaufenden Zeilennummerierungen versehen.

Autor:innenangaben

Gericke, Erika, Prof. Dr., Universität Siegen;
Arbeits- und Forschungsschwerpunkte: Berufliche Sozialisation und Berufsidentität, Digitalität in der Berufsbildung, vergleichende Berufsbildungsforschung, universitäre Lehrerbildung für Berufsbildende Schulen
erika.gericke@uni-siegen.de

Wahrnehmungsvignetten als reflexionstaugliches Instrument

Ulrike Barth, Angelika Wiehl

Im Kontext einer inklusionssensiblen Bildung für Lehrkräfte an allgemeinen Schulen sind Hochschulen seit vielen Jahren gefordert, ihre Konzepte inhaltlich und strukturell zu hinterfragen. Daher besteht die Aufgabe Studierenden in Seminaren einen Rahmen zu bieten, um ihre persönlichen haltungsrelevanten Einstellungen schon während des Studiums zu überdenken und ggf. neu auszurichten. In ihren pädagogischen Praxisphasen stoßen sie mitunter auf Lehrer:innen und auf Situationen, die sie irritieren und veranlassen, kritisch zu diskutieren. Als Grundlage für die Auseinandersetzung mit reflexiven Prozessen haben wir an unserer Hochschule das Medium der Wahrnehmungsvignetten geschaffen, mit dem Studierende in drei Schritten reflektieren lernen, um ihre Aufmerksamkeit auf die persönliche Haltung und deren Änderungsmöglichkeit zu richten.

1. Einleitung

Die Arbeit mit Wahrnehmungsvignetten als didaktischer Zugang auf der Grundlage phänomenologisch pädagogischer Erfahrungen (Brinkmann 2015b; Brinkmann/Kubac/Rödel 2015; Brinkmann 2017) entfaltet für die universitäre bzw. hochschulische Ausbildungsphase Möglichkeiten und Grenzen schulischer Inklusion in einem weiten Verständnis (Booth/Ainscow 2019). Im Rahmen dieser Methodologie wird zunächst mittels „beobachtender Teilhabe" (Brinkmann 2015a, S. 531) ein Lebenszusammenhang erkundet, um anschließend das Beobachtete in eine „phänomenologische Beschreibung" (Vetter 2020, S. 71) zu überführen.

Reflexions- und Dialogschleifen, in denen Wahrnehmungsvignetten auf unterschiedlichen Ebenen (anthropologisch und entwicklungspsychologisch, aber auch machttheoretisch und ableismuskritisch) reflektiert werden, eröffnen Studierenden in Pädagogikstudiengängen Optionen einer eigenen und gesellschaftskritischen Standortbestimmung. Auf dieser Basis können Fragestellungen zum Lehrkräftehandeln diskutiert und Ansätze einer an Inklusion orientierten Pädagogik entwickelt werden. Die reflexive Beobachtung von Kindern und Jugendlichen in Praxisphasen des Studiums – einzeln oder in Gruppen – führt zu erweiterten Erkenntnissen, die eine Ausgangsbasis für die Professionalisierung im inklusiven pädagogischen Handeln bilden.

2. Wahrnehmen – Staunen – Beobachten: eine phänomenologische Methode

Wahrnehmen gilt grundsätzlich als eine offene, empathische, vorurteilsfreie Hinwendung mit allen Sinnen zu einem Phänomen. Aus der Sinneswahrnehmung entstehen affizierende Empfindungen (Graumann 1966; Brinkmann 2015b; Brinkmann 2017; Reh 2012), die in ein Staunen übergehen, das „durch Momente, die die Grenzen des Gewöhnlichen in Richtung des Unerwarteten [...] überschreiten" (Gess 2019, S. 15), ausgelöst wird. In solchen Augenblicken entsteht die Entscheidung für das näher zu beobachtende Phänomen. Die Beobachtung richtet den Blick durch eine zunehmend fokussierte Aufmerksamkeit auf Einzelheiten, Stimmungen und Veränderungen eines Geschehens aus (vgl. Graumann 1966, S. 86 f.).

In Anlehnung an die phänomenologische Erziehungswissenschaft (Brinkmann 2015b; Brinkmann 2017) definieren wir Wahrnehmungsvignetten als „eine phänomenologische Methodologie, die Praxisbeobachtungen, Beschreibungen, Reflexionsschritte und professionell-pädagogische Anwendungen einschließt" (Barth & Wiehl 2023, S. 119). In einer Grundeinstellung empathischer und respektvoller Offenheit und einem persönlich wertschätzenden Blick werden einzelne, affizierende Momente wahrgenommen. Es sind Momente des Staunens oder der Irritation, die festgehalten und in Sprache vergrößert werden und dadurch Verdichtung erfahren. Teilweise nehmen die Studierenden in den Texten die Perspektive der Akteur:innen oder auch die der Zuschauenden – wie im folgenden Beispiel – ein:

Balance finden

Aaron – zu (?) groß für den Schulstuhl, auf dem er sitzt. Er hat die Kapuze seines Pullovers über den Kopf gezogen, die Hände sind fast von den Ärmeln verdeckt. Er balanciert auf den hinteren beiden Kanten der Stuhlbeine und findet ein Gleichgewicht. Der Stuhl schwenkt nach vorne und sofort wieder nach hinten. Blitzschnell gleicht Aaron die Bewegung mit den Fingern am Tisch aus. Der gesamte Körper ist aufrecht, in höchster Anspannung, schräg ausgerichtet zur Lehrkraft; er blickt zu ihr und zum Tisch, den er zum feinen Ausgleich braucht: langsames Schwingen und schneller Ausgleich, um in Balance zu bleiben. Die vorderen beiden Stuhlbeine bleiben in der Luft. Seine Füße hat Aaron auf die Holzverbindung zwischen den Stuhlbeinen gestellt. Feine Ausgleichbewegungen halten ihn aufrecht; er gleicht sie sacht mit den Fingern aus und schaut zur Lehrkraft. Ruhig kommt die zweite Lehrkraft von hinten, fasst Aaron sanft am Rücken und schiebt ihn samt seinem Stuhl nach vorne, damit er auf den Stuhlbeinen zu stehen kommt. Aarons Oberköper klappt ganz langsam nach vorne auf den Tisch, er legt den rechten Arm angewinkelt auf den Tisch, den Kopf legt er darauf. Der ganze große Körper erschlafft und bleibt ruhig liegen. Aaron schließt die Augen. (Barth/Wiehl 2023, S. 226 f.)

Im „miterfahrenden" Erleben des Kippelns und Erschlaffens von Aaron bilden sich Sensibilität für die individuelle Bedürfnisse des Schülers Aaron und Verständnis für personale Bildungsprozesse (vgl. Baur 2016, S. 12) in einem nach Inklusion strebenden Lebens- oder Handlungsfeld. Der Fokus richtet sich dabei auf das WAS und das WIE.

Die Wahrnehmungsvignetten entstehen in oder unmittelbar nach der pädagogischen Praxis an Schulen, Kitas oder anderen Bereichen und werden in Begleitseminaren besprochen. Manchmal entsteht innerhalb von Projekten oder Praktikumssituationen aus dem Erleben eines Kindes oder Jugendlichen eine Serie von Wahrnehmungsvignetten. Damit können Bilder aufgebaut werden, die Erfahrungen im zeitlichen Verlauf transportieren, die das Nachvollziehen der miterfahrenen pädagogischen Momente mehrperspektivisch und auf einer tieferen Ebene ermöglichen.

3. Entstehungsprozess von Wahrnehmungsvignetten als Übungsweg

Meist im Anschluss an die pädagogische Praxiserfahrungen der Studierenden – denn in situ erscheint es oft nicht möglich oder passend – erfolgt das schriftliche Ausformulieren der Wahrnehmungsvignetten. Dabei orientiert sich die Arbeit der Studierenden an den vier Phasen der Kreativität nach Graham Wallas (Wallas 1926/2014), die Vorbereitung, Inkubation, Einsicht und Verarbeitung (ebd., S. 37 ff.) umfasst. Zunächst bereiten sie das Schreiben der Wahrnehmungsvignetten vor, in dem sie sich empathisch wahrnehmend auf ein Kind, eine Gruppe oder eine Situation einlassen und ggf. Notizen erstellen (Vorbereitung). Danach folgt eine Pause, also eine Phase des Loslassens und Vergessens (Inkubation), die sich durch räumliche Veränderung und zeitlichen Abstand ergibt, um zu einem späteren Zeitpunkt bzw. an einem darauffolgenden Tag den beobachteten Moment wachzurufen und zu verarbeiten (Einsicht). Schließlich gilt es die Wahrnehmungsvignette zu schreiben (Verarbeitung; Wiehl/Barth 2021, S. 200; 2023, S. 122 ff.).

Interessant sind die Perspektiven, aus denen die Studierenden ihre Wahrnehmungsvignetten schreiben, teilweise in der ersten, aber auch in der dritten Person, wie am obigen Beispiel nachvollziehbar. Damit erzeugen sie in ihren Texten unterschiedliche Blickrichtungen auf ein zuvor beobachtetes Phänomen. Manche Wahrnehmungsvignetten werden als poetische Texte oder Briefe an eine, am beobachteten Geschehen beteiligte Person geschrieben; andere erscheinen in einer eher neutralen Erzähler:innenperspektive; beide Erzählformen schaffen ein intensives persönliches Mit- und Nacherleben.

4. Reflexion über Wahrnehmungsvignetten

Inklusive Ausbildungsformen für Pädagog:innen brauchen Konzepte, Inhalte und Methoden, damit diese „sich auf Vielfalt einlassen können, die nicht in normativ gesetzte Normalitätsvorstellungen" (Peterlini 2018, o. S.) münden. Diese Ausgangsbedingung „erfordert gerade im Blick auf Lernen eine paradigmatische Umkehrung – nicht Abweichungen im Lernverhalten haben sich in die Normalitätsvorstellungen einzupassen, sondern die Normalitätsvorstellungen müssen sich so weiten, dass die gegebene Wirklichkeit darin Äußerungs- und Gestaltungsraum findet" (ebd.). Daher ergeben sich für uns in einem Prozess mit drei Reflexionsebenen inklusionssensible Erkenntnisse als Möglichkeiten für eine pädagogische Haltungs- und Handlungsorientierung:

1. Erschließen oder Bewusstmachen des Wahrnehmungsvignetteninhalts bzw. der Aussage durch die spontane und persönliche Reflexion;
2. Herstellen von Zusammenhängen und Bezügen zu anthropologischen, entwicklungspsychologischen und anderen Kenntnissen durch die fachbezogene, kriteriengeleitete Reflexion anhand von wissenschaftlichen Texten verschiedener Perspektiven auf die Thematik;
3. Reflektieren der eigenen Haltung und Handlungsweise(n) durch die haltungssensible und handlungsbezogene Reflexion.

Im Nachgang gewinnen die Studierenden (neue) Erkenntnisse und neue Begriffe, um – im Idealfall – die in den Wahrnehmungsvignetten vorgestellten oder beobachteten Person(en) neu zu betrachten oder aus anderer Perspektive zu sehen oder zu verstehen (vgl. Wiehl/Barth 2021, S. 200; 2023, S. 176 ff.).

5. Seminar zu Reflexionen mit Wahrnehmungsvignetten

Der Reflexion, einem weitläufigen Containerbegriff, liegen nach Catherine Beauchamps (2006) unterschiedliche Erkenntnistheorien zugrunde, die kognitive und affektive Abläufe beschreiben; sie können auf die jeweiligen Situationen dynamisch bezogen werden (Barth/Wiehl 2023, S. 147 f.). Für den Arbeitsprozess mit Wahrnehmungsvignetten haben wir drei Ebenen des Reflektierens entwickelt (ebd., S. 177 ff.).

5.1 Spontanes Reflektieren

Die Studierenden erhalten eine Einführung in die Arbeit mit Wahrnehmungsvignetten und lernen im Rahmen des Bachelorstudiums, mit der Methodologie der Wahrnehmungsvignetten zu arbeiten. In weiterführenden Seminaren werden sie aufgefordert, zunächst spontan eine erste, ganz persönliche Reflexion zu der oben präsentierten Wahrnehmungsvignette zu schreiben: Was zeigt sich in dieser Wahrnehmungsvignette? Welche Gefühle, Gedanken, Erinnerungen werden ausgelöst? Welche negativen oder positiven Momente kommen zum Ausdruck? Die Studierenden haben Zeit, ihre Gedanken zu Papier zu bringen. Zunächst reagieren verhältnismäßig viele aus der Gruppe mit einer „typischen" Lehrkräftehaltung, indem sie sich an Aarons Kippeln stören: Es ginge um Sicherheit, es könnte ein Unfall passieren, Kippeln löse Unruhe in der Klasse aus. Einige Studierende fühlen sich durch die vermeintliche Unaufmerksamkeit von Aaron angestrengt bis genervt. Deutlich wird das an ihren Reflexionen:

Reflexion 1 – verschiedene Textauszüge von Studierenden

Ich kenne diese Situation gut aus der eigenen Schulzeit und aus den Praktika. Ich war mal sowohl Schaukelnder als auch sanfter Beruhigender. Wenn ich aber diese Wahrnehmungsvignette lese, kommen zunächst die Gefühle von Unruhe und Gestörtsein in mir hoch. Dann komme ich zum Schluss und ich erkenne die Traurigkeit der Situation. Die zweite Lehrkraft meinte es gut – für ihn und die anderen in der Klasse –, doch seine Aufmerksamkeit, die durch die körperliche Anspannung ersichtlich unterstützt wird, verschwindet sogleich mit ihr und es wirkt so, als hätte die zweite Lehrkraft bewusst oder unbewusst, seinen Standby Knopf gedrückt.

Aaron ist ganz „da". Sein Körper ist im Gleichgewicht, seine Konzentration beim Tisch und bei der Lehrkraft. Schutz bietet ihm die Kapuze über den Kopf – so kann er noch „in sich" bleiben. Die Lehrkraft, die ihn zwar sanft aus dieser Position beziehungsweise der äußeren und inneren Haltung herausbringt, löst alles auf. Er sackt in sich zusammen; verlässt quasi das Gleichgewicht und ist so nicht mehr fähig an der Außenwelt teilzunehmen. Er war doch „da" – warum hat die Lehrkraft ihn nicht einfach „da gelassen"? Jetzt ist er weg.

Aaron scheint eine innere Unruhe zu haben. Er sucht schon die Aufmerksamkeit von außen, um diese Unruhe zu überwinden. Das Balancieren hilft ihm schon sein Gleichgewicht zu finden. Dieses Balancieren ist eine Übung für seine bequeme Haltung. Die Lehrkraft hat diese Situation falsch interpretiert. Und daher hat sein Handeln keine Aufmerksamkeit dem Lernenden gebracht, sondern sie aufgebrochen.

Ein in sich gekehrter Junge, der vermutlich Aufmerksamkeit und Zuwendung verspüren wollte. Mein erstes Gefühl gleicht einer negativen Stimmung / Auffassung, da der Junge sich unter seiner Kapuze versteckt. Jedoch beim weiteren Lesen der Vignette wendet sich das Bild / diese Auffassung, da die zweite Lehrerin ihn ruhig und liebevoll an den Tisch schiebt. Der Körper des Jungen bekommt die Möglichkeit, sich zu erholen, ankommen und entspannen zu dürfen. Eine warmherzige und liebevolle Herangehensweise zeigt sich mir im ersten Moment. Der Schüler wird wahrgenommen in seiner Tätigkeit und bekommt somit einen kleinen Moment der Aufmerksamkeit geschenkt. (Barth/Wiehl 2023, S. 227 f.)

Innerhalb des Seminars besteht die Möglichkeit, diese ersten Reflexionen im Gespräch zu teilen. Nicht alle Studierenden zeigen dazu ihre Bereitschaft; es ist eine Intimität zu spüren, wenn Gedanken über persönliche Ersteindrücke ausgetauscht werden. Für die Dozentin oder den Dozenten bedeutet es, einen Raum des Vertrauens zu schaffen, in dem die Analyse eigener Gedanken stattfinden darf und kann. Was Studierende in diesen Momenten als Scheitern oder Fehler ihrer eigenen Handlungsabsichten erkennen, ist für die weitere Haltungsentwicklung entscheidend. Durch die gemeinsame Lektüre der ersten Reflexionen entdecken Studierende neue Bedeutungsebenen in der Wahrnehmungsvignette. Beispielsweise spielt in der Diskussion die Frage der Sicherheit eine wichtige Rolle. Einige Studierende sehen sich selbst als Kippelnde und können ihre früher erlebte hohe Aufmerksamkeit im Prozess des Kippelns beschreiben. Interessant sind Äußerungen hinsichtlich des eigenen Gestörtseins durch das Kippeln des Jungen und der Interpretation: Der Junge komme durch die zweite Lehrkraft zur Ruhe. Im Gegensatz dazu steht die diametral entgegengesetzte Lesart, dass die Aufmerksamkeit des Jungen durch die zweite Lehrkraft gestört werde. Am Ende dieser ersten Reflexionsrunde haben die Studierenden verschiedene persönlich gefärbte Lesarten offengelegt.

5.2 Fachspezifisches und kenntnisbezogenes Reflektieren

Durch dieses erste Gespräch entstehen Fragen zu den in der Wahrnehmungsvignette geschilderten Vorgängen. Es erscheint deutlich, dass die individuellen Kenntnisse und Überzeugungen durch Fachwissen ergänzt werden müssen, um neue Handlungsperspektiven zu erlangen. Im Kontext dieser Wahrnehmungsvignette ergaben sich Fragen zur Bewegungsentwicklung, räumlicher Ausstattung und Aufmerksamkeitsspanne; dementsprechend wurden vier Aufsätze bzw. Buchkapitel zur fachlichen Reflexion angeboten (Barth/Wiehl 2023, S. 228).

Die Auswahl fiel zum einen auf einen Aufsatz von Wolfgang-M. Auer (2021), der sich mit dem konzeptionellen Einsatz beweglichen Mobiliars im Unterrichtskonzept des „Bewegten Klassenzimmers" beschäftigt. Ein weiterer Text von Christian Rittelmeyer (2021) untersucht die architektonische Gestaltung von Bildungsräumen zur Unterstützung der Unterrichtsprozesse – im Sinne von Raum als einem zusätzlichen Pädagogen. Katharina Sütterlin als Architektin und Gottlieb Knodt als Tischler (2014) berichten in ihrem Beitrag über die Umgestaltung eines Klassenraumes gemeinsam mit Kindern. Die beiden Autor:innen haben sich mit der Gestaltung der Lernräume für die Umsetzung von Partizipation der Schüler:innen beschäftigt. Ein vierter und letzter Text lenkt den Blick in eine ganz andere Richtung: Remo Largo (2020), ein renommierter Schweizer Kinderarzt, befasst sich mit der motorischen Entwicklung von Kindern und der daraus folgenden Aufgabenstellung für die Pädagogik. In seinen Schriften kritisiert er häufig – mit Blick auf das öffentliche Schulwesen – den Umgang mit nicht erfüllten, aber notwendigen Rahmenbedingungen, die den entwicklungsbedingten Bedürfnissen der Kinder entsprechend zu schaffen sind.

Nach der individuellen Lektüre eines Textes erfolgt das Schreiben einer weiteren Reflexion.

> **Reflexion 2 – verschiedene Textauszüge von Studierenden**
>
> *Ich reagiere ganz ruhig und gelassen auf das Kippeln von Aaron. Seine aktive Gleichgewichtsübung hilft ihm, sich auf meinen Unterricht zu konzentrieren. Auch, dass er sich so kuschelig eingepackt hat, zeigt mir, dass seine multimodale Sinneserfahrung ihm dabei hilft, dem Unterricht zu folgen. Ich merke, dass sein Verhalten das Unterrichtsgeschehen nicht stört, und entscheide mich, nicht zu intervenieren. Sinnliche Aktivität hängt mit der kognitiven Leistung zusammen. Ich sollte mehr Unterrichtsformen anbieten, die Aarons Sinnestätigkeit stimulieren … (heterogene Lerngruppen). Das Eingreifen der Lehrerin empfinde ich (fast schon) als übergriffig.*
>
> *Der Text „Raum für mehr …" von Sütterlin zeigt, wie beweglich man als Pädagog*in in vielfältigen Arbeitsräumen sein muss. Aus dem Text geht hervor, wie jedes kleine Bedürfnis eines jeden Kindes der Klasse wahrgenommen wird und in dem „Bauereignis" beachtet wird. RICHTIG TOLL! Bei Aaron und bestimmt auch bei vielen seiner Mitschüler*innen würde sich so ein Projekt anbieten, um den Kindern wohlwollend entgegenzutreten und nach Verbesserungsvorschlägen oder/und ihren Bedürfnissen zu fragen. Für Aaron zum Beispiel ein sich drehender Stuhl oder eine gepolsterte Umgebung beim Kippeln.*
>
> *„Forschungen machen zunehmend deutlich, dass die menschliche Denk- und Vorstellungstätigkeit in erheblichem Ausmaß durch unsere Art der Bewegung im Raum […], unsere Gesten und Gebärden, unsere Haltungen beim Nachdenken […] bestimmt werden" (Rittelmeyer 2021, S. 16 f.): Vielleicht ist Kippeln einfach Aarons beste Haltung zum Nachdenken?*
>
> *Auf der Basis des Textes „Das Bewegte Klassenzimmer" ist klar geworden, dass Aaron seine Bewegungsentwicklung noch nicht komplett erledigt hat und er von da her noch Bewegungen braucht, um sein Gleichgewicht zu schaffen. Das bewegte Klassenzimmer ist eine Lösung, einem Lernenden wie Aaron zu helfen. Das begleitet besser die Schüler*innen in der Erledigung ihrer Bewegungsentwicklung. So finden Kinder selbstständig durch Gleichgewicht ihre Aufmerksamkeit bzw. zu mehr Konzentration.* (Barth/Wiehl 2023, S. 229)

Nach der Auseinandersetzung mit einem Fachtext und entsprechend formulierten, individuellen Gedanken folgt eine weitere Gesprächsrunde. Durch sie verändert sich bei fast jedem/jeder Studierenden die zunächst spontan eingenommene Haltung hin zu einer offenen, verständnisvollen und die persönlichen Bedürfnisse Aarons abwägenden Haltung. Interessant sind die unterschiedlichen Gesichtspunkte, die sich durch die Lektüre der Fachtexte und vor allem im anschließenden Gespräch ergeben. Es wird deutlich, dass es zum einen in der kindlichen Entwicklung wichtige Zeitfenster gibt, die explizit Remo Largo aus seinen lebenslangen Forschungen schließt: Im Alter zwischen 7 und 13 Jahren zeigen Kinder deutlich mehr Bewegung(en) als später (vgl. Largo 2020, S. 35). Daraus ergibt sich der individuelle Bedarf der Kinder bezüglich der Ausstattung von Klassenräumen. Zum anderen entsteht aus den Texten eine bewusstere Sicht auf den pädagogischen Raum: Wie können (Lern-)Räume für Kinder und Jugendliche – ggf. sogar auf demokratische Art mit ihnen zusammen – gestaltet werden, damit sie sich nach ihrem eigenen Empfinden besser konzentrieren können, wie bei Katharina Sütterlin und Gottlieb Knodt dargestellt? Und wie wirken ggf. Ausstattung und Farben in Räumen auf das (Wohl-)Empfinden von Kindern und Jugendlichen? Diesen Schwerpunkt betrachtet Christian Rittelmeyer in seinem Text.

Das Gespräch mit Studierenden eröffnet neue Sichtachsen auf das Thema „Kippeln". Dieser Dialog kann für einzelne sehr erschütternd oder anregend sein. Wichtig jedoch ist, einen Raum des Vertrauens zu schaffen, in dem die Analyse eigener Gedanken stattfinden darf. Was Studierende in dieser Reflexionsphase als Scheitern oder Fehler ihrer eigenen Handlungsabsichten erkennen, ist maßgeblich für eine Haltungsentwicklung. Dazu erfolgen Aussagen wie: *„Jetzt fühle ich mich wieder erwischt!" „Ich wusste nicht, dass es einen Grund fürs Kippeln gibt!"*

5.3 Reflektieren der eigenen Haltung und Handlungsweise(n) – haltungssensible und handlungsbezogene Reflexion

Nach diesem Gespräch werden die Studierenden zu einer dritten und letzten Reflexion aufgefordert. Durch die vorangegangenen Reflexionsphasen steht zum einen die Selbstreflexion und Selbstentwicklung im Fokus, aber auch das Abwägen der Aussagen über die Wertschätzung des beobachteten Moments mit einem Menschen, in dem es uns obliegt, das Besondere des Dargestellten zu verstehen und zu erkennen. Durch das inszenierte und handlungssensible Reflektieren der Wahrnehmungsvignetten entsteht Haltungsentwicklung.

Reflexion 3 – verschiedene Textauszüge von Studierenden

Mein Wahrnehmungsblick wird vom Lesen dieses Textes „Das Bewegte Klassenzimmer" im Folgenden geändert. Ein unruhiger Moment eines Kindes beim Unterricht kann ein Zeichen für eine unerledigte Bewegungsentwicklungsphase sein. Und die Lehrkraft muss darauf aufmerksam sein, um dem Kind zu helfen durch mehr Verständnis und Aufmerksamkeit. Die Bewegung ist sehr wichtig in der Entwicklung des Kindes. Dadurch kriegt es Gleichgewicht und Konzentration für sein bequemes Verfolgen des Unterrichts.

Die Welt ist nur selten so, wie sie auf den ersten Blick erscheint. Ich wurde wieder daran erinnert, dass ich nicht vorschnell urteilen darf und ich möglichst alle Dimensionen mit einbeziehen sollte.

> *Vorher gedacht: Kippeln macht einfach Spaß, macht man einfach. Fokus auf Lehrerin, die das Kippeln stört. Nachher: Möglicher Grund fürs Kippeln: Bewegungsdrang bzw. Bewegungsmangel, hilft vielleicht beim Konzentrieren.*
> - *Veränderung*
> - *Bewegung zulassen*
> - *Lösungen suchen, wie ein Kind/Jugendliche*r doch sich bewegen kann*
> - *räumliche Anpassungen vornehmen, um allen gerecht zu werden*
> - *Blick geweitet!!*
>
> *Meine Wahrnehmung hat sich durch den Prozess verändert …*
> *Mir wurde bewusst, dass jedes Kind anders lernt, angesprochen und angeregt werden muss.* (Barth/Wiehl 2023, S. 230 f.)

6. Wahrnehmungsvignetten als Schlüssel für eine professionelle Haltungsentwicklung

Es ist in der Literatur bislang durchaus umstritten, ob und vor allem wie eine professionelle Haltungsentwicklung in der theoretischen Phase des Studiums ausgebildet werden und zu handlungssensibler Einstellung führen kann (vgl. Schwer/Solzbacher 2014). Und dennoch: Malte Brinkmann und Severin Sales Rödel stellen fest, dass sich Haltungen nicht in der theoretischen Ausbildung formieren, um später im Unterricht entsprechend umgesetzt zu werden. Sie kritisieren zurecht, dass stillschweigend der „Sprung von der Praxis zur Theorie (und wieder zurück) vorausgesetzt, aber nicht näher expliziert" wird (Brinkmann/Rödel 2021, S. 48). Diesbezüglich sehen Bettina Lindmeier und Marian Laubner die Notwendigkeit einer entsprechenden Seminarstruktur, da „die Kombination aus Wissensvermittlung und seminarintegrierter Praxiserfahrung der reinen Wissensvermittlung hinsichtlich einer Differenzierung der pädagogischen Haltung überlegen ist" (Lindmeier/Laubner 2015, S. 310). Folglich müssen Lehrkräfte ihre Reflexionsfähigkeit schulen, um Souveränität in Routinen, Kontextsensibilität und integrative Kompetenzen zu erlangen (vgl. Schwer/Solzbacher 2014, S. 216). „Ein gesundes Selbst, das durch die fortwährende Integration neuer, auch schwieriger und widersprüchlicher Lebenserfahrungen wächst und ein kohärentes, urteilsstarkes Entscheiden und willensstarkes Handeln ermöglicht […], ist eine wichtige Grundlage einer Haltung. Haltung wird durch äußere Rahmenbedingungen mit bestimmt und determiniert umgekehrt auch die äußeren Rahmenbedingungen (Rückkopplungsprozesse)." (Kuhl/Schwer/Solzbacher 2014, S. 107).

Erfahrungsbasiert können wir festhalten, dass Wahrnehmungsvignetten Fragen auslösen, weil sie Momente festhalten, deren Davor und Danach sich uns entzieht. Die erfahrenen Momente werden angehalten und aus subjektiver Sicht beschrieben. Durch die Reflexionsarbeit erkennen die Studierenden das Besondere, das in den beschriebenen Phänomen liegen könnte, und es offenbart sich ihnen durch wissenschaftliche Lektüre und gemeinsame Gespräche eine Lenkung ihres Blickes in unterschiedliche, teils zuvor nicht bedachte Richtungen. Durch die Reflexionsarbeit ergeben sich feststellbare Haltungs- und Einstellungsänderungen, die „zu einer erhöhten Achtsamkeit auf sich und die Adressaten pädagogischen Handelns führen" (Brinkmann 2017, S. 9) können.

Eine moderne Erwachsenenbildung muss unter inklusiven Aspekten neue Zielsetzungen, Prinzipien und Methoden anwenden, die es angehenden Pädagog:innen ermöglicht, Denkweisen in Bezug auf inklusive Bildung und heterogene Lerngruppen im geschützten Rahmen der Ausbildung zu rekonstruieren, selbstreflexiv eigene Einstellungen, Wissensbereiche, Fähigkeiten und den Umgang mit Stereotypen kritisch zu hinterfragen (vgl. Gloystein 2020, S. 55) sowie von der Expertise einer Gruppe profitieren zu können. Mit der geschilderten auf phänomenologischen Wahrnehmungsvignetten basierenden Reflexionsarbeit wird das Ausbildungsangebot an unserem Standort erweitert, um bei angehenden Pädagog:innen die Herausbildung von professionellen Haltungen sowie die selbständige Verarbeitung von Konzepten in Handlungswissen anzubahnen und zu unterstützen.

Literatur

Auer, Wolfgang-M. (2021): Das Bewegte Klassenzimmer. In: Barth, Ulrike/Maschke, Thomas (Hrsg.): Dimensionen pädagogischer Räume: Erleben – Begegnen – Lernen. Salzburg: Residenz, S. 164–174.
Barth, Ulrike/Wiehl, Angelika (2021): Wahrnehmungsvignetten als Basis einer an Inklusion orientierten pädagogischen Haltung. Ein Beitrag zu einer vorurteilsbewussten Beobachtungsschulung. Perception vignettes as the basis of an inclusion-oriented educational approach. An article regarding prejudice-conscious observation training. In: Anthroposophic Perspectives in Inclusive Social Development. Zweisprachige Zeitschrift, H. 2/2021, S. 4–15.
Barth, Ulrike/Wiehl, Angelika (2023): Wahrnehmungsvignetten. Phänomenologisch-reflexives Denken und professionelle Haltung. Studien- und Arbeitsbuch. Bad Heilbrunn: Klinkhardt. (open Access und print plus Begleitheft)
Baur, Siegfried (2016): Einleitung. In: Baur, Siegfried/Peterlini, Hans Karl (Hrsg.): An der Seite des Lernens. Erfahrungsprotokolle aus dem Unterricht an Südtiroler Schulen – ein Forschungsbericht. Innsbruck: Studienverlag, S. 9–14.
Beauchamp, Catherine (2006): Understanding Reflection in Teaching: A Framework for Analyzing the Literature. A thesis submitted to McGill University in partial fulfilment of the requirements of the degree of Doctor of Philosophy. Online: escholarship.mcgill.ca/concern/theses/w0892g316 (Abruf: 9.4.2023).
Booth, Tony/Ainscow, Mel (2019): Index für Inklusion. Ein Leitfaden für Schulentwicklung. Weinheim, Basel: Beltz.
Brinkmann, Malte (2015a): Pädagogische Empirie. Phänomenologische und methodologische Bemerkungen zum Verhältnis von Theorie, Empirie und Praxis. In: Zeitschrift für Pädagogik 61, H. 4, S. 527–545. Online: www.pedocs.de/volltexte/2018/15376/pdf/ZfPaed_2015_4_Brinkmann_Paedagogische_Empirie.pdf (Abruf: 07.12.2022).

Brinkmann, Malte (2015b): Phänomenologische Methodologie und Empirie in der Pädagogik. Ein systematischer Entwurf für die Rekonstruktion pädagogischer Erfahrungen. In: Brinkmann, Malte/Kubac, Richard/Rödel, Severin Sales (Hrsg.): Pädagogische Erfahrung. Theoretische und empirische Perspektiven. Wiesbaden: Springer, S. 33–60.

Brinkmann, Malte (2017): Phänomenologische Erziehungswissenschaft. Ein systematischer Überblick von ihren Anfängen bis heute. In: Brinkmann, Malte/Buck, Marc Fabian/Rödel Severin Sales (Hrsg.): Pädagogik – Phänomenologie. Verhältnisbestimmungen und Herausforderungen. Wiesbaden: Springer, S. 17–46.

Brinkmann, Malte/Kubac, Richard/Rödel, Severin Sales (Hrsg.) (2015): Pädagogische Erfahrung. Theoretische und empirische Perspektiven. Wiesbaden: Springer.

Brinkmann, Malte/Rödel, Severin Sales (2021): Ethos im Lehrberuf. Haltung zeigen und Haltung üben. Journal für LehrerInnenbildung 21, H. 3, S. 42–62. (Abruf 19.6.2023).

Gess, Nicola (2019): Staunen: Eine Poetik (Kleine Schriften zur literarischen Ästhetik und Hermeneutik). Göttingen: Wallstein.

Gloystein, Dietlind (2020): Der Baustein Adaptive diagnostische Kompetenz: ein Selbstversuch und inklusionssensible pädagogische Diagnostik als Impuls für Perspektivwechsel und professionelle Reflexion. In: Brodesser, Ellen/Frohn, Julia/Welskop, Nena/Liebsch, Ann-Catherine/Moser, Vera/Pech, Detlef (Hrsg.): Inklusionsorientierte Lehr-Lern-Bausteine für die Hochschullehre. Ein Konzept zur Professionalisierung zukünftiger Lehrkräfte. Bad Heilbrunn: Klinkhardt, S. 62–75.

Graumann, Carl Friedrich (1966): Grundzüge einer Verhaltensbeobachtung. In: Ernst Meyer (Hrsg.): Fernsehen in der Lehrerbildung. Neue Forschungsansätze in Pädagogik, Didaktik und Psychologie München: Manz, S. 86–107.

Kuhl, Julius/Schwer, Christina/Solzbacher, Claudia (2014): Professionelle pädagogische Haltung: Versuch einer Definition des Begriffes und ausgewählte Konsequenzen für Haltung. In: Schwer, Christina/Solzbacher, Claudia (Hrsg.): Professionelle pädagogische Haltung. Historische, theoretische und empirische Zugänge zu einem viel strapazierten Begriff. Bad Heilbrunn: Klinkhardt, S. 107–120.

Largo, Remo H. (2020): Kinderjahre. Die Individualität des Kindes als erzieherische Herausforderung. 2. Auflage. München: Piper, S. 280–291.

Lindmeier, Bettina/Junge, Alice (2017): Die Entwicklung einer pädagogischen Haltung im Kontext inklusionssensibler Lehrerbildung. In: Zeitschrift für Inklusion. www.inklusion-online.net/index.php/inklusion-online/article/view/442 (Abruf 19.6.2023).

Peterlini, Hans Karl (2018): Die Normalisierung des Anders-Seins Phänomenologische Unterrichtsvignetten und Reflexionen zur gelebten Inklusion im italienischen Schulsystem am Beispiel von Südtiroler Schulen. In: inklusion-online.net/index.php/inklusion-online/article/view/406/349 (Abruf: 19.12.2022).

Reh, Sabine (2012): Beobachten und aufmerksames Wahrnehmen. Aspekte einer Geschichte des Beobachtens. In: de Boer, Heike/Reh, Sabine (Hrsg.): Beobachtung in der Schule – Beobachten lernen. Wiesbaden. Springer, S. 3–26.

Rittelmeyer, Christian (2021): Architektur und Bildung – mit einem besonderen Blick auf Schulbauten. In: Barth, Ulrike/Maschke, Thomas (Hrsg.): Dimensionen pädagogischer Räume: Erleben – Begegnen – Lernen. Salzburg: Residenz, S. 12–24.

Schwer, Christina/Solzbacher, Claudia (Hrsg.) (2014): Professionelle pädagogische Haltung. Historische, theoretische und empirische Zugänge zu einem viel strapazierten Begriff. Bad Heilbrunn: Klinkhardt.

Sütterlin, Katharina/Knodt, Gottlieb (2014): Raum für Mehr. In: Barth, Ulrike/Maschke, Thomas (Hrsg.): Inklusion. Vielfalt gestalten. Ein Praxisbuch. Stuttgart: Freies Geistesleben, S. 642–651.

Vetter, Helmuth (Hrsg.) (2020): Wörterbuch der phänomenologischen Begriffe. Hamburg: Meiner.

Wallas, Graham (1926/2014): The art of thought. Tunbridge Wells: Solis Press.

Wiehl, Angelika/Barth, Ulrike (2021): Wahrnehmungsvignetten als pädagogisches Reflexionsmedium. Ein Beitrag zur inklusiven und innovativen Pädagogik des Bewegten Klassenzimmers. In: Auer, Wolfgang-M./Wiehl, Angelika (Hrsg.): Bewegtes Klassenzimmer – innovative und inklusive Pädagogik an Waldorfschulen. Weinheim und Basel: Beltz Juventa, S. 189–212.

Autor:innenangaben

Ulrike Barth, Jun.-Prof. Dr. phil., Alanus Hochschule für Kunst und Gesellschaft Alfter, Standort Mannheim, Institut für Waldorfpädagogik, Inklusion und Interkulturalität;
Arbeits- und Forschungsschwerpunkte: inklusive Schule, Waldorfpädagogik
ulrike.barth@alanus.edu

Angelika Wiehl, Dr. phil., Alanus Hochschule für Kunst und Gesellschaft Alfter, Standort Mannheim, Institut für Waldorfpädagogik, Inklusion und Interkulturalität;
Arbeits- und Forschungsschwerpunkte: Waldorfpädagogik; Coaching und Mediation für Pädagogen

Science for All – Innovative und transfergeleitete Lehrformate für eine diversitätssensible Lehrer:innenbildung

Nico Leonhardt, Anne Goldbach

Wissensproduktion und -vermittlung folgt im akademischen Kontext oftmals nicht dem Anspruch des Abbildens von Perspektivenvielfalt. Es dominiert nach wie vor eine Deutungshoheit von Dozierenden mit akademischem Habitus. Subjektperspektiven, wie z. B. von Menschen mit Behinderungserfahrungen spielen im exklusiven Hochschulkontext bisher nahezu keine Rolle. Der vorliegende Beitrag betont in diesem Kontext die Bedeutung Inklusion durch Inklusion (insbesondere in der Lehrer:innenbildung) zu lehren und multiperspektivische Aneignung von Wissen und Kompetenzen zu ermöglichen. Dies wird mit Bezug auf das Projekt QuaBIS (www.quabis.info) in dem fünf Menschen zu Wissensvermittler:innen qualifiziert wurden, die bis dahin überwiegend Erfahrungen in separierenden Kontexten gemacht haben (z. B. in Werkstätten für behinderte Menschen) in diesem Beitrag dargestellt und anschließend mit einer kritischen Reflexion eingeordnet.

1. Einleitung

Inklusive Lehrer:innenbildung ist spätestens seit der menschenrechtlichen Verbindlichkeit durch die UN-BRK zu einem zentralen Themenfeld bildungspolitischer Debatten und zahlreicher wissenschaftlicher Diskurse geworden. Inklusive Bildung rückt demnach unweigerlich in den Fokus der Auseinandersetzungen, wobei nach wie vor (auch im Wissenschaftskontext) unklar bleibt, was konkret damit verbunden und gemeint wird (vgl. z. B. Piezunka 2018). In diesem Beitrag wird grundsätzlich von einem an den Menschenrechten orientierten Inklusionsverständnis ausgegangen, welches „Macht- und Ungleichheitsverhältnisse" von (Bildungs-)Institutionen analysierend in den Blick nimmt und „daran orientiert ist, diese Strukturen und Praktiken zu verändern" (Shure/Steinbach 2021, S. 164).

Trotz der Diffusität im Verständnis von Inklusion, wurden in den letzten Jahren vielfältige Ansätze und Konzepte für eine inklusionsorientierte Lehrer:innenbildung entwickelt und diskutiert (vgl. u. a. Greiten et al. 2017). Hinzu kommt ein Diskurs, welcher für diesen Bereich hervorhebt, dass es mit Bezug zu inklusiver Bildung nicht um eine Wissensvermittlung *über Andere* gehen kann (vgl. Shure/Steinbach 2021), sondern es vielmehr darum geht Inklusion auch *inklusiv* zu vermitteln (vgl. Plate 2016). Erste Erfahrungen aus dem internationalen Raum bezüglich des Einbezugs von Nicht-Akademischen Expert:innen in der universitären/hochschulischen Lehre zeigen sich in den Konzepten ‚service user involvement' (McLaughlin et al. 2021) oder ‚shared authority' (Barsch 2020). Auch im deutschsprachigen Raum gibt es zunehmend Projekterfahrungen im Kontext ‚partizipativer Lehre', wobei es dabei an einer (macht- und diskriminierungs-)kritischen Analyse bisher noch mangelt. Ziel des Beitrags ist es daher, anhand von zwei Seminarkonzeptionen aufzuzeigen, welche Chancen diese zur Veränderung von Wissensvermittlung im Sinne einer inklusionsorientierten Lehrer*innenbildung bieten, um gleichzeitig kritische Aspekte zur Wissensproduktion im Kontext (machtvoller) Strukturen und Praktiken zu reflektieren.

2. Zur Bedeutung inklusiver Hochschule und Lehrer:innenbildung

Hochschulen sind als zentrale Orte der Wissensproduktion anerkannt und stehen dabei in einer langen exklusiven Tradition, verbunden mit meritokratischen Logiken (vgl. Przytulla 2021). Trotz dieser anhaltenden ‚Aura der Exklusivität' (vgl. Alheit 2014) sind Hochschulen aufgerufen sich hinsichtlich „pluraler Lebensweisen" (Oldenburg 2021, S. 11) zu öffnen. Dieser Anspruch bildet sich u. a. auch in „Empfehlungen supranationaler Körperschaften (Europäische Kommission, Vereinigte Nationen, UNESCO, OECD, Weltbank)" ab, wonach „sich derzeit jede Hochschule zu einer Politik der Diversität sowie einer Politik der Inklusion" bekennt (Allemann-Ghionda 2021, S. 474). In Deutschland lässt sich jedoch nach wie vor ein eher zögerlicher und stark zielgruppenspezifischer Transferansatz in die Hochschulpraxis feststellen, der einem menschenrechtsorientierten Ansatz nicht genügt. Dannenbeck und Dorrance (2016, S. 25) fassen inklusionsorientierte Hochschule und Hochschulentwicklung deutlich weiter, indem sie die folgende Aspekte in den Blick nehmen:

- Eine „fortwährende und daher institutionalisierte Analyse der Exklusionsprozesse";
- Untersuchung real existierender Studienbedingungen, d.h. „in wie fern sie einem barriere- und diskriminierungsfreien Studium [...] entgegenstehen";
- Eine „theoretische Fundierung pädagogischer und didaktischer Praxen"

Demnach geht es nicht um eine „Multiplikation von Zielgruppen und deren statistisches Wachsen und auch nicht [um] spezifische und punktuelle Optimierung der Bedingungen, die diese dort antreffen" (Platte 2018, S. 31). Vielmehr sind Hochschulen und deren Akteur:innen dazu aufgerufen, ihre Institutionen und die darin „eingelagerten Praktiken" als privilegiert (Oldenburg 2021, S. 11f.) anzuerkennen und damit generell „zu hinterfragen, wo Menschen

Hochschulbildung erschwert oder verwehrt wird, weil aufgrund von Normalitätsmustern Barrieren bestehen, die bestimmten Menschen die Teilhabe an den hier verorteten Bildungsprozessen verwehren" (Dannenbeck et al. 2016, S. 12). Dies verlangt einen reflexiven Fokus auf eine (neue) „Verhältnisbestimmung von Inklusion und Exklusion sowie dadurch entstehende Grenzverschiebungen und Grenzziehungen" (Oldenburg 2021, S. 11). Wichtig ist in diesem Kontext eine (kritische) Neubetrachtung von Wissen und Wissensproduktion, denn mit Bezug zu „Diversity-Kategorien bedarf [es] einer kritischen Reflexion von Wissen und Wissenschaftskultur" (Heitzmann/Klein 2012, S. 12). Dies gilt insbesondere, weil Wissenschaft „als eine soziale Praxis verstanden [werden kann], in der Leistungskriterien und Anerkennung Ergebnisse von Aushandlungsprozessen zwischen verschiedenen Akteuren und Akteurinnen sind" (ebd.). Es geht also nicht (mehr) nur darum, wissenschaftliche Erkenntnisse als bedeutsam zu markieren, sondern auch kritisch zu betrachten, „wie Wissenschaft gemacht wird und die daraus resultierenden sozialen Konsequenzen" zu analysieren (ebd., S. 13). Insbesondere der Ansatz des ‚situierten Wissens' von Donna J. Haraway ist dabei von zentraler Bedeutung, weil er offenlegt, dass es nicht die *eine* wahre Wissensform gibt, sondern es sich um verschiedene Formen handelt, die immer „historisch und kulturell spezifisch" sind (Gramlich 2021, o. S.).

In diesem Beitrag liegt der Fokus insbesondere auf dem Bereich der (inklusiven) Lehrer*innenbildung, als einem zentralen Bereich der Wissensvermittlung an Hochschule. Eine Diversifizierung bzw. Inklusionsorientierung der Lehrer*innenbildung ist inzwischen Gegenstand vielfältiger Darstellungen und Auseinandersetzungen (vgl. u. a. Leonhardt 2020; Oldenburg 2021). Strukturelle Verankerungen z. B. durch Anpassungen von Modulordnungen sind bisher jedoch eher im „begrenzten Maße vorgenommen" worden (Oldenburg 2021, S. 37). Mit Bezug zu den bisher beschriebenen Ausführungen zur Wissensproduktion an Hochschulen und mit Blick auf die besondere Relevanz eines Theorie-Praxis-Transfers im Bereich der Lehrer*innenbildung stellt sich auch hier die Frage danach, wer in welcher Form Wissen produziert und Zugänge schafft. Dies ist durch Selektionsprozesse (u. a. in Schule) bzw. einer besonders hohen Undurchlässigkeit des deutschen Bildungssystems (vgl. Stifterverband 2022) besonders brisant, da Lehrformate weiterhin überwiegend aus nicht marginalisierten Perspektiven heraus stattfinden. „Wissen über ‚die anderen' ist häufig mit Hierarchiebildung und Macht verbunden und läuft Gefahr, einseitig errichtete Konstruktionen zu reifizieren" (Platte 2018, S. 25). Neben der (machtkritischen) Analyse im Spannungsfeld zwischen Inklusion und Exklusion, besteht innerhalb inklusionsorientierter Lehrer*innenbildung demnach auch der Bedarf an Lehrpersonen mit sehr unterschiedlichen Biografien und Erfahrungen, die ihre Perspektiven und Expertise aktiv einbringen (vgl. Schuppener et al. 2020) und der Entwicklung vielfältiger und innovativer Zugänge durch diversitätssensible und inklusive Lehr-Lern-Formate.

In Bezug zu beiden Aspekten sollen nun Erfahrungen aus dem konkreten Hochschul- und Transferprojekt QuaBIS vorgestellt und kritisch-reflexiv eingeordnet werden.

3. Lehr- und Transferprojekt QuaBIS

Mit dem QuaBIS-Projekt u. a. an der Universität Leipzig wird für den sächsischen Raum das Ziel eines kulturellen und strukturellen Wandels des bisher sehr exklusiven Systems der Hochschule verfolgt. Die zumeist unangefochtene Deutungshoheit von ausschließlich akademischem Wissen ohne den Einbezug eines subjektiven Erfahrungswissens in Bezug auf Exklusion und Behinderung soll mit der Praxis des Projektes aufgebrochen und kritisch hinterfragt werden (vgl. u. a. Leonhardt/Schuppener/Goldbach 2022). Hierzu werden im Rahmen des Projektes an der Universität Leipzig seit 2019 fünf Menschen mit Behinderungserfahrungen, die bis dahin vorwiegend Lern-, Arbeits- und Lebenserfahrungen in separierten Institutionen der so genannten Behindertenhilfe gemacht haben, zu sogenannten Bildungs- und Inklusionsreferent*innen (BIR) qualifiziert. In Auseinandersetzung mit differenten Inhalten aus den Bereichen Ethik, Soziologie, Bildung und Erziehung sowie Lehr- und Lernmethoden erarbeiten sich die Bildungs- und Inklusionsreferent:innen einen guten theoretischen Überblick, um diese theoretischen Inhalte vor dem Hintergrund ihrer unterschiedlichen Sozialisationserfahrungen zu hinterfragen und anschließend zu vermitteln. Mit der Synthese aus phänomenologischem und theoretisch-empirischem Wissen verändern sie die Wissensvermittlung mit dem Fokus auf eine Weiterentwicklung reflexiver Lehrer:innenprofessionalität. (vgl. Goldbach/Leonhardt/Schuppener 2022)[1].

4. Inklusionsorientierte (Zugangs-)Formate im Bereich Lehre

4.1 Praxisnahe Lehre im Kontext von Forschung

Ziel und Zielgruppe

Ein Seminarkonzept, welches sich in der Lehre der BIR in Leipzig etabliert hat, ist die Durchführung des Seminars: ‚(Partizipative) Forschungsansätze und Forschungsmethoden im sonderpädagogischen Schwerpunkt Geistige Entwicklung'. Am Seminar nehmen Studierende des Lehramts Sonderpädagogik zumeist im neunten Fachsemester teil. Da die Studierenden im Rahmen ihres Studiums

---

1 Eine ausführliche Darstellung der Tätigkeiten findet sich in: Schuppener et al. 2020.

differente, vorwiegend theoretische Kenntnisse über quantitative und qualitative Forschungszugänge und -methoden erlangen, wird für das neunte Fachsemester der Bedarf einer praktischen Durchführung von Forschungsvorhaben gesehen. Dieser Bedarf soll mit dem hier beschriebenen Seminarkonzept gedeckt werden, indem eine explizite Planung, Durchführung und Reflexion von partizipativen Forschungsvorhaben Inhalt und Ziel des Seminares sind. Dies erscheint in zweierlei Hinsicht als besonders bedeutsam: Zum Einen spielen partizipative Forschungszugänge im Bereich der Inklusionsforschung eine zunehmend wichtige Rolle (vgl. Buchner et al. 2016). Zum Anderen bieten sie eine gute Möglichkeit, das Prinzip einer inklusionsorientierten Lehrer:innenbildung ‚Inklusion inklusiv lehren' direkt umzusetzen.

Inhalt und Struktur

Die strukturelle Konzeption des Seminars kann anhand der Grafik nachvollzogen werden.

Abbildung 1: Seminarstruktur QuaBIS (eigene Darstellung)

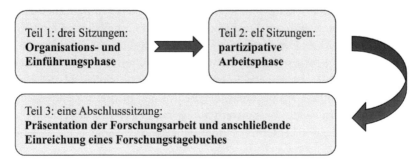

Im ersten Teil sind drei Seminarsitzungen vorgesehen, in denen das Ziel verfolgt wird, anhand von aktuellen partizipativen Forschungsprojekten in die partizipative Forschungsweise einzuführen, die Organisation und Arbeitsweise im Forschungsseminar zu erläutern und die Kenntnisse zu quantitativen und qualitativen Forschungsmethoden zu wiederholen und zu diskutieren.

Im zweiten Teil arbeiten alle Studierenden in partizipativen Forschungskleingruppen an konkreten kleinen Forschungsvorhaben. Die Gruppen bestehen aus 5–6 Studierenden und jeweils einer:m BIR. Die erste Sitzung dient dazu, sich gegenseitig kennenzulernen und gemeinsame Forschungsinteressen abzuklären, um ggf. schon eine Forschungsfrage zu entwickeln. Diese erste Sitzung wird von den BIR vorbereitet, durchgeführt und nachbereitet. Die weiteren zehn Sitzungen werden in der Verantwortung (Vorbereitung, Durchführung, Nachbereitung) gerecht unter den einzelnen Forschungsgruppenmitgliedern verteilt, so dass jede

Person 1–2 Sitzungen verantwortet. Um die einzelnen Forschungsgruppentreffen gut vor- und nachbereiten zu können, wird parallel ein gemeinsames Forschungstagebuch geführt, welches einen Teil der Prüfungsleistung darstellt und in welchem die Reflexion des partizipativen Forschungsprozess eine wichtige Rolle spielt.

Zur strukturierten Planung des Forschungsablaufes stellt die Seminarleitung einen (optionalen) Leitfaden zur Verfügung. Darin wir vorgeschlagen, dass die zweite bis vierte Woche der theoretischen Auseinandersetzung mit dem Forschungsgegenstand und Konkretisierung einer Forschungsfrage, so dass daran anschließend in der fünften Woche ein gemeinsames Erhebungsinstrument entwickelt werden kann. Die nächsten zwei Wochen entsprechen dem Zeitraum, in welchem die Durchführung der Untersuchung angedacht ist, um anschließend noch drei Wochen Zeit für die Auswertung und Interpretation der Ergebnisse zu haben. In der elften Sitzung soll die zehnminütige Abschlusspräsentation zum Forschungsprojekt in verständlicher Sprache vorbereitet werden, welche in der Abschlusssitzung vorgestellt wird und den zweiten Teil der Prüfungsleistung darstellt.

Reflexion und Impulse

In der abschließenden mündlichen Reflexion des Seminars wurde deutlich, dass die Studierenden trotz anfänglicher Unsicherheit in Bezug auf die hohen Anforderungen sehr motiviert und kontinuierlich im Seminar gearbeitet und die partizipative Durchführung einer Forschungsarbeit als sehr gewinnbringend und bereichernd erlebt haben.

Für die BIR und ihre Rolle(n) lässt sich resümieren, dass die Aufgabe der Seminarleitung im ersten Forschungsgruppentreffen von allen souverän durchgeführt werden konnte. Im gesamten Forschungsprozess werden die BIR von den Studierenden als wichtige Impuls- und Wissensgeber:innen bezeichnet. Dies betrifft nicht nur das Expert:innenwissen zu partizipativer Forschung, sondern ebenso das gleichberechtigte und anerkannte Einbringen von eigenen theoretischen Texten, Inhalten und Arbeitsmaterialien. Gleichzeitig lässt sich festhalten, dass die einzelnen BIR in ihren eigenen Gruppen unterschiedlich viel Verantwortung für den gesamten Seminarprozess übernommen haben. Während manche BIR durchweg als seminarleitend und wissensvermittelnd verstanden wurden, erfüllten sie in anderen Gruppen eher eine impulsgebende, auf eigene Erfahrungen basierende, begleitende Funktion. Beide Rollenverständnisse wurden jedoch von den Studierenden im Anschluss als positiv bewertet und sollen deshalb auch an dieser Stelle nicht unterschiedlich gewertet werden. Auffällig war, dass es während der gesamten Forschungsgruppenarbeit wenig Bedarf an Unterstützung durch die akademische Seminarleitung gab, die partizipative Zusammenarbeit also in jedem Forschungsschritt größtmöglich eigenaktiv und selbstverantwortlich erfolgte. Lediglich für die finale Forschungsfrage und die Festlegung der Erhebungs- und Auswertungsmethoden erfragten die meisten Forschungsgruppen eine Rückmeldung der akademischen Seminarleitung.

Von den Studierenden wurde in der Abschlusssitzung mehrfach der gelingende Gruppenprozess hervorgehoben. Dieser wurde auch in den einzelnen sehr guten und gleichberechtigt vorgestellten Forschungspräsentationen sichtbar. Diese zeigten, dass in einer sehr großen thematischen Bandbreite (z. B. Untersuchungen zu Macht- und Normalitätsvorstellungen an der Schule, barrierearme Bibliotheken, Elternschaft von Frauen mit zugeschriebener geistiger Behinderung und Nutzung von sozialen Medien bei Jugendlichen mit zugeschriebener geistiger Behinderung) gearbeitet wurde und auch in der Anwendung verschiedener Forschungsmethoden (Interview, Gruppendiskussion, Fragebogen, Beobachtung) sehr gut zusammengearbeitet wurde.

4.2 Entwicklung innovativer und kreativer Lehrmaterialien als Lehrpraxis

Um die Perspektive nicht auf eine Konzeption zu beschränken, soll an dieser Stelle erweiternd eine zweite Konzeption knapp skizziert werden. Dieses Seminar richtete sich im Bereich der Bildungswissenschaften an Lehramtsstudierende *aller* Schularten. Unter dem Titel *,Macht und Privilegien in der Schule'* wurde mit den BIR das Ziel verfolgt die Studierenden für erfahrungsbezogene und strukturelle Aspekte von Macht innerhalb des Systems Schule zu sensibilisieren.

Nach einer generellen Einführung in das Themenfeld Macht in der Schule wurden insgesamt sechs Themenfelder von Studierenden in Kleingruppen erarbeitet:

- Schule als Disziplinaranstalt
- Sprache und Macht (in der Schule)
- Reflexion von Machterfahrungen in der eigenen Schulkarriere
- Pädagogische Beziehungen
- Macht im Übergang von Schule und Beruf
- Reflexion von Prozessen der Anerkennung und Verkennung im Schulalltag

In diesen Kleingruppen wurde jeweils ein ,verständliches' Erklärmaterial (z. B. Legefilme, Podcasts, Broschüren etc.) als Prüfungsleistung erarbeitet, welches sowohl für andere Studierende als auch die BIR verstehbar sein sollte. Die BIR nahmen dabei vorrangig die Rolle von Wissensvermittler:innen und Moderator:innen ein. Da die BIR erst am Anfang ihrer Qualifizierungsphase waren, wurden sie jeweils im Sinne eines *,co-teaching'* unterstützt durch Mitarbeiter*innen im Projekt QuaBIS.

Reflexion und Impulse

Bei der Erarbeitungsphase wurde explizit das Ziel verfolgt, erfahrungsbezogenes Wissen der BIR mit den von ihnen aufbereiteten wissenschaftlichen Erkenntnissen zu verknüpfen. Durch die partizipative Erarbeitung des primär analytischen, theoretisch sehr komplexen und philosophischen Themas ‚Macht und Privilegien in der Schule' erfolgte ein praxisnaher Austausch über theoretische Inhalte. Im Anschluss an das Seminar wurden die erarbeiteten Themen in einem partizipativen Publikationsprojekt[2] umgesetzt.

5. Kritische Reflexion partizipativer Lehrformate

Die beschriebenen Seminarkonzeptionen stellen zwei mögliche Varianten dar, wie Hochschullehre durch das Projekt QuaBIS geöffnet und verändert werden kann. Dabei bewegt sich das Projekt in zweierlei Hinsicht auf nicht tradierten Wegen. Zum Einen vollziehen sich die Veränderungsprozesse im (noch immer) recht ‚jungen' Themenfeld inklusiver Hochschulentwicklung und zum Anderen im noch weniger tradierten Bereich des aktiven Einbezugs von ‚nicht-akademischem' Personal in Lehre (und Forschung). Insbesondere im Bereich Lehre gibt es lediglich erste Projekterfahrungen an einzelnen Universitäten, die nur in Einzelfällen strukturell verankert wurden (vgl. u. a. PH Heidelberg 2023). Diese noch anfänglichen Entwicklungen stehen einem bisher exklusiv meritokratischen (und machtvollen) Hochschulsystem und dem Anspruch einer sich verändernden Wissensproduktion gegenüber (vgl. Kap.2). Diese scheinbar gegensätzlichen Zielrichtungen machen eine kritisch reflexive Auseinandersetzung auch von partizipativer Lehre notwendig. Dies geschieht im Folgenden unter Einbezug von Reflexionen der BIR[3].

Beide Seminarkonzeptionen bieten die Möglichkeit, Perspektiven durch bisher ausgeschlossene Sichtweisen und Erfahrungen zu erweitern. Dabei verfolgen sie das Ziel einer Pluralisierung von Zugängen und Perspektiven, die sich mit dem Anspruch inklusionsorientierter Lehrer*innenbildung deckt (vgl. Kap.2) und die Wissensvermittlung auch aus Sicht der BIR bereichert. So berichtet ein:e BIR beispielhaft: „[...] wenn du das nur von außen, das theoretische vermittelt bekommen hast und versuchst dich das zu sensibilisieren dafür. Aber wenn du

---

2 Hierzu ist ein Herausgeber:innenband erschienen, der in verschiedenen Sprachniveaustufen Beiträge zum Thema ‚Macht in der Schule' versammelt (vgl. Leonhardt et al. 2023).
3 In einer Leitfadengestützten Gruppendiskussion wurden Fragen zu Wissensformaten und -vermittlung im Kontext des QuaBIS-Projektes diskutiert und Aussagen anschließend kategorisiert. Eine systematische Auswertung im Rahmen einer qualitativen Inhaltsanalyse steht derzeit noch aus, weshalb an dieser Stelle nur auf einzelne O-Töne verwiesen werden kann/soll.

das selber mal erlebt hast, achtest du schon automatisch ganz anders darauf." (BIR01) Grundlage der Seminare bildet, wie beschrieben nicht nur die Vermittlung von (Ausschluss- und Diskriminierungs-)Erfahrungen, wichtig ist den BIR auch eine reflexive Verknüpfung verschiedener Wissensformate. Sie sprechen insbesondere von „theoretischem" und „praktischen Wissen", welches sie „immer […] gleichermaßen vermitteln. Und alles beides ist eben gleichgestellt." (BIR02)

Im Rahmen partizipativer Lehre steht genau diese Neuaushandlung von Wissensvermittlung und -produktion im Fokus. Das Forschungsprojekt ParLink[4], welches sich genau diesem Lehrsetting aus Forschungsperspektive nähert, unterscheidet beispielsweise die drei hierfür relevanten Wissensformate ‚Erfahrungswissen', ‚Wissen durch Erleben' & ‚Theoretisches Wissen' (vgl. ParLink 2021). Obwohl eine Unterscheidung letztlich nicht trennscharf bleibt[5], wird dabei die Bedeutung erfahrungsbezogener Wissensformate ersichtlich, die wissenssoziologisch auch unter dem Begriff phänomenologisches Wissen (vgl. Brendel 2013) gefasst werden können. Die Formate bewegen sich demnach insgesamt in einem ‚neuen' und nicht abgeschlossenen Aushandlungsprozess, den es in zukünftigen Untersuchungen noch genauer zu analysieren gilt. Ebenso stellt sich die eigene Verortung bzw. Rollenzuschreibung der BIR als sehr divers dar. Während einige sich klar als Wissenschaftler:innen sehen, bezeichnen sich andere eher als Forscher:innen oder Wissensvermittler:innen. Und wiederum bezeichnen sich einige zusätzlich als Selbstvertreter:innen und andere wiederum explizit nicht. Ein:e BIR macht dieses zwiespältige Verhältnis zwischen Selbstvertretung und Wissensvermittlung recht prägnant und beispielhaft klar:

„Nein, weil ich ja nicht nur Wissen über mich selbst weitergebe, sondern verschiedenes Wissen. Deswegen würde ich mich selbst nicht als Selbstvertreter benennen. Klar, auf der einen Seite kämpft man für sich selber mit. Aber auf der anderen Seite tut man auch für andere Wissen vermitteln." (BIR02)

---

4   Im Forschungsprojekt ParLink wurde herausgearbeitet, wie sich partizipative Lehre in einem Projekt in Kiel vollzieht. Auch wenn dieses Projekt ein anderes Konzept als QuaBIS verfolgt, geht es hier ebenfalls um den Einbezug Menschen mit Behinderungserfahrungen in Hochschullehre. Siehe hierzu: https://www.partizipative-lehre.de/parlink
5   Z. B. ist dem Konzept des situativen Wissens folgend auch theoretisches Wissen stets von Erfahrungen geprägt und beeinflusst.

Es bleiben somit insgesamt viele Fragen im Kontext dieser partizipativen Zugänge offen, wie u. a.:

- In welchem konkreten Verhältnis stehen die unterschiedlichen Wissensformate letztlich?
- Wie werden die BIR von Studierenden aber auch den akademischen Dozierenden im (machtvollen) Kontext adressiert?[6]
- Welche Gefahren struktureller Normierungs-, Veränderungs- und Diskriminierungspraxen werden (in veränderter Form) aufrechterhalten?
- In welchem Verhältnis stehen Aktivismus/Selbstvertretung und Wissenschaft bei der Wissensproduktion?

6. Ausblick

Anhand dieser aufgeworfenen (Reflexions-)Fragen zeigt sich, dass einerseits das System Hochschule und andererseits die Wissensproduktion in dessen Kontext durch partizipative Lehrformate bereichert aber auch herausgefordert werden können. Wie auch Leonhardt/Schuppener/Goldbach (2022) aufgezeigt haben, reicht es nicht aus, bisher exkludierten Menschen einen Hochschulzugang zu gewähren, weil dies nicht zwingend eine Überwindung lang tradierter (Macht-)Strukturen zur Folge hat. Vielmehr können sich beispielsweise ableistische und machtvolle Praktiken fortsetzen oder anpassen (ebd.; Brown & Leigh 2020). Dies zeigt sich auch anhand der Erfahrungen im Kontext inklusionsorientierter Lehrer:innenbildung im Projekt QuaBIS. Es wird deutlich, dass es einer kritisch-reflexiven Begleitung solcher Lehr- und Lernpraktiken bedarf, um dem anfangs genannten Anspruch einer echten Differenzsensibilität gerecht zu werden. Auch weil ein „differenzunempfindlicher Diskurs [sonst dazu] neige […], gesellschaftliche Macht- und Ungleichheitsverhältnisse, die komplex in Differenzverhältnisse eingelagert seien, zu verschleiern oder gar zu übersehen". (Bramberger/Plaute 2018, S. 23). Insbesondere die Frage nach Wissensformen und deren Anerkennung stellt einen noch weithin offenen Reflexionszugang dar. Die Aushandlung von Wissen stellt eine wesentliche „Lebensform der Universität" (Mecheril/Klinger 2010, S. 87) dar, wobei auch hier aus Perspektive der Dis_Ability Studies die Frage bleibt, wer letztlich an dieser Aushandlung beteiligt ist und wer für welches Wissen anerkannt wird. So entwickelt sich insbesondere in dem genannten Wissenschaftsbereich ein kritischer Diskurs dazu, wer aus welcher Position sprechen kann (und darf) und welche Expertise letztlich auch wieder ableistischen Logiken zum Opfer fällt

---

6 Ein Beitrag der diesen Fokus in den Blick nimmt wird derzeitig bearbeitet (vgl. Goldbach & Leonhardt, eingereicht)

(z. B. Homann und Bruhn 2021, S. 84). Diese Darstellung deckt sich mit den Feststellungen der BIR, die eine enge Verknüpfung verschiedener Wissensformate hinsichtlich ihrer Tätigkeit beschreiben. Die dargestellten Seminarerfahrungen stellen einzelne Beispiele dar, die jedoch gleichzeitig ein Infragestellen von Strukturen und Praktiken im Kontext inklusionsorientierter Hochschulentwicklung aufzeigen. Hilfreich und nötig ist dafür die Entwicklung einer Differenzsensibilität, die sich dadurch auszeichnet, „Differenzen weder zu nivellieren noch zu fokussieren" (Oldenburg 2021, S. 67). Dabei braucht es neue und innovative Lehrformate, die aber eben den Blick für strukturelle Gegebenheiten nicht verlieren, sondern diese vielmehr anvisieren.

Literatur

Alheit, Peter (2014): Die Exklusionsmacht des universitären Habitus. Exemplarische Studien zur ‚neuen deutschen Universität'. In: Ricken, N./Koller, H.-Ch./Keiner, E. (Hrsg.): Die Idee der Universität – Revisited. Wiesbaden: Springer, S. 195–208.

Allemann-Ghionda, Cristina (2021): Diversität, Inklusion und Internationalisierung in der Hochschule: Eine komparative Perspektive. In: Köpfer, Andreas/Powell, Justin J. W./Zahnd, Raphael (Hrsg.): International Handbook of Inclusive Education. Opladen, Berlin und Toronto: Budrich, S. 474–498.

Barsch, Sebastian (2020): Disability History Goes Public: Public Disability History als shared authorit. In: Nolte, Cordula (2020): Dis/ability History Goes Public – Praktiken und Perspektiven der Wissensvermittlung, Bielefeld: transcript, S. 27–48.

Bramberger, Andrea/Plaute, Wolfgang (2018): Bildungstheoretische Begründung einer inklusiven Hochschule. In: Harter-Reiter, Sabine/Plaute, Wolfgang/Schneider-Reisinger, Robert (Hrsg.): Inklusive Hochschule. Diskursbausteine offener Hochschulbildung aus Theorie, Praxis und Forschung. Innsbruck: Studien-Verlag, S. 17–24.

Brendel, Elke (2013): Wissen. Grundthemen Philosophie, Berlin: De Gruyter.

Brown, Nicole/Leigh, Jennifer (2020): Ableism in Academia. Theorising experiences of disabilities and chronic illnesses in higher education. London: UCLPress.

Buchner, Tobias/Koenig, Oliver/Schuppener, Saskia (Hrsg.) (2016): Inklusive Forschung. Gemeinsam mit Menschen mit Lernschwierigkeiten forschen. Bad Heilbrunn: Klinkhardt.

Dannenbeck, Clemens/Dorrance, Carmen (2016): Da könnte ja jede/r kommen! – Herausforderung einer inklusionssensiblen Hochschulentwicklung. In: Dannenbeck, Clemens/Dorrance, Carmen/Moldenhauer, Anna/Oehme, Andreas/Platte, Andrea (Hrsg.): Inklusionssensible Hochschule. Grundlagen, Ansätze und Konzepte für Hochschuldidaktik und Organisationsentwicklung. Bad Heilbrunn: Klinkhardt, S. 22–33.

Dannenbeck, Clemens/Dorrance, Carmen/Moldenhauer, Anna/Oehme, Andreas/Platte, Andrea (2016): Inklusionssensible Hochschule. Zur Einführung in diesen Band. In: Dannenbeck, Clemens/Dorrance, Carmen/Moldenhauer, Anna/Oehme, Andreas/Platte, Andrea (Hrsg.): Inklusionssensible Hochschule. Grundlagen, Ansätze und Konzepte für Hochschuldidaktik und Organisationsentwicklung. Bad Heilbrunn: Klinkhardt, S. 9–21.

Goldbach, Anne/Leonhardt, Nico/Schuppener, Saskia (2022): Partizipative Lehre – Erfahrungen aus dem diversitätssensiblen Hochschulprojekt QuaBIS. Impulse für inklusive Erwachsenenbildung. In: Erwachsenenbildung und Behinderung 33, H. 2, S. 11–20.

Gramlich, Naomie (2021): Situiertes Wissen. In: Gender Glossar. Open Access Journal zu Gender und Diversity im intersektionalen Diskurs. www.gender-glossar.de/post/situiertes-wissen (Abfrage: 07.02.2023).

Greiten, Silvia/Geber, Georg/Gruhn, Annika/Köninger, Manuela (Hrsg.) (2017): Lehrerausbildung für Inklusion. Fragen und Konzepte zur Hochschulentwicklung. Münster und New York: Waxmann.

Heitzmann, Daniela/Klein, Uta (2012): Zugangsbarrieren und Exklusionsmechanismen an deutschen Hochschulen. In: Klein, Uta/Heitzmann, Daniela (Hrsg.): Hochschule und Diversity. Theoretische Zugänge und empirische Bestandsaufnahme. Weinheim und Basel: Beltz Juventa, S. 11–45.

Homann, Jürgen/Bruhn, Lars (2020): Wer spricht denn da? Kritische Anmerkungen zum Konzept der Selbstbetroffenheit. In: Brehme, David/Fuchs, Petra/Köbsell, Swantje/Wesselmann, Carla (Hrsg.): Disability Studies im deutschsprachigen Raum. Zwischen Emanzipation und Vereinnahmung. Weinheim und Basel: Beltz Juventa, S. 24–40.

Leonhardt, Nico (2020): Inklusive Bildung trotz Lehrer*innenmangel – Erfahrungen aus der Seiteneinstiegsqualifizierung im Hinblick auf inklusionsorientierte Lehrer*innenbildung. QfI – Qualifizierung für Inklusion 2, H. 3. (Abfrage: 08.02.2023).

Leonhardt, Nico/Goldbach, Anne/Staib, Lucia/Schuppener, Saskia (Hrsg.) (2023): Macht in der Schule. Wissen – Sichtweisen – Erfahrungen. Texte in Leichter Sprache, Einfacher Sprache und Fachsprache. Bad Heilbrunn: Klinkhardt.

Leonhardt, Nico/Schuppener, Saskia/Goldbach, Anne (2022): Menschenrecht auf (Hochschul)Bildung – eine Reflexion ableistischer Ordnungen im Rahmen diversitätssensibler Lehre. In: Leonhardt, Nico/Kruschel, Robert/Schuppener, Saskia/Hauser, Mandy (Hrsg.): Menschenrechte im interdisziplinären Diskurs. Perspektiven auf Diskriminierungsstrukturen und pädagogische Handlungsmöglichkeiten. Weinheim und Basel: Beltz Juventa, S. 259–272.

McLaughlin, Hugh/Beresford, Peter/Cameron, Colin/Casey, Helen/Duffy, Joe (2021): The Routledge Handbook of Service User Involvement in Human Services Research and Education. New York: Routledge

Mecheril, Paul/Klingler, Birte (2010): Universität als transgressive Lebensform. Anmerkungen, die gesellschaftliche Differenz- und Ungleichheitsverhältnisse berücksichtigen. In: Darowska, Lucyna/Lüttenberg, Thomas/Machold, Claudia (Hrsg.): Hochschule als transkultureller Raum? Kultur, Bildung und Differenz in der Universität. Bielefeld: transcript, S. 83–116.

Oldenburg, Maren (2021): Schüler*innen – Studierende – Inklusion. Orientierungen auf dem Weg zu differenzsensibler Lehrer*innenbildung? Bad Heilbrunn: Klinkhardt.

Pädagogische Hochschule Heidelberg (2023): Annelie-Wellensiek-Zentrum für inklusive Bildung. www.ph-heidelberg.de/aw-zib/ueber-uns/ (Abfrage: 07.02.2023).

ParLink (2021):Wissen in der partizipativen Lehre. www.partizipative-lehre.de/wissen-in-der-partizipativen-lehre (Abfrage: 07.02.2023).

Piezunka, Anne (2018): Gesucht: Definition for Inklusion. In Praxis und Forschung herrscht keine Einigkeit. WBZ Mitteilungen, H. 162, S. 28–29.

Plate, Elisabeth (2016): Lehrer_innenbildung für Inklusion braucht Lehrer_innenbildung durch Inklusion. In: Dannenbeck, Clemens/Dorrance, Carmen/Moldenhauer, Anna/Oehme, Andreas/Platte, Andrea (Hrsg.), Inklusionssensible Hochschule. Grundlagen, Ansätze und Konzepte für Hochschuldidaktik und Organisationsentwicklung. Bad Heilbrunn: Klinkhardt, S. 194–214.

Platte, Andrea (2018): (Hochschul-)Didaktische Fundierung inklusiver Bildungsprozesse. In: Platte, Andrea/Werner, Melanie/Vogt, Stefanie/Fiebig, Heike (Hrsg.): Praxishandbuch Inklusive Hochschuldidaktik. Weinheim und Basel: Beltz Juventa, S. 20–42.

Przytulla, Nicole Viktoria (2021): Exzellent inklusiv. Deutsche Hochschulen zwischen meritokratischer Ideologie und inklusivem Anspruch. Weinheim und Basel: Beltz Juventa.

Schuppener, Saskia/Goldbach, Anne/Leonhardt, Nico/Langner, Anke/Mannewitz, Karin (2020): Inklusion inklusiv vermitteln: Menschen mit Behinderungserfahrungen als Lehrende an der Hochschule. In: Schneider-Reisinger, Robert/Oberlechner, Manfred (Hrsg.): Diversitätssensible PädagogInnenbildung in Forschung und Praxis: Utopien, Ansprüche und Herausforderungen. Opladen, Berlin und Toronto: Budrich, S. 108–117.

Shure, Saphira/Steinbach, Anja (2021): Inklusion und Diskriminierungskritik. Machttheoretische Überlegungen zu gegenwärtigen (Thematisierungs-)Praktiken im schulischen Kontext. In: Herzog, Sonja/Wieckert, Sarah (Hrsg.): Inklusion – eine Chance Bildung neu zu denken?! Weinheim und Basel: Beltz Juventa, S. 150–169.

Stifterverband (2022): Hochschulbildung in der Transformation. Hochschul-Bildungs-Report 2020, Abschlussbericht. Essen: Stifterverband.

Autor:innenangaben

Nico Leonhardt, Wiss. Mitarbeiter
Universität Leipzig, Institut für Förderpädagogik
Arbeits- und Forschungsschwerpunkte; Inklusive Schulentwicklung und Sozialraumorientierung, Inklusionssensible Hochschulentwicklung, Leichte Sprache, Partizipative Forschung & Lehre, Qualifizierung von Seiteneinsteiger*innen im Lehramt.
nico.leonhardt@uni-leipzig.de

Anne Goldbach, Dr.
Universität Leipzig, Institut für Förderpädagogik
Arbeits- und Forschungsschwerpunkte: Einbezug von Erfahrungswissen durch partizipative Forschung, Leichte Sprache und Teilhabechancen, partizipative Lehre, inklusionsorientierte Hochschulentwicklung, Triangulation qualitativer und quantitativer Forschungsmethoden
goldbach@uni-leipzig.de

Das Planspiel *Inklusion im Sport* – die *Schulkonferenz* zur Förderung einer reflexiven Haltung[1]

Silke Haas, Maria Theresa Meßner, Julia Kadel, Christian Buschmann, Katja Adl-Amini

Der Beitrag stellt das Planspiel *Inklusion im Sport – die Schulkonferenz* vor, welches auf die Bearbeitung des Themas Inklusion im konkreten sportdidaktischen Kontext zielt. Die Methode Planspiel wurde für den Kontext „inklusiver Sportunterricht" adaptiert, um die reflexive Bearbeitung fachdidaktischer Inhalte von Lehramtsstudierenden im Spannungsfeld von fachspezifischem Leistungsverständnis und gleichzeitigem Inklusionsanspruch zu fördern. Eine erste explorative Evaluation hinsichtlich der Reflexionskompetenz wird berichtet.

1. Einleitung

Inklusiver Unterricht erfordert eine Qualifizierung von Lehrkräften aller Lehramtsprofessionen (Moser/Demmer-Dieckmann 2012). Diese kann als Querschnittsaufgabe aller Fächer und Phasen in der Lehrkräftebildung betrachtet werden (Amrhein/Dziak-Mahler 2014). Das Planspiel „Schulkonferenz" wurde im Kontext einer disziplinvernetzenden Kooperation von Erziehungs- und Sportwissenschaften sowie Didaktik der Sozialwissenschaften entwickelt, erprobt und evaluiert. Es zielt auf die reflexive Auseinandersetzung der Sportlehramtsstudierenden mit Entscheidungen im Spannungsfeld von Leistungsnorm und Inklusionsanspruch.

Im Folgenden werden zunächst die widersprüchlichen Anforderungen, welche mit dem Inklusionsanspruch im Fach Sport einhergehen, skizziert (Kap. 2) und innerhalb dessen die Bedeutung einer reflexiven Haltung als Professionalisierungsziel umrissen. Anschließend werden Merkmale und Potenziale der Planspielmethode für die Lehrkräftebildung dargestellt (Kap. 3). Darin wird nach einer kurzen didaktisch-methodischen Begründung der Aufbau des Planspiels

---

1 Basierend auf Vorarbeiten innerhalb der „Qualitätsoffensive Lehrerbildung" von Bund und Ländern (The Next Level, Goethe-Universität Frankfurt am Main, Förderkennzeichen 01/A1519) wird das Vorhaben aktuell durch Mittel der Stiftung Innovation in der Hochschullehre innerhalb der Förderlinie *Freiraum 2022* (Förderkennzeichen FRFMM-14/2022) gefördert. Die Verantwortung für den Inhalt dieser Veröffentlichung liegt bei den Autor:innen.

entlang der Phasen inklusive der Rollen beschrieben. Abschließend werden erste Ergebnisse einer formativen Evaluation des Einsatzes berichtet (Kap. 4) und in Bezug auf Umsetzungsmöglichkeiten eingeordnet (Kap. 5).

2. Professionalisierung für Inklusion im Fach Sport

Das Recht auf inklusive Bildung und die gleichberechtigte Teilhabe von Menschen mit Behinderung am allgemeinen Schulsystem stellt nicht nur ein normatives Leitbild, sondern auch einen politisch forcierten Anspruch an Schule und Gesellschaft dar (UN-BRK 2009; KMK 2015). Während sich die Bundesländer in der entsprechenden Anpassung ihrer Schulgesetzgebung unterscheiden, eint sie weitestgehend die Fokussierung auf einen engen Inklusionsbegriff (Rackles 2021). Dabei geht es zentral um die Frage, wie sonderpädagogische Förderung sowie die so beschulten Schüler:innen in das Regelschulsystem integriert und inklusiv beschult werden können, wobei ausschließlich die Differenzordnung *Dis/Ability (Nicht/Behinderung)* (Budde et al. 2020) bzw. deren schulische Ausprägung als sonderpädagogischer Förderbedarf fokussiert wird. Ein weites Inklusionsverständnis hingegen, welches ein erweitertes Spektrum menschlicher Vielfalt abzubilden vermag, erfasst zudem Ordnungen wie *Heteronormativität*, *Klassismus* und *Rassismus* sowie deren intersektionale Verschränkung (Budde et al. 2020). Um den bisweilen nicht abschließend definierten Begriff der Inklusion nicht zu verkürzen, wird er hier als Maximierung von Teilhabe und Minimierung von Diskriminierung (Ainscow/Booth/Dyson 2006) verstanden.

Um die Teilhabe aller Schüler:innen im (Fach-)Unterricht zu sichern, gilt es auch für die Fachdidaktiken, Ansätze inklusiven Unterrichtens verbindlich zu konzeptualisieren. Insbesondere in der Sportdidaktik sind dabei Schwierigkeiten bezüglich des Inklusionsbegriffs in der Gebrauchs- und Interpretationsweise zu verzeichnen (Giese/Weigelt 2017). Auch Studierende begegnen Inklusion mit unterschiedlichen und ambivalenten Deutungslogiken (Schaumburg/Walter/Hashagen 2019). Eine Engführung des Inklusionsbegriffs auf den Bereich der körperlichen Beeinträchtigung im Kontext Sportunterricht lässt sich durch das Kriterium der „Salienz" – der besonderen Wahrnehmbarkeit einer bestimmten Kategorie – erklären, da sich die „körperliche Exponiertheit" (Miethling/Krieger 2004, S. 224) als Besonderheit des Bewegungsfachs Sport auszeichnet.

Lehrplananalysen weisen darauf hin, dass die individuelle Leistung im Fach Sport stark betont und vielfach eher in traditionell enger Weise ausgelegt wird (Ruin 2015), Interviewstudien mit Sportlehrkräften bieten ein ähnliches Bild (Meier/Ruin 2015). Meier, Haut und Ruin (2016) arbeiten historisch fundiert Folgendes heraus: Ein verengtes Leistungsverständnis i. S. eines Erwartungshorizonts an eine bestimmte, normierte körperliche Leistung steht heterogenitätssensiblen

Anforderungen eines *Erziehenden Sportunterrichts*, welcher die aktuelle didaktische Leitorientierung darstellt, häufig entgegen. Konsequenterweise müssen notwendige, didaktische Veränderungen eine zwingende Öffnung der Inhalte vorsehen und schließen ein starres Festhalten an einem „körperlichen" Leistungsverständnis zumindest in Teilen aus. Sportdidaktische Rahmenmodelle zur Planung von inklusivem Sportunterricht wurden auf Grundlage von theoretischen Überlegungen v. a. von Tiemann (2016) vorgelegt. Professionalisierungsangebote müssen die Reflexion im Sinne einer gedanklichen Vermittlung zwischen Überzeugungen (angehender) Lehrkräfte, ihrem professionellen Wissen sowie ihren praktischen Erfahrungen (Leonhard et al. 2010, S. 111) anregen, um sie auf einen professionellen Umgang mit den genannten widersprüchlichen und fachspezifischen Spannungsfeldern vorzubereiten. Insbesondere für die inklusive Bildung ist die Reflexion eigener Vorstellungen und institutioneller Prozesse zentral (Budde/Hummrich 2014; Häcker/Walm 2015). Hierfür eignen sich Methoden, in denen realitätsnahe Erfahrungen gesammelt, Perspektivübernahme ermöglicht sowie die Reflexion von institutionellen Rahmenbedingungen und Widersprüchen gefördert werden, wie z. B. das Planspiel.

3. Planspiele als Methode: „Inklusion im Sport – die Schulkonferenz"

Planspiele lassen sich als Lehr-Lern-Methode durch verschiedene Merkmale bzw. Strukturelemente kennzeichnen. Aufbauend auf einer Definition nach Reinisch (1980, S. 13) werden Planspiele in diesem Kontext verstanden als „Rekonstruktionen von Realsituationen oder Antizipationen künftig möglicher Realsituationen, in denen verschiedene Gruppen bei einem zu lösenden Konflikt ihre Interessen durchsetzen wollen". Charakterisiert werden sie durch einen adressat:innen-, problem- sowie handlungsorientierten Zugang, die Chance auf realitätsnahe Probehandlungen, einen Perspektivwechsel und multidimensionales sowie nachhaltiges Lernen (Meßner et al. 2021).

Als Strukturelemente lassen sich literaturübergreifend das Spiel(en), die Rollen, die Regeln und der Plan sowie das simulierte Modell im Spannungsfeld aus Abstraktion und Realitätsnähe benennen. Innerhalb der Rollen agieren die Personen unter Entscheidungs- oder Handlungsdruck, der daraus resultiert, dass ein (Interessens-)Konflikt oder Dilemma besteht, während der Verlauf und das Ergebnis durch eine prinzipielle Offenheit gekennzeichnet sind. Das Planspiel umfasst dabei mindestens drei Phasen: eine Vorbereitungs- (Briefing), eine Spielsowie eine Reflexionsphase (Debriefing) (Meßner 2023; Meßner/Schedelik/Engartner 2018; Capaul/Ulrich 2003). Insbesondere mittels dieser letzten Phase soll durch einen Abgleich mit der Realität, alternativen Verläufen sowie den Lernzielen ein Lerntransfer angestoßen werden (Kriz/Nöbauer 2015; Schwägele 2015).

Die Teilnehmenden übernehmen in der Spielphase Rollen, die im Planspiel zumeist transpersonal (Petrik 2017) ausgestaltet sind, sich auf Positionen und nicht auf Personen beziehen (Massing 2014) sowie in ihrer Gestaltung den Konflikt evozieren. Dabei unterliegen sie gewissen Spielregeln und Abläufen entlang des vorgegebenen Plans, der auf einem modellierten, mehr oder weniger realitätsnahen bzw. abstrakten Szenario fußt. Durch einen (zeitlichen) Druck zur Entscheidung wird durch das Spielen eine Dynamik entfaltet, deren Ablauf zwar durch die Regeln vorstrukturiert, aber im Ergebnis nicht vorweggenommen ist (Meßner et al. 2021). Durch die Rollenübernahme wird sowohl einem kreativen Potenzial Raum geboten als auch ein Perspektivwechsel angestoßen, der auch emotionale Aspekte umfasst (von Ameln/Kramer 2016) und so zusätzlich zu den inhaltlich-fachlichen, den methodisch-strategischen sowie sozial-kommunikativen Fähigkeiten auch noch eine affektive Komponente des Lernens (Klippert 1992) beinhaltet. Diese Aspekte gilt es in der Reflexionsphase aufzuarbeiten (Kriz/Nöbauer 2015), insbesondere, weil das Planspiel ein gefahrloses Erproben von Handlungen und Konsequenzen ermöglichen soll, was sowohl ein fehlerfreundliches Lernumfeld generiert als auch heikle Strategien produzieren kann, die es zu reflektieren gilt. Gleiches gilt für etwaig reproduzierte Stereotype und Verkürzungen, die Frustrationen erzeugen können (Petrik 2018; Kriz/Nöbauer 2015; Engartner et al. 2015).

Die Lernwirksamkeit von Planspielen wird vielfach empirisch bestätigt (z. B. Lohmann/Kranenpohl 2018; Kriz/Auchter 2016; Oberle/Forstmann 2015). Es lässt sich festhalten, dass sich für die Methode multidimensionale Lerneffekte, z. B. im Bereich Wissens- und Reflexionssteigerung sowie zusätzlich soziale und einstellungsbezogene Aspekte, finden lassen (z. B. Cherryholmes 1966; Pierfy 1977; Schedelik 2018). Das Potenzial für die Lehrkräftebildung wird zunehmend erkannt, auch weil durch den Planspieleinsatz die Lücke zwischen Theorie und Praxis in der Hochschullehre überbrückt werden kann (z. B. Meßner et al. 2021; Imhof/Starker/Spaude 2016; Sturm/Weibel/Wlodarczyk 2017).

3.1 Didaktisch-methodische Überlegungen

Das vorliegende Planspiel simuliert eine Entscheidung der Schulkonferenz eines fiktiven, hessischen Gymnasiums. Es soll entschieden werden, ob eine Jugendliche mit Unterschenkelprothese ihrem Wunsch entsprechend am Leistungskurs Sport teilnehmen kann. Die Tragweite für die betreffende Schülerin ist hoch, gleichzeitig wird diese jedoch im Schulalltag aufgrund von Zeitknappheit keiner tiefergehenden Reflexion der (Sport-)Lehrkräfte unterworfen. Es stellt sich dabei grundsätzlich die Frage, wie normierte Vorgaben aus Sportlehrplänen oder Kerncurricula für beeinträchtigte Jugendliche realisiert werden können. Das Planspiel adressiert angehende Sportlehrkräfte, um sie dazu zu befähigen, die Rolle der körperlichen Leistung innerhalb des Sportunterrichts reflexiv zu bearbeiten – mit Hilfe der unmittelbaren Möglichkeit, gefahrlos zu erproben, was Kategorisierung und die Debatte im Kontext eines konkreten Falles bedeuten. Dabei nehmen die Teilnehmenden eine der betroffenen Positionen ein, die realitätsnah ausgestaltet sind, und können im Kontext der ausführlichen Reflexionsphase den Spielverlauf theoriegestützt entlang der anvisierten Lernziele bearbeiten. Das vorliegende Planspiel wurde im Blended-Learning-Format durchgeführt. In der Vorbereitungsphase erarbeiteten sich die Studierenden theoretische Grundlagen inklusiver Bildung sowie fachdidaktische Besonderheiten in einer digitalen Lerneinheit (Adl-Amini et al. 2020). Die Spiel- und Reflexionsphase wurden in Präsenz durchgeführt.

3.2 Aufbau und Umsetzung des Planspiels

Im Seminar wird das nachfolgende Szenario präsentiert: „Die Schulkonferenz soll darüber entscheiden, ob und ggf. wie der Besuch des ‚Leistungskurses Sport' ab der E-Phase (Jahrgangsstufe 11) der Schülerin Amelie, die seit ihrem siebten Lebensjahr eine Prothese am Unterschenkel trägt (und auch zeitweise auf den Rollstuhl angewiesen ist) von der Schule ermöglicht wird." Der Förderbereich bzw. die Beeinträchtigungsform einer Unterschenkelprothese wurde aufgrund der in Kap. 2 genannten Fokussierung von Sportlehrkräften auf das offensichtlich körperlich Sichtbare gewählt. Das Dilemma, dass ein normativ geprägter Sportbegriff einer inhaltlichen Öffnung bedarf, wird so adressiert.

Mit Hinweis auf das Hessische Schulgesetz (HSchG, § 128–132) werden den Teilnehmenden die Aufgaben, Entscheidungsrechte, Anhörungsrechte sowie Mitglieder und Verfahrensvorgaben präsentiert. Die Schulleitung erhält zusätzliche Informationen (Notwendigkeit der rechtzeitigen Einladungspflicht sowie Moderationshinweise). Die Materialien zum Szenario umfassen neben der Beschreibung des Falles, die auch eine Darstellung des außerschulischen Sportengagements im Bereich Leichtathletik enthält, eine Auflistung der an der Schulkonferenz beteiligten Personen sowie die Ziele der Gremiumssitzung.

Rollen

Das Planspiel enthält sieben Rollen (Abb. 1 zeigt drei kontrastierende Profile). Die Positionen sind vor dem o. g. Hintergrund überspitzt und in Teilen stereotypisch, was wesentlich in der Reflexionsphase aufzuarbeiten ist. Nicht jeder Rolle kommt ein Stimmrecht zu. Einzelne Positionen zeichnen sich durch eine Ambivalenz aus, was der Offenheit des Spielverlaufs dienlich ist und die Interpretations- und Handlungsspielräume betonen soll. Alle Personen sind frei erfunden.

Abbildung 1: Drei ausgewählte Rollen: Ablehnend – zustimmend – ambivalent (Quelle: Eigene Darstellung)

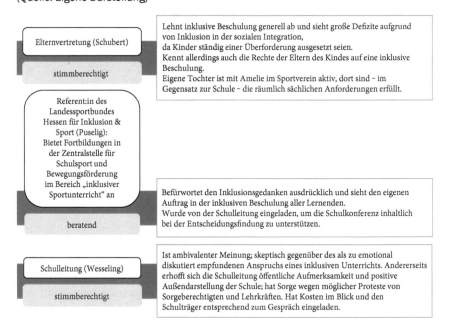

Im vorliegenden Planspiel werden die Rollen nach Präferenz der Studierenden vergeben, andere Vorgehensweisen sind möglich (Meßner et al. 2021). Da im Seminar nicht alle Studierenden die Rolle ausagieren können, erfolgt die Vorbereitung in Gruppen, innerhalb derer eine Person ausgewählt wird, die die Rolle übernimmt. Jeder Rolle wird vorab ein Ordner auf der Lernplattform zugewiesen, worin Materialien und Recherchequellen zur Bearbeitung abrufbar sind. Die im Spiel nicht agierenden Studierenden erhalten Beobachtungsaufgaben, die in der *Debriefingphase* thematisiert werden.

Phasen

Das Planspiel umfasst zwei Seminareinheiten in Präsenz, zu je 90 Minuten sowie eine *Vorbereitungsphase* (inklusive Recherche), die in hybrider Form erfolgt.

Das Debriefing kann auf eine weitere Seminarsitzung ausgeweitet werden. Zu Beginn des Spiels werden alle angehalten, die vorab gemeinsam vereinbarten Spielregeln zu befolgen und *in* ihrer Rolle zu bleiben. Deshalb tragen die Teilnehmenden für die zuvor kommunizierte Dauer der simulierten Schulkonferenzsitzung (45 Minuten) entsprechende Namenskärtchen.

In der *Vorbereitungsphase* (*Briefing*) werden zunächst der Fall präsentiert sowie allgemeine Informationen zur Planspielmethode und zum konkreten Szenario gelesen, was insbesondere die Struktur des simulierten Gremiums umfasst.

Anschließend erfolgt eine Zuteilung zu den Rollen und eine entsprechende Einarbeitung in die jeweiligen Rollenkarten und Argumentationsstrukturen. Die Beobachtungsaufträge werden erklärt und die Spielregeln erläutert. Während der *Spielphase*, die mit dem Aufstellen der Namenskärtchen und dem Einnehmen einer passenden Sitzordnung eingeleitet wird, übernimmt die Rolle der Schulleitung die Moderation der Sitzung. Es ist ein Agieren innerhalb der Rollen gefordert. Beobachter:innen und Spielleitung greifen in das Spielgeschehen i. d. R. nicht ein. Innerhalb von 45 Minuten muss die Gruppe einen Beschluss fassen. Sofern dies nicht gelingt, bleibt der Spielleitung die Möglichkeit sich als Schulsekretär:in kurz vor Ablauf der Zeit einzuschalten und den Zeitdruck zu betonen. Die offene Diskussion kann einen dynamischen Verlauf nehmen sowie eine Vielfalt an Beschlüssen hervorbringen. So ist eine Option die Einrichtung einer Expert:innen-Gruppe, die sich mit der konkreten Planung des anstehenden Sportleistungskurses beschäftigt und auch entsprechende schulinterne Fortbildungen konzipiert. Die Tragweite des Beschlusses zeigt sich ggf. in der Nicht-Teilhabe am Sportleistungskurs und der somit nicht freien Leistungskurswahl einer Schüler:in bzw. bei positivem Beschluss in weitergehenden Arbeitsphasen für die Sportfachschaft, die die Gewährleistung der konkreten Leistungskursinhalte sowie Anforderungen (inklusive der Diskussion des engen Leistungsverständnisses) zur Folge hat. Gleichzeitig werden Investitionen, die möglicherweise getätigt werden, an anderer Stelle Knappheit erzeugen, welches das Ressourcendilemma beschreibt (Meßner et al. 2021).

Die *Reflexionsphase* (*Debriefing*) ist in ihrer Struktur an die Reflexionsfragen von Kriz & Nöbauer (2015) angelehnt. Im Plenum erfolgt eine angeleitete Verbalisierung der empfundenen Emotionen, Ereignisse im Spielverlauf, wahrgenommener Lernergebnisse sowie ein Abgleich von Planspiel und Realität. Abschließend werden alternative Verläufe thematisiert und damit die Tragweite des Beschlusses wieder aufgegriffen. Der abgebildete Kasten zeigt Reflexionsfragen und beispielhafte Antworten, die im abschließenden Portfolio u. a. beschrieben wurden.

Beispielhafte Zusammenstellung von Reflexionsfragen und Studierendenantworten (p = anonymisiertes Portfolio inkl. Nummerierung)
Quelle: eigene unveröffentlichte Posterhebung

Welche Argumente haben Sie überrascht und warum?
„An manchen Stellen waren sich die Akteure unsicher, wie die Ausgangssituation für Amelie ist. Dies verdeutlicht mir, wie wichtig es im realen Leben ist, ganz genau über den jeweiligen Fall und die Umstände Bescheid zu wissen." (p6)

Welche zentralen Argumente führten zur Entscheidung?
„Die Diskussion war schnell auf rechtliche Argumente und materielle Kosten fokussiert." (p22)

> **Wie beurteilen Sie das Ergebnis des Planspiels in Bezug auf ihre eigenen Einstellungen zum inklusiven Schulsport?**
> *„Auf den ersten Blick erscheint es zwar abwegig, dass eine Schülerin, die zumindest zeitweise auf den Rollstuhl angewiesen ist, den Sport-LK besuchen kann, bei intensiver Auseinandersetzung mit der Thematik wird jedoch klar, dass mit einer solchen Entscheidung pro Inklusion nicht nur der betroffenen SchülerIn der Wunsch erfüllt, sondern weitergedacht, der gesamten Schule die Chance der Weiterentwicklung im Sinne der Inklusion ermöglicht wird." (p7)*
> *„Durch die Öffnung unserer Sportartenkonzepte hin zu Bewegungsfeldern haben wir den ersten Schritt gewagt, Sportunterricht aus neuen Perspektiven zu betrachten." (p9)*
>
> **Was sind Ihre zentralen Argumente für Ihre Position gewesen?**
> *„In meiner Rolle habe ich versucht mich auf Zahlen und Fakten zu berufen [...]. Ich habe aktiv den Gedanken an einen inklusiven Unterrichtsansatz verdrängt." (p4)*
> *„Zeitaufwand für Leistungskurs" (p6)*
> *„Barrierefreiheit, gleiche Rechte für alle" (p9)*

4. Formative Evaluation: Ergebnisse und Diskussion

Das Planspiel wurde bislang mehrere Male in einem fachdidaktischen Seminar des Moduls „Heterogenität und Inklusion" innerhalb des Lehramtsstudiums der Goethe-Universität Frankfurt eingesetzt. Die Lehrveranstaltung wird von Studierenden des gymnasialen Lehramts sowie des Förderschullehramtes besucht. Der Leistungsnachweis besteht in der Anfertigung eines (digitalen) Portfolios, welches die Reflexionsentwicklung der Studierenden abbilden soll. Zum Zwecke der formativen Evaluation wurden die Portfolios (N = 33) anonymisiert und anhand einer konzeptgesteuerten („concept-driven", Rädicker/Kuckartz 2019, S. 98) Kategorienbildung, die durch induktive Kategorien („data-driven", Rädicker/Kuckartz 2019, S. 98) ergänzt wurden, hinsichtlich der Reflexionstiefe der Ausführungen inhaltsanalytisch codiert. Codiert wurden die Darstellungen zu den im Kasten illustrierten Reflexionsfragen. Reflexivität bzw. die Entwicklung von Reflexionskompetenz gelten als zentrale Zielsetzung der (inklusiven) Lehrkräftebildung und gleichzeitig als schwer empirisch zu fassendes Konstrukt (Lüsebrink/Grimminger 2014). Um Reflexivität – in diesem Falle unter der Annahme, dass Reflexion mit dem Ziel der Problemlösung verbunden ist und der Reflexionsprozess durch die Wahrnehmung eines Problems angestoßen wird (Hatton/Smith 1995) – empirisch beforschen zu können, wurde im vorliegenden explorativen Projekt Lüsebrink/Grimminger (2014) folgend das Reflexionstiefen konzeptualisierende Modell von Hatton/Smith (1995) genutzt. Dieses zeigt vier Stufen und bildet die Tiefe der Reflexion wie folgt ab:

- 0. Stufe: *beschreibendes Schreiben* als Darstellung der Ereignisse, es findet keine Reflexion statt („descriptive writing").
- 1. Stufe: *beschreibende Reflexion* als Begründung aus *einer* Perspektive („descriptive reflection").
- 2. Stufe: *dialogische Reflexion* bezieht *zwei oder mehrere* Perspektiven ein („dialogic reflection").
- 3. Stufe: *kritische Reflexion* erfolgt unter Einbezug *historisch-sozio-politischer Rahmenbedingungen* („critical reflection").

Die Codierung wurde mit dem Analyseprogramm MAXQDA, Version 20, durchgeführt und durch zwei Forscher:innen konsensuell validiert. Die Ergebnisse zeigen folgendes Bild: Analog zu den Ergebnissen bezüglich des „Förderausschusses" (Adl-Amini/Meßner/Hehn-Oldiges 2018; Meßner et al. 2021) äußern die Studierenden, dass der Perspektivwechsel als herausfordernd aber gleichzeitig auch förderlich eingeschätzt wird. Die Kategorie „didaktischer Doppeldecker" wurde induktiv hinzugefügt. Es zeigt sich, dass die angehenden Lehrkräfte die Planspielmethode als sehr gut einsetzbar im eigenen Unterricht einschätzen. Bezüglich der Reflexionstiefen zeigt sich analog zu den auf Fallarbeit bezogenen Analysen von Lüsebrink & Grimminger (2014) eine hohe Diskrepanz zwischen schriftlicher Darstellung und mündlicher Beteiligung in der Reflexionsarbeit. Die Reflexionsniveaus 0 sowie 1 lassen sich am Material am intensivsten und mit vielen „Erzählungen" nachweisen, die kritische Reflexion auf höchstem Niveau 3 zeigt sich am seltensten.

5. Limitationen und Ausblick

Die qualitativen Daten konnten gute Hinweise zur Wahrnehmung aus Studierendensicht hervorbringen. Insgesamt fällt in den Reflexionen der Studierenden eine offene, positive Haltung zu inklusivem Sportunterricht auf (analog zu Rischke/Heim/Gröben 2017). Limitierend muss jedoch auf den Faktor der sozialen Erwünschtheit im Kontext der anstehenden Bewertung der vorliegenden Portfolios innerhalb des curricular verankerten Moduls (wobei explizit die Reflexion des Planspiels von der Bewertung ausgenommen war) und die Schwierigkeiten bezüglich der Trennschärfe bei der Codierung der Stufen 2 und 3 hingewiesen werden (Lüsebrink/Grimminger 2014): Innerhalb des Codierungsprozesses der Portfolios wurde deutlich, dass die einzelnen Stufen, insbesondere die Differenzierung von *dialogic* (Stufe 2) und *critical reflection* (Stufe 3), immer wieder diskutiert und modelliert wurde. Hier wäre analog zu Lüsebrink/Grimminger (2014) eine Differenzierung der Stufenmodellierung eine weitere Forschungsperspektive, um diesem Codierungs- bzw. Zuordnungsproblem habhaft zu werden. Unbedingt ist zudem die qualitative erste Datenanalyse durch weitere quantitative, das Planspiel fokussierende Daten zu ergänzen, ggf. auch im Prä-Post-Design (z. B. Meßner et al. 2021). Insgesamt kann in der Planspielmethode ein hohes Entwicklungspotenzial für die fachdidaktische Lehre resümiert werden. Eine Möglichkeit zur Weiterentwicklung des Planspiels besteht in der Ausweitung des Szenarios, um der Intersektionalität von Lebensrealitäten Rechnung zu tragen.

Literatur

Adl-Amini, Katja/Burgwald, Caroline/Haas, Silke/Beck, Melanie/Chihab, Laura/Fetzer, Marei/Lorenzen, Marleen/Niesen, Heike/Sührig, Laura/Hardy, Ilonca (2020): Fachdidaktische Perspektiven auf Inklusion. Entwicklung und Evaluation einer digitalen Lerneinheit zur Inklusion als Querschnittsaufgabe im Lehramtsstudium. In: k:ON – Kölner Online Journal für Lehrer*innenbildung 2, H. 2, S. 108–133.

Ainscow, Mel/Booth, Tony/Dyson, Alan (2006): Improving Schools, Developing Inclusion. 1. Auflage. Oxfordshire: Routledge.

Amrhein, Bettina/Dziak-Mahler, Myrle (Hrsg.) (2014): Fachdidaktik inklusiv. Auf der Suche nach didaktischen Leitlinien für den Umgang mit Vielfalt in der Schule. Münster: Waxmann.

Budde, Jürgen/Blasse, Nina/Rißler, Georg (2020): Zur Relation von Intersektionalitäts- und Inklusionsforschung in der Erziehungswissenschaft. In: GENDER – Zeitschrift für Geschlecht, Kultur und Gesellschaft, 3-2020, S. 27–41.

Budde, Jürgen/Hummrich, Merle (2014): Reflexive Inklusion. In: Zeitschrift für Inklusion, H. 4 (auch online unter inklusion-online.net/index.php/inklusion-online/article/view/193 (Abfrage 13.2.2023)).

Capaul, Roman/Ulrich, Markus (2003): Planspiele. Simulationsspiele für Unterricht und Training. Mit Kurztheorie: Simulations- und Planspielmethodik. 1. Auflage. Altstätten: Tobler.

Cherryholmes, Cleo H. (1966): Some Current Research On Effectiveness of Educational Simulations: Implications for Alternative Strategies. In: American Behavioral Scientist 10, H. 2, S. 4–7.

Engartner, Tim/Siewert, Markus B./Meßner, Maria Theresa/Borchert, Christiane (2015): Politische Partizipation ‚spielend' fördern? In: Zeitschrift für Politikwissenschaft 25, H. 2, S. 189–217.

Giese, Martin/Weigelt, Linda (2017): Die Bedeutung der Förderschwerpunkte im inklusiven Sportunterricht. In: Giese, Martin/Pack, Rolf-Peter/Aschebrock, Heinz (Hrsg.): Inklusiver Sport- und Bewegungsunterricht. Theorie und Praxis aus Sicht der Förderschwerpunkte. Aachen: Meyer & Meyer, S. 12–30.

Häcker, Thomas/Walm, Maik (2015): Inklusion als Herausforderung an eine reflexive Erziehungswissenschaft. Anmerkungen zur Professionalisierung von Lehrpersonen in „inklusiven" Zeiten. In: Erziehungswissenschaft 26, H. 51, S. 81–89.

Hatton, Neville/Smith, David (1995): Reflection in Teacher Education: Towards Definition and Implementation. In: Teaching and Teacher Education 11, H. 1, S. 33–49.

Imhof, Margarete/Starker, Ulrike/Spaude, Elena (2016): Live Action Role Play and the Development of Teacher Competences. Evaluation of 'Everyday Life in the Classroom'. In: Psychology Learning & Teaching 15, H. 1, S. 102–114.

Klippert, Heinz (1992): Planspiele in Schule und Lehrerfortbildung. In: Keim, Helmut/Buddensiek, Wilfried (Hrsg.): Planspiel, Rollenspiel, Fallstudie. Zur Praxis und Theorie lernaktiver Methoden. Köln: Bachem, S. 219–250.

Kriz, Willy Christian/Auchter, Eberhard (2016): 10 Years of Evaluation Research Into Gaming Simulation for German Entrepreneurship and a New Study on Its Long-Term Effects. In: Simulation & Gaming 47, H. 2, S. 179–205.

Kriz, Willy Christian/Nöbauer, Brigitta (2015): Den Lernerfolg mit Debriefing von Planspielen sichern. CD-ROM Beitrag. In: Blötz, Ulrich (Hrsg.): Planspiele und Serious Games in der beruflichen Bildung. Auswahl, Konzepte, Lernarrangements, Erfahrungen – aktueller Katalog für Planspiele und Serious Games 2015. 5., überarb. Auflage. München: Bertelsmann.

Kultusministerkonferenz (KMK) (2004): Standards für die Lehrerbildung: Bildungswissenschaften. www.kmk.org/fileadmin/veroeffentlichungen_beschluesse/2004/2004_12_16-Standards-Lehrerbildung-Bildungswissenschaften.pdf., i. d. F. vom 16.05.2019.

Leonhard, Tobias/Nagel, Norbert/Thomas, Rihm/Strittmatter-Haubold, Veronika/Wengert-Richter, Petra (2010): Zur Entwicklung von Reflexionskompetenz bei Lehramtsstudierenden. In: Gehrmann, Axel, Uwe Hericks/Lüders, Manfred (Hrsg.): Bildungsstandards und Kompetenzmodelle. Beiträge zu einer aktuellen Diskussion über Schule, Lehrerbildung und Unterricht. Bad Heilbrunn: Klinkhardt, S. 111–127.

Lohmann, Robert/Kranenpohl, Uwe (2018): Kurz- und langfristige Lerneffekte durch Planspiele. Ergebnisse einer Panelbefragung von Studierenden. In: Meßner, Maria Theresa/Schedelik, Michael/Engartner, Tim (Hrsg.): Handbuch Planspiele in der sozialwissenschaftlichen Hochschullehre. 1. Auflage. Frankfurt am Main: Wochenschau, S. 85–100.

Lüsebrink, Ilka/Grimminger, Elke (2014): Fallorientierte Lehrer/innenausbildung evaluieren – Überlegungen zur Modellierung von unterrichtsbezogener Reflexionskompetenz. In: Pieper, Irene/Frei, Peter/Hauenschild, Katrin/Schmidt-Thieme, Barbara (Hrsg.): Was der Fall ist. Wiesbaden: Springer, S. 201–211.

Massing, Peter (2014): Planspiele und Entscheidungsspiele. In: Frech, Siegfried/Kuhn, Hans-Werner/Massing, Peter (Hrsg.): Methodentraining für den Politikunterricht I. Mikromethoden – Makromethoden. 5. Auflage. Schwalbach/Ts.: Wochenschau, S. 163–194.

Meier, Stefan/Haut, Jan/Ruin, Sebastian (2016): Leistung als Selbstverständlichkeit? Eine kritische Reflexion divergierender Leistungsverständnisse (im Sport) vor dem Hintergrund des Inklusionsdiskurses. In: Zeitschrift für Inklusion, H. 3. www.inklusion-online.net/index.php/inklusion-online/article/view/379 (Abfrage 13.2.2023).

Meier, Stefan/Ruin, Sebastian (Hrsg.) (2015): Inklusion als Herausforderung, Aufgabe und Chance für den Schulsport. 2., unv. Auflage. Berlin: Logos Verlag.

Meßner, Maria Theresa (2023): Der Einsatz von Planspielen im sozialwissenschaftlichen Unterricht. Eine Erhebung an hessischen Sekundarschulen. Springer VS.

Meßner, Maria Theresa/Adl-Amini, Katja/Hardy, Ilonca/Engartner, Tim (2021): Planspiel Förderausschuss. In: Herausforderung Lehrer*innenbildung – Zeitschrift zur Konzeption, Gestaltung und Diskussion 1, H. 4 (auch online unter www.herausforderung-lehrerinnenbildung.de/index.php/hlz/article/view/4281 (Abfrage 13.2.2023)).

Meßner, Maria Theresa/Schedelik, Michael/Engartner, Tim (Hrsg.) (2018): Handbuch Planspiele in der sozialwissenschaftlichen Hochschullehre. 1. Auflage. Frankfurt am Main: Wochenschau.

Miethling, Wolf-Dietrich/Krieger, Claus (2004): Schüler im Sportunterricht. Die Rekonstruktion relevanter Themen und Situationen des Sportunterrichts aus Schülersicht (RETHESIS). Schorndorf: Hofmann.

Moser, Vera/Demmer-Dieckmann, Irene (2012): Professionalisierung und Ausbildung von Lehrkräften für inklusive Schulen. In: Moser, Vera (Hrsg.): Die inklusive Schule. Standards für die Umsetzung. Stuttgart: Kohlhammer, S. 153–172.

Oberle, Monika/Forstmann, Johanna (2015): Lehrerfortbildungen zur politischen EU-Bildung. Eine empirische Begleitstudie. In: Oberle, Monika (Hrsg.): Die Europäische Union erfolgreich vermitteln. Wiesbaden: Springer, S. 193–209.

Petrik, Andreas (2017): Raus aus der Alltagswelt! Zur unterschätzten Anforderung der transpersonalen Perspektivenübernahme in Planspielen. In: Petrik, Andreas/Rappenglück, Stefan (Hrsg.): Handbuch Planspiele in der politischen Bildung. Schwalbach/Ts.: Wochenschau, S. 35–57.

Petrik, Andreas (2018): Fachdidaktische Analyse von Planspielen. Zur fallorientierten Erschließung politikdidaktischer Konzeptionen und politischer Kompetenzen in der Lehrerbildung. In: Meßner, Maria Theresa/Schedelik, Michael/Engartner, Tim (Hrsg.): Handbuch Planspiele in der sozialwissenschaftlichen Hochschullehre. 1. Auflage. Frankfurt am Main: Wochenschau, S. 115–129.

Pierfy, David A. (1977): Comparative Simulation Game Research. In: Simulation & Games 8, H. 2, S. 255–268.

Rackles, Mark (2021): Inklusive Bildung in Deutschland. Beharrungskräfte der Exklusion und notwendige Transformationsimpulse. rackles.com/wp-content/uploads/2022/05/Inklusionsstudie-Rackles-Consulting-2021.pdf. (Abfrage 13.02.2023).

Rädiker, Stefan/Kuckartz, Udo (2019): *Analyse qualitativer Daten mit MAXQDA*. Wiesbaden: Springer Fachmedien Wiesbaden.
Reinisch, Holger (1980): Planspiel und wissenschaftspropädeutisches Lernen. Hamburg: Arbeitsgemeinschaft für Hochschuldidaktik.
Rischke, Anne/Heim, Christopher/Gröben, Bernd (2017): Nur eine Frage der Haltung? In: German Journal of Exercise and Sport Research 47, H. 2, S. 149–160.
Ruin, Sebastian (2015): Körperbilder in Schulsportkonzepten. Eine körpersoziologische Untersuchung. Berlin: Logos-Verlag.
Schaumburg, Melanie/Walter, Stefan/Hashagen, Uje (2019): Was verstehen Lehramtsstudierende unter Inklusion? Eine Untersuchung subjektiver Definitionen. In: QfI – Qualifizierung für Inklusion. 1, H. 1 (auch online unter www.qfi-oz.de/index.php/inklusion/article/view/9 (Abfrage 13.2.2023)).
Schedelik, Michael (2018): Was wird in Planspielen gelernt? Eine Zusammenschau theoretischer und empirischer Erkenntnisse. In: Meßner, Maria Theresa/Schedelik, Michael/Engartner, Tim (Hrsg.): Handbuch Planspiele in der sozialwissenschaftlichen Hochschullehre. 1. Auflage. Frankfurt am Main: Wochenschau, S. 71–84.
Schwägele, Sebastian (2015): Planspiel – Lernen – Lerntransfer. Eine subjektorientierte Analyse von Einflussfaktoren. 1. Auflage. Norderstedt: Books on Demand.
Sturm, Tanja/Weibel, Mathias/Wlodarczyk, Sandra. „Simulationsspiel als hochschuldidaktisches Medium zur Auseinandersetzung mit soziologischen Theorien – am Beispiel von Bourdieus ‚Reproduktion sozialer Ungleichheit durch die Schule'". www.inklusion-online.net/index.php/inklusion-online/article/view/402. (Abfrage 28.09.2021).
Tiemann, Heike (2016): Konzepte, Modelle und Strategien für den inklusiven Sportunterricht – internationale und nationale Entwicklungen und Zusammenhänge. In: Zeitschrift für Inklusion, H. 3. www.inklusion-online.net/index.php/inklusion-online/article/view/382 (Abfrage 13.2.2023).
UN-BRK (UN-Behindertenrechtskonvention) (2009): Übereinkommen über die Rechte von Menschen mit Behinderungen. https://www.institut-fuer-menschenrechte.de/das-institut/monitoring-stelle-un-brk/die-un-brk. (Abfrage 13.02.2023).
von Ameln, Falko/Kramer, Josef (2016): Organisationen in Bewegung bringen. Handlungsorientierte Methoden für die Personal-, Team- und Organisationsentwicklung. 2., überarb. Auflage. Berlin und Heidelberg: Springer.

Autor:innenangaben

Haas, Silke, Dr.'in phil., Goethe-Universität Frankfurt am Main;
Arbeits- und Forschungsschwerpunkte: Professionalisierungsfragen in der (inklusiven) Sportlehrkräftebildung, Planspiele in der Lehrkräftebildung, Umgang mit Heterogenität im Sportunterricht, Fachdidaktische Fragen im Bewegungsfeld Laufen, Springen, Werfen
haas@sport.uni-frankfurt.de

Meßner, Maria Theresa, Dr.'in phil., Technische Universität Darmstadt;
Arbeits- und Forschungsschwerpunkte: Planspielentwicklung, -durchführung und -evaluation, Planspiele in der Hochschullehre, Lehrkräftebildung und politischen Bildung
maria_theresa.messner@tu-darmstadt.de

Kadel, Julia, Technische Universität Darmstadt;
Arbeits- und Forschungsschwerpunkte: Schulpädagogik im Kontext von Heterogenität, Differenzreflexivität, Planspiele in der Lehrkräftebildung
julia.kadel@tu-darmstadt.de

Buschmann, Christian, Goethe-Universität Frankfurt am Main;
Arbeits- und Forschungsschwerpunkte: Methoden des Geschichtsunterrichts, Planspiele in der Lehrkräftebildung
buschmann@soz.uni-frankfurt.de

Katja Adl-Amini, Prof.'in Dr., Technische Universität Darmstadt;
Arbeits- und Forschungsschwerpunkte: Umgang mit Heterogenität im Unterricht, Kooperatives Lernen, Professionalisierung von Lehrkräften für die inklusive Bildung, Planspiele in der Lehrkräftebildung, Inklusion und Differenzherstellung im Schulkontext
katja.adl-amini@tu-darmstadt.de

Der rote Faden. Phasenübergreifende Beratungskompetenzentwicklung für Sonderpädagog:innen: Ein Spiralcurriculum zur Förderung der Ressourcen- und Lösungsorientierung in multiprofessionellen Teams

Sabine Marschall, Esther Würtz, Kerstin Wallinda, Ute Waschulewski, Christian Lindmeier

Die Förderung einer inklusiven Schulkultur erfordert die Wertschätzung von Vielfalt und Partizipation, welche durch systemische Beratungskompetenzen von Förderschullehrkräften unterstützt werden kann. Hierbei betont der systemische Ansatz u. a. die Selbstwirksamkeit, Selbstreflexion und Ressourcenorientierung. Um zukünftige Lehrkräfte für Sonderpädagogik besser auf ihre vielfältigen Beratungsaufgaben im Schulalltag vorzubereiten und inklusive Prozesse qualifiziert zu gestalten, wurde das phasenübergreifende Beratungscurriculum „SoBiS" (Sonderpädagogische Beratung in der inklusiven Schule) am Institut für Sonderpädagogik Landau der Rheinland-Pfälzischen Technischen Universität (RPTU) entwickelt. Dabei liegt der Fokus ab der universitären Ausbildungsphase auf der Anbahnung und Förderung einer verbundenen Lehrkräftepersönlichkeit, die sich der sozialen Beziehungen und ihrer Aufeinanderbezogenheit bewusst ist und Inklusion als kontinuierlichen Entwicklungsprozess begreift. Das Curriculum nutzt systemische Theorien und Methoden mit dem Ziel, die professionelle Haltung der Teilnehmenden als berufsbiographischen Prozess zu fördern.

1. Beratungskompetenzen von Sonderpädagog:innen als Baustein für den Umgang mit Herausforderungen inklusiver Bildungssysteme

Um die Wertschätzung von Vielfalt zu fördern und gelingende Partizipationsprozesse in inklusiven Settings zu initiieren, gilt es für Lehrkräfte, sich individuell und in ihren jeweiligen Teams bzw. Kollegien mit Ambivalenzen des Schulalltags konstruktiv auseinanderzusetzen. Eine solche Ambivalenz besteht bspw. darin, einerseits das Kind in seiner Potentialentwicklung zu unterstützen und gleichzeitig die Kriterien des sonderpädagogischen Bildungsgangs für das Kind formal einhalten zu müssen, um auf Zuweisungen von zusätzlichen personellen Ressourcen nicht verzichten zu müssen. Diese Prozesse sollten durch entsprechend ausgebildete Personen konstruktiv begleitet werden. Das bedeutet, dass wir hier insbesondere Personen benötigen, die über ein hohes Maß an Beratungskompetenz verfügen, da sie ja in der Lage sein müssen, bestehende Widersprüche mit dem Team und für das Team auszugleichen. Hier setzt das SoBiS- Konzept an, das sich an Studierende des Förderschullehramtes in Rheinland-Pfalz richtet und die Studierenden über drei Ausbildungsphasen hinweg begleitet (vgl. Guthöhrlein et al. 2019).

Die Rolle der Sonderpädagogik geht längst über die Unterstützung von Schüler:innen mit besonderem Förderbedarf hinaus. Sie trägt entscheidend zur Förderung von Vielfalt und zur Gestaltung inklusiver Bildungsprozesse bei (Prengel 2010). Um diesen Anforderungen gerecht zu werden, sollte die Rolle der sonderpädagogischen Lehrkraft erweitert werden (Grummt 2019; Lindmeier/Lindmeier 2018), insbesondere der Erwerb und die Weiterentwicklung von Beratungskompetenzen erscheinen essenziell. Das Verständnis von Beratung innerhalb des SoBiS- Konzepts geht dabei über die Vermittlung spezifischer Kompetenzen oder Expertenratschläge hinaus. Das bedeutet, dass der spezifischen Beratungssituation in ihrem Kontext immer Rechnung getragen werden muss. Somit geht es in SoBiS nicht darum die Wirklichkeit der Beratung anzupassen, sondern die Beratung der Wirklichkeit. Dadurch erst werden gesellschaftliche Verhältnisse offen gelegt aus denen strukturelle Ungleichheiten und als Folge Ungerechtigkeiten angegangen werden können. Somit wird Beratung als Raum für Auseinandersetzungen mit heterogenen Lebensbedingungen, Bildungsbiografien, Sprachen und kulturellen Praktiken verstanden. Beratungskompetenzen können durch die Erforschung der Bedeutung für professionelles Handeln und die Auseinandersetzung mit den Positionen, die professionell Handelnde in heterogenen gesellschaftlichen Verhältnissen einnehmen oder zugewiesen bekommen, entwickelt werden. Dabei sollten auch die Ungleichheiten und Differenzen berücksichtigt werden, die diese gesellschaftlichen Verhältnisse prägen (vgl. Ohm/Shure 2022, S. 88).

Ein weiterer Aspekt, der durch Beratungskompetenzentwicklung in den Fokus gerückt wird, ist das Thema der Lehrkräftegesundheit (vgl. u. a. Martschinke et al. 2020, S. 279). Dabei ist die Beratungskompetenzentwicklung und die Förderung von Resilienz (vgl. z. B. Fröhlich-Gildhoff/Rönnau-Böse 2019) und Gesundheit untrennbar miteinander verbunden. Selbstfürsorgefähigkeiten und Selbstmanagementfähigkeiten sind relevant, um langfristig erfolgreich und gesund zu bleiben. Um dieses Ziel zu erreichen braucht es kontinuierliche Schulungen über mehrere Jahre hinweg. Um Lehrkräfte auf Beratungstätigkeiten in inklusiven Schulen vorzubereiten, ist daher eine systemische und phasenübergreifende Lehrkräftebildung notwendig. Es muss sichergestellt werden, dass angehende Lehrkräfte bereits während ihres Studiums und Vorbereitungsdienstes die Gelegenheit haben, Erfahrungen in der Beratung zu sammeln und ihre Kompetenzen kontinuierlich zu erweitern. Das SoBiS- Konzept trägt diesen Anforderungen Rechnung, indem es die Entwicklung von systemisch-lösungsorientierten

Beratungskompetenzen in den Fokus der praktischen phasenübergreifenden Aneignung stellt. Durch die systemische Beratungskompetenzentwicklung wird die Reflexivität und die Professionalität von Lehrkräften angebahnt. Wie oben erwähnt, werden dabei bestehende Ambivalenzen bis hin zu Antinomien sichtbar, wodurch eine Weiterentwicklung von inklusiven Schulstrukturen angestoßen wird, um gesellschaftliche Veränderungen nicht nur wahrzunehmen, sondern auch mitzugestalten zu können.

2. Systemisch- lösungsorientierte Beratungskompetenzen – Ein Schlüssel zur Ermöglichung von Wertschätzung von Vielfalt

2.1 Die Bedeutung des systemischen Ansatzes in Bezug auf die inklusive Schule

In einer hochgradig komplexen und dynamischen Welt, wie sie mit der systemischen Perspektive angenommen wird, gibt es keine einfachen Ursache-Wirkungs-Beziehungen (Baeschlin/Baeschlin 2011, S. 14). Das systemische Denken und Handeln hat sich in Beratung, Therapie und Organisationsentwicklung etabliert und mit einiger Verzögerung geschieht dies auch im schulischen Kontext und in den damit verbundenen Aus- und Weiterbildungsinstitutionen (Kupfer/Nestmann 2016; Bamberger 2015). Inklusive Schule ist ein komplexes System, das aus verschiedenen Akteur:innen wie Lehrkräften, pädagogischen Fachkräften, Schüler:innen, Sorgeberechtigten, Schulbehörden und anderen relevanten Beziehungssystemen besteht. Eine systemische Perspektive auf die inklusive Schule bedeutet, dass die Interaktionen und Beziehungen zwischen diesen Akteur:innen und Systemen betrachtet werden, um die Herausforderungen der inklusiven Bildung zu bewältigen. „Systemisch" bezieht sich hierbei auf das Denken und Handeln einer Person, welches nur verstanden werden kann, wenn die Wechselwirkungen mit relevanten Beziehungssystemen im Perspektivwechsel berücksichtigt werden (vgl. u. a. Arnold/Braun 2018). Der systemische Ansatz greift ein humanistisches Menschenbild auf und fördert die humane Qualität der Lehrer:innen-Schüler:innen-Beziehung (vgl. Bauer 2008, S. 584). „Lösungsorientiert" bedeutet, dass mithilfe von systemischen Interventionen Herausforderungen bewältigt werden können und nach Lösungen gesucht wird, die auf vorhandenen Ressourcen basieren, um positive Veränderungen herbeizuführen (Bamberger 2019). Innerhalb des inklusiven Schulsystems können Lehrkräfte durch systemische Kommunikationskompetenzen und Sichtweisen eine positive Lernumgebung schaffen, in der Schüler:innen sich aufgehoben und anerkannt fühlen und Vielfalt als Stärke gesehen wird. „Es ist nicht unbedingt ein Problem anders zu sein, sondern es geht darum, Umwelten zu schaffen, in denen solche Unterschiede als Stärken gelten" (Gharabaghi/Steinebach 2013, S. 143).

Die systemische Haltung, die aus Wissen, Kompetenzen und Reflexion besteht (Zierer et al. 2019), kann dazu beitragen, dass Lehrkräfte ihre Praxis kontinuierlich verbessern und eine inklusive Kultur fördern.

Ziel ist die Entwicklung einer reflektierten Lehrkräftepersönlichkeit durch reflexive Professionalisierung (EADSNE 2022). Die dafür notwendigen Reflexionsprozesse werden durch Coaching, Supervision und Peer-Beratung gefördert. Nachfolgend werden die Bausteine des Konzepts „Sonderpädagogische Beratung in der inklusiven Schule" (SoBiS) beschrieben und zwei besondere Formate, die in diesem Konzept verwendet werden, ausführlicher diskutiert: die Methode der Kollegialen-Anliegen-Beratung und systemisches Coaching.

3. Das Konzept „Sonderpädagogische Beratung in der inklusiven Schule" (SoBiS)

Das Projekt „SoBiS" ist Teil des Gesamtprojekts ‚Modulare Schulpraxiseinbindung als Ausgangspunkt zur individuellen Kompetenzentwicklung' (MoSAiK), das von der QLB des Bundesministeriums für Bildung und Forschung finanziert wird. Ziel von „SoBiS" ist die Entwicklung, Erprobung und Evaluation eines systemisch-lösungsorientierten Beratungscurriculums für sonderpädagogische Lehrkräfte in der inklusiven Schule. Damit kommt das Konzept der oben skizzierten Erweiterung der sonderpädagogischen Lehrkräfteprofession in inklusiven Settings nach. Das Konzept basiert auf theoretischen Modellen von Beratungskompetenzen (Hertel/Schmitz 2010) und Kernkompetenzen für inklusive Bildung (EADSNE 2022, S. 4), sowie dem systemisch-lösungsorientierten Beratungsansatz (u. a. Bamberger 2015; Baeschlin/Baeschlin 2005; Barthelmess 2016) im Sinne einer „Deliberate Practice" (Weinhardt 2020) und der Idee des „lernseitigen Lernens" nach Schratz (2009). Die Lehre in SoBiS nutzt systemische Methoden und setzt auf Ressourcen- und Lösungsorientierung, Empathie, Offenheit, Anerkennung und Wertschätzung. Die Teilnehmenden können ihre Beratungs- und Reflexionskompetenzen in multiprofessionellen Teams einsetzen und einen reflektierten Umgang mit Verunsicherungen und Ambivalenzen erlangen.

Das SoBiS-Konzept beinhaltet die iterative, phasenübergreifende Entwicklung von Beratungskompetenzen in einer inklusiven Schulpraxis. Es wird ein Beratungsverständnis, bei dem alle Beteiligten auf Augenhöhe miteinander im Dialog stehen und durch gegenseitige Resonanz (Rosa/Endres 2016) geprägt sind, verfolgt. Der Perspektivwechsel spielt dabei eine wichtige Rolle. Die Teilnehmenden lernen durch Selbstreflexion auch ihre Stärken kennen und können daraus ihre spezifischen Ressourcen freilegen und nutzend weiterentwickeln (z. B. durch selbstreflexive Biographiearbeit). Durch das Erkennen individueller „blinder Flecken" lassen sich versteckte Schwächen sehen und in Stärken umwandeln. So erhalten die Teilnehmenden eine wesentlich größere Sensibilität für die Vielfalt der Schüler:innen und diese Sensibilitätsentwicklung hilft insbesondere bei der Überwindung von Vorurteilen. Ausgehend von der Idee einer Sozialisation des „Beratens und Beraten werdens", wird in SoBiS das Setting des Peer to Peer Lernens als konsequenter „Roter Faden", durch alle Phasen der Lehrkräftebildung, aufgegriffen (s. Abb.1).

Abbildung 1: Der rote Faden ‚Wissen – Reflexion – Praxis' der phasenübergreifenden Professionalisierung im Sinne einer „Deliberate Practice" (Weinhardt 2020) bei SoBiS

Universitäre Phase (Uni Landau)	Vorbereitungsdienst (Studienseminare Kaiserslautern & Neuwied)	Berufseinstieg (Pädagogisches Landesinstitut)
Lehre und Entwicklung durch Dozent:innen/Fachleiter:innen mit systemischer Beratungsqualifikation		
14 LP im freien Workload, 3 SWS, 420 Workloadstunden ~ 10 Tageseminare~(80 UE) + Selbstlernkonzepte	Einbindung in die Prüfungsordnungen standortbezogen (16 und 24 UE)	4 -5 Tagesseminare (32 UE-40UE)
Einbezug von Akteur:innen aus Studienseminaren und Schulpraxis	+Kollegiale Beratungen und systemisches Coaching	+Kollegiale Beratungen und systemisches Coaching
+ Kollegiale Beratungen und systemisches Coaching		

Das SoBiS-Programm, eingebettet als Projekt und damit freiwillig wählbar, bietet Teilnehmenden eine umfassende Ausbildung im systemischen Denken, Handeln und Beraten. Ein wichtiger Aspekt des Programms ist die enge Verknüpfung von Theorie und Praxis, die es den Teilnehmenden ermöglicht, ihr theoretisches Wissen direkt in praktischen Methoden anzuwenden und zu reflektieren. Die Ausbildung umfasst sechs Bausteine, die aufeinander aufbauen und Teilnehmende auf ihre spätere Arbeit als Sonderpädagog:innen in der inklusiven Schule vorbereiten. Ein weiteres wichtiges Prinzip, das im SoBiS-Programm Anwendung findet, ist das Konzept der „Deliberate Practice", das sich durch alle Phasen zieht. Die Teilnehmenden werden ermutigt, ihre Fähigkeiten kontinuierlich zu verbessern und ihre Kompetenzen durch gezielte Übungen und Reflexion zu vertiefen. Die universitäre Phase des SoBiS-Programms zielt darauf ab, die grundlegenden Fähigkeiten der Beratung und eine systemische Haltung zu entwickeln. In der Vorbereitungsphase werden zentrale Aspekte der sonderpädagogischen Beratung unter Berücksichtigung von praktischen Erfahrungen reflektiert und vertieft. Dabei liegt der Fokus auf der Verknüpfung der bereits vorhandenen Beratungskompetenzen mit den zunehmend erweiterten praktischen Erfahrungen, hier insbesondere in der Verzahnung von neuen „Erfahrungs- und Wissensnetzwerken". Im Berufseinstieg wird die individuelle Berater:innenpersönlichkeit erneut in den Fokus gerückt und durch die Nutzung des systemischen Marte-Meo-Ansatzes (Aarts 2008) mit Hilfe von Videografien reflektiert und weitere Kompetenzen entwickelt.

In der *ersten universitären Phase* geht es unter anderem um das Vermitteln von Fachwissen zu verschiedenen Themen. Dazu zählen unter anderem die Theorie und Praxis des systemischen Denkens, Handelns und Beratens, Beratungskompetenz als Sonderpädagog:in in der inklusiven Schule sowie Change Management. Der *zweite Baustein* konzentriert sich auf selbstreflexive Biographiearbeit. Hier wird der Raum geschaffen systemische Methoden anhand eigener Anliegen zu erleben und so die Wirkung dieser Methoden am eigenen Leib zu erfahren. Durch die Arbeit an der eigenen Biografie können Teilnehmende ihre eigene Haltung und ihre Rolle als Berater:in reflektieren und verändern. Ziel ist es im *dritten Baustein* den Teilnehmenden die Möglichkeit zu geben, ihre Beratungsfähigkeiten in einem sicheren Rahmen zu üben und zu verbessern. Hierbei werden Beratungsgespräche in der Triade durchgeführt, bei denen alle abwechselnd in die Rollen der Berater:in, Klient:in und Beobachter:in versetzt werden. Die Beratungen werden anhand eigener Anliegen durchgeführt und videografiert, um später in der Gruppe reflektiert zu werden.

Kollegiale-Anliegen-Beratungen stehen im *vierten Baustein* von SoBiS auf dem Programm, die zunächst von den Dozierenden mit Anliegen von Akteur:innen aus der Schulpraxis durchgeführt werden – später übernehmen die Teilnehmenden selbst die Moderation dieser Beratungen. Die Kollegiale-Anliegen-Beratung (KAB) ist eine bewährte Methode, die in vielen beruflichen Kontexten eingesetzt wird, um gemeinsam mit Kolleg:innen Probleme zu lösen, Konflikte zu bewältigen und sich dadurch gegenseitig zu unterstützen. Gemäß Tietze (2010) kann die Methode als eine Form der Organisationsentwicklung verstanden werden. Darüber hinaus ist sie allerdings in erster Linie ein Verfahren der individuellen Entwicklung professionellen Handelns. Das Besondere der KAB in SoBiS ist die gemeinsame Lösungserarbeitung von Studierenden, Referendar:innen und Berufseinsteiger:innen und dadurch die Nutzung der unterschiedlichen Ausrichtungen in den jeweiligen Phasen. Der dadurch erzielte Mehrwert liegt in der klareren Herausarbeitung des Anliegens, verbunden mit einer tiefen theoretischen Durchdringung und der Einbindung eines erweiterten Praxishandlungshorizonts. All die genannten Aspekte führen in ihrem Zusammenspiel dazu, dass gemeinsam praktikable und umsetzbare Lösungsoptionen in realiter erarbeitet werden können. Gelernte Wissensinhalte können mithilfe der KAB vertieft und reflexiv als Transferwissen verarbeitet werden (Schmid et al. 2010, S. 51 f. und S. 67). Nach Rothland & Schiersmann (2013) kommt es darüber hinaus durch den Umgang mit herausfordernden Situationen zur Steigerung von Unterrichtsqualität. Die typischerweise auftretenden Unsicherheiten und Probleme von

Lehrkräften werden zudem bewältigbar gerade in Form individueller, spezifischer Kompetenzentwicklung (Rauner/Längle 2016). Insgesamt ist die KAB ein wertvolles Instrument zur Förderung der Reflexion und Professionalisierung im Lehrerberuf (Schmid et al. 2010).

Im *fünften Baustein* gibt es das Angebot, ein systemisches Coaching zu nutzen, um die Fähigkeiten im Beratungskontext zu vertiefen und zu erweitern. Die Coachings werden individuell auf die Bedürfnisse der Teilnehmenden zugeschnitten und dienen dazu, individuelle Herausforderungen und Fragen zu bearbeiten. Ebenso variiert die Gestaltung der Coachingsituationen: Studierende, Referendar:innen und Berufseinsteiger:innen beraten sich untereinander, sowohl in homogenen als auch heterogenen Gruppen, als auch im Wechsel mit den durchführenden und geladenen Fachexpert:innen. Grundsätzlich kann Coaching bei angehenden Lehrkräften zu einer Verbesserung von Selbstwirksamkeit, Motivation und Berufszufriedenheit führen (vgl. Krächter 2018). Darüber hinaus kann Coaching dazu beitragen, dass Lehramtsstudierende ihre eigenen Kompetenzen und Ressourcen besser einschätzen und nutzen lernen, was wiederum positiv auf ihre späteren Lehrpraktika und den Einstieg in den Beruf wirken kann (vgl. Fricke et al. 2019). Auch der Transfer von Coaching-Inhalten in die Unterrichtspraxis konnte in verschiedenen Studien nachgewiesen werden (vgl. Soffner 2014). Im *sechsten Baustein* geht es um die Stärkung der Netzwerkkompetenz und die Bedeutung von Netzwerken. Ein Netzwerkportfolio wird erstellt, um Teilnehmende bei der Pflege und Erweiterung ihrer Kontakte zu unterstützen.

Professionelles und engagiertes Arbeiten im Kontext inklusiver Schule erfordert die kontinuierliche Reflexion der eigenen Rolle, sowie Offenheit für Teamkooperationen und die Nutzung von Coaching, kollegialer Beratung und Supervision. Dies sind tragende Elemente innerhalb der Beratungskompetenzentwicklung in SoBiS. Die Wichtigkeit der Nutzung des eigenen Netzwerkes als Ressource wurde im Zuge der Kompetenzentwicklung in den Seminaren erfahren. Dadurch ist es den Teilnehmenden ein Leichtes in für sie herausfordernden Situationen auf dieses Netzwerk zurückzugreifen, was wesentlich zur Gesunderhaltung im Lehrer:innenberuf beiträgt (Würtz et al. 2019).

4. Design und ausgewählte Ergebnisse der begleitenden Evaluationsforschung zu SoBiS – Beschreibung der Kompetenz- und Resilienzentwicklung der SoBiS-Teilnehmenden im Längsschnitt

Das Projekt wird mittels einer qualitativen Längsschnittstudie evaluiert, die einen Design-Based Research Ansatz (Reinmann 2018) vorsieht und die Kooperation zwischen Wissenschaft und Praxis betont. Es wird qualitativ iterativ-zirkulär (Ochs/Schweitzer 2015) vorgegangen, als Erhebungsinstrumente kamen

Gruppendiskussionen am Ende jeder Qualifizierungsphase zum Einsatz. Ausgewertet werden die Gruppendiskussionen mittels qualitativer Inhaltsanalyse (Kuckartz 2018). Im Projektverlauf wurden zwei Forschungsfragen formuliert:

1.) „Wie entwickelt sich die (Selbst-)Reflexivität und die inklusionsbezogene sonderpädagogische Beratungskompetenz der Studierenden/Lehramtsanwärter:innen/Berufseinsteiger:innen aus den Modellkohorten im Projektverlauf?"
2.) „Wie wirkt sich das phasenübergreifende Beratungscurriculum auf die Beratungskompetenz und den Umgang mit Heterogenität in der inklusiven Beschulung aus?".

Die Begleitforschung zeigte, dass das Curriculum die Beratungsarbeit in Teams verbesserte und die Lehrkräftegesundheit förderte. Teilnehmende erwarben systemische Kompetenzen, entwickelten Problemlösungs- und Analysefähigkeiten und fühlten sich besser auf den Berufsalltag vorbereitet. Die systemische Herangehensweise ermöglichte einen ressourcenorientierten Blick auf vielfältige Beratungssituationen. *„Ich habe einen ganz anderen Blickwinkel manchmal drauf, ja, gehe ich mehrere Blickwinkel durch. Die Ressourcenorientierung ist es auf jeden Fall voll in mich eingegangen."*[1]

Die verbindliche Lerngemeinschaftsverpflichtung sorgte für einen sicheren Lernrahmen und eine motivierende Lernkultur, während Triadenbildungen und videografierte Beratungen zu gegenseitiger Reflexion und Kompetenzentwicklung beitrugen. Die Partizipation des Netzwerkes und die Gesunderhaltung im Lehrer:innenberuf wurden ebenfalls reflektiert. Die unterschiedlichen Qualifikationsphasen führten zu einer Haltungsentwicklung in Richtung anerkennender und lösungsorientierter Pädagogik. Teilnehmende konnten bereits während ihres Vorbereitungsdienstes zielorientierte Gespräche führen, erhielten positive Rückmeldungen von Kolleg:innen und Vorgesetzten im Berufseinstieg und sind sensibler für die Bedürfnisse der Schüler:innen und die Bedeutung von Zusammenarbeit und Austausch mit Kolleg:innen. Die Erkenntnisse zur Entwicklung von Resilienz in allen drei Ausbildungsphasen lassen sich dabei wie folgt zusammenfassen: Sowohl die Universitäts- als auch die Vorbereitungsdienstphase beschreiben verschiedene Aspekte in Bezug auf Wachstum und Entwicklung. Um in Phase 1 Kompetenzen im Bereich Beratung zu erwerben und andere zu unterstützen, müssen die Teilnehmenden lernen, empathisch zuzuhören und die Bedürfnisse anderer zu verstehen. Indem sie verschiedene Techniken erlernen, können sie in der Lage sein, Andere in schwierigen Situationen zu unterstützen und Lösungen zu finden. In Phase 2 geht es darum, schwierige Situationen wie Konflikte und Stress zu bewältigen und die Bedeutung von Empathie

---

1 3. Ausbildungsphase, Berufseinstieg, Gruppendiskussion, 2022, Gruppendiskussion A,23

und Problemlösung zu verstehen. Die Teilnehmenden lernen, wie sie mit ihren eigenen Gefühlen und Gedanken umgehen und wie sie Andere in schwierigen Situationen unterstützen können, indem sie ihnen helfen, ihre Gedanken und Gefühle zu organisieren. Durch ihre Teilnahme an den ersten beiden Phasen haben die Teilnehmenden in der Regel eine höhere Resilienz gegenüber schwierigen Situationen entwickelt. Sie haben gelernt, sich zu beruhigen und Andere bei der Lösungsfindung zu unterstützen. In Phase 3 liegt der Fokus auf persönlicher Entlastung und Selbstpflege, um Stress und schwierige Situationen zu bewältigen. Hier lernen die Teilnehmenden ihre Sozialkompetenz in Breite und Tiefe weiter zu entwickeln und ihre Fähigkeiten zu Empathie, Akzeptanz, Geduld und Reframing auszubauen, was zur Stärkung der eigenen Relilienz führt. Soziale Unterstützung, Selbstwirksamkeit, positives Denken und emotionale Regulation sind weitere wichtige Resilienzfaktoren, die in dieser Phase erlernt werden. Insgesamt sind die Fähigkeit zur Zusammenarbeit, Selbstreflexion und die Suche nach Hilfe wichtigen Resilienzfaktoren.

5. Fazit und Ausblick

SoBiS fördert die Betrachtung von auftretenden Widerständen als Chance für Veränderung und Verbesserung: *„Und dass man da auf jeden Fall offen ist für die anderen Perspektiven und miteinander wertschätzend umgehen kann"*[2]. Das SoBiS- Spiralcurriculum befähigt Lehrkräfte im Bereich der Sonderpädagogik Kooperationsprozesse in multiprofessionellen Teams zu initiieren. Die fünf Säulen des Curriculums können dazu beitragen, reflektierte Praktiker:innen zu professionalisieren. Dabei wird auch auf die Anregung von Selbstfürsorge im Sinne von Stressmanagement Wert gelegt, um den Herausforderungen im Schulalltag erfolgreich begegnen zu können. Die Fähigkeit zur Selbstfürsorge wird nicht mehr als Defizit empfunden, sondern als integraler Bestandteil der eigenen professionellen Tätigkeit betrachtet. Eine resilient ausgeprägte Selbstfürsorge beinhaltet die Wahrnehmung der eigenen Person sowie anderer, eine realistische Einschätzung von Grenzen und Rollendiffusionen, sowie die Einbeziehung des Kollegiums und außerschulischen Netzwerken. Absolvent:innen des SoBiS Curriculums, so legt die Begleitforschung nahe, sind dadurch in der Lage, Inklusion als dynamischen Prozess nachhaltig mitzugestalten und die individuelle Förderung zu verbessern. Die Implementierung des SoBiS-Projekts in die Ausbildung und Schule könnte dazu führen, dass sich die Lehrkräfte weg von einer klassischen autonomen Lehrerpersönlichkeit, hin zu einer verbundenen Lehrkräftepersönlichkeit entwickeln, die sich der sozialen Beziehungen und deren Zusammenhänge bewusst ist.

---

2   2. Ausbildungsphase, Vorbereitungsdienst, 2021, Gruppendiskussion C,2

Literatur

Aarts, Maria (2008): Marte Meo. Kommunikation mit Kindern. Ein Handbuch für die Praxis. Stuttgart: Klett-Cotta.
Baeschlin, Kaspar/Baeschlin, Marianne (2004): Fördern und Fordern. Einfach aber nicht leicht. Schriftenreihe. Winterthur: ZLB. Zentrum für lösungsorientierte Beratung. www.zlb-schweiz.ch/publikationen/schriftenreihe/ (Abfrage: 16.02.2023).
Baeschlin, Marianne/Baeschlin, Kaspar (2011): Lösungsorientierte Beratung und Therapie. Ein Handbuch für Beraterinnen und Berater. Bern: Huber.
Bamberger, Günter G. (2015): Lösungsorientierte Beratung. Weinheim und Basel: Beltz.
Bamberger, Günter, G. (2019): Lösungsorientierte Beratung. In: Diouani-Streek, Meriem/Ellinger, Stephan (Hrsg.): Beratungskonzepte in sonderpädagogischen Handlungsfeldern. Oberhausen: Athena, S. 109–137.
Barthelmess, Manuel (2016): Die systemische Haltung. Was systemisches Arbeiten im Kern ausmacht. Göttingen: Vandenhoeck & Ruprecht.
Bauer, Joachim (2008): Prinzip Menschlichkeit. Warum wir von Natur aus kooperieren. München: Carl Hanser.
EADSNE Europäische Agentur für Entwicklungen in der sonderpädagogischen Förderung (2022): Ein Profil für inklusive Lehrerinnen und Lehrer. Odense, Dänemark. www.european-agency.org/resources/publications/TPL4I-profile (Abfrage: 15.02.2023).
Fricke, Josephin/Bauer-Hägele, Stephanie/Horn, Dorothea/Grötzbach, Daniel/Sauer, Daniela/Paetsch, Jennifer/Drechsel, Barbara/Wolstein, Jörg (2019): Peer-Learning in der Lehrer*innenbildung. Gemeinsam und auf Augenhöhe lernen. In: Journal für LehrerInnenbildung 19 (2019) 3, S. 16–29. https://elibrary.utb.de/doi/pdf/10.35468/jlb-03-2019_01 (Abfrage: 13.01.2024)
Fröhlich-Gildhoff, Klaus/Rönnau-Böse, Maike (2019): Resilienz. München: Reinhardt.
Gharabaghi, Kiaras/Steinebach Christoph (2013): Resilienzförderung im Jugendalter. Praxis und Perspektiven. Berlin: Springer Verlag.
Grummt, Marek (2019): Sonderpädagogische Professionalität und Inklusion. Studien zur Schul- und Bildungsforschung: Bd. 78. Berlin: Springer VS.
Guthöhrlein, Kirsten/Laubenstein, Désirée/Lindmeier, Christian (2019): Praxisbegleiter Inklusion: Teamentwicklung und Teamarbeit. Stuttgart: Kohlhammer.
Hertel, Silke/Schmitz, Bernhard (2010): Lehrer als Berater in der Schule und Unterricht. Stuttgart. Kohlhammer.
Krächter, Simone (2018): Coaching in der Lehrerausbildung. Wirkungen und Wirkfaktoren im Kompetenzentwicklungsprozess von Lehramtsanwärtern. Kempten: Klinkhardt.
Kuckartz, Udo (2018): Qualitative Inhaltsanalyse. Methoden, Praxis, Computerunterstützung. 4. Auflage. Weinheim und Basel: Beltz Juventa.
Kupfer, Annett/Nestmann, Frank (2016): Beratungen im sozialen Kontext. In: Rohr, Dirk/Hummelsheim, Anette/Höcker, Marc (Hrsg.): Beratung lehren: Erfahrungen, Geschichten, Reflexionen aus der Praxis von 30 Lehrenden. Weinheim und Basel: Beltz, S. 323–341.
Lindmeier, Christian/Lindmeier, Bettina (2018): Professionalisierung von Lehrpersonen. In Sturm, Tanja/Wagner-Willi, Monika (Hrsg.): Handbuch schulische Inklusion. Leverkusen: Verlag Barbara Budrich / utb, S. 267–282.
Martschinke, Sabine/Elting, Christian/Grüning, Miriam/Kopp, Bärbel/Niessen, Cornelia/Schröder, Carina (2020): Belastende Fälle in inklusiven Settings. Erste Ergebnisse aus dem Kooperationsprojekt BISU. In: Skorsetz, Nina/Bonanati, Marina/Kucharz, Diemut (Hrsg.): Diversität und soziale Ungleichheit: Herausforderungen an die Integrationsleistung der Grundschule (Jahrbuch Grundschulforschung). Berlin: Springer VS, S. 277–281.
Ochs, Matthias/Schweitzer, Jochen (2012): Handbuch Forschung für Systemiker. Göttingen: Vandenhoeck & Ruprecht.
Ohm, Vanessa/Shure, Saphira (2022): Beratung als Raum reflexiver Professionalisierung. Überlegungen zu Unbestimmtheit und (migrations-)gesellschaftlicher Vermitteltheit. PFLB – PraxisForschungLehrer*innenBildung, 4 (3), S. 79–93. https://doi.org/10.11576/pflb-5284 (Abfrage: 20.02.2023).
Prengel, Annedore (2010): Pädagogik der Vielfalt: Verschiedenheit und Gleichberechtigung in Interkultureller, Feministischer und Integrativer Pädagogik. Wiesbaden: Springer.

Reinmann, Gabi (2018): Die Rolle der Forschung für eine zukunftsorientierte Gestaltung der universitären Lehre. In Dittler, Ullrich/Kreidl, Christian (Hrsg.): Hochschule der Zukunft. Beiträge zur zukunftsorientierten Gestaltung von Hochschulen. Wiesbaden: Springer VS, S. 185–205.

Rothland, Martin/Schiersmann, Christiane (2013): Professionalisierung durch kollegiale Fallberatung im Referendariat. In Schiersmann, Christiane/Rothland, Martin (Hrsg.): Professionelle Kompetenz von Lehrkräften: Ergebnisse des Forschungsprogramms COACTIV. Münster: Waxmann, S. 149–167.

Rosa, Hartmut/Endres, Wolfgang (2016): Resonanzpädagogik. Wenn es im Klassenzimmer knistert. Weinheim und Basel: Beltz.

Soffner, Markus (2014): Coaching in der Lehrerfortbildung. Bern: Hogrefe.

Sulzer, Annika/Wagner, Petra (2011): Inklusion braucht Wissen. Eine Streitschrift. Weinheim und Basel: Beltz Juventa.

Tietze, Kim- Oliver (2010): Kollegiale Beratung, Problemlösungen gemeinsam entwickeln, Miteinander reden. Berlin: Rowohlt.

Wallinda, Kerstin/Würtz, Esther/Waschulewski, Ute/Marschall, Sabine/Lindmeier, Christian (2022): Beratungskompetenzen für Inklusion iterativ entwickeln. Spiralcurriculum konkret! In: Journal für LehrerInnenbildung 22 (2022) 2, S. 52–64.

Weinhardt, Marc (2020): Professionalisierung als Lern- und Bildungsprozess. Fachliche Entwicklungsaufgaben lösen, Professionalisierungskulturen gestalten. In: Bauer, Petra/Weinhardt, Marc: Systemische Kompetenzen entwickeln. Grundlagen, Lernprozesse und Didaktik. Göttingen: Vandenhoeck & Ruprecht.

Würtz, Esther/Wallinda, Kerstin/Volkens, Tina/Waschulewski, Ute/Lindmeier, Christian (2019): Netzwerkkompetenz(en): Netzwerkkompetenz(en) als Bestandteil der Professionalität von Lehrkräften für Sonderpädagogik in der inklusiven Schule. In Ricken, Gabi/Degenhardt, Sven (Hrsg.): Perspektiven sonderpädagogischer Forschung. Vernetzung, Kooperation, Sozialer Raum: Inklusion als Querschnittaufgabe. Bad Heilbrunn: Klinkhardt, S. 96–100.

Zierer, Klaus/Weckend, Denise/Schatz, Christina (2019): Haltungsbildung ins Zentrum rücken. Theoretische Grundlagen und erste empirische Ergebnisse aus der Lehrerbildung. In: Rotter, Carolin/Schülke, Carsten/Bressler, Christoph (Hrsg.): Lehrerhandeln – eine Frage der Haltung? Weinheim und Basel: Beltz, S. 14–29.

Autor:innenangaben

Marschall, Sabine, RPTU Kaiserslautern- Landau, Förderschullehrerin, Ergotherapeutin, Wissenschaftliche Mitarbeiterin Institut für Sonderpädagogik;
Arbeits- und Forschungsschwerpunkte: Inklusionspädagogik sowie diagnostische Kompetenzentwicklung im Professionalisierungsprozess der Lehrer:innenbildung.
sabine.marschall@rptu.de

Wallinda, Kerstin, Dipl.-Päd., Dipl.-Sozialarbeiterin (FH), Wissenschaftliche Mitarbeiterin, Institut für Sonderpädagogik der an der RPTU Kaiserslautern- Landau, Campus Landau;
Arbeits- und Forschungsschwerpunkt systemische Beratung im Kontext inklusiver Bildung
kwallinda@web.de

Würtz, Esther, Dipl.-Päd., Wissenschaftliche Mitarbeiterin, Institut für Sonderpädagogik der an der RPTU Kaiserslautern- Landau, Campus Landau;
Arbeits- und Forschungsschwerpunkt: systemische Beratung im Kontext inklusiver Schulentwicklung
Esther.wuertz@gmail.com

Waschulewski, Ute, Dr., Wissenschaftliche Mitarbeiterin, Institut für Sonderpädagogik an der RPTU Kaiserslautern- Landau, Campus Landau;
Arbeits- und Forschungsschwerpunkte: Sonderpädagogische Psychologie und Tiergestützte Pädagogik
waschulewski.ute@rptu.de

Lindmeier, Christian, Prof. Dr., Institut für Rehabilitationspädagogik der Martin-Luther- Universität Halle- Wittenberg;
Leiter der Arbeitsbereiche „Pädagogik bei kognitiver Beeinträchtigung" und „Pädagogik im Autismus-Spektrum"
christian.lindmeier@paedagogik.uni-halle.de

Zeitschrift für Inklusion
Gemeinsam leben
Bestellnummer: 44332403

Die Zeitschrift **Gemeinsam leben** ist ein lebendiges Diskussionsforum zu unterschiedlichsten Fragen der Umsetzung von Inklusion. Dabei wird die Bildung und Erziehung von Kindern und Jugendlichen mit und ohne Behinderung sowie die Stärkung gleichberechtigter und selbstbestimmter Teilhabe aller Menschen in einem inklusiven Gemeinwesen als zentral gesehen.

Gemeinsam leben versteht sich als kritische Beobachterin gesellschaftlicher, politischer und fachlicher Entwicklungen. Expert_innen in eigener Sache, Eltern, Angehörige, Fachleute aus Wissenschaft und Praxis finden in Gemeinsam Leben aktuelle Fachinformationen und ein lebendiges Diskussionsforum zu unterschiedlichsten Fragen. Gemeinsam Leben widmet sich in jedem Heft einem thematischen Schwerpunkt und beleuchtet ihn aus unterschiedlichen Blickwinkeln.

www.beltz.de
Beltz Juventa · Werderstraße 10 · 69469 Weinheim

Zeitschrift für Pädagogik 2/2024
2024, 168 Seiten, broschiert
ISBN: 978-3-7799-7928-9

Die **Zeitschrift für Pädagogik** ist das Forum der erziehungswissenschaftlichen Diskussion in der Breite der Disziplin sowie im interdisziplinären Austausch mit anderen Bildungswissenschaften.

Die **Zeitschrift für Pädagogik** stellt Ergebnisse unterschiedlicher Forschungszugänge in der Erziehungs-wissenschaft vor: empirisch, historisch, international-vergleichend sowie grundlagen-theoretisch-philosophisch.

Die **Zeitschrift für Pädagogik** ist ein Ort der erziehungswissenschaftlichen Auseinandersetzung mit kontroversen Themen des öffentlichen Interesses aus den Bereichen Erziehung und Sozialisation, Bildungs- und Jugendpolitik.

Herausgeber_innen:

Heidrun Allert (Kiel), Sabine Andresen (Frankfurt), Johannes Bellmann (Münster), Marcelo Alberto Caruso (Berlin), Kai S. Cortina (Michigan), Merle Hummrich (Frankfurt), Roland Merten (Jena), Jürgen Oelkers (Zürich), Hans Anand Pant (Berlin), Sabine Reh (Berlin), Roland Reichenbach (Zürich), Susan Seeber (Göttingen), Petra Stanat (Berlin), Ewald Terhart (Münster), Rudolf Tippelt (München)

www.beltz.de
Beltz Juventa · Werderstraße 10 · 69469 Weinheim